▲土井ケ浜遺跡の人骨出土状況　300体を超える弥生人骨のなかには，このように頭骨を１カ所に集め再葬したものもみられる。すべての人骨は，はるか大陸をのぞむように顔をむけて埋葬された。

►蓋弓帽《がいきゅうぼう》(下関市稗田地蔵堂《ひえだじぞうどう》遺跡出土)　弥生中期の箱式石棺《せっかん》のなかに，前漢鏡とともに副葬された。古代中国では貴人の乗る車馬の天蓋《てんがい》の傘骨の先を飾った金具で，鍍金《ときん》が施されている。弥生時代の日本人は，一種の宝器として眺めていたのだろう。国内では唯一の出土例。

►響灘《ひびきなだ》と土井ケ浜《どいがはま》海岸(下関市)　弥生時代の埋葬遺跡として名高い国指定史跡土井ケ浜遺跡は，土井ケ浜海岸に近い砂堆《さたい》上に営まれた。現在は遺跡を覆《おお》うドームや人類学ミュージアムが整備され，「弥生パーク」としてよみがえっている。響灘を越えて大陸の季節風が吹く。

◀分銅《ふんどう》型土製品(弥生中期後葉。熊毛《くまげ》郡田布施《たぶせ》町
地《じ》遺跡出土，縦22.5cm)　瀬戸内地域で用いられ
た弥生時代の祭具。完全な形のものとしては最大
で，おだやかに微笑《ほほえ》む顔の表現がすばらしい。顔
面は朱色。中央から2片に折られて埋葬された。

▼環濠《かんごう》をもつ高地性《こうちせい》集落(岩国市清水遺跡)　島田川上流左岸標高98mの丘陵項部に営まれた弥生後期の高地性集落。項上部に竪穴《たてあな》住居群と墓，これらを取りかこむ環濠，斜面に段状遺構，斜面裾《すそ》には外の環濠が取りまいている。

単頭双胴怪獣鏡《たんとうそうどうかいじゅうきょう》(柳井《やない》市柳井茶臼山古墳出土，径44.8cm)　竪穴《たてあな》式石室内部から明治25(1892)年に発見された5面の鏡のうちの1面で，日本の古墳副葬鏡のなかで最大のもの。鋳上がり良好な倭鏡で，ヤマト政権から下賜《かし》されたものと考えられる。

◀▼神花山《じんがやま》古墳と女王(熊毛郡平生《ひらお》町)　平生湾頭に築かれた5世紀の小さな前方後円墳。被葬者は，熊毛第3代の女王と推定される。箱式石棺に残っていた頭骨から復顔した女王の顔は端整で，20歳台なかばで亡くなったことがわかる。

►藤原《ふじわら》宮跡出土の木簡《もっかん》　「熊毛《くまげ》評《こおり》大贄《おおにえ》伊《い》委《わ》之《し》煮」とあり,「贄」は天皇や神に貢進される食料品で,「伊委之」は鰯《いわし》のこと。「評」は大宝元(701)年に制定された大宝律令で郡と改められたので,この木簡は7世紀末のものと考えられ,熊毛郡の初見史料。

◄平城《へいじょう》宮跡出土木簡　大嶋《おおしま》郡から調《ちょう》としておさめられた塩の荷札。「周防《すおう》国大嶋郡美敢郷田部《たべの》小《お》足《たり》調塩二斗天平十七年」と記されている。「美敢郷」は『和名抄《わみょうしょう》』では「美敷郷」とされている。

▼防府天満宮《ほうふてんまんぐう》(『松崎天神縁起』)　『松崎天神縁起』は鎌倉時代の応長元(1311)年作。菅原道真《すがわらのみちざね》の没したとき，瑞雲《ずいうん》が酒垂山《さかたれやま》にたなびいたので，国司《こくし》土師《はじ》信貞が神殿を建てたという防府天満宮の創建縁起を描いている。国重文。

▸瑠璃光寺《るりこうじ》五重塔　大内盛見《もりみ》が応永の乱で戦死した兄義弘の菩提のために建立した香積寺《こうしゃくじ》の塔と伝えられる。解体修理のさいに，嘉吉2(1442)年の銘がある部材が発見された。和様《わよう》と唐様《からよう》が調和した室町時代の優美な塔である。

▼長門《ながと》国正吉《まさよし》郷入江塩浜絵図　初期入浜式塩田を描いた絵図としてはもっとも古く，全国的に貴重なものと考えられている。この絵図には年紀が記されていないが，「龍王《りゅうおう》神社文書」から，塩の未進をめぐる相論のため鎌倉末期に作成されたことがわかる。

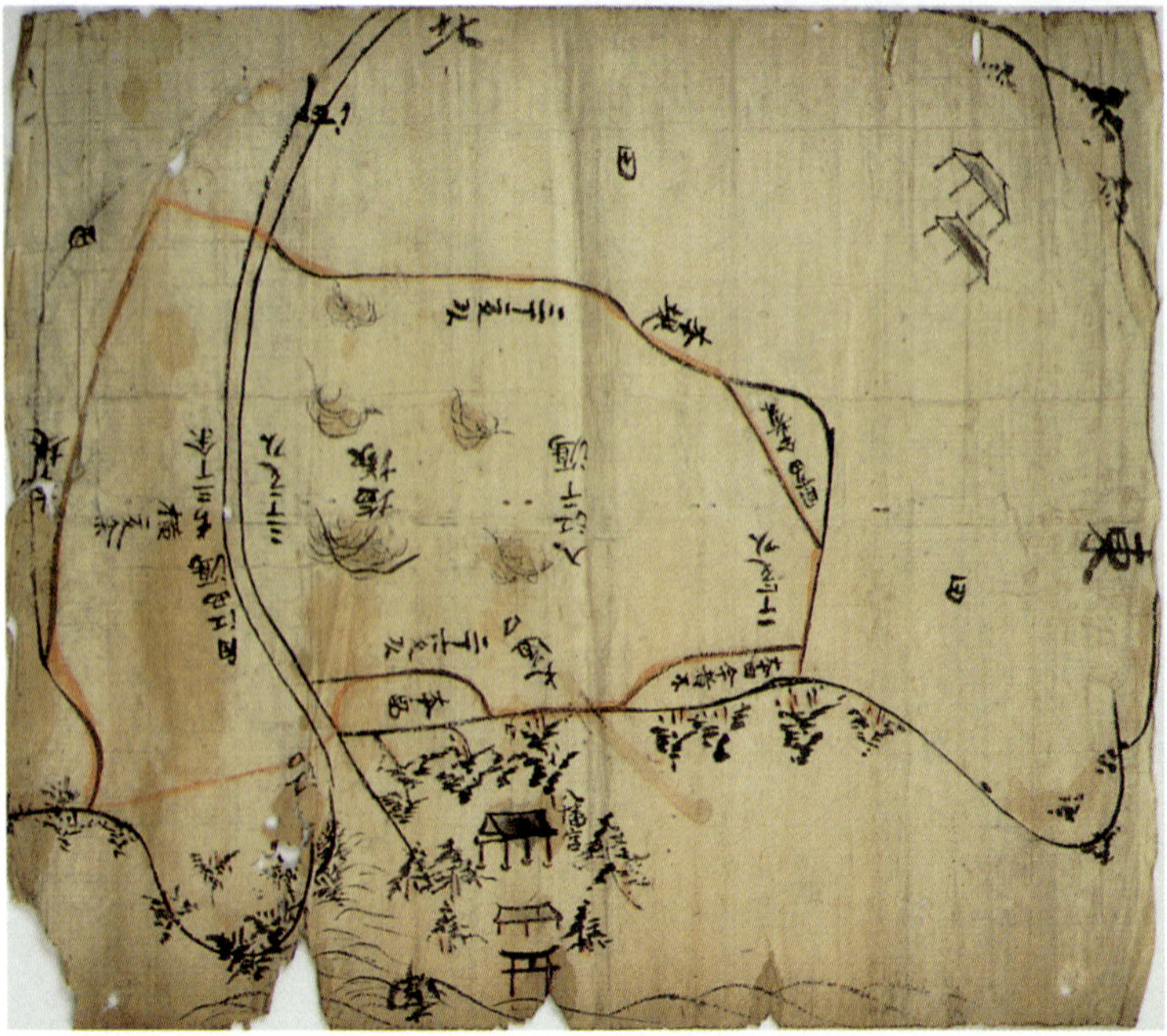

▲常栄寺《じょうえいじ》庭園　通称「雪舟《せっしゅう》庭」。大内政弘《おおうちまさひろ》が雪舟に築造させたと伝えられる回遊式庭園。心字池《しんじいけ》の周囲に無数の石材を配置した典型的な室町時代の枯山水《かれさんすい》庭園。この地はもと政弘母の菩提寺であったが，幕末に香山《こうざん》から常栄寺が移転した。

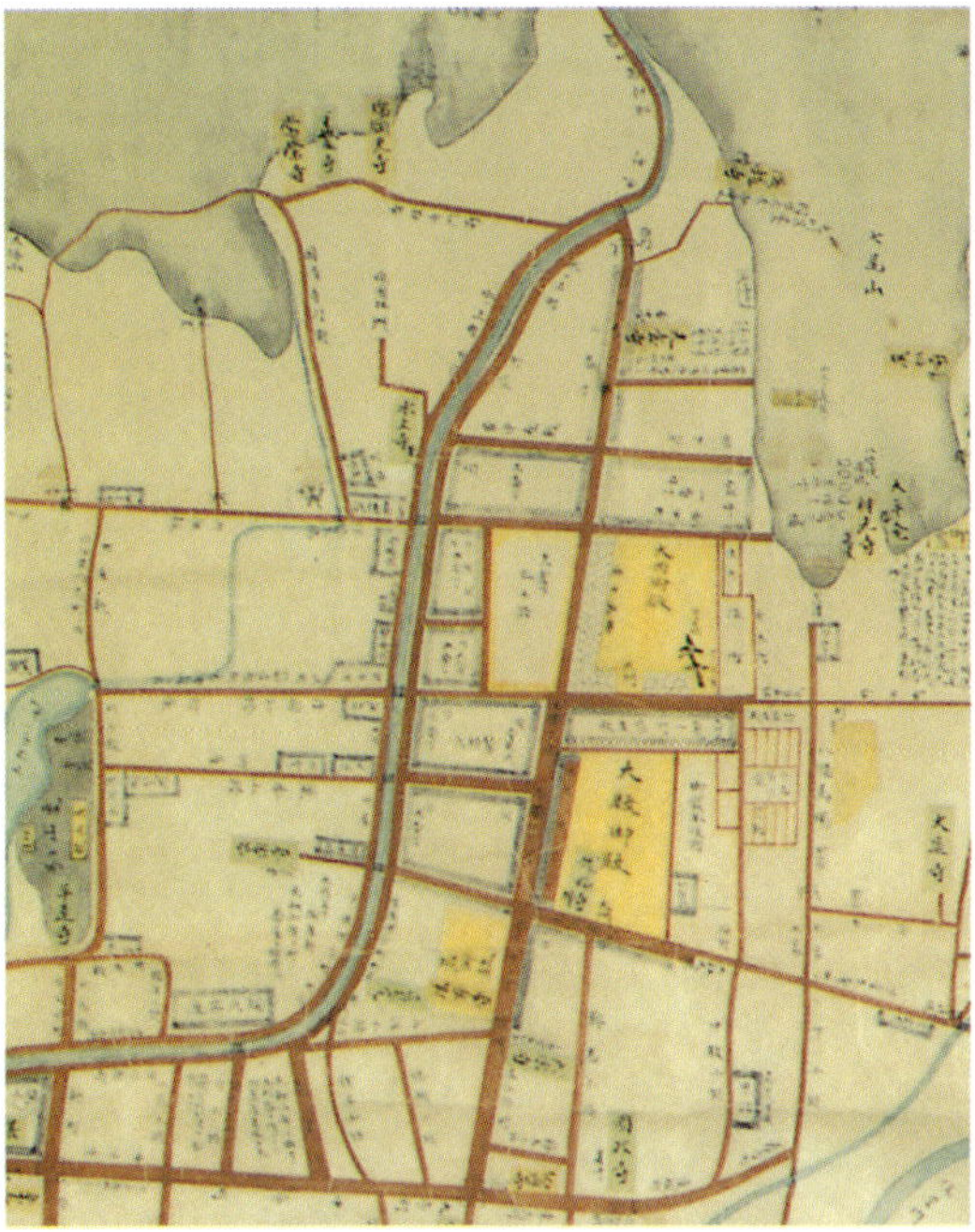

◄山口古図　江戸時代に描かれた図を，明治時代にはいって近藤清石が筆写したものである。もとの図は大内氏治下の町の姿をよくとどめているものと考えられ，中世の景観をしのぶ絵図としてはほかに類するものがなく貴重である。

◄▲慶長《けいちょう》周防《すおう》・長門《ながと》国絵図《くにえず》控図(周防国〈上〉・長門国)　江戸幕府は創設直後に諸大名から国絵図と郷帳《ごうちょう》を提出させた。この絵図を慶長国絵図という。長州藩も周防国と長門国の絵図を提出したが，その控図が長州藩の家老福原《ふくばら》氏に伝来した。長門国絵図には萩《はぎ》の萩城，長府《ちょうふ》の串崎《くしざき》城，周防国絵図には山口の鴻峯《こうのみね》城，岩国の横山城などが詳細に描かれている。慶長周防・長門国絵図は，当時の防長両国のようすを知るうえで貴重なものである。国重文。

►海賊衆村上氏の過書旗《かしょき》　村上海賊衆が瀬戸内海を航行する船にあたえた過書旗。実質的には通航の安全保障証であったと考えられる。上関《かみのせき》の村上氏もこのような旗を発給したことが文書にみえている。

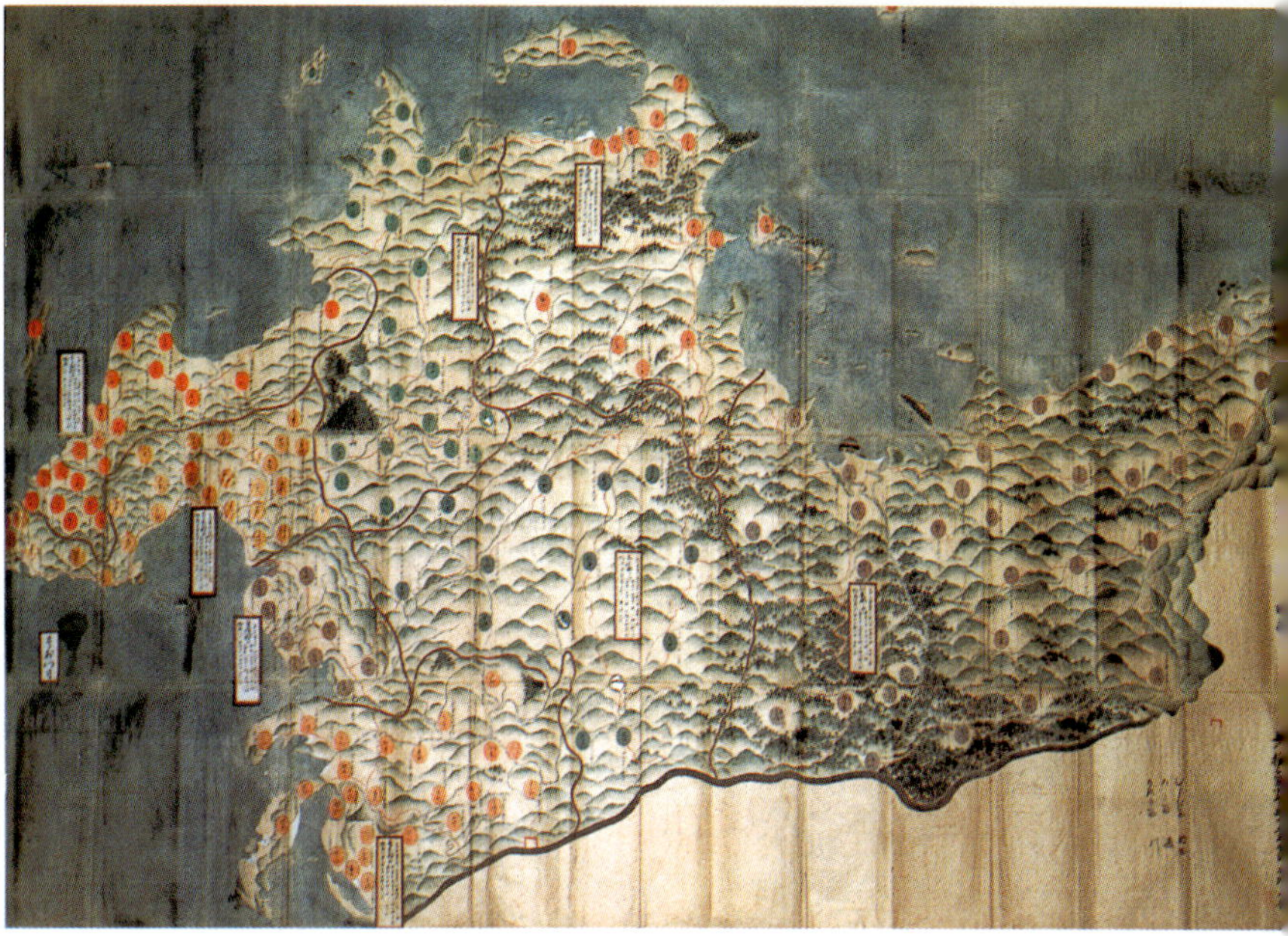

▼馬関《ばかん》戦争絵図　元治元(1864)年8月5日，前年の馬関攘夷戦の報復のため，英・米・蘭・仏の四国連合艦隊17隻が下関に来襲した。この絵図は，歴戦者の談に基づいて長府藩士藤島常興《ふじしまつねおき》が後年に描いたものである。

▲山口宇部空港(宇部市)　昭和41(1966)年７月開港。開港当時は東京便にフレンドシップ型機，大阪便にノール62型機が就航。55年からはジェット化してボーイング727型機が就航。昭和52年度からは東京便のみとなり，現在は沖縄便・札幌便もある。

▼関門橋《かんもんきょう》(下関市)　平家滅亡の檀《だん》ノ浦《うら》に架設された関門橋は昭和48(1973)年11月に完成。首都圏と九州を結ぶ大動脈。山陽自動車道は小郡《おごおり》で中国縦貫自動車道と合流し，関門橋を渡って九州自動車道へつながる。

地方史研究協議会名誉会長
学習院大学名誉教授
児玉幸多　監修

企画委員　熱田公―川添昭二―西垣晴次―渡辺信夫

山口県の歴史

目次

小川国治　編

風土と人間　海と山と文化の里　2

1章　狩猟と採集の時代　9
1　海峡・陸橋を越えて　10
山口県最初の狩人たち／地球環境へのメッセージ
2　自然のふところのなかで　16
よみがえる自然／海に生きる

2章　倭人の国から古代国家へ　23
1　新しい時代への旅立ち　24
響灘と渡来人／［コラム］徐福伝説と北浦／一衣帯水の地／高地性集落
2　古代国家形成への胎動　35
ヤマト政権と在地首長／熊毛王族の墓／女王の世紀／民衆の古墳造営

3章　古代の防長地方　51
1　ヤマト政権の進出　52
娑麼と豊浦／国造の支配／まぼろしの長門城／［コラム］石城山神籠石
2　周防・長門両国の成立　62
周防国府・長門国府／古代の財政白書／山陽道／鋳銭司
3　転換期の防長両国　74
玖珂郡玖珂郷戸籍／菅原道真と藤原純友／東大寺領椹野荘／壇ノ浦の合戦

4章―防長の中世社会 85

1―領主と地域社会 86
地頭と開発／守護と在庁官人／重源上人と在地勢力／[コラム]年輪が語る重源の足跡／南北朝動乱

2―守護領国の発展と終焉 96
守護大名と室町幕府／大乱と領国経営／大内氏の強大化／大内氏の滅亡／毛利氏の防長支配

3―空間と交通 106
荘園と村落／都市山口の発展／海と陸の交通／海賊・警固衆・倭寇／[コラム]中世武士の肖像

4―精神の活動 118
大内氏をめぐる多彩な文化／多様な宗教／地下の世界

5章―近世社会の幕開け 125

1―新しい支配体制 126
度重なる普請役／検地の施行／蔵元の整備／宰判の起源

2―防長地域の農村と都市 136
規模の大きな村／村の分立／城下町萩の建設／町の増加／領国の成立／[コラム]山口の近世化

6章―藩政の転換 151

1―徳山藩の改易 152
本藩と支藩／毛利吉元の萩本藩襲封／徳山藩の改易と再興／[コラム]山代三老

2―宝暦改革 161

藩主毛利重就と改革派の登場／宝暦検地と撫育方の設置／経済政策と藩札／［コラム］義民権太と平助―伝説と史実

7章―産業の発展 171

1―防長の四白と白糖 172
防長米／塩田の開発／櫨蠟の生産と統制／［コラム］永富独嘯庵の白糖製造

2―鉱山の開発 181
銅山と鋳銭／製鉄の村々／船木宰判の石炭山

8章―文化と交流 191

1―学問・文化の展開 192
明倫館と諸学館／越氏塾と滝鶴台／栗山孝庵の人体解剖／和歌・俳句／［コラム］絵画―雲谷派と狩野派

2―陸と海の道 205
山陽道と萩往還／西廻り海運と越荷方／廻船の活動／［コラム］高山の船絵馬―廻船と船霊信仰

9章―海と山の中世と近世 217

1―海の中世と近世 218
移動する漁民／海からよせくるもの／関の役割と海運／村上氏と大名たち／［コラム］海と山の文化接触

2―山の中世と近世 237
山間の中世―鶴岡系図の世界／山代一揆／山代農民の近世／西中国山地の山の民―木地屋

10章―近代への歩み 249
1―天保大一揆と藩政改革 250
天保大一揆／天保改革／羽賀台大操練
2―対外的危機と政局の変動 257
ペリー来航と対外的危機／吉田松陰と尊王攘夷運動／安政改革と航海遠略策
3―幕末の変動 264
攘夷の決行と奇兵隊／[コラム]古谷道庵日乗の世界／禁門の変と四国連合艦隊下関砲撃／第一次長州出兵と高杉晋作の決起／幕長戦争と民衆
4―明治初年の諸改革 274
防長藩治職制と版籍奉還／明治二・三年一揆／脱隊騒動
11章―新しい社会へ 281
1―山口県の誕生と県政 282
山口県の成立／地租改正の実施／市制町村制の施行
2―近代工業県をめざして 289
近代工業の嚆矢／[コラム]近代捕鯨のはじまり／山陽工業地域のめばえ／近代の塩田／鉱山と山口炭田／交通の整備
3―戦後の復興と山口県 305
戦後の復興／農地改革／経済の高度成長／高速交通時代
付録　索引／年表／沿革表／祭礼・行事／参考文献

山口県の歴史

風土と人間——海と山と文化の里

二つの「海の道」●

山口県は、本州の西端に位置し、三方を海に囲まれている。その中央北寄りをなだらかな西中国山地が東西に走り、南側に周防《すおう》高原と阿武《あぶ》高原が発達している。気候は、瀬戸内海側と日本海側のいずれも温暖で、高原や丘陵地でも冷込みはあまりきびしくない。これは対馬《つしま》暖流・瀬戸内海気候の影響と西中国山地の低山性によるものである（『角川日本地名大辞典』35 山口県、総説）。

このため、山口県域では、古くから人びとが生活をいとなみ、小耕地を開発し、東西南北に道をつうじさせた。山陽道《さんようどう》（山陽大路）で象徴される公権力の道のみでなく、生活の道は、「小道」「垰道《たおみち》」「尾根道」「川道」として確保されていたのである。他方、海も道の役割をになっていた。森浩一氏によると、一昨年（平成八〈一九九六〉年）、岐阜県大垣《おおがき》市で発見された弥生《やよい》土器に、片側に四〇本の櫂《かい》をもつ大きな丸《まる》木舟《きぶね》が描かれていたという。同氏は、これを早船とし、早船が情報の伝達に大きな役割を果たしていた可能性を指摘された（「しまなみシンポジウム　瀬戸内の海人たち」『中国新聞』平成九年一月二十三日）。古来、瀬戸内海は、大陸文化を都《みやこ》へ、都の文化を北部九州へ伝える「海の回廊」でもあった。この「海の回廊」は、航海術の発達によって、すぐれた文化、多くの人、豊かな情報および大量の物資を運び、各地で港を開発し、瀬戸内海文化圏を形成した。

このような「海の道」は、瀬戸内海のみでなく、日本海にも存在しており、近年、注目されている。日本海の要港小浜《おばま》（福井県小浜市）と敦賀《つるが》（同敦賀市）が「海の道」と都を結び付ける役割を果たしていたことは、周知の事実である。瀬戸内海と日本海に面した山口県は、二つの「海の道」によって、文化・情報の受容・発信、人の交流、物資の交換などを活発に行っていた。山口県には、険しい山がないので、これらは比較的容易に内陸部の各地へもたらされたのである。このため、周防・長門《ながと》両国からなる山口県は、まとまりがよく、人びとの一体感が強い。赤間関《あかまがせき》（下関《しものせき》）は、九州への「渡海口《とかいぐち》」の性格をもつとともに、二つの「海の道」の結節点の役割を果たしていた。赤間関が西日本の有数の港町として栄えたゆえんである。

「西の京」の形成●

山口県では、奈良《なら》時代初期から平安《へいあん》時代中期にかけて、長門国と周防国の鋳銭司《ちゅうせんし》で鋳銭を行っていた。近年、長登銅山《ながのぼりどうざん》遺跡（美祢《みね》市美東《みとう》町）の発掘・調査によって、

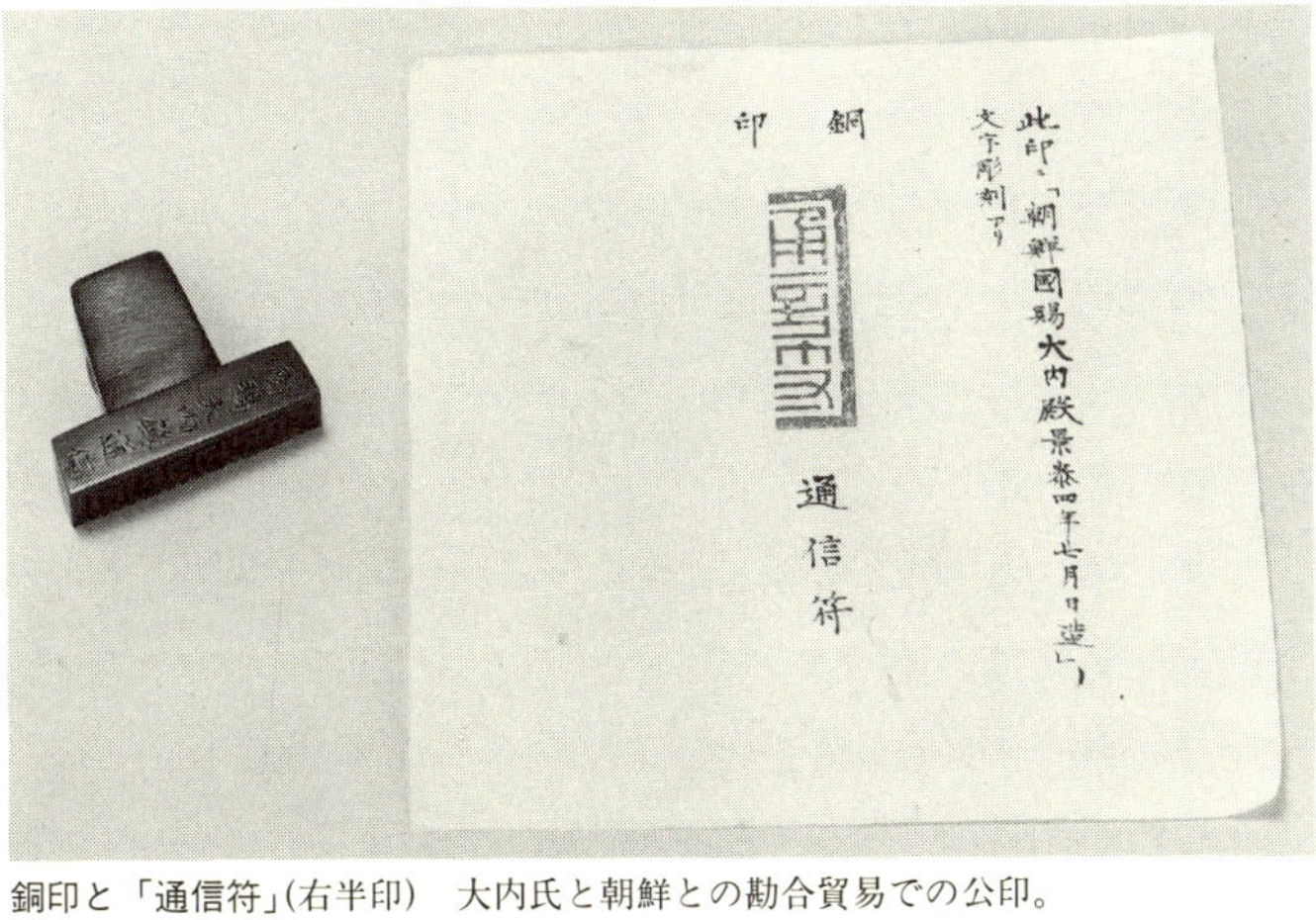

銅印と「通信符」(右半印)　大内氏と朝鮮との勘合貿易での公印。

長登で産出された銅が東大寺《とうだいじ》の大仏《だいぶつ》（盧舎那仏《るしゃなぶつ》）の鋳造に用いられていたことがあきらかにされた（池田善文「古代長登銅山について」『温故知新』一、葉賀七三男「大仏さま銅はどこから」『日本経済新聞』昭和五十四年一月九日）。また、治承四（一一八〇）年十二月に平 重衡《たいらのしげひら》の焼討ちによって東大寺が焼失し、その造《ぞう》営料国《えいりょうこく》に周防国があてられ、佐波《さば》川上流の滑 山《なめらやま》付近（山口市）の木が再建に供されたことは、広く知られている。この木材が、建築材料のみでなく、同寺南大門《なんだいもん》仁王像《におうぞう》の材料として使用されたことも話題となった。これらは、いずれも、山口県が古代から中央と深い関わりを有していたことの査証とされている。もっとも、最近の報道によると、長登銅山遺跡から出土した木簡《もっかん》には、他地域との関わりを示すものがあるという。

室町《むろまち》時代になると、山口は、「西の京」として、大内《おおうち》文化が栄えた。大内文化の特色は、一般に、京都の伝統的文化の影響、大陸の先進文化の受容という二面から説かれている。大内氏は、百済《くだら》王族の子孫を意識していたこともあって、李《り》氏《し》朝鮮や明《みん》との通行に熱心であった。もちろん貿易によって、大内氏が経済基盤の強化をはかったことはいうまでもない。しかし、このような大陸文化の受容と都（中央）文化の尊崇は、先述のように、山口県の文化的特質でもある。

長州藩の新田開発●

わが国では、戦国期末から寛文期（一六六一～七三）までの約一〇〇年間に、耕地面積が約三倍も増加したといわれている。これは、戦国大《せんごくだい》名《みょう》の出現から織 豊《しょくほう》政権を経て江戸幕府《えどばくふ》の成立に至る過程で、領国を一円支配する権力が存在するようになったため、大河川を制御することが可能になったからである。山口県でも、温暖な気候、低い山岳、高原・丘陵地の発達、大小河川の豊富な水など、めぐまれた条件によって、近世になると、新田《しんでん》開発が盛んに行われた。慶長十五（一六一〇）年の検地《けんち》の田畠総数四万七二九〇町余と明治六（一八七三）年の地租改正《ちそかいせい》の田畠総数七万九六七九町余を比較すると、耕地が六八・五％も増加しているのである。慶長検地が過酷なもので、耕地をあますところなく把握していたことからすると、六八・五％におよぶ増加率は、特筆に値する。この耕地の増加は、わが国の一般的傾向と軌を一にしているが、つぎのような山口県の特色も存在する。

毛利《もうり》氏は、慶長五年の関ヶ原《せきがはら》の敗戦によって、防長《ぼうちょう》両国に移封された。この移封に際して、毛利輝元《てるもと》は、家臣《かしん》の知行高《ちぎょうだか》を原則として五分の一に削減し、他方で多くの家臣を「召放《めしはなち》」とした。このため、「召放」となった家臣はもちろんのこと、知行高を削減された家臣は苦境に立った。以後、長州藩は、五分の一に減少した耕地を拡大するために、直営の新田開発を行うとともに、それを家臣にも奨励したのである。長州藩では、新田開発を開作《かいさく》といい、前者を「公儀《こうぎ》開作」、後者を「家来拝領《けらいはいりょう》開作」と称した。この「公儀開作」として、寛永五（一六二八）年の潮合《しあい》開作（防府《ほうふ》市）を始め、慶安三（一六五〇）年の小郡《おごおり》古《こ》開作・名田島《なたじま》開作（ともに山口市）、寛文五（一六六五）年の柏崎《かしわざき》・勝間田《かつまた》開作（山口市）、寛文八年の王《おう》喜《き》開作（下関市）・高泊《たかどまり》開作（山陽小野田《さんようおのだ》市）など、寛文期までで六つの大規模な干拓事業が行われた。このうち、代表的な高泊開作を例示すると、当職《とうしょく》毛利宮内《くない》（就方《なりかた》）が責任者となり、船木代官《ふなきだいかん》楊井三之《やないさんの》允《じょう》（春勝《はるかつ》）・普請大奉行《ふしんおおぶぎょう》生田市右衛門《いくたいちえもん》（重固《しげもと》）らが実務を担当し、約四〇〇〇町歩を造成している。

「家来拝領開作」には、「傍示物切《ぼうじものきり》開作」「勤功《きんこう》開作」「歩戻《ぶもどし》開作」および「馳走《ちそう》開作」などがあった。「傍示物切開作」は、長州《ちょうしゅう》藩の許可を得て、給領主が知行地内・周辺の山野・地先の干潟などを開発するもので、「勤功開作」は、家臣の功労に対して、同藩が加増のかわりに山野や干潟における開作の権利をあたえたものである。長州藩は、開作の完成後に検地を行い、家臣の知行高に加えた。このように、同藩は、知行地に準じるものとして、家臣へ山野・干潟の開発権をあたえ、彼らの知行地削減に対する不満をおさえたのである。しかし、これは、結果において、家臣に開作を奨励することになり、耕地の拡大をもたらした。前者の例として、準一門の福原《ふくばら》氏が宇部《うべ》村で三二〇町歩の開発権、後者の例として、一門の阿川《あがわ》毛利氏が厚狭《あさ》川河口で二五〇町歩の開発権を得ていたことをあげておこう。なお、「歩戻開作」については、煩雑になるので省略する。

民間活力の導入●

以上のような大規模開発のほかにも、一般家臣による小規模開発（二～五町歩の田畠）が存在していた。これは、寛永～明暦期（一六二四～五八）に熊毛《くまげ》・都濃《つの》・佐波・大津《おおつ》などの各郡代官をつとめた吉原太郎《よしはらたろう》左衛門《ざえもん》（親澄《ちかずみ》）の場合のように、知行地の回復としてあらわれる。彼の父四郎右衛門《しろうえもん》（親信《ちかのぶ》）は、移封によって知行地を失い、扶持《ふち》方三人分・五石（浮米）となったが、熊毛郡浅江《あさえ》・島田《しまだ》両村で高四四石二斗の開作に成功した。これが親澄の代に知行地として認定され、扶持方三人分・五石と合計して彼の石高が六〇石とされた。彼は、石高六〇石と勤功によって、大組《おおぐみ》に昇格したのである（「譜録・吉原太郎左衛門親澄」）。このような例は枚挙に暇《いとま》がない。他方、「召放」となった旧家臣も、自力で開作（馳走開作）を行い、それを藩へ提出して御利得雇《おりとくやとい》となり、家臣として復帰する望みを託していた。このような小規模開発が比較的容易であったのは、防長両国の山野が自然的条件にめぐまれていたからである。彼らの営々とした働きによって、防長両国の耕地が拡大したことを見落としてはならないであろう。長州藩では、近世中期に至るまで、豪農が馳走開作や馳走米銀を藩へ提供して御利得雇となり、本御雇《ほんおやとい》、三十人通《さんじゅうにんどおり》、無給《むきゅう》とができる。

通《どおり》、遠近付《えんきんつき》としだいに昇格する道が残されているが、これも武士身分への復帰運動の一つの現れとみるこ

近世中期になると、主として撫育方《ぶいくがた》が大規模な「公儀開作」を担当した。この撫育方は、事業を行うにあたって、藩の資銀を投入するよりも、豪農から馳走米銀を提出させたのである。長州藩は、豪農から馳走米銀を提供させ、その見返しとして御利得雇・本御雇・三十人通・無給通などの下級武士身分をあたえ、彼らの村落における指導力や経済力を藩政改革の基盤とした。豪農は、幕末維新期でも、藩庁との「共生」を一貫して志向するといわれている（三宅紹宣『幕末・維新期長州藩の政治構造』）。この側面からも、長州藩の明治維新に光をあててみる必要があるであろう。

いずれにせよ、これは民間の活力を藩政に組み込んだことを意味している。近世中期以降、瀬戸内の塩《えん》田《でん》業者は、三田尻《みたじり》・鶴浜《つるはま》の浜主田中藤六《たなかとうろく》（豊後屋《ぶんごや》）の提唱によって、各藩の枠を超えて十州《じっしゅう》塩田同盟（休浜《きゅうひん》同盟）を結び、毎年会議を開いて塩の生産調整と燃料（石炭・薪）値段の情報交換を行った。この同盟は、一度中断したものの、約一二〇年間も続いた（前掲「瀬戸内の海人たち」）。情報が民間産業をささえた例である。

文久三（一八六三）年四月、長州藩主毛利敬親《たかちか》は、攘夷戦にそなえて、萩《はぎ》城から山口・中河原《なかがわら》の御茶屋《おちゃや》に移った。これは迅速な情報収集と対応、外国艦船による海上砲撃からの避難などを考慮したものであった。これによって、長州藩の本拠は、第一次幕長戦争後に一時的に萩に戻されたものの、山口におかれた。以後、長州藩（萩本藩）は、山口藩と称されることになった。山口は、防長両国のほぼ中央に位置し、中世には大内氏の本拠地として栄えたところである。明治四（一八七一）年七月の廃藩《はいはん》置県《ちけん》によって、防長

両国には、山口県（徳山藩は六月に山口藩に統合）・岩国《いわくに》県・豊浦《とようら》県・清末《きよすえ》県の四県が設置されたが、同年十一月に四県を廃して山口県に統一された。山口県は、まとまりのよい県といわれているが、それは、大内・毛利両氏の支配の母体となった周防国と長門国を県域にしているからである。

以上のような実績をもつ山口県は、工業生産の増加策のみでなく、地理的条件の有利さを生かし、民間の活力を育成・導入しつつ、中国大陸・朝鮮半島・東南アジア・日本海沿岸などへの情報発進（集積）基地として、さらなる発展をはかるべきであろう。

海峡ゆめタワー（下関市）

1章

狩猟と採集の時代

浅鉢形土器(岩田遺跡〈熊毛郡平生町〉, 縄文晩期)

1　海峡・陸橋を越えて

山口県最初の狩人たち●

ヒトの歴史の一番古い時期を考古学では「旧石器時代《きゅうせっき》」とよんでいる。

この時代はとてつもなく長い。人類が登場したと考えられるおよそ二〇〇万年前にはじまり、一万二〇〇〇年前までの時代をさす。地質学ではこの時代を第四紀更新世《こうしんせい》とよんでいる。

長い旧石器時代は、その間におこった三度の地球気候の大きな変動、すなわち三大氷河期《ひょうがき》によって区分される。それは原人《げんじん》・北京《ペキン》周口店洞窟人《しゅうこうてんどうくつじん》の生きた時代、旧人《きゅうじん》・ネアンデルタール人の生きた時代、そして私たちの直接の祖先である新人《しんじん》・クロマニヨン人の生きた時代である。そして考古学では、原人と旧人の時代を前期旧石器時代、新人の時代を後期旧石器時代とよんでいる。

日本では、後期旧石器時代は約五万年ほど前から一万二〇〇〇年前にあたり、それ以後縄文《じょうもん》時代のはじまるまでを、中《ちゅう》石器時代もしくは細《さい》石器時代とよんでいるが、後者の時代から日本の一部の地域において「土器《どき》」の使用が開始されていることが知られるようになった。山口県では、原人の生きた前期旧石器時代の遺跡と考えられる資料が、いまだ確定的ではなく、旧人の時代の石器とみられるものがわずかに磯上《いそがみ》遺跡（下関《しものせき》市豊浦《とようら》町田島《たじま》）で発見されたとするも、石器かどうか議論の余地を残している。原人も旧人の骨もいまだ発見されてはいない。

後期旧石器時代の遺物は数多く発見されているが、表採資料が多く、層位的な遺跡の発掘で確認されたものはなお少ない。遺跡例としては、山間部の秋吉《あきよし》カルスト台地のほかに、響灘《ひびきなだ》沿いの洪積《こうせき》台地（綾羅木《あやらぎ》郷《ごう》遺跡〈下関市〉）や山口湾（美濃ケ浜《みのがはま》遺跡〈山口市〉）、宇部《うべ》・小野田《おのだ》の砂礫《されき》層の海岸段丘（常盤池《ときわいけ》遺跡〈宇部市〉）など海をのぞむ低丘陵（中位段丘堆積層中）に比較的よく知られている。

リス氷期とよばれる第二氷期ごろから、地球は極寒の時代を迎えた。両極の結氷圏《けっぴょうけん》が拡大し、日本列島もこの時期になると朝鮮海峡、津軽《つがる》海峡、宗谷《そうや》海峡、間宮《まみや》海峡が陸化し、シベリア大陸や朝鮮半島とつながった。日本海は湖水化し、瀬戸内海も浅く広いくぼみとなり、本州と四国・九州が一体となった。この寒い時期でも太平洋の沿岸の地である日本列島は、海水と接していて比較的温暖であった。わずかに草木が生い茂る地は、ツンドラ地帯とくらべると生物が生きる環境が残されていた。大陸からトラやオオヤマネコ、マンモスやオオツノジカなどの大型獣たちが陸化した海峡をわたり、日本の地に移動した原因はここにあった。

草木を求めて獣たちが移動すれば、獣を食料とするハンター（狩人）である人間もそのあとを追って移動する。山口県の旧石器時代人も、こうしてはるか大陸から陸橋をわたりやってきた人たちであったと想像できる。そういえば、旧石器時代人こそは歴史上最初で最強のハンターだったのである。瀬戸内海の海底からしばしば漁網にかかって引きあげられるナウマンゾウやオオツノジカの化石化した骨は、瀬戸内の低地に残る湖のほとりに水や草を求めた獣たちであったのだろう。石器時代人の残した生活道具は、狩りの道具としては、大型の獲物を狩るにもっとも適した石の槍《やり》だけで、あとはナイフ、彫刀《ちょうとう》、掻器《そうき》、穿孔《さくこう》器《き》などとよばれる解体具とこれらを使ってつくられた骨角器《こっかくき》、牙器《がき》、貝器《かいき》などである（次頁図参照）。

洞窟に暖をとり、あるいは毛皮をなめしてテントとし、キャンプ生活を送りながら動物性蛋白《たんぱく》を主食源として極寒の時代を生き抜いた。今その姿を私たちはイヌイット族（旧呼称エスキモー）の人たちにしのぶことができる。広島県北部の帝釈峡《たいしゃくきょう》の洞窟遺跡や岩《いわ》蔭《かげ》遺跡は、よく知られているが、山口県では旧石器時代の人たちの生活遺跡も、近い将来かならず発見される可能性は高い。それは秋吉台《あきよしだい》周辺あるいは蔵目喜《ぞうめき》周辺の石灰岩地帯に残る洞窟に期待されよう。

後期旧石器時代から中期旧石器時代にかけての著名な石器製作遺跡は、山口県と広島県の県境にある冠《かんむり》山《やま》高原山頂の遺跡である。石器石材として使われたサヌカイトとよばれる安山岩《あんざんがん》系の火成岩《かせいがん》は、讃岐《さぬき》の屋島《やしま》周辺と冠山に多く求められ、瀬戸内技法とよぶ独特の技術によってナイフが製作された。この時期には「文化の地方色」がしだいに形成されていったことを示してもいる。

地球環境へのメッセージ●

旧石器時代をつうじて繰り返される寒冷な気候の周期。そのなかでももっとも過酷な寒さに見舞われた時期は、

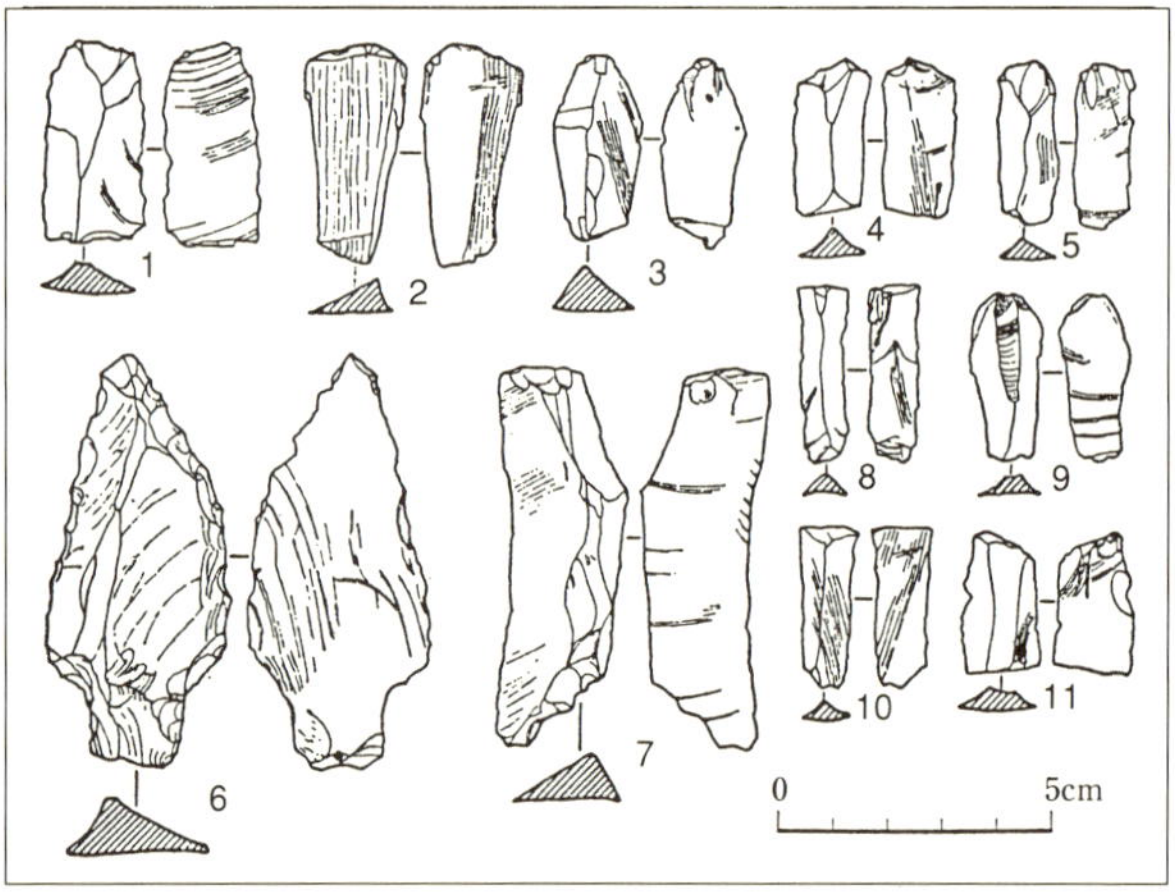

常盤池遺跡（宇部市）出土の旧石器（潮見浩氏原図）　1～3・7はナイフ型石器，4・5・8～11は細石刃，6はポイント（石槍）。

今から二万二〇〇〇～一万八〇〇〇年前ごろのヴュルム氷期のころであった。地球の年平均気温は、現在と比較して摂氏約八度も低かったといわれている。ユーラシア大陸の三分の一はツンドラにおおわれた。両極の海水は凍り、巨大な氷山となり、その結果、海面は今日よりも約一四〇メートルも降下していた。

大陸と日本列島がつながる朝鮮海峡は、四〇～五〇メートルの低い丘陵が連なり、瀬戸内は今の海面から二〇～五〇メートルくぼんだ低地が広がり、所々にいくつかの湖が散見される景観であったと想像できる。寒々とした空からの太陽の日差しは弱く、海水は蒸発せず、したがって雨はふらない。空気は乾燥し、肌を刺す零下五〇度を超える冬の日本列島。春がめぐりきても草木は繁茂せず、草木を食す獣は絶滅の危

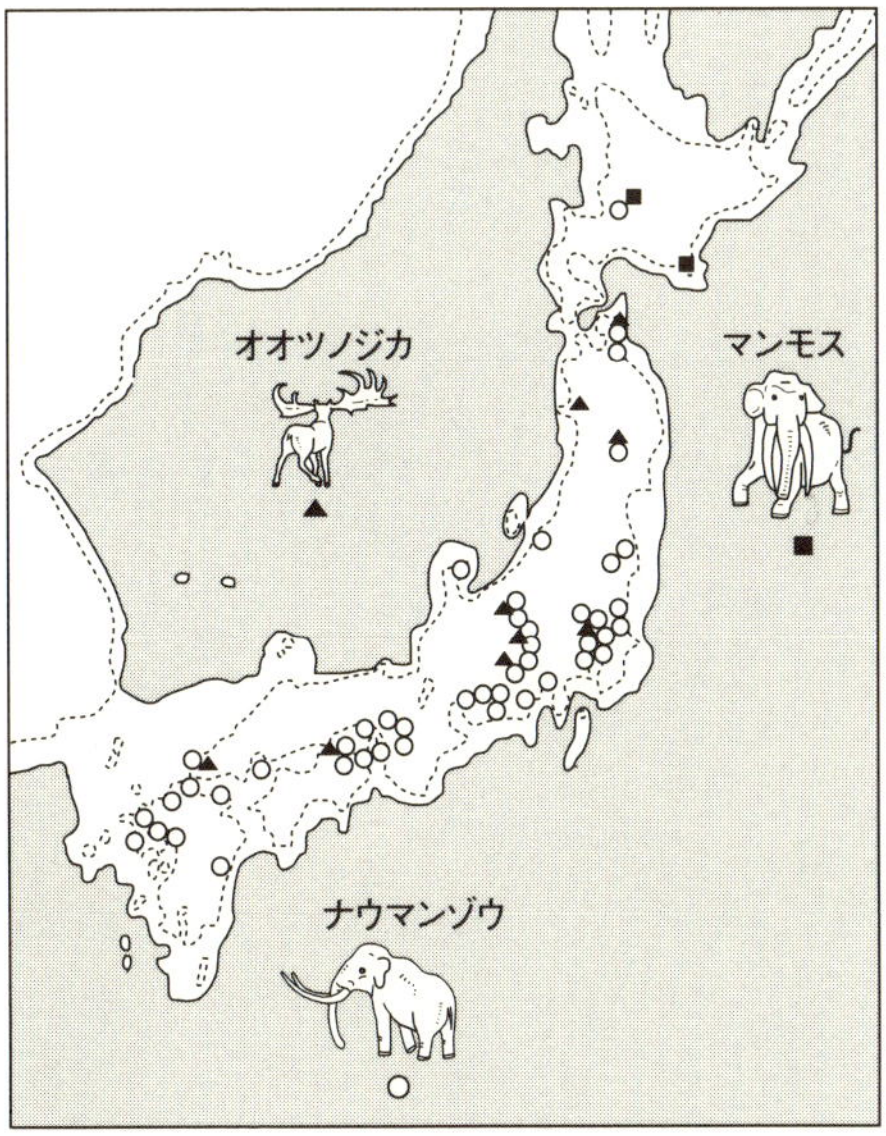

2万年前の日本(近藤喬一編『図説発掘が語る日本史』5による)

機に瀕していた。わずかに温暖な海洋沿岸の地は、なお緑が残り、獣たちはここを求めて移住する。当時の日本列島は海洋の沿岸部だけでなく、火山活動も活発でより豊かな植生が維持されており、大陸よりも人口密度は高かったと想像できる。人びとは洞窟に暖をとり、湖のほとりを生活の場として、ここにやってくる大型の獣を狩る営みを送っていたに違いない。

そんなある日、突然大地がとどろいた。にぶい地響きとともに猛烈な勢いで白い灰がふりそそいだ。鹿児島の錦江湾《きんこうわん》の奥にそびえていた姶良《あいら》火山の大噴火であった。大爆発は姶良の山そのものをもふきとばし、軽石を含んだ大量の白い灰（姶良Tn火山灰）はたちまち大地をおおいつくす。

火山灰は高く舞い上がり、偏西風《へんせいふう》にのって北は一五〇〇キロもはなれた津軽海峡にまで飛来し、この地方で五センチの堆積をみせる。浅い水中で根をはって繁殖していたミツガシワは一瞬にして絶滅し、かわってヤチヤナギがかわいた灰土のうえに植生をのばした。山口県下でも五〇〜七〇センチの堆積の厚さを観測することができる。ナラ類などの落葉広葉樹林にいだかれた豊かな地は一変し、寒々とした針葉樹林が広がっていった。大地はことごとく灰におおわれ、海辺の生物も死滅して、獣も人間も食料確保の環境を失うこととなる。人類絶滅の最大の危機の時代を迎えるのである。

姶良火山の噴火に呼応するように、やがて浅間《あさま》火山が活発な活動を開始し、そして富士火山が続いたのである。火山の活動、気候の変化、地殻の変動。このような地球表面の諸変動は、相互に密接な関連をもって連動することはすでに知られている。石器時代の寒冷な気候と火山の活動は、偶然の出来事ではなかったのである。

地球は人類の生活の大舞台である。この地球のうえで、人類は長いあいだ生き続けてきたし、またこのさき、生き続けようとしている。長い歴史のなかで人類は幾度かの滅亡の時代を迎え、そして生き抜いてきた。民族的な滅亡の危機は、人間の営みのなかで人間によってつくりだされ、そのつど人間のたゆまぬ努力と英知とによって克服されてきた。しかし人類的な滅亡の危機はつねに自然によって引きおこされ、そして自然の力強い回復の力によって克服されてきたのである。

旧石器時代の人類の滅亡の危機を救ったのは、徐々に温暖化を取り戻していった地球自身の回復力であった。次節で紹介する縄文時代の誕生は、温暖化に転じた地球のもっとも大きな贈り物であった。ひるがえって現在、地球環境は危機に瀕している。ふたたび地球規模での人類滅亡の危機を迎えているのである。しかも今度は自然の動きによって引きおこされたことではない。自然に対して人間がみずからうみだした文明への奢《おご》りと過信とエゴイズムによってもたらされたのである。

利便性と生産性を極度に追求した科学技術の未曾有《みぞう》の高度化が、大自然の生態系や地球環境はもとより、人の心や思考までかえていった。温暖化現象、オゾン層の破壊。この現代の危機は旧石器時代の危機のまったくさかさまな現象であるが、本質的にはまったく同じ現象といってよい。両極に近い、たとえばカナダやアメリカのアラスカ地方では、一〇年に年平均気温が摂氏一度の割合で上昇していると発表されている。旧石器時代の八度の低下が、極寒の気候と海面の降下をもたらしたことはさきに述べたとおりである。今それが逆に上昇を続けている。もし八度上昇したら標高一〇〇メートル以下の陸地は海に沈む。

山口県を含む西日本は、気候が温暖で四季の変化にとみ、照葉樹林が繁茂し、海や河川は豊かな幸をもたらし、典型的な日本的景観を謳歌している。梅雨は実りを保証し、冬は雪も少なく縄文時代以降今日まで、生活文化が発展していく土壌としては、総じて好ましい環境を保ってきたといえる。

自然によって育まれた文明が、いま母なる自然をあらゆる手段で破壊し、人類の生活の舞台をみずからの手で崩壊させようとしている。そしてこの危機の克服に今度だけは自然は力を貸してはくれないであろう。今、私たちが地球の環境を真剣に考えるとき、長い人類の歴史の最初の舞台であった旧石器時代の歴史と環境にまず思いをおこす必要があるのではないだろうか。

2　自然のふところのなかで

よみがえる自然●

長く続いた地球規模での氷河の時代は、約二万年前のピークをすごすと少しずつ温暖な気候に転じはじめた。一万三〇〇〇～一万一〇〇〇年前までのあいだに、幾度かの短い寒冷期をはさんで、それ以後は温暖化が急速に進み、両極の氷が解けはじめ海面は徐々に上昇した。

日本列島は大陸から切りはなされ日本海が誕生し、列島内にも瀬戸内海が生まれ、本州と四国・九州はこの海によって分離した。今の日本列島の外形はこうしてできあがったのである。温暖化がはじまり、今の景観と気候環境が誕生するこの時代は、旧石器時代最後の時期すなわち細石器時代とよばれる。そして最近の調査によると、一万三〇〇〇～一万一〇〇〇年前の時期に、日本と北アジア（シベリア）のアムール川流域においてほぼ同時に世界最古の土器が誕生する。

温暖化のもたらした自然環境の変化は大きかった。蒸発作用を取り戻すと、地上に雨がふりはじめた。海面の上昇は両極の氷の融解だけでなく、地上にふる雨が河川を流れくだり、海を満たした結果も大きかったといわれている。海水の増加は、その重みによって海底の沈下を引きおこした。山口県の西端響灘沿岸ではこの影響は少なかったが、東の熊毛《くまげ》半島周辺や日本海沿岸部では逆に溺《おぼ》れ谷となって陸地は沈下している。縄文時代の遺跡、たとえば黒石《くろいし》浜《はま》遺跡（柳井《やない》市）や与浦《ようら》遺跡（柳井市）などは今はその大部分が海底に沈んでいることもこのことを物語っている。

地上に緑がよみがえった。寒々とした荒野の景観が一変し、落葉樹が減り高地にはブナやナラなどの常緑の森林が広がり、低地にはカシ・シイなどの照葉樹林が繁茂していく。

この新しい森林のなかで、動物群も姿をかえた。氷河期にしだいに絶滅していった大型獣たちにかわって、森のなかを敏《びん》捷《しょう》に跳びまわる中・小型の獣たち、とくにイノシシやニホンジカ、オオカミやキツネなどが森林の主役となっていく。海にはプランクトンが発生し、これを食料とする多くの魚類や貝類がよみがえり、川に小魚たちがあふれはじめる。

この気候の大変化は、人間の生活パターンそのものをも大きくかえざるをえなかった。そしてこの変化は人間にとっては好ましい急転であった。人類の絶滅の危機を救うことになったか

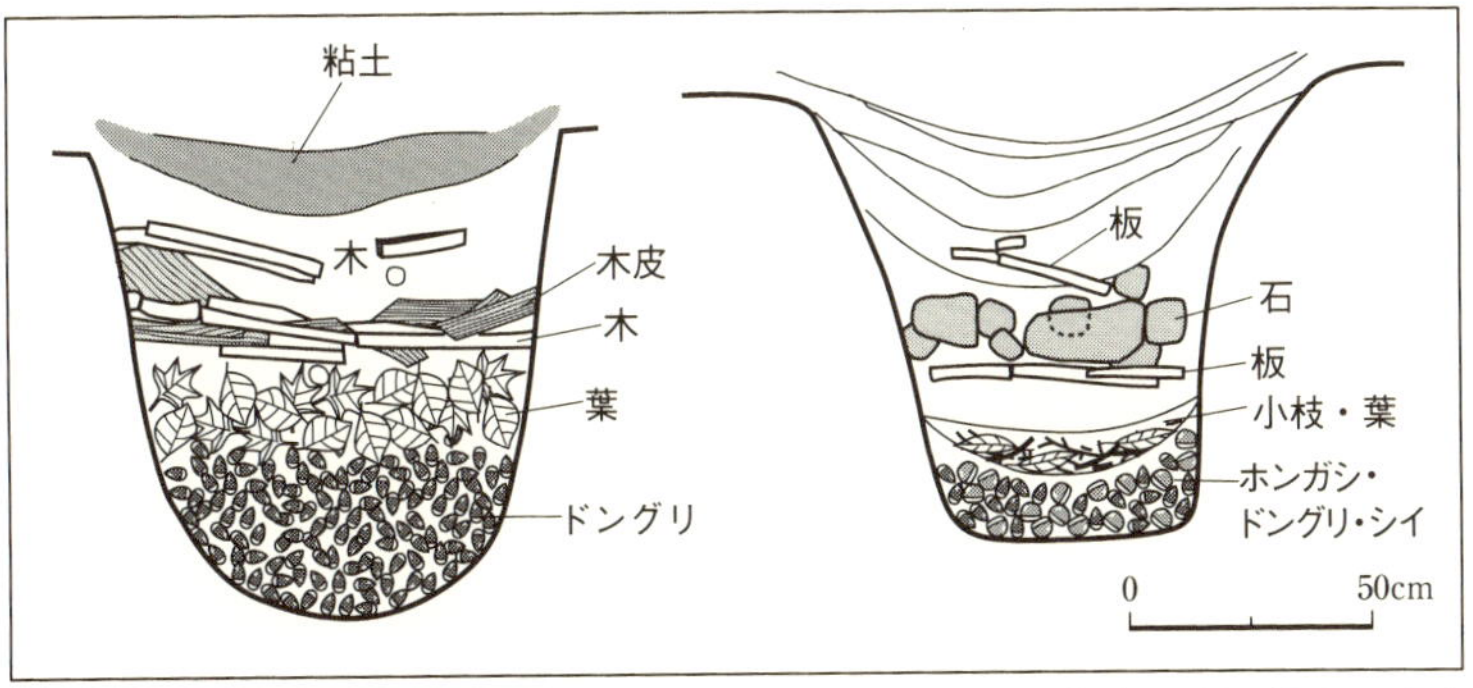

採集食料の貯蔵(左：岩田遺跡〈熊毛郡平生町〉，右：南方遺跡〈宇部市〉，稲田孝司・八木充編『古代の日本』 4による)

らである。それからの時代を日本では「縄文時代」とよんでいる。縄文時代の開始は、完全に氷河期を抜けだした約一万年前ごろにはじまると考えられている。

縄文時代には、大型獣に対応する石槍のような石器は不必要となり、狩猟用具の主力は敏捷に動きまわる小型の獣に対応できる弓矢にかわる。高度に組織化された狩猟民であるとともに、森林に木の実や食用植物を求める採集民でもあった縄文人は、その最初のステージから多くの石器の組成をうみだし、食料の保存、貯蔵や管理を発達させていく。

縄文レシピを遺跡から発掘された遺構や遺物から復元する研究も盛んになって、今では堅果《けんか》類のあく抜きや水晒《さら》しの技術などのほか、燻製《くんせい》の技術などもよく知られるようになった。前者は山口県では、縄文後・晩期の岩田《いわた》遺跡（熊毛郡平生《ひらお》町）や荻峠《おぎたお》遺跡（山口市）などで知られている。

土器の本格的な発達は縄文時代にはいってはじまった。こぼれおちる肉汁をうけとめるために、また貝を蒸すためにつくりだされた縄文土器、それは言い換えれば、温暖化に対応する人類の適応の装備としてうまれ、そして世界にほこる芸術にまで高められていった。

寒冷な気候から地球はみずからの力でよみがえり、豊かな生命をうみだし、われわれ人間に新しい生きる舞台を提供した。自然という大きなふところにだかれて、ふたたび日本の歴史ははじめられた。今の私たちの精神世界や物質的な生活のなかに基本的にうけつがれているさまざまな要素は、こうした縄文時代の舞台のなかにうまれたものが意外に多いのである。

海に生きる●

縄文時代の遺跡の数は、東日本と西日本とでは著しく違う。南九州をのぞくと近畿地方より西にいくにつれてその数は減少し、四国地方はもっとも少ない。山口県下の縄文時代の遺跡数は、現在七〇カ所程度が登録されてはいるが、その実態はいまだよくわからず、発掘調査などで判明しているものは、わずかに二〇カ所あまりとなっている。この数には、同一の縄文人集団の領域に属するものがあると考えられるので、当時の人口密度におきかえると、きわめて低い数字といわねばならない。そのうちの大部分が、内陸ではなく海辺に所在する。

日本海をのぞむ遺跡には、白潟《しらかた》遺跡（長門《ながと》市）・雨乞山《あまごいやま》遺跡（長門市）、響灘の海辺には、下関市土井ケ《どいが》浜《はま》下層遺跡・下関市厚島《あつしま》遺跡・下関市神田《かんだ》遺跡・潮待《しおまち》遺跡・梶栗浜《かじくりはま》下層遺跡・六連島《むつれじま》遺跡、瀬戸内海沿岸には、宇部市月崎《つきさき》遺跡・常盤池《ときわいけ》遺跡・山口市美濃ケ浜遺跡・防府《ほうふ》市長沢池《ながさわいけ》遺跡・下松《くだまつ》市上地《あげち》遺跡・熊毛郡平生町岩田遺跡・上関《かみのせき》町田ノ浦《たのうら》遺跡・柳井市黒島浜《くろしまはま》遺跡・与浦遺跡などがあり、山口県を代表する縄文遺跡となっている。雨乞山遺跡のように、海をみおろす丘陵上の遺跡をのぞくと、ほとんどは、海浜の砂堆上にいとなまれた、漁労の民として生活する縄文人たちの遺跡である。そしてそのほとんどが、温暖な気候が安定する縄文前期以降にいとなまれた。しかし彼らは、東日本の海辺の縄文人とは異なり、貝塚を

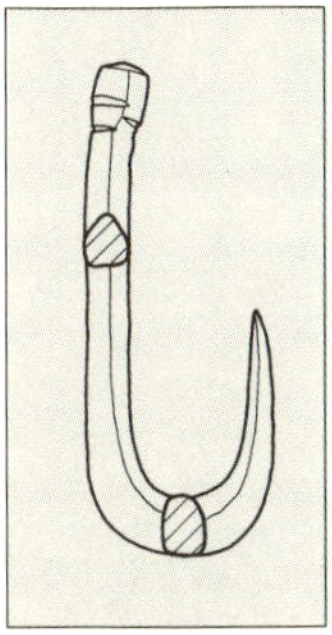

白潟遺跡（長門市）出土の鹿角製釣針《ろっかくせいつりばり》

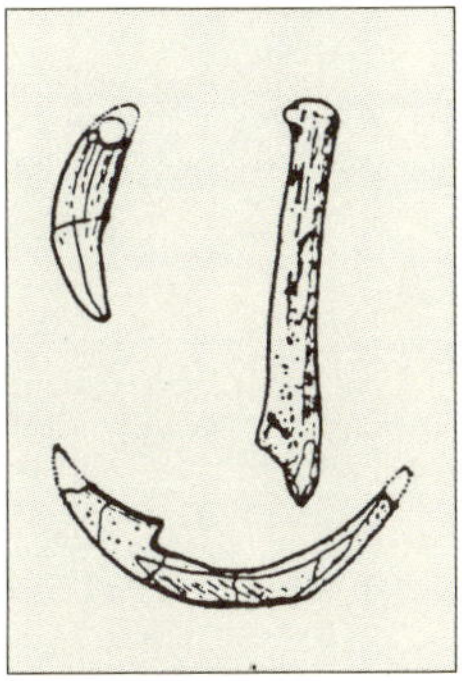

六連島遺跡（下関市）出土の鹿角製結合式釣針

形成させることは少なく、とくに浅瀬をもつ瀬戸内においてほとんどみられない。貝塚の形成は、むしろこの地域の弥生《やよい》時代の遺跡に顕著に認められる。

丸木舟での縄文人の航海については、かなり遠方への行動範囲を追うことが可能である。山口県の縄文人たちも、石器の原材料となる黒曜石《こくようせき》を求めて、大分県国東《くにさき》半島の沖に浮かぶ姫島《ひめじま》へ日常的に行き来した。各遺跡より発見される白濁した姫島産黒曜石の一様な出土はこのことをよく示している。しかし漁労は遠海へでていくことはなく、近海・内海漁業で海産物を獲《え》たようだ。その中心はクロダイであったが、そのほかに、エビ・カニ・タコ・イカ、それにウミガメや回遊してくる大型のマグロやクジラも捕獲している。

瀬戸内海沿岸の遺跡からは、偏平な楕円形の石の両端を打ち欠いてつくった石錘《せきすい》とよばれる網の錘《おもり》が数多く出土している。すなわち網による漁法が盛んであった。逆に瀬戸内ではいまだ釣針が発見されていない。これに対して、日本海沿岸や響灘では、石錘の出土する遺跡は少なく、白潟遺跡や六連島遺跡などでは鹿角製の大型の釣針が発見されている。朝鮮半島東海岸から北部九州にかけての地域では、このころ釣針による漁業が盛んであった。山口の地もこうした漁業ゾーンに属していたのだろうか。瀬戸内の網漁、北浦《きたうら》の一本釣りという山口県の縄文時代の漁法の地域色を考えることもできそうである。

産卵期をもつ回游魚や海藻や貝類の捕獲は、季節によって漁場が異なる。また同じ場所での採集は食料の保有の継続性をあやうくする。海辺の民は季節によって住む場所をかえ、母村をはなれ浜から浜へ、島から島へと渡り歩いた。母村遺跡とキャンプ遺跡(季節的移住地)という関係にある遺跡が考えられる例としては、神田遺跡と六連島遺跡、岩田遺跡と田ノ浦遺跡などがあげられる。海の民は元来行動的である。これに対して農耕の民は元来行動をおこすに腰が重い。海洋を行き来する海の民は、各地の情報に熟知してもいた。

山口県の縄文遺跡にみられる土器の特徴は、瀬戸内中・東部を始め、九州北・中部それに朝鮮半島の土器などが混在していることである。瀬戸内海、響灘、そして日本海という三方を三つの海に囲まれた山口の縄文人たちは、海という舞台をつうじて各地の文化とふれあい、この地を文化交流の十字路として機能させ、そして彼らの獲得した新しい情報こそがつぎにくる弥生時代の先駆けをもたらすこととなったのである。

2章

倭人の国から古代国家へ

柳井茶臼山古墳(柳井市，古墳前期)

1　新しい時代への旅立ち

響灘と渡来人●

昭和六（一九三一）年、響灘《ひびきなだ》に面した下関《しものせき》市豊北《ほうほく》町神田《かんだ》土井ケ浜《どいがはま》の砂丘から、人の骨が発見された。蒙古《もうこ》来襲の伝承をもつこの辺りでは、蒙古人の骨として理解されていた。

大戦がおわって間もない昭和二十八年、同じ砂丘から人骨とともに貝でつくられた腕輪が発見され、この遺跡は古墳時代よりも古い可能性があるということになり、発掘調査が開始された。昭和三十二年までの五カ年におよぶ調査の結果、「土井ケ浜遺跡」から発見された人骨は約二〇〇体におよび、この人骨に伴って多くの弥生土器《やよいどき》と、貝製の装身具が出土した。土器の示す年代は、およそ弥生時代の前期末から中期にかけて、すなわち紀元前一世紀から紀元一世紀である。その後今日まですでに一九次にわたる発掘調査が行われ、白く美しくひかる弥生人骨の総数は三〇〇体を超え、最近の調査では、この墓地の初現は、少なくとも弥生時代前期（板付《いたづけ》II式・紀元前二世紀前半）にまでさかのぼることが知られるようになった（口絵参照）。

土井ケ浜弥生人骨は、日本各地の遺跡から出土する弥生人骨のどれよりも保存状態が良好であり、形質的分析を容易にしていることに加えて、単一遺跡からの出土数の多さが、「集団」としての特徴を数量的データとして把握することの信頼性を高めている点において、日本の弥生時代人を知る最良の形質人類学的資料となっている。

長い縄文《じょうもん》時代、日本列島に住んでいた人びとの形質的な特徴は、背が低く、骨太で、顔の幅が広く寸づまり、鼻が高く、全体に目鼻立ちのはっきりした、そしておそらく体毛の濃い、いわゆる「古モンゴロイド」の特徴をうけついでいた。そしてこの特徴はおそらく縄文の全時代をとおして大きく変わることもなく、また地域差もさほどなかったと考えられている。

ところが土井ケ浜遺跡の弥生人骨は、この縄文時代人の特徴とはまるで対照的であった。一六〇センチをはるかに超える平均身長。華奢《きゃしゃ》な四肢骨。面長な細面の顔に低い鼻、全体にのっぺりとした、それでいて端正な顔立ちは、現代人で表現すると、近衛《このえ》文麿《ふみまろ》・佐藤《さとう》栄作《えいさく》両元首相のちょうど中間的顔立ちを想像させる。いわゆる「新モンゴロイド」の特徴をそなえていた。

土井ケ浜遺跡の調査の後、響灘沿岸の下関市中《なか》の浜《はま》遺跡や吉《よし》母《も》浜《はま》遺跡においても同じ時期の弥生人骨が百数十体発見され、また北部九州においても、同じ形質的特徴をもつ弥生人骨がすでに五〇〇体を超えている。いま人類学では、

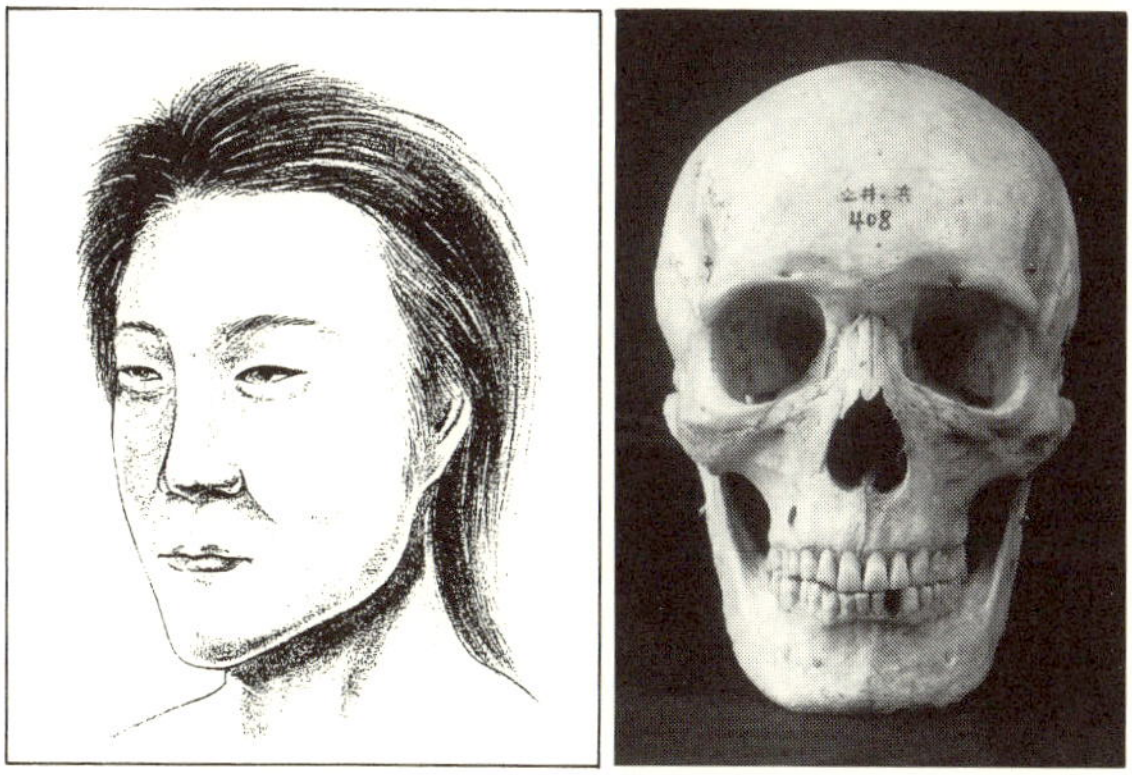

土井ケ浜弥生人の男性(『土井ケ浜遺跡と弥生人』土井ケ浜人類学ミュージアム編による)

紀元前三世紀のなかばをすぎたころ、中国では、群雄諸侯《ぐんゆうしょこう》相争う長い戦国時代に終わりを告げて、西の雄国秦《しん》の王が全土を統一し、国号を「秦」、みずからを「始皇帝《しこうてい》」と名乗った。中国史上はじめての統一帝国の誕生であった。

始皇帝は、厳格な法秩序をもって国の基礎となし、強大な権力をもって貨幣や度量衡《どりょうこう》を統一した。戦国の世は、くる日もくる日も戦乱に明け暮れ、そのつど農民は戦いに駆りだされ、また重い糧税を課せられた。民は疲弊し国土は荒れ果てた。

国の統一によりひとまず戦乱はおさまったが、あらたに始皇帝は、想像を絶する大規模な陵墓と宮殿の造営に着手すると、ふたたび民は駆りだされ、田地は衰土と化した。

紀元前四世紀〜前三世紀にかけての時期、一衣帯水《いちいたいすい》の海のむこうはこのような様相を呈していたのである。

「強大な権力者」始皇帝の背面には、一人の人間として「永遠に生き続けたい」という欲望が人一倍強かった。

海中に蓬萊《ほうらい》・方丈《ほうじょう》・瀛州《えいしゅう》と申します三神山がございまして、そこには仙人が住み、不老不死の薬があると聞いております。

琅邪《ろうや》（中国山東省）の方士徐福《ほうしじょふく》が、秦の始皇帝にそんなことを奏上したのは、紀元前二一九年のことといわれている。始皇帝は、徐福にその不老長寿の仙薬を求めてくるように命じ、大船団をく

❖コラム

んで多くの人びとをのせ出航させた。人びとのなかには、航海をおびやかす「大鮫魚」（鯨カ）をとらえる「捕手」や連弩《れんど》の使い手たちも多くいたと『史記《しき》』には記載している。海中にでた徐福は、その後ふたたび琅邪に帰ることはなかった。

もとより不老長寿の薬などなく、徐福は疲弊困憊《こんぱい》した住みづらいこの国をすてて、新天の地を求めて大勢の仲間とともに亡命を企てたと解釈するならば、これほど当時の中国のありさまをよく物語る伝説もないと思われる。

海中の新天の地は日本（倭《わ》）であったとする説は多い。日本には徐福渡来の地という伝承を残す土地が、一一カ所あるといわれる。その代表的な地は、紀州《きしゅう》新宮《しんぐう》と佐賀である。この両者とも、後世有数の捕鯨基地として栄えている。すなわち紀州の太地《たいじ》、佐賀の松浦《まつうら》捕鯨にほかならない。捕鯨捕手を多く引きつれた伝承はこうした地を「徐福渡来の地」に仕立てあげた。

山口県に名だたる捕鯨基地といえば、北浦《きたうら》（日本海から響灘《ひびきなだ》沿岸の地を指す）捕鯨であろう。長門《ながと》市青海島《おうみじま》に今も遺る「鯨墓」や、多くの捕鯨用具は国の文化財に指定され、捕鯨華やかなりしころをしのばせる。

しかし北部九州とならんで大陸に近い位置を占めるこの北浦に、「徐福渡来」の伝承が残されていない。これはまさに奇異なことといわねばならない。山口県において徐福にまつわる伝承を残す地は、北浦ではなく瀬戸内の祝島《いわいしま》なのである。徐福伝説のない響灘に、徐福出航の時期に近い弥生《やよい》時代の「渡来人《とらいじん》」の墓の遺跡が発見されていることは、歴史の事実と、伝承の作為の織りなす不思議なロマンというべきかもしれない。

彼らを「北部九州・山口型弥生人」と称し、東日本や西北九州・南九州の、「縄文人的特徴」をそのままうけつぐ弥生人たちと対比する集団として把握されるようになった。縄文時代と異なり、弥生時代には同じ日本列島内にも、大きな形質的な地域差があらわれていたのである。

土井ケ浜弥生人たちは一体誰なのであろうか。弥生時代の初めに、北部九州や響灘沿岸に登場した弥生人たちにはじめて接した縄文時代人の末裔たちは、おそらく自分たちとは民族を異にする見たこともない人びとに出会う驚きを隠せなかったのではないかと想像できる。彼らの住んだ領域こそまさに日本列島で最初に弥生文化が開花した地域なのである。

「弥生文化」、それは従来の長くきびしいハンターの生活を一変し、米作りと金属器、機織《はた》り、環濠《かんごう》集落と戦争などが日本列島にはじめて登場した農耕文化の総体であった。そしてその後今日までの日本の生活文化の基盤となった文化でもあった。弥生の農耕文化は大陸から列島にもたらされた。おそらくは、江南《こうなん》の地から黄河《こうが》流域に、そして朝鮮半島から海峡を越え北浦《きたうら》の地に至ったと考えられる。熟した農耕文化と金属文化を身につけた大陸の人たちが、響灘をふきわたる北西のアナジの風にのって新しい天地を求めたその結果が、その後のわが国の運命を大きくかえていった（二六頁コラム参照）。

朝鮮半島および中国大陸の、ほぼ同時代の古人骨に彼らのルーツを求める人類学の旅は今はじまったばかりである。先年、韓国南部の慶尚南道金海《けいしょうなんどうきんかい》《キョンサンナムドキメ》にある、四世紀の礼安里《れいあんり》《イエアンニ》古墳群から多くの人骨が発見され、土井ケ浜弥生人骨との比較分析が行われたが、形質的な同質性をみるに至らなかった。礼安里遺跡の時代がいくぶん新しいことと、支配階級の人たちの埋葬であったとすれば一般庶民と異なった「遺伝子の隔離」がおこりえたことも考えられ、これらのことが同質性を観察できなかった理由かもしれない。同じ慶尚南道の海岸線にある勒島《ろくとう》《ヌクド》などの、比較的土井ケ浜遺跡と年代の近い人骨とは、残念ながらかなり異なっている。朝鮮半島の古代人骨に即ルーツをみることは現段階ではできない。

中国の古代人骨は、資料例が少ない。しかし最近の調査では、山東省の遺跡から発掘された漢《かん》代の人骨資料のなかに、土井ケ浜弥生人ときわめてよく似た形質をもつ資料がかなり多くみつかっている。今後の調査の進行に今は期待したい。

一衣帯水の地●

山口県の西端、響灘に面した海岸線には弥生《やよい》時代の代表的な遺跡群が南北に連なって、弥生銀座《ぎんざ》とでもいうべき特色を有している。北の土井ケ浜遺跡は前項で紹介した。土井ケ浜から少し南に海岸線をくだると、下関市の砂丘にも、弥生人の共同墓地がある。県指定史跡・中の浜遺跡である。東京教育大学（現、筑波大学）や広島大学、山口県や豊浦町（下関市）などの多くの研究者の手によって発掘調査が繰り返され、すでにこれまでに一〇〇体を超える人骨が発

中の浜遺跡支石墓（下関市）

掘され、土井ケ浜と同じ高身長・高顔のやはり渡来系の弥生人の特徴が報告されている。

箱式石棺《はこしきせっかん》群と土壙墓《どこうぼ》群で構成されている墓地のなかに、ただ一基朝鮮半島特有の支石墓《しせきぼ》（本州では唯一の例）が混在し、副葬品にも朝鮮式細形銅剣《どうけん》や、県内唯一の発掘例である銅戈《どうか》などの舶来品がみられる。海を越えてきた人と物の組み合わせが、弥生文化成立のようすをよく物語ってくれる。

さらに南にくだると、吉母浜遺跡（下関市）および梶栗浜《かじくりはま》遺跡（下関市）などの弥生人の墓地遺跡がならぶ。どちらも海岸線に平行してのびる砂丘のうえにいとなまれている点で、土井ケ浜遺跡や中の浜遺跡とまったく同様である。梶栗浜遺跡は、かつて長州鉄道敷設のさいに発見され、箱式石棺から朝鮮式細形銅剣とともに朝鮮の鏡・多紐細文鏡《たちゅうさいもんきょう》が発見されていて、やはり朝鮮半島とのつながりの深い特徴をもつ国指定の史跡である。

下関の市街地垢田《あかだ》の宅地造成地から発見された地蔵堂《じぞうどう》遺跡からは、一基の箱式石棺が掘りだされ、副葬品として中国前漢時代の鏡である内行花文精白鏡《ないこうかもんせいはくきょう》と、わが国唯一の発見例として知られる蓋弓帽《がいきゅうぼう》（貴人の車の天蓋《てんがい》の傘《かさ》の弓の先端に取りつける鍍金《ときん》製の飾り金具。口絵参

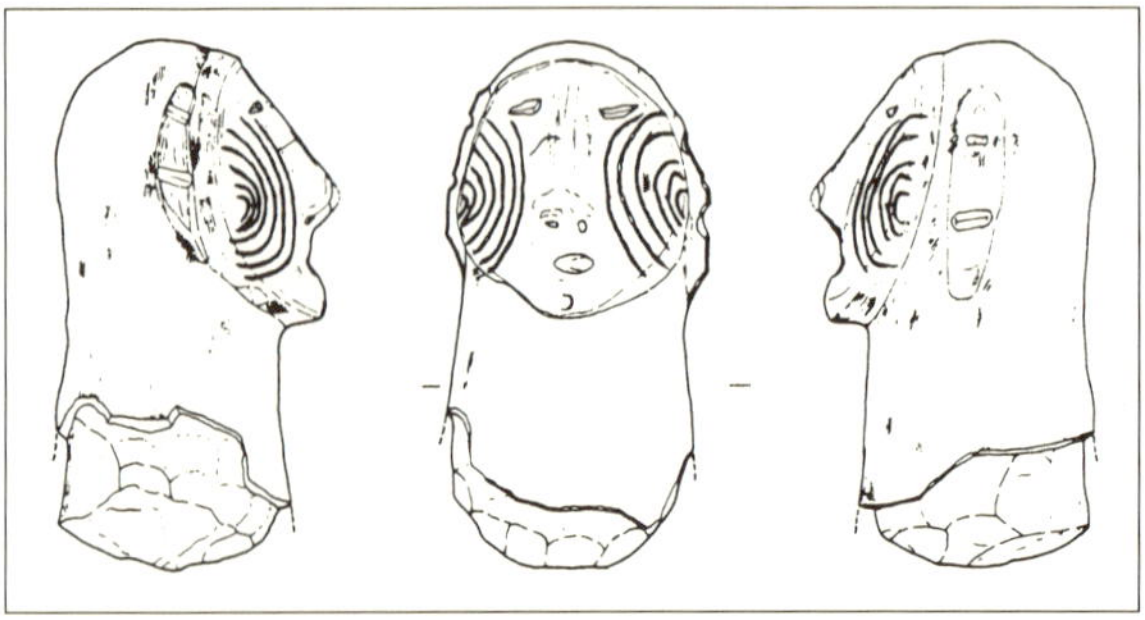

人面土製品（綾羅木遺跡〈下関市〉出土）

照）が遺されていた。遺跡は今はないが、出土品は国の保有すべき文化財として国立歴史民俗博物館に保管されている。

上述した響灘の遺跡群は、すべて弥生時代の埋葬の遺跡である。これだけの墓地遺跡がありながら、弥生時代の集落の遺跡はあまり知られていなかった。そのなかで唯一集落遺跡として代表的な遺跡は、下関市綾羅木《あやらぎ》の海岸段丘のうえにいとなまれた綾羅木郷遺跡であった。

炭化した米、それらをたくわえる地下式の貯蔵穴、これらをとり囲む環濠は稲作農耕の定着した弥生のムラの典型的な姿をなし、また海をみおろすこの集落からは、鮑《あわび》おこしなどの漁民の生活道具も発見されていて、この地の弥生人たちの半農半漁の生活をよく物語っている。この遺跡を特徴づけるもう一つの出土品、顔一面に同心円の入《い》れ墨《ずみ》を彫りかざった人面土製品《じんめんどせいひん》は、ともに『魏志《ぎし》』倭人伝《わじんでん》に伝える「倭人は皆、黥面文身《げいめんぶんしん》して好んで水没し、魚蛤《ぎょこう》を捕らえる」という記事を彷彿《ほうふつ》させるに十分である。

響灘沿岸に連なる弥生時代の遺跡群。それらは、弥生時代の誕生を海と大陸を舞台に人と物によって鮮明に語ってくれる。この響の海は、晩秋になるとしだいに西北の季節風（アナジ）が吹き荒れ、春三月弥生になると、この海を越えて大陸から黄砂《こうさ》を運ぶ。大陸の新しい文化の門戸として、また日本文化の黎明《れいめい》の地として大きな役割をになった。しかし弥生中期に至って、しだいにその使命を閉じ、やがて鄙《ひな》の地に埋没していく。

高地性集落●

山口県の東部を流れる代表的な河川に島田川《しまだ》がある。この川の流域に沿って、多くの弥生時代の遺跡が分布し、総称して「島田川流域遺跡群」とよばれている。

島田川流域遺跡群を特色づけるのは、流域をのぞむ「小高い丘陵の頂部」にいとなまれた集落群である。水稲農耕が定着し低い沖積平地にムラをかまえた弥生時代の一般的な集落とは異なり、農耕生活をいとなむに不便な、かつ非生産的な山の上に位置するこのような集落のあり方こそが、「弥生時代」という時代の特性を象徴的に物語るものであった。

島田川流域の遺跡群のもつ共通点は、いずれも標高四〇〜五〇メートル（比高差二〇〜三五メートル）の丘陵上にあり、集落を囲んで大規模な環濠や土塁《どるい》をめぐらしていることであった。集落の時期は、弥生中期と後期後半にあたる。環濠のうちには、竪穴住居《たてあなじゅうきょ》群や食料貯蔵庫群があり、多量の石器や土器のほかに、コメ・ダイズ・アズキ・リョクトウ・アンズ・クリ・ウメ・モモ・カシ・ナラ・シイなどの植物食料も多く発見されていて、その場所に一定の期間居住していた状況を示していた。このような遺跡を「高地《こうち》性集落《せいしゅうらく》」とよぶ。大規模な環濠や土塁をめぐらす特徴と、その成立時期は中国の史書『後漢書《ごかんじょ》』東夷伝《とういでん》や『魏志』倭人伝に記述される「倭国大乱《わこくたいらん》」のイメージに重なり合い、「高地性集落」とは、当時の政治的緊張を背景とした軍事的な必要性から、農耕活動や生活の不便さを圧してなお、防御《ぼうぎょ》に適した位置を選択した「守りのムラ」であったと考えられている。中国の史書の記述と山口の遺跡が結びつき、弥生時代の日本列島内の武力抗争の世情が実証できる手がかりとして、島田川流域遺跡群がその端緒を開いたものであったことは、日本の考古学史上特筆されるべきものといえる。

高地性集落の分布は、かつては九州から大阪湾に至る瀬戸内沿岸を中心として、中部九州から北陸・中部地方まで広がっていて倭国大乱の記事に予測される当時の倭国の範囲に重なるとうけとられてもいた。しかし、今日ではその分布圏は、九州から東北地方まで広がり、その出現の時期も弥生時代前期後半〜末にさかのぼるとともに、その終末は古墳《こふん》時代におよんでいる。すなわち、弥生文化のおよんだ地のすべてにおいて普遍的にみられ、弥生文化の定着とともに出現し弥生時代をとおしていとなまれていたことを示すこととなった。

今日、高地性集落と認められる遺跡の県内の分布は、下図に示すとおりである。山口県内には、現在七一カ所。瀬戸内沿岸、または瀬戸内にそそぎこむ河川に沿った内陸部に多くみられ、日本海沿岸部や山間盆地周辺にはごく少ない。この分布状況は、高地性集落だけに特有のあり方とはいえず、山口県下の一般的な集落遺跡の分布状況とほぼ重なる。

考えてみれば弥生時代の集落の形態は、その開始の時期から防御的機能をそなえていた。福岡県板付遺跡や、佐賀県吉野ケ里《よしのがり》遺跡、そして山口県の宮ケ久保《みやがくぼ》遺跡によく知られるように、平地にいとなまれた集落であっても、もともと大規模な環

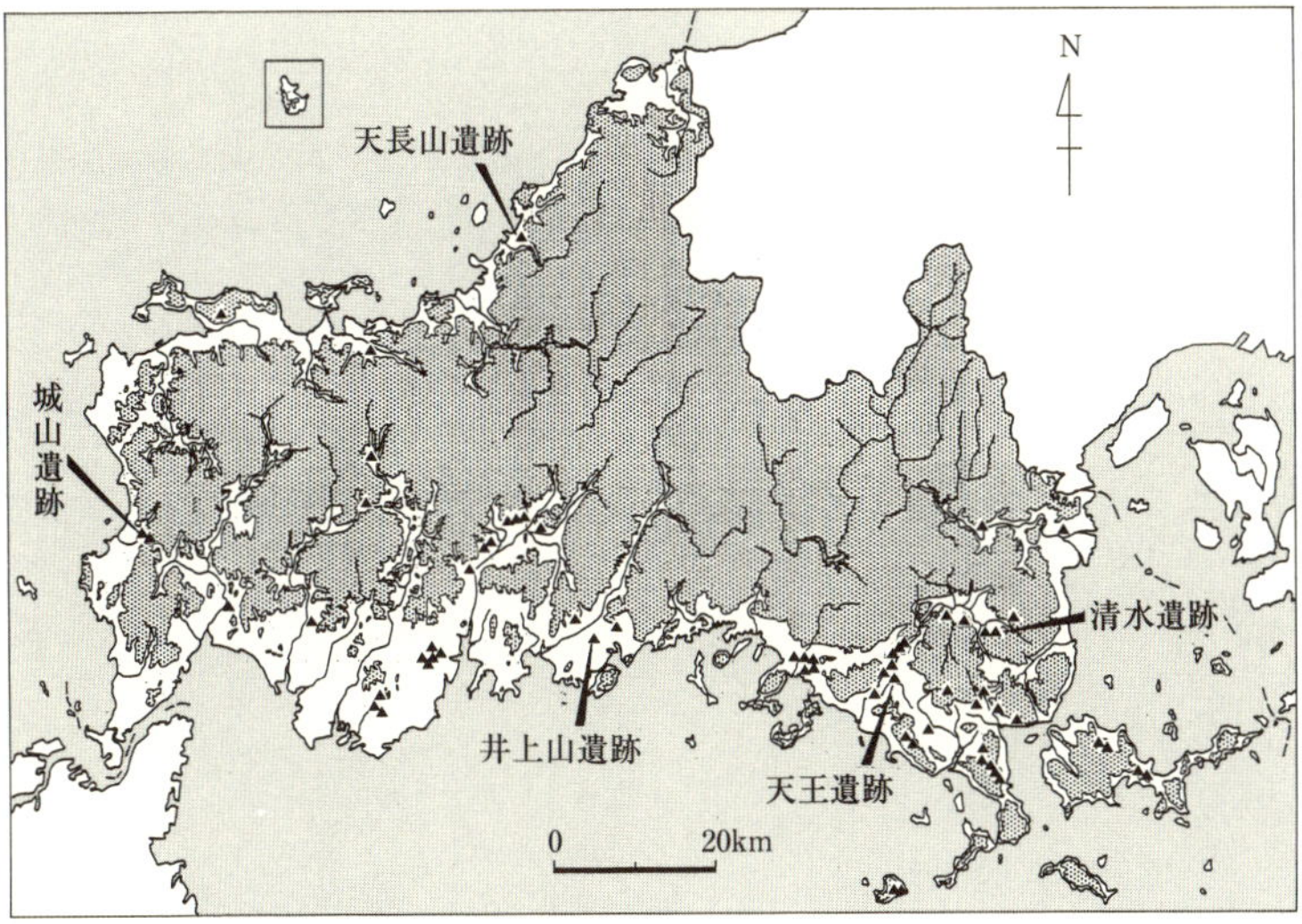

高地性集落遺跡の分布(乗安和二三氏提供)

濠に囲まれている。内に土塁や柵列《さくれつ》をかまえ、まさに防禦的形態をとることがごく一般的だったのである。世界の先史時代をみわたしても、食料採集段階（木の実をとり、狩猟や漁労で生きる時代）の人びとの時代には、本格的な戦いはなかったといわれている。本格的な戦争がはじまるのはどの文明においても、栽培と家畜の飼育がはじまる食料生産段階（農耕社会）にはいってからである。余剰物資がたくわえられるとそれは財産となり、これを奪うものと奪われまいとするもののあいだで戦いははじめられた。その結果、はじめて武器という道具も出現した。

弥生時代は日本の歴史上、戦争を開始した時代だということを象徴するモニュメントでもある。岩国市玖珂《くが》町の清水遺跡は、標高九八メートルの丘陵上にいとなまれた山口県を代表する「頑丈な守りのムラ」であった。頂上部近くと中腹、それに麓《ふもと》の三カ所に丘陵を取り巻く深く広いV字形の環濠を三重にめぐらし、内部に竪穴住居一一軒、竪穴住居状遺構五基、段状遺構一九基、壺棺墓《つぼかんぼ》七基が発見されている（口絵参照）。

高地性集落を構築するためには、集落規模をはるかに上回る広大な範囲の丘陵の樹木を伐採し、居住空間とともに、はるか遠くをのぞむ見晴しを確保しなければならない。さらに深く広い濠《ほり》を何百メートルにもわたって、幾重にも掘らねばならない。土塁をつくり、柵をめぐらし、まさに平地から見上げれば壮大な城郭を思わすこの集落の建設にあたった労力は想像を絶する。こうしたことをなしとげねばならない社会的状況とは、いかに危急緊迫した状況であったかを教えてくれている。ただ山口県の高地性集落の発掘をつうじて観察される状況は、きなくさい匂いは意外なほど薄い。戦闘用の武器類の出土も他の地域の高地性集落（香川県紫雲出《しうんで》遺跡など）にくらべてごくわずかである。争乱に緊迫する世情のなかで、守りのムラはきずかれたが、この地を舞台とする戦乱は少なく、壮大な弥生の城邑《じょうゆう》はむしろこの地においては抑止力としてのみ機能していたのかもしれない。

2　古代国家形成への胎動

ヤマト政権と在地首長●

弥生時代の終わりごろ、二世紀から三世紀の倭《わ》（日本）は、百余国に分かれていたことが知られている。この倭国のなかには、北部九州や畿内《きない》、吉備《きび》や出雲《いずも》といった地域のように、他を抜きんでる大きな勢力をもつ、そして領域の広い国々があったことが推定できるが、そのあいだの地域には旧郡単位の領域にて成立していた小国も多く存在したと考えられる。『魏志倭人伝』には、そうした大小の国々の傑出した司政者たちを、「王」とよんでいる。

山口県の周防《すおう》・長門領域では、弥生時代の終わりに墳丘《ふんきゅう》をもつ支配者の墓（王墓）はいまだ知られていない。この地には、『魏志』倭人伝に記載されたような「国」としての存在領域はいくつかはあったとしても、王墓をきずくだけの傑出した勢力に成長していなかったかもしれない。たとえば、この時期の墓として知られる山口市の「朝田《あさだ》墳墓群」には、周溝をめぐらし小墳丘をもつ独立墳としての墓が発見されているが、これらはいまだ「集団」墓群を構成し、そのなかに特別卓越した規模のものはみられない。古墳時代の王の墳墓としてはじめて登場したのは、周防の東部熊毛《くまげ》郡田布施《たぶせ》町の丘陵頂部にきずかれた「国森《くにもり》古墳」であった。この古墳は方形の墳丘の一辺に小さな低い突出部が付設された独特の形態をなしている。

いまだ前方後円墳《ぜんぽうこうえんふん》として定型化していない弥生的地方色を感じさせる。一辺が二七メートルあまりの墳丘の中央に、大型の深い二段掘りの墓壙《ぼこう》を設け、内に朱で赤く塗られた長大な木棺を直葬し、副葬品として祭祀権力を象徴する中国製の青銅鏡《せいどうきょう》（連弧文昭明鏡《れんこもんしょうみょうきょう》）一面と、政治権力を象徴する鉄製の武器、および経済力を象徴する多くの鉄製の農工具を所持していた。地方首長として古墳時代の王にふさわしい内容であるが、のちに王権のシンボルともなる鏡・玉・剣の三種のうち玉を欠くところに、「初期」地方首長のありようがしのばれる。副葬された青銅鏡は、小型で中国漢代につくられた舶載品であった。このあとにつづく時代の首長墓に多くみられる中国三国《さんごく》時代の三角縁神獣鏡《さんかくぶちしんじゅうきょう》のような大形鏡ではないところに、この古墳の時代的位置付けが三世紀後半であることを教えてくれる。

三世紀の終わり近く、先進地域にわずかに遅れて周防東部に古墳時代初期の王の墓が出現したあと、周防・長門地域においては、四世紀になって古墳はほぼ旧郡の領域をもって瀬戸内沿岸の地域に展開しはじめる。

山口県内の主要古墳の分布と、弥生時代の集落および埋葬遺跡の分布とを重ね合わせると、必ずしも一致しない。前者は瀬戸内沿岸の地域にほぼ集中し、響灘沿いや日本海沿岸の地域、それに山間部には比較的粗である。後者は弥生後期に至っては、規模の大小はあってもほぼ県下全域におよんでいた。全体として大きな平地をもたず、細々とした海岸平野や山間の盆地、河川沿いの平地に農耕をいとなむ村落が、しばし大きな勢力圏としてのまとまりをみせなかったことは、この地の古代の一つの特色といってもよい。山口県内では、古墳時代の在地首長層は、本貫《ほんがん》の地を背後に残しつつ、瀬戸内に進出し、海という基盤を生きる糧《かて》と考えていくことになった。

ヤマト大王権は、古墳時代の生産手段と武力的優位性を保つために、もっとも大事なものとして「鉄」を念頭においた。鉄は当時朝鮮半島の南部、百済《くだら》国と新羅《しらぎ》国にはさまれた「伽耶《かや》の地」において盛んに生産されていた。ヤマト大王権も、伽耶の鉄を手にいれるため朝鮮半島との結び付きの強化をはかることが倭における優位を得ることと知り、大和《やまと》から朝鮮半島に至る瀬戸内の海上交通路を常に風通しのよい状態で掌握しておかねばならなかった。

瀬戸内に拠点をかまえる地方首長たちを、いかにヤマトの勢力下におさめるか。このことは古代国家統一のためのヤマトにとって最大の課題であったといえる。一方、瀬戸内の王たちからみれば、とくに山口県下の経済基盤の脆弱《ぜいじゃく》な王たちにとっては、この地の利をいかに生かして大王権力と結びつき、在地権力を保持するかという課題を背負っていたといってもよい。

ヤマトは、四世紀に至り、柳井《やない》市の「柳井茶臼山《ちゃうすやま》古墳」、下《くだ》松《まつ》市の「宮ノ洲《みやのす》古墳」、周南《しゅうなん》市の「竹島《たけしま》古墳」、宇部《うべ》市の「松《まつ》崎《ざき》古墳」、山陽小野田《さんようおのだ》市の「長光寺山《ちょうこうじやま》古墳」の被葬者たち、すなわち瀬戸内の拠点橋頭堡《きょうとうほ》を掌握する在地首長たちにあて、船

三角縁盤龍鏡(宮ノ洲古墳〈下松市〉出土)

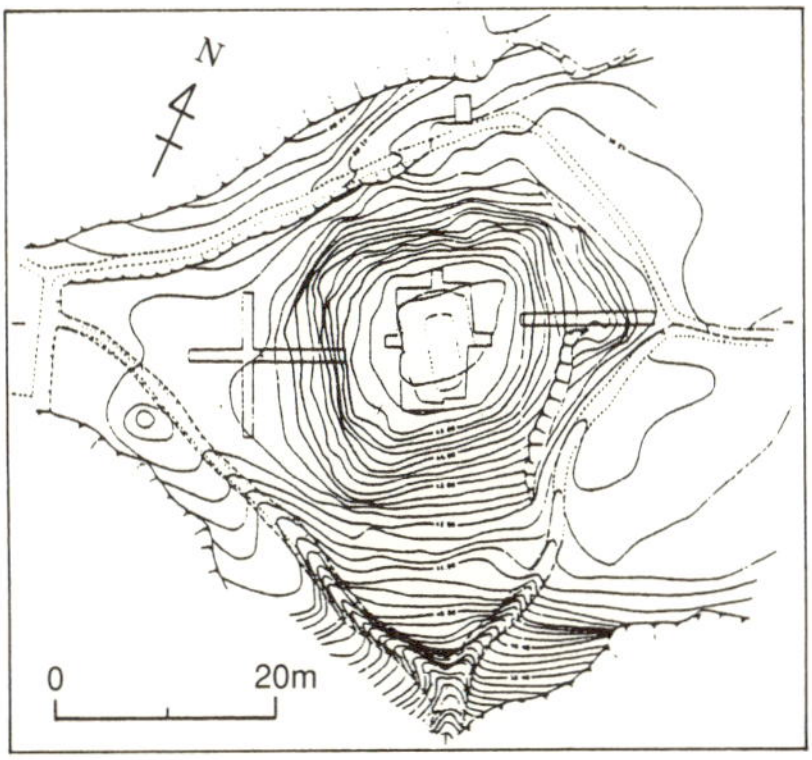

国森古墳墳丘図(熊毛郡田布施町)

載品ならびに国産の「三角縁神獣鏡」および古墳時代ではわが国最大の鏡であった「単頭双胴《たんとうそうどう》怪獣鏡《かいじゅうきょう》」(口絵参照)を送り、勢力の下にとりこんだ。これらの首長たちはやがて古墳時代後期に至って、それぞれの後裔たちを、あらたな地方統制機構である「国造《くにのみやつこ》」・「県主《あがたぬし》」として輩出することとなるが、その基盤をこうしてつくりあげていったのであった。

四世紀のこれらの古墳のうち、今は破壊されて知ることのできない宮ノ洲古墳をのぞいては、すべて大王家の陵墓である前方後円墳の形式を許されている。広く豊かな耕地をおさめ、経済的自立性をもつ地方の王とは異なり、山口の在地首長にとっては、この道の選択以外にはなかったものと思われる。

熊毛王族の墓●

山口県下の主要古墳の分布を概観すると、下図のようになる。さきに述べたように、瀬戸内沿

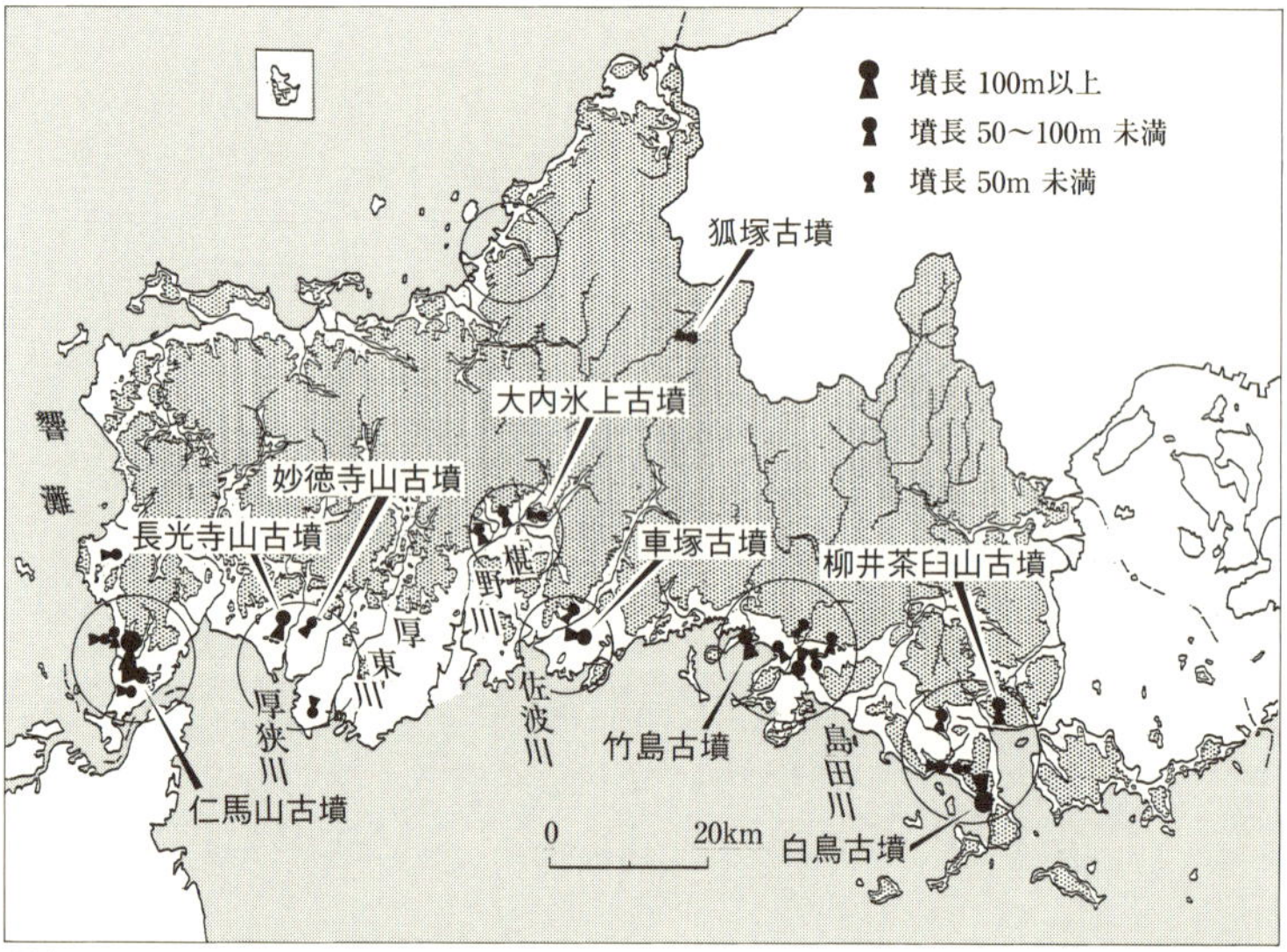

県主・国造領域と前方後円墳の分布

岸部にほぼ東西に長く分布し、山口盆地をのぞくと内陸や山間地域および日本海沿岸に希薄であることがわかる。

瀬戸内山陽側に広く分布する古墳群も、よくみるといくつかのまとまりがあることに気づく。そのうち、有力な在地首長の墓を含んでいると思えるいくつかのまとまりを、分布図の上に便宜的にグルーピングを試みてみた（円をもってあらわしたのがそれである。前頁図参照）。

(1)島田川以東の、室津《むろつ》半島を中心とした熊毛郡・旧玖珂郡地域
(2)島田川以西、光《ひかり》市から周南市に至る旧都濃《つの》郡とその周辺地域
(3)佐波《さば》川下流の防府《ほうふ》平野を中心とする旧佐波郡地域
(4)椹野《ふしの》川中・下流域の山口盆地を中心とする旧吉敷《よしき》郡地域
(5)厚東《ことう》川・厚狭川流域の宇部市・山陽小野田《さんようおのだ》市一帯の旧厚狭郡地域
(6)関門《かんもん》から響灘にかけての旧豊浦郡地域

これに(7)日本海沿岸の萩《はぎ》市大井《おおい》と、内陸部最大の盆地山口市阿東《あとう》町徳佐《とくさ》を含む旧阿武《あぶ》郡地域を加えると、山口県内の各地の古墳は、大きく七つのグループとしてのまとまりで把握することが可能となる。

ヤマト政権は、古墳時代にはいり、しだいに国家統一を進めていく過程で、県《あがた》・国《くに》の設置、県主・国造の配置を行い、地方統治の組織整備をはかっていった。県や国のなかの郷（邑）の支配には、さらに稲《いな》置《ぎ》・村主《すぐり》という下級官僚を配置した。県主や国造は、時にはヤマト直属の中央官僚の氏族が赴任したり、他の国の国造が配置替えされたりすることもあったが、多くは地方の在地豪族が任命された。

平安《へいあん》時代にはいってまもなく編纂された『先代旧事本紀《せんだいくじほんぎ》』のなかの巻十「国造本紀《こくぞうほんぎ》」には、当時全国に

配置された国造一四〇あまりを記載しているが、これによると、周防域では大嶋《おおしま》・波久岐《はくき》・周芳《すおう》・都怒《つぬ》、長門域では穴門《あなと》・阿武《あむ》の計六国造があげられている。これに県主として唯一配置された沙婆《さば》を加えると、山口県域の古墳時代の地方行政機構の首長は、文献でみるかぎり七人ということになる。それぞれの領域の範囲は今日では厳密には定かではないが、今日の地名と古墳のまとまりを重ね合わせるとほぼ次のように推定がつく。

(1)の地には、今も「小周防」なる地名が残る熊毛地方一帯で周芳国造の領域、(2)は、都怒国造の領域、(3)は、沙婆県主の領域となる。(6)は、穴門国造に、(7)は、阿武国造にあてることができるが、(4)は、国造の名と地名とが一致せず不明である。一説には「波久岐」国造は、「与之岐」の誤写として現在の「吉敷」にあてる考えがあるが、そうとすれば山口盆地周辺すなわち(4)の地域ということになろう。残るは(5)であるが、これは国造との関連が直接にはうまく考えられない。

そのなかの一つ周芳国造の領域に存在する古墳をとりあげ、古墳からみた国造の系譜を考えてみることにする。周芳国造の地は古代木簡《もっかん》にも残されているが、「熊毛評《くまげこおり》(郡)」とよばれているので、ここではこの国造氏族を「熊毛王」とよぶことにする。熊毛の地に、王族の基盤となった弥生時代から続く大邑《だいゆう》(国)を思わす集落遺跡は少ない。近年、田布施町から柳井市にかけてのいわゆる「柳井古水道」北岸に、明地《みょうじ》遺跡(弥生中期～古墳時代)および吉政《よしまさ》遺跡(弥生時代後期～終末期)が発掘されたが、質量ともになお十分ではない。この時代の集落が集中してみられる地域は、玖珂から熊毛町をとおり光市に流れこむ島田川の流域である。弥生時代中期から終末期にかけてのいわゆる高地性集落群が密集することでよく知られている。

熊毛王の一族はおそらくこの島田川流域から、古墳時代の初めごろに瀬戸内沿岸の室津半島周辺に移り住んだのではないかと推定できる。島田川流域には、古墳時代にはいって確かな首長墓《しゅちょうぼ》としての古墳が見当たらない。五世紀にきずかれた小規模な古墳が点在するだけである。弥生時代の大遺跡群の存在と比較すると、古墳時代の様相は一変して鄙の地となるように思われる。それにかわって室津半島周辺は古墳群の一大造営地帯となることを思えば、いかにも対照的である。

熊毛王の最初の墓は、さきに少しくわしく紹介した田布施町の丘陵上にきずかれた県下最古の古墳「国森古墳」である。方形の墳丘の一変に小さな張り出しをもつ独特な形態をなし、中国漢代の青銅鏡を副葬した三世紀後半期の古墳である。ここに葬られた被葬者はおそらく卑弥呼《ひみこ》から壱与《いよ》にかわる「大乱の時

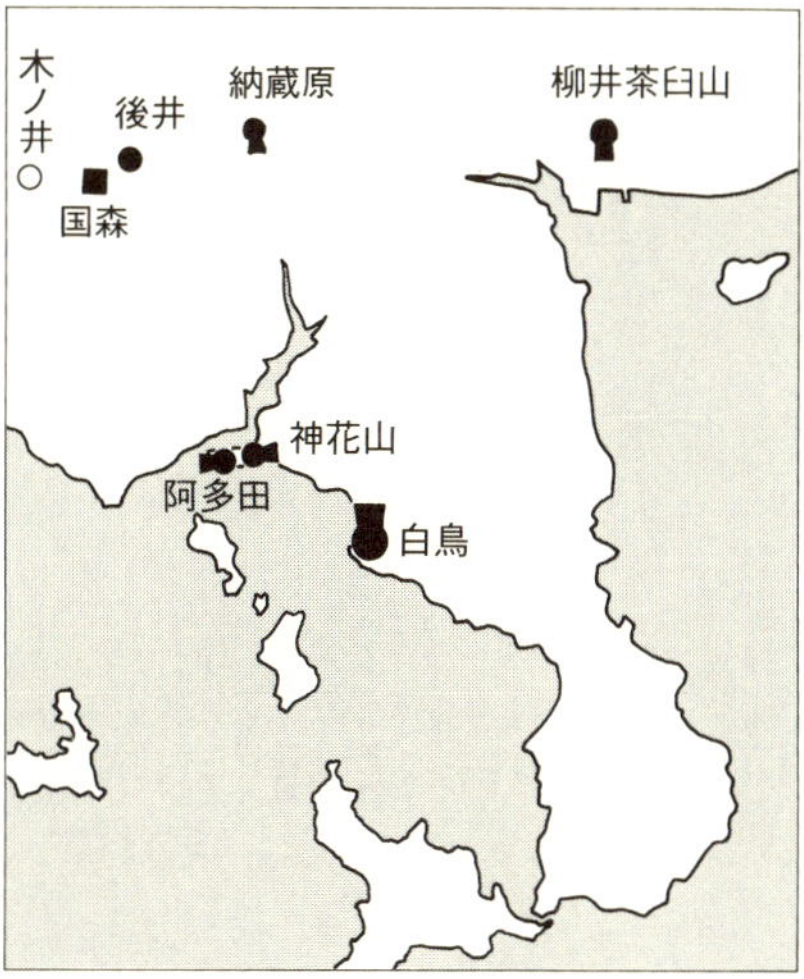

熊毛王墓の分布

代」が去ったころにうまれ、やがて新しい時代の到来を予測して、一族を従えて内陸から海岸部へ進出した初代の熊毛王であったと想像できる。

海岸にでた熊毛王族は、海を仲立ちとして海上の交通拠点を制し、交易に力を得、畿内や北部九州はもちろん、はるか朝鮮半島とも緊密な関係をもつようになったと思われる。このことがやがて国家統一をはかるヤマトとの連帯をうみ、次代の王は大前方後円墳を造営することになる。それが柳井茶臼山古墳であった。以後、歴代の熊毛王はヤマトとの連帯を保ち、六世紀末まで前方後円墳を王墓とする。

七世紀にはいり、ヤマトの大王陵が前方後円墳を採用しなくなると、同じようにこれを放棄し、かわって巨大な横穴式石室をきずきその権力を示した。前頁図は、現在知られている歴代の熊毛王の墓の分布をあらわしている。

第二代の王の墓は田布施の地をはなれ、柳井古水道を眼下に、瀬戸内海を一望する柳井琴石《こといし》山塊から派生した茶臼山の丘陵上にきずかれた全長約九〇メートルの前方後円墳である。全体を葺石《ふきいし》でおおい、円筒《えんとう》埴輪《はにわ》を立てめぐらし、後円部頂上には家型埴輪・きぬがさ型埴輪・壺型埴輪・朝顔型埴輪をかざるさまは、まさに熊毛の権力者の墓にふさわしい威容をほこった。後円部の中央には、ヤマトの大王陵と同じく遺体を葬る竪穴式石室を設置し、長大な木棺内には、わが国の古墳の副葬鏡としては最大の「単頭双胴怪獣鏡」を始め、舶載の「画文帯四神四獣鏡《がもんたいししんしじゅうきょう》」ほか計五面の鏡をおさめ、鉄剣《てっけん》・鉄鉾《てつほこ》・鉄鏃《てつぞく》などの武器類およびガラスの玉類などいわゆる三種の神器《じんき》を取りそろえ、名実ともに古墳時代の地方首長の古墳の典型を現出している。四世紀中ごろのことであった。

五世紀にはいると熊毛の王の墓は、さらに海にのぞむ室津半島につぎつぎにきずかれた。倭の五王の時代にあたるこのころ、歴代のヤマトの大王たちは、盛んに中国南朝（東晋・宋）に遣使を送り朝貢している。瀬戸内の海の拠点をあずかる熊毛の王も、畿内と大陸とを結ぶ瀬戸内という大動脈の確保と、物資や労働力の補給に大きな役割を果たしたと考えられる。

五世紀の中ごろ近く、倭王「珍《ちん》」「済《せい》」の代に生きた第四代の熊毛の王に至って、熊毛王国は最頂期を迎える。ヤマトへの忠誠と独自の交易により、その勢力は西部瀬戸内に比類なきほどに成長し、瀬戸内海に突きだす室津半島の中央に大前方後円墳を造営するに至った。白鳥《しらとり》古墳（熊毛郡平生《ひらお》町）は前長一二〇メートル、高さ一一メートル。西部瀬戸内最大の規模を有し、大王墓と同じ三段築成を許されたこの墳墓は、海を往くものたちにもその威容をほこらしくみせていたに違いない。

第三代の熊毛の王は、柳井茶臼山古墳の王のあとをついだ「女王」であった。四世紀の終わりから五世紀の初めにかけての時期、熊毛はかつての卑弥呼を彷彿させる「女王治める時代」を経験する。この時期は次項でくわしく述べ

白鳥古墳墳丘(熊毛郡平生町)および周辺図(『平生町史』による)

るが、なぜか全国各地に女王が誕生している。絶対数はそれほど多くはないが、そのうちの大半を山口県域が占めていることは興味深い。神花山古墳《じんがやま》（熊毛郡平生町）というごく小さな前方後円墳に葬られた熊毛の女王は、女盛りの二〇歳台なかばで、その短い一生を終えた（口絵参照）。

最頂期を演出した第四代のあとをついだ第五代熊毛王は、五世紀後半を生きたが、その墓は三代の女王の墓の東に隣接した島の頂上に、これもひそやかな前方後円墳としてきずかれた。阿多田《あただ》古墳（熊毛郡平生町）である。時あたかも倭王「武《ぶ》」の治世であった。全国各地でしだいに巨大化していた地方首長たちの墓は、地方首長の勢力の増大化に危機感をもったヤマト大王家の強大な権力の前に規制され、前代の反動を思わすように小型化する。

地方統制機構としての国造制の強化と定着は、おそらくこのころからではなかったかと思われる。この地方行政機構の定着は、在地首長層のいわゆる官僚化を導いたとも考えられる。律令《りつりょう》以前のこの時代に、官僚化という言葉が適切かどうかは別にして、ゆるやかな連合体としてのヤマト政権体制が、古代国家統一という野望を果たしつつあった専制国家へとさらに近づき、独立制を保っていた在地首長層も、徐々に体制のなかに組み込まれていったとみてよいであろう。

第六代熊毛王の墓は半島部をはなれ、ふたたび初代父祖の地である田布施の地に戻った。田布施町大波《おおは》野《の》の丘陵上には、かつての女王の墓よりもなお小さな前方後円墳が、ささやかにきずかれた。かつて墳丘を葺石でおおい、埴輪列を幾重にも囲繞《いにょう》させた威容は影をひそめ、葺石はなく埴輪は形ばかりに立てならべられた。第五代までにみられた「一人の王」に「一つの古墳」という時代は終わり、古墳の内部には、朝鮮半島から教えられ、このころ全国に普及していた追葬可能な形式の「横穴式石室」が採用され、「王個人の墓」から「王家の墓」へと転じていた。しかし熊毛の王一族の地方首長としての地位にはまだゆらぎはなかった。

律令体制にはいった七世紀、大和では聖徳太子《しょうとくたいし》が前方後円墳という形態の墓の採用をやめ、みずからの墓を円墳にかえたころ、熊毛の王墓もまた円墳となり、先代まで墳丘に示していたその力と名誉を、巨大な横穴式石室をきずくことで誇示した。初代の眠る国森古墳と谷をへだててむかいあう丘陵の上にきずかれた後井《ごい》古墳であった。後井古墳の石室の規模は、第四代白鳥古墳の墳丘の規模と同様に、西部瀬戸内最大のものであった。

律令国家体制のもとに、全国に新しい統治組織がととのい、周芳・都怒・沙婆の領域は統合され、「周防国」となって、その国府は西の沙婆の地（防府市）に移される。激動の古墳時代を生きた熊毛の王たちの末裔は、以後、この新しい波のなかにどのような歩みをはじめたのであろうか。

女王の世紀●

古墳時代のなかばを相前後する時期、周防・長門の両領域に、かつて倭の国を統率したあの「卑弥呼」をしのばす「女王」がおさめるクニがいくつか出現する。周防・長門の五世紀はまさに「女王の世紀」であった。

熊毛の地、室津半島の海をみおろす神花山の頂に小さな前方後円墳がきずかれた。昭和十九（一九四四）年、旧海軍の高射砲陣地構築のさい、後円部から箱式石棺が発見され、被葬者の骨が遺されていた。小顔といえる頭骨、眉上弓《びじょうきゅう》の隆起はほとんどなく、外後頭隆起もみられない。頭骨にみえる特徴は、まさに女性であった。年齢は二〇歳台なかば。熊毛の地に君臨した若き女王である（口絵参照）。上顎骨と眼窩上壁《がんか》とに骨の異状が認められる。慢性の鉄分不足などによって引きおこされる一種の骨の病気である。彼女のこの異状はことのほか強い。幾歳のときに女王の地位を得たのかはわからないが、女王在位長からずして、黄泉《よみ》の国に旅だったと想像できる。

同じころ、小郡湾に突きでた美濃ケ浜《みのがはま》の海岸をみおろす兜山《かぶとやま》の山頂に、直径二〇メートルの円墳がきずかれた。この地方では大型の円墳、兜山古墳（山口市）である。面取りをした一枚石を組み合わせた、畿内の長持型石棺に似た箱式石棺のなかに、二〇歳台の女性人骨が遺されていた。鉄製の農・工具と一面の青銅鏡を棺におさめている。

『日本書紀《にほんしょき》』景行《けいこう》天皇の条にみえる天皇西行の記事には、つぎのような話を載せる。「天皇の軍が西下し、沙婆の県（防府市）に野営した夜、西南の方向より時ならぬざわめきがおこった。天皇軍にはむかう敵の来襲かと、斥候《せっこう》をだして調べさせると、お味方いたしたいと馳せ参じた地元の軍勢で、その指揮をとるものは女性であった。天皇はよろこびこれを営に引きいれ、その意を賞した」。兜山の地はまさに、沙婆の県の西南にあたる。秋穂《あいお》の地をおさめた女王の姿が、また一人浮かびあがる。

妙徳寺山古墳（山陽小野田市）出土の遺物（鏡・玉）

さらに瀬戸内を西にくだり、関門海峡を間近にのぞむ山陽小野田市の厚狭の地に、小さな前方後円墳がきずかれた。妙徳寺山《みょうとくじやま》古墳である。後円部にこの地特有の石棺系竪穴式石室があり、若き女性と思われる華奢な四肢骨が検出された。青銅の鏡をもち、美しい瑪瑙《めのう》や翡翠《ひすい》でつくられた玉の首飾りと手飾りで身をかざっていたが、武器の類をいっさい所持していない。まさに女性の墓にふさわしい副葬品であった。

近年、山口市吉敷の地に、これも小さな前方後円墳が発見された。山口盆地全域をみおろす丘の上にきずかれている。丘の名をとってこの墓は新宮山《しんぐうやま》古墳と名づけられた。墓の周囲に、いくつもの小さな古墳を従えたその姿は、規模は小さくともまさに王の墓にふさわしい威容をそなえている。石棺系竪穴式石室に遺骨は発見されなかったが、副葬の品には武器はなく、青銅の鏡と首飾りおよび手飾りの玉類だけが検出され、その組み合わせは妙徳寺山古墳とまったく同じ様相を呈していた。このことから新宮山古墳の被葬者もまた女性と考えられる。吉敷の地にも、五世紀に女王をいただく時期をもっていたことがうかがわれる。

山口県下には、古墳時代のなかばにきずかれた四人の女王の墓が確認されている。円墳を含んで、いずれも小規模な前方後円墳としてきずかれ、「巨大な地方権力者」の墓というよりはむしろ、女性の王墓としてたたずまいを感じさせる。武力をもって民をおさめる姿ではなく、かつての卑弥呼にその姿をしのぶかのごとき、やはりシャーマンのイメージを彷彿とさせる。古代国家体制への歩みのなかで、世はまさに大きなうねりと激動の時代であったに違いないが、そのなかで周防・長門の地はひとときの安堵の時代を、四人の女王に託していた。「女王の世紀」とよべる時代をもつ地域は現在のところ全国的にも山口の地だけであろう。

民衆の古墳造営●

六世紀にはいり、古墳は全国津々浦々、人の住む地のほとんどの場所にきずかれていった。しかもその大部分が、横穴式石室を内部主体としている。古墳の規模も小さく、円墳を主体とし、前半期の大王陵や地域首長墓にみられる前方後円墳とは比較にならない。さらに一地域に群集していとなまれている。

山口県下においてそのピークを迎えるのは、六世紀後半から七世紀初頭であった。下関市室津湾の南の湾頭にある甲山《こうやま》の南斜面には、この時代の古墳が約一〇〇基群在している。山口県を代表する群集墳「甲山古墳群」である。小郡湾に面した大浦《おおうら》古墳群も総数はおそらく五〇基を超えるとみられている。それらのすべては、横穴式石室の古墳である。初期の古墳の造営がもつ意味は、権力者の墓をきずくことともに、もう一つその首長がおさめる共同体全体の祭儀の場をつくりあげるという側面をもっていた。そこは一人の王の眠る奥津城《おきつき》であると同時に、共同体の成員(民)たちをまもる「守霊」をまつる場であり、眠る王の

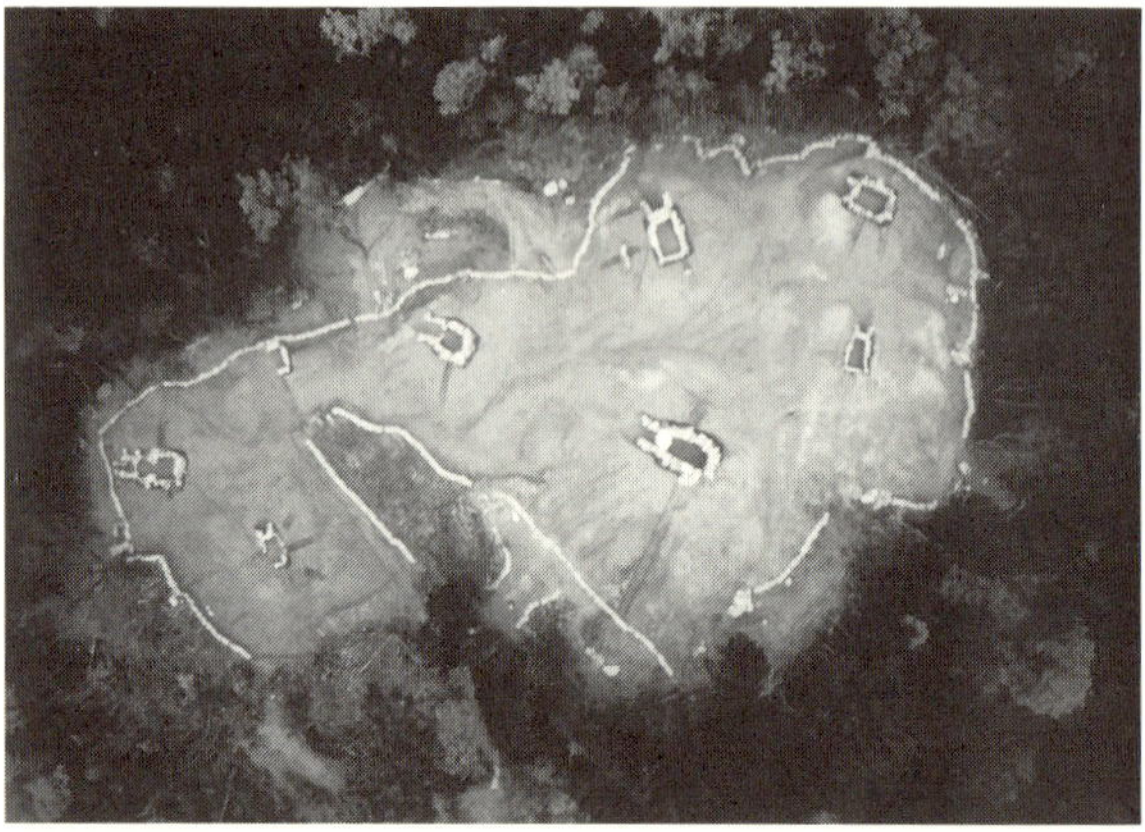

大浦古墳群(山口市)

継承者たるリーダーを共同体全体で承認する儀式の場でもあった。古墳の造営とは、首長の行為でもあり、民衆の行為でもあるという二つの側面をもつところにその成立の意味をみることができる。

古墳時代中期になると、共同体の祭儀の場としての性格が失われた。首長の政治的権力の比重が拡大するにつれて、成熟した階級社会が訪れ、古墳は権力を誇示する首長の個人墓の性格を強くしていった。「共同体の行為」は捨象され、古墳は単に個人墓、祖先墓という概念に変質しつつ造営されていく。一方では古墳は、一般民衆と隔絶した記念碑《モニュメント》と変わったが、個人墓、祖先墓という意識の変化が、結果として逆に民衆の古墳造営につながることとなった。

後期になって、首長墓にも横穴式石室が採用され、墳形が小型化するに伴って、従来のような大規模な記念碑としての古墳の造営だけが権力の証《あか》しではなくなる時代が到来する。この時期に至って、さきの個人墓の意識は一般民衆の共有するところとなり、小規模の横穴式石室墳が民衆の頭《かしら》階層によって造営されはじめたのである。後期古墳の被葬者のすべてが首長の墓ではないことは、一〇〇基近くの群集墳が甲山の山麓にきずかれているという状況からも容易にうなずけるであろう。横穴式石室は、もともと追葬を可能とする墓室構造である。祖先墓として家族や一族が追葬され、死してのち、なおその絆を求める墓であった。

『日本書紀』には、イザナミノミコトが、さきに死んだ妻イザナミノミコトを恋い、その墓を訪れたとき、妻の遺体の無残に変わりはてた姿におどろき、黄泉の国から逃げ帰る話を紹介している。横穴式石室とはこうした家族墓として造営された。民衆の古墳造営は、古墳そのものが最初にもっていた性格そのものを、基本的に変質させ、やがてふたたび権力者の手によってこの民衆の行為が規制され、古墳時代なる時代の幕をおろすこととなっていったのである。

この時代の古墳のなかでは、熊毛郡田布施町後井古墳、光市岩屋《いわや》古墳、防府市車塚《くるまづか》古墳、鋳物師《いもじ》古墳、大日《だいにち》古墳、山口市広沢寺《こうたくじ》古墳、山陽小野田市塚ノ川《つかのこう》古墳、萩市穴観音《あなかんのん》古墳、山口市狐塚《きつねづか》古墳、下関市宮《みや》原《はら》古墳、大門《だいもん》古墳などに、大規模な横穴式石室がきずかれていて、古墳時代後期のそれぞれの地域の最後の首長墓の姿をみることができる。同じ時期、県下各地で小規模な古墳がつくりつづけられた。塩作りをなりわいとする集団、採鉱冶金の工人集団、須恵器《すえき》を生産する集団、それに農耕の民。彼らを率いたリーダーたちの一族であったと考えてよい。もとより、かつて下戸《げこ》・奴婢《ぬひ》と記述された階層の人びとの遺体は、あるいは山野にすてられ、あるいは川原に埋められたものと思われる。

3章

古代の防長地方

周防国衙跡(国庁碑，防府市国衙)

1　ヤマト政権の進出

娑麼と豊浦●

防長《ぼうちょう》地方は本州の最西端に位置し、古くから重要な役割を果たしてきたが、それを物語るエピソードの一つが景行《けいこう》・仲哀《ちゅうあい》両天皇の熊襲《くまそ》征討伝承である。『日本書紀《にほんしょき》』（以下『書紀』と略す）によれば、つぎのように伝えられている。

景行天皇十二年、九州南部に居住する熊襲がそむいて朝貢しないので、天皇はその征討のため筑紫《ちくし》にむかい、周芳《すは》の娑麼《さば》（佐波の表記には数種類ある。防府《ほうふ》市）に着いた。そこで南方に怪しい煙が立つのをみて、武諸木《たけもろき》らを偵察に先発させ、ついで神夏磯媛《かみかそひめ》に迎えられて天皇自身も筑紫にむかい、周防灘《すおうなだ》沿岸の豊前《ぶぜん》地方（福岡県）に至り、そこを京《みやこ》（同京都《みやこ》郡）と名付けた。天皇が娑麼の地から直接に周防灘を横断して九州にわたったとすれば、この段階のヤマト政権にとっては、ここが九州へ進出するための前進基地であったことを示している。

仲哀天皇二年にも南国（のちの南海道《なんかいどう》）を巡視中の天皇は紀伊《きい》国（これはのちの表記、和歌山県）でやはり朝貢しない熊襲の征討を決め、そのまま穴門《あなと》（のちに長門《ながと》、山口県）にむかい、豊浦津《とよらのつ》（下関《しものせき》市長府《ちょうふ》）に着いた。角鹿《つぬが》（福井県敦賀《つるが》市）に滞在中の神功《じんぐう》皇后も豊浦津に着き、海中より如意珠《にょいのたま》を得たという。これは干珠島《かんじゅじま》・満珠島《まんじゅじま》にかかわる伝承であろうが、そのいずれであるかについては諸説がある。そして宮室《みや》を設け、それを穴門豊浦宮《あなととよらのみや》と名付けた。同八年に天皇はようやく筑紫にわたるが、このとき、岡《おか》（福岡県遠賀《おんが》郡）県主《あがたぬし》の祖である熊鰐《くまわに》は沙麼《さば》の浦まで出迎えたという。とすれば、一旦は豊浦まで進出していたのにもかかわらず、沙麼まで後退していたことになり、九州にむかう天皇の行動としては不自然であるが、これがなんらかの事情によって天皇は豊浦から沙麼に戻っていたのか、あるいは『書紀』の単なる錯簡《さっかん》によるのかはあきらかでない。

筑紫の伊覩《いと》（福岡県糸島市《いとしま》）県主の祖である五十迹手《いとて》は穴門の引嶋《ひこしま》（下関市彦島《ひこしま》カ）に天皇を迎えたというが、岡津《おかのつ》に至っていた天皇が引嶋に移っていた理由はあきらかでない。ついで天皇は儺県《なのあがた》の橿日宮《かしひのみや》（福岡市東区《ひがし》香《か》椎《しい》）にはいった。そこで熊襲を討つための軍議をしていたときに皇后が神がかりして、穴門直践立《あなとのあたいほむたて》が献ずる水田などを幣《ぬさ》として自分（神）をまつり、熊襲を討つ前に金銀財宝にあふれる新羅《しらぎ》（朝鮮半島）を討てば、両者は無血のうちに服属するだろうという神託を伝えた。なお、『書紀』神功紀の一説によれば、このときの神功は娑麼県主の祖である内避高国避高松屋種《うちひこくにひこまつやたね》を経て、皇后に伝え

忌宮神社（下関市長府）

られたという。しかし、天皇はこの神託を信じないで、熊襲を討とうとしたが、勝利できず、しかも神罰をうけたのか橿日宮で急死した。一説によれば、敵の矢にあたっての戦死であったともいう。それはともあれ、皇后は天皇の喪を隠し、武内宿禰《たけうちのすくね》らをしてその遺骸を穴門に移し、豊浦宮で殯《もがり》を行った。下関市長府宮の内町に鎮座する忌宮《いみのみや》神社がその地と伝えられ、同社は仲哀天皇や神功皇后などを祭神とする延《えん》喜式内社《ぎしきないしゃ》であり、平安《へいあん》時代には長門二宮とされた。

ついで、皇后は鴨別《かものわけ》をして熊襲を討たせるとともに、みずからは荷持田村《のとりだ》（福岡県朝倉市《あさくら》）の羽白熊鷲《はじろくまわし》など北部九州の在地豪族を平定した。さらに身重にもかかわらず、新羅に出兵したが、新羅は戦わずして降伏した。皇后は筑紫に凱旋して応神《おうじん》天皇を出産し、人びとはそこを宇瀰《うみ》（福岡県糟屋《かすや》郡宇美《うみ》町）と名付けたという。また、出征にさきだって、表筒男《うわつつお》・中筒男《なかつつお》・底筒男《そこつつお》のいわゆる住吉三神《すみよしさんしん》から、新羅征討を守護するので、わが荒御魂《あらみたま》を穴門の山田邑《むら》にまつれという神託を得ていた。そこで凱旋後に同地に祠《ほこら》を建て、一説では穴門直の祖ともされる穴門直践立を神主としてまつらせたという。この社は下関市一の宮町に鎮座する住吉神社で、『延喜式《えんぎしき》』では名神大社とされ、のちに長門一宮と位置付けられた。

以上のような記紀などの正史に伝えられたもののほか、松岡利夫氏の調査によれば、軍船の建造や兵士の徴集など、神功皇后にまつわる伝承は県内各地に伝えられている（山口県教育会編『山口県百科事典』）。現在の研究レベルからいえば、両天皇や神功皇后などの実在性はきわめて疑わしく、これらの伝承をそのまま史実として信じることはできないが、四〜五世紀ごろの朝鮮半島との交渉の実態を反映していると考えられる。すなわち、防長地方は本州の最西端に位置しているが、観点をかえれば、瀬戸内海の西口を扼《やく》しており、このような地理的条件から、ヤマト政権にとっては九州さらには朝鮮半島に対する前進基地として重視されていたことを意味している。

国造の支配●

『書紀』垂仁《すいにん》天皇二年条によれば、崇神《すじん》朝に意富加羅《おほから》国の王子都怒我阿羅斯等《つぬがあらしと》が朝鮮半島からわが国に来朝して穴門に至ったさい、そこの住人である伊都都比古《いつつひこ》が彼に「吾は是の国の王なり。吾を除きてまた二王無し。故に他処にな往《い》きそ」と揚言《ようげん》したが、王子はその人となりをみて王でないことをさとってこの地を去り、出雲《いずも》国（島根県）を経て越《こし》国笥飯浦《けひのうら》（福井県）に至り、崇神天皇につかえたという。このエピソードそのものは任那《みまな》入朝の起源譚《たん》といわれるものであり、その時期を特定することはできないが、伊都都比古は防長地方で文献にみえる最初の人物である。彼は王と称しているが、これは穴門に大きな勢力を有する豪族が存在していたことを示すものとして注目される。

これと同じように、防長地方が朝鮮半島に至るルートの中継地であったことを示しているのが同じく雄略天皇九年条である。すなわち、紀小弓《きのおゆみ》を大将軍として新羅に出兵し、その一族と考えられる小鹿火《おかひ》もそれにしたがったが、小弓が病死したので、その喪に服して帰国した。そして紀国（和歌山県）が本国と考えられるにもかかわらず、そのまま角国《つののくに》（都濃《つの》郡地方）にとどまり、角臣《つののおみ》と称したという。後述の都怒《つぬ》国造に任命される田鳥足尼《たどりのすくね》は紀臣と同祖で、都怒足尼の子とされているが、これとなんらかの関係があるのかもしれない。

前述の伝承にヤマト政権によって任命された地方官と考えられる娑麼県主がみえることからもうかがわれるように、五世紀ごろまでに防長地方はその支配下にはいっていたようである。そして服属した各地の首長は国造《くにのみやつこ》という地方行政官に任命され、七世紀後半に全面的に廃止されるまでに全国で約一三〇の国造が知られる。彼らは後の一、二郡程度の地域を管治したようであるが、子弟を舎人《とねり》、姉妹や娘を采女《うねめ》として貢進するほか、管内の部民《べみん》を率いていろいろな貢納や奉仕にあたる義務が課せられていた。

「国造本紀《こくぞうほんぎ》」によれば、周防部で四国造、長門部で二国造の六国造が存在した。周防部では成務《せいむ》朝に穴《あな》委古命《わこのみこと》が大嶋《おおしま》国造に、応神朝に加米乃意美《かめのおみ》が周防国造に、仁徳《にんとく》朝に田鳥足尼が都怒国造に任命された。大嶋・都怒両国造は、その名からして、それぞれ大島郡域・都濃郡域を管轄したのであろう。光《ひかり》市に小《こ》周防《ずおう》という地名がみられるように、周防国造は島田《しまだ》川中・下流域をその本拠とし、熊毛《くまげ》郡および当時はその一部であった玖珂《くが》郡の両地方を支配したと考えられる。また、崇神朝に豊玉根命《とよたまねのみこと》が任命されたという波久岐《はくき》国造は大嶋・周防両国造のあいだに記されているので、周防関係の国造と考えられるが、その遺称地はあきらかでない。存否についても諸説があり、一説では与之岐《よしき》の誤記と解し、同国造は吉敷《よしき》・佐波《さば》両郡域を支配したともいわれるが（吉田東伍『大日本地名辞書』）、にわかには判断しがたい。また長門部では、景行《けいこう》朝に速都取命《はやつとりのみこと》が穴門国造に、味波々命《うましははのみこと》が阿武《あむ》国造に任命された。穴門国造は豊浦郡域を中心に厚《あ》狭《さ》・美祢《みね》両郡域を支配し、阿武国造は萩《はぎ》市大井《おおい》付近を本拠に阿武《あぶ》・大津《おおつ》両郡域を支配したといわれる（三坂圭治『山口県の歴史』）。

六世紀後半ごろ、この国造制は再編され、各地の国造はさらに上級の国造すなわち大国造に統轄されることになった。そのなかでとくに注目されるのが凡直《おおしあたい》姓の国造で、その存在は紀伊から長門にかけての瀬戸内海両岸の各地で確認される。「凡」が「オホシ」と訓されているように、その姓は一般の国造より上位にあることを示し、ほとんどが後の国名を冠している。換言すれば、大国造により広範な地域を一元的に管治させ、地方支配体制を強化しようとしたのである。その背景には新羅との関係が悪化し、大規模な朝鮮出兵を繰り返すようになっていたことがあげられている。すなわち、ヤマト政権にとって瀬戸内海航路の安全確保は不可欠の条件であり、その前提として沿岸地域に対する支配を強化しようとしたのである（八木充「凡直国造とミヤケ」『日本古代政治組織の研究』）。

周防部では周芳凡直《すおうのおおしあたい》が任命されたが、同氏は周防国造ないしその一族であろうし、子孫がのちに郡司級の豪族として登場するように、その勢力は卓越していたのであろう。これによって周防部は同氏のもとで一元的に管治されることになり、のちの周防国に直接つながる区画が形成されるとともに、やがて国名に周防が採用される素地ができた。

まぼろしの長門城●

朝鮮半島では六六〇年に百済《くだら》が滅亡し、その再興をめざす遺臣から支援を要請されたわが国は総力をあげて軍事介入したが、六六三年の白村江《はくすきのえ》（錦江河口）における海戦で唐《とう》水軍に大敗した。その結果、百済の再興に失敗したのみならず、半島における地歩を喪失し、唐や新羅に侵攻される危険性も考えられ、国防を中心とする対外政策には根本的な変更を余儀なくされた。

翌天智三（六六四）年、最前線となった対馬《つしま》島から筑紫国にかけて防人《さきもり》と烽《とぶひ》を配備した。防人は辺境警備の兵士、烽は警報のための狼煙《のろし》である。また筑紫には大堤をきずいて水を貯え、水城《みずき》と名付けた。九州の中枢である大宰府《だざいふ》の防衛のため、敵の進撃路を遮断しようとしたのである。ついで対馬島から大和国にかけての数カ所の要地において、山城の築造を開始した。まず翌年にはいわゆる亡命百済人の答炑春初《とうほんしゅんそ》を長門国に遣わして城をきずかせ、同じく憶礼福留《おくらいふくる》と四比福夫《しひふくふ》を筑紫国に遣わして大野および椽《きい》（基肄《きい》）の二城をきずかせた。同六年には倭《やまと》国（奈良県）の高安《たかやす》城・讃吉《さぬき》国（香川県）の屋嶋《やしま》城・対馬国の金田《かねだ》城など三城をきずき、さらに『書紀』によれば、同九年にも「長門城一・筑紫城二」をきずいたという。

さて、大野城（福岡県）は遺跡も明確であり、近年の発掘調査によって、構造もかなりあきらかにされている。基肄城（佐賀県）も十分に調査されたわけではないが、大野城とほぼ同じ構造であることがあきらかにされている。高安城なども位置は確認され、遺構の一部が調査されている。これに対して、長門の城は固有名詞もあきらかでなく、便宜的に長門城とよばれ、その位置を下関市内外に比定する諸説が示されているが、具体的にはあきらかでない。諸城のうち、大野・基肄両城は、亡命百済人の指導のもとできずかれ、構造的にも朝鮮半島の山城に近似しているので、朝鮮式山城とよばれている。長門城の構造は不明であるが、築造担当者から同じ山城と推定される。また高安城なども築造担当者はあきらかでないが、同時代の築造であり、部分的に知られる構造から同様にみなされている。

つぎにその典型とされる大野城を例に、朝鮮式山城の基本的な構造についてみておこう。

大宰府政庁の背後に位置する四王寺山塊を利用してきずかれ、標高四〇〇メートル前後の尾根筋には長大な土塁《どるい》、谷間には堅固な石塁《せきるい》による城壁が巡らされている。その総延長は八・二キロにもおよび、数カ所に城内につうじるための城門や水門が設けられている。城内では狭隘な平地に数棟ずつの建物が配置され、これまでに七カ所で七十数棟が確認されている。なかには望楼《ぼうろう》あるいは屯所《とんしょ》的なものもみられるが、大多数は梁行《はりゆき》三間《けん》（一間は約一・八メートル）、桁行《けたゆき》五間という規格に統一され、礎石《そせき》を用いた総柱の建物であり、このような構造や炭化米の出土などからそれらは食料を貯蔵するための高床式の倉庫と推定されている。

ところで、長門城が存在したとすれば、外敵の侵入にそなえるという戦略的な見地からしても、その位置は関門《かんもん》海峡をのぞむ下関周辺が最適であっただろう。前述の豊浦宮伝承やのちに触れる穴門《あなとの》館《むろつみ》などの例からもあきらかなように、そこは瀬戸《せと》内海《ないかい》の西口を扼するだけでなく、九州さらには朝鮮半島への渡津にもあたる戦略上の要衝であった。諸説も朝鮮との関係をうかがわせるような地名がみられることや古瓦の出土などを根拠に、数カ所の候補地をあげている。長府の大・小唐櫃《からびつ》山説（近藤清石『国史所見防長事考』）では「唐」すなわちカラを「韓」の転訛と解し、茶臼山《ちゃうすやま》説（中村徳美『長門国志』）は古瓦の出土が官衙《かんが》や寺院の遺跡にかぎられている点に着目したのであろうが、それらは必ずしも十分な根拠にはなりえない。御薗生《みそのう》翁甫《おうすけ》氏の『防長地名淵鑑《ぼうちょうちめいえんかん》』は、この両説では響灘《ひびきなだ》を俯瞰《ふかん》することができないと批判し、烽燧《ほうすい》にちなむ火の山に想定したが、断定するには至っていない。また火の山説も地理的な条件を満たしていると強調するが、それ以上の根拠は示していない。このように、諸説はそれなりの根拠を示しているかのようであるが、いずれにも我田引水《がでんいんすい》的な傾向がみられ、説得力のあるものとは認められず、いまだ定説とみなしうるものはみられない。四王司山《しおうじやま》では土塁が発見されたというが、詳細な解明は今後の課題である。

　このような諸説に対して、長門城は本当にきずかれたのかという疑問も生じる。強引な仮説ではあるが、長門国内に築城するという方針は決定されたものの、結局は築城されなかったのではないかとも考えられる。いずれにしても、早急な解明が待たれる。

この神籠石《こうごいし》は旧熊毛郡《くまげ》大和《やまと》（光市）と熊毛郡田布施町《たぶせ》の境界に位置し、標高約三六〇メートルの独立的な残丘である石城山《いわきさん》に七世紀代にきずかれた山城の遺跡である。神籠石は明治三十一（一八九八）年に福岡県久留米市《くるめ》の高良山《こうらさん》のそれが紹介されて以来、この石城山をはじめ、福岡県で六例、佐賀県で二例が確認されているほか、岡山・愛媛両県で確認された山城跡も神籠石とみなされている。端緒となった高良山のそれが筑後《ちくご》一宮といわれる高良大社の神域を囲むかのように配石されていたことからこの名がつけられた。その後、神聖な場所を区画するための施設とみる霊域《れいいき》説と古代山城の一種とみなす説とが対立し、神籠石論争を繰り返してきたが、各地の神籠石が調査されるにつれ、山城跡であることが確認された。その名は大野城などのいわゆる朝鮮式山城と区別するため学術用語として現在も慣用されているが、必ずしも適切な名とはいえないとして、神籠石式山城という名称の採用を提言する見解も示されている。

石城山には延喜式内社《えんぎしきないしゃ》である石城神社が山頂に鎮座し、文明元（一四六九）年に大内政弘が再建したというその本殿は国の重要文化財に指定されている。また幕末には第二奇兵隊《きへいたい》の屯所《とんしょ》としても利用され、山頂からの眺望がすぐれていることもあって、現在はここを中心に県立自然公園として整備され、市民に親しまれている。神籠石は明治四十二年に紹介され、おりからの神籠石論争ともあいまっておおいに注目されたという。昭和十（一九三五）年には国の史跡に指定され、昭和三十八・三十九年には発掘調査が実施された。その結果、八合目付近を延長約二・五キロの土塁《どるい》で囲み、

❖コラム

九州の例では地表に大きな切石を密接してならべているが、ここでは土塁の心礎とされていることなどが判明し、門や水門などの遺構も検出された。

神籠石の性格をめぐる論争はほぼ決着したが、築造目的や具体的な時期などについてはいまだ定説がみられない。築造の主体も、その雄大な規模からして、一地方豪族ではなく、国家権力であったと考えられている。ほかの神籠石と同じように、築造の背景には石城山の場合も交通路との関係が指摘され、畿内《きない》と筑紫《ちくし》を結ぶ幹線で、山陽道の前身にあたる古道や瀬戸内海航路を押さえるのが目的であったともいわれる。たしかにそのようにも考えられるが、この地が周《す》防国造《おうこくぞう》の本拠地に近接していることからすれば、有事のさいの逃げ込み城的な目的をもっていたのではないかとも思われる。ともあれ、その解明は今後の課題である。

石城山神籠石の土塁(光市)

2 周防・長門両国の成立

周防国府・長門国府●

律令《りつりょう》制の成立とともに地方には国郡里制が施行され、従来の在地豪族による支配にかわって、都から派遣された国司《こくし》による官僚制的な中央集権的支配が行われるようになった。なお、里は霊亀元（七一五）年に郷と改められた。

防長両国の建置を示す史料はみられないが、おそらくは七世紀後半であろう。『書紀』によれば、大化六（六五〇）年に穴戸（穴門）国司が白雉《しろきじ》を献上し、それを嘉瑞《かずい》として白雉《はくち》と改元した。天智四（六六五）年には長門国が初見されるので、この間に改められたのであるが、その理由については穴戸の穴という字を忌み、アナガトのアを省略してナガトに改め、長門の字をあてたともいわれる（三坂前掲書）。周防国は『書紀』天武十（六八一）年条の「周芳国、赤亀を貢ず」が初見で、『続日本紀』文武元（六九七）年条には周防国とみえるが、翌年条では周芳国とあり、周防に変更されたのは八世紀初頭のようである。大宝元（七〇一）年の大宝律令の制定と関係するのかもしれない。

成立当初の周防国は大島・熊毛・都濃・佐波・吉敷の五郡を管したが、養老五（七二一）年に熊毛郡から玖珂郡が分立し、六郡となった。長門国は厚狭・豊浦・美祢・大津・阿武の五郡を管した。なお、『和《わ》名抄《みょうしょう》』の刊本の郡部は長門国の管郡数を五としながら、見島《みしま》郡を加え、矛盾しているが、その理由はあきらかでない。ともあれその後、現在に至るまで郡名に変更はない。また同書による各郡が所管する郷数をみると、周防国では大島三・玖珂一〇・熊毛七・都濃七・佐波八・吉敷一〇の合計四五郷、長門国は厚狭九・豊浦八・美祢六・大津九・阿武八の合計四〇郷となるが、『和名抄』の異本である高山寺本では周防国が三六郷、長門国が二八郷とされ、郷名が異なるものもみられる。

当初の基準はあきらかでないが、のちには耕地面積や戸数などによって、国は大上中下の四等級に区分され、国司の定数にも差があった。当初の防長両国は中国とされ、令《りょう》の規定によれば、国司は長官の守《かみ》以

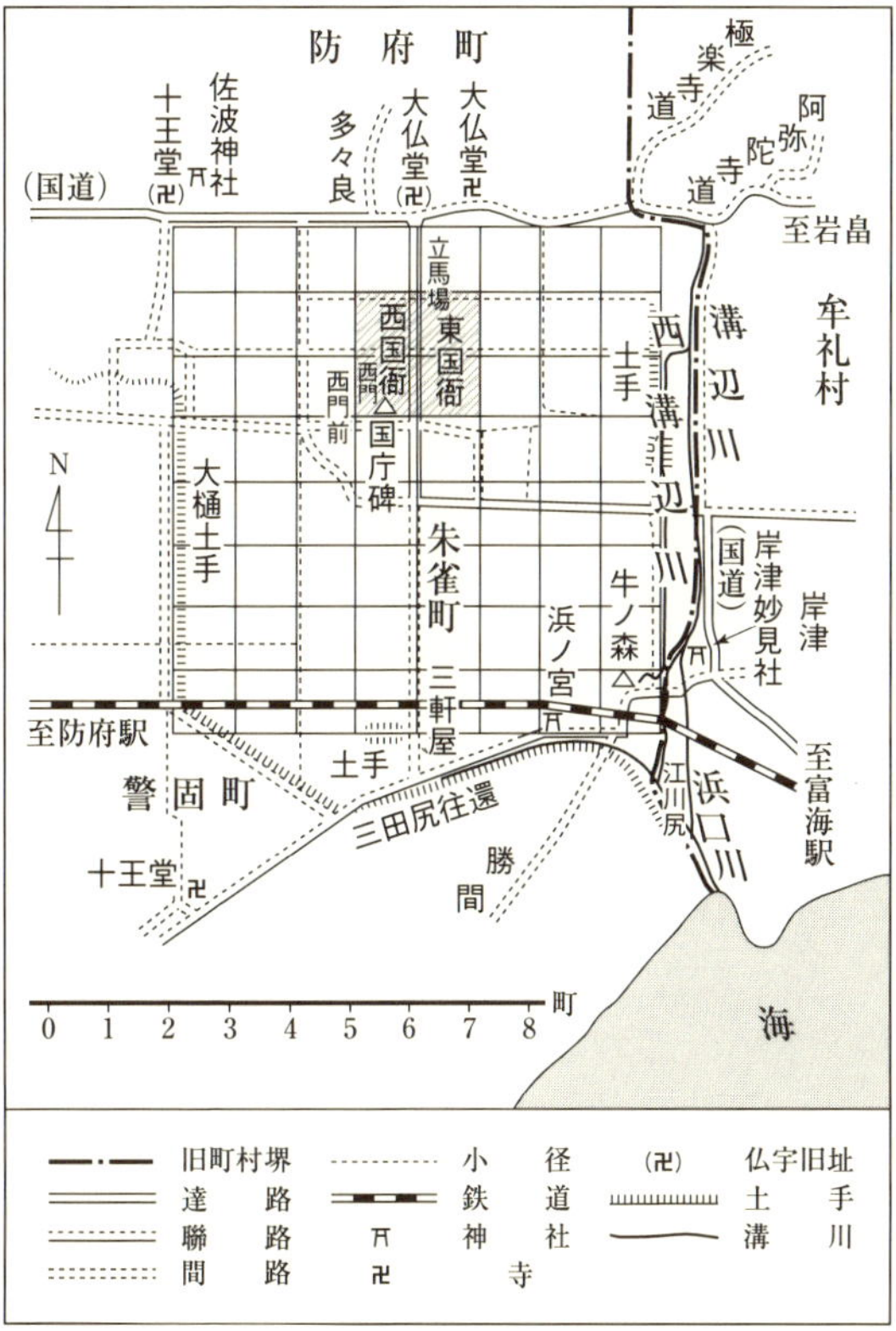

周防国府跡(三坂圭治『山口県の歴史』による)

下、掾《じょう》・目《さかん》各一人と史生《ししょう》三人からなっていた。周防国は嘉祥二（八四九）年に目一人が増員され、貞観七（八六五）年には次官である介《すけ》がおかれているので、上国に昇格したようである。しかし、このような少人数で一般民政から司法さらには軍事にまでおよぶ広範な地方行政を担当することは不可能であり、これらの都から派遣された幹部ともいうべき官人のほか、おそらくは現地採用であろう各種の雑任《ぞうにん》官人や学生なども存在し、関係者の総数は数百人におよんだと考えられる。

このような国司が執務する政庁を中心に国府《こくふ》が形成され、防府が周防国府、長府が長門国府に由来する地名であることは周知のところであろう。周防という地名は熊毛地方に発祥し、そこを本拠とする周防凡直の勢力が周防全域におよんでいたので、国名には周防を採用したが、国府は、海陸交通の便がよいとはいえ、国内では西よりの娑麼県の地におかれた。その背景として、在地勢力とは無縁の中央集権的地方支配の拠点としては熊毛地方を不適当とし、そこを避けたことが指摘されている（三坂前掲書）。

防府市内には古くから土居八町《どいはっちょう》とよばれる地域があり、現在でもそこには国衙や国庁などの小字名がみられる。近年は発掘調査が行われ、構造がしだいにあきらかにされつつある。それらによれば、国府は北に多々良山を負い、南は勝間浦にのぞみ、方八町（東西約八六八メートル、南北約八五〇メートル）の府域を占め、その中央北よりの方二町（東西二一五メートル、南北二一六メートル）に国庁がおかれ、内部には政庁を始め各種の施設がならんでいたと考えられる。

府域の中央にはいわゆる朱雀大路《すざくおおじ》にあたる大路が南北につうじ、朱雀という小字名も残っている。このほか、工房である細工所、舟入りの跡と考えられる船所など、国府に由来する地名も少なくなく、国府の古態を示す典型として有名である。

古代の終末とともに国府の多くは廃絶したが、周防国は、文治二（一一八六）年に奈良東大寺《とうだいじ》の再建料国にあてられ、土居八町は東大寺領として近世に至ったので、古い国府の姿を保ち、昭和十二（一九三七）年には史跡に指定された。一方、長門国府跡は、下関市長府宮の内町に鎮座する忌宮神社付近に推定されているが、具体的な位置や規模はあきらかでない。

古代の財政白書●

『和名抄』によれば、耕地は周防国に七八三四町余、長門国に四六〇三町余あり、河川の沖積氾濫原や盆地が主要な生産の場となり、玖珂盆地（岩国市）・佐波川下流域（防府市）・山口盆地・綾羅木《あやらぎ》川下流域（下関市）など、各地で方格地割《ほうかくちわり》や坪付《つぼつけ》地名などの条里《じょうり》遺構をみることができる。公民ともよばれた一般農民には租庸調《そようちょう》などさまざまな課役が課せられ、地域の特産物をおさめる調として防長二国では海産物が中心であった。奈良県の藤原《ふじわら》・平城《へいじょう》両宮

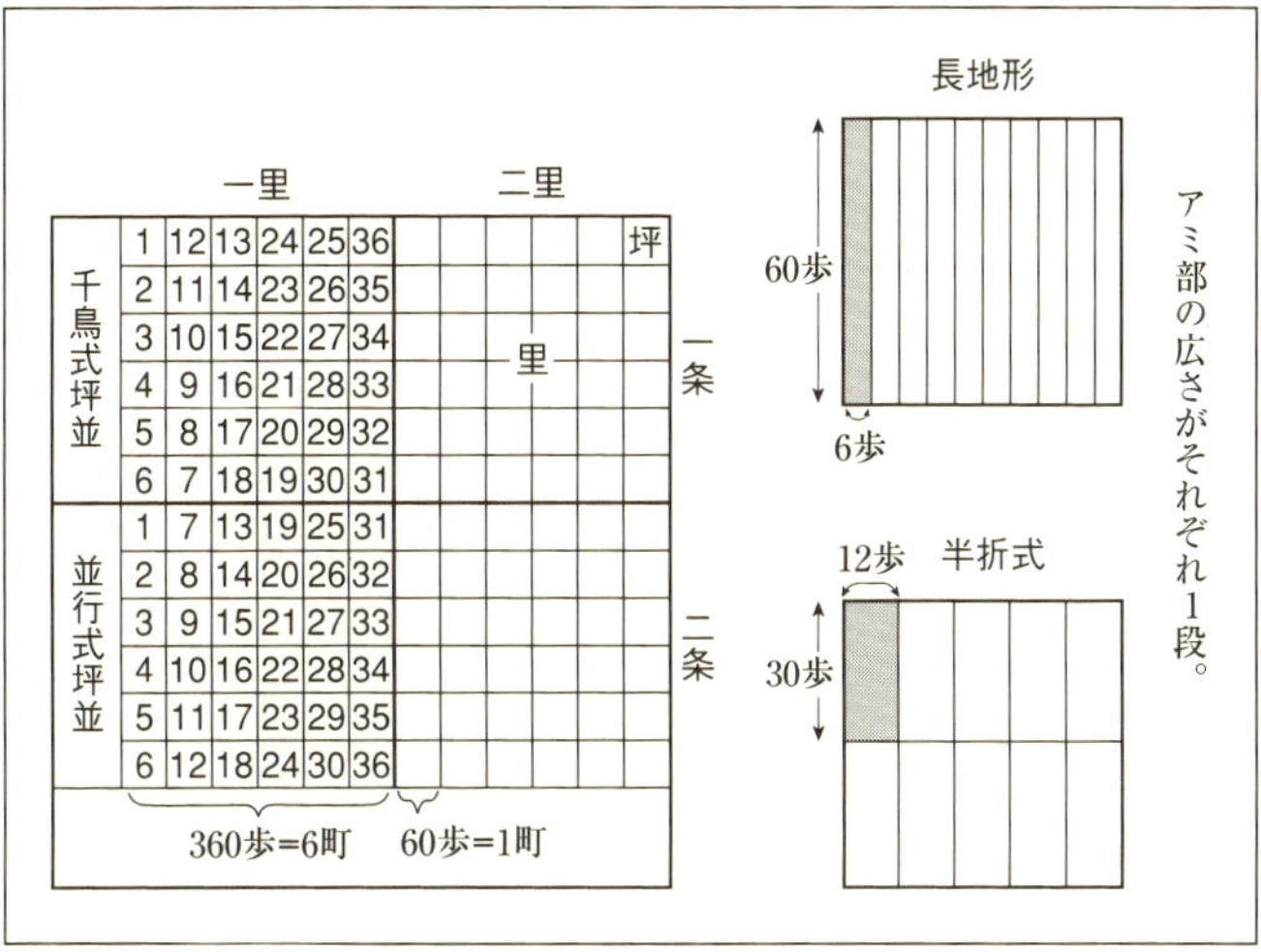

条里の土地区画図

跡では貢進のさいに付けられた木簡《もっかん》が出土しているが、熊毛評《こおり》（のちの郡）の大贄《おおにえ》の鰯《いわし》の煮物（口絵参照）、大嶋郡美敢郷《みあえ》（口絵参照）や吉敷郡神埼郷《かんざき》の調塩、大津郡中男作物《ちゅうなんさくもつ》の海藻《め》、豊浦郡都濃嶋の稚海藻《わかめ》などが知られる。現在ではまったくみられなくなったが、かつて瀬戸内海沿岸地方は有数の塩田地帯であった。天平九（七三七）年の「長門国正税帳《しょうぜいちょう》」には煎塩《いりしお》鉄釜、同十年の周防国のそれには塩竈《かまど》がみえる。宝亀元（七七〇）年に銭一〇〇万と塩三〇〇〇顆《か》を献じ、外正八位下《げしょうはちいのげ》から外従五位下《げじゅごいのげ》に昇叙された周防凡直葦《あし》原《はら》は周防国造の系譜をひく在地の豪族でもあるが、その勢力を背景に塩を生産し、さらには塩の交易を行うことによって銭を蓄積したのであろう。長門国の海藻は『万葉集』に「角島《つのしま》の迫門《せと》の稚海藻《わかめ》は人のむた荒かりしかどわがむたは和海藻《にきめ》」（三八七一）とうたわれ、治安三（一〇二三）年には貢納海藻の減額を申請しているように、その貢納はかなりあとまで続けられた。

『延喜式』主計上には、調として周防国が短席《むしろ》のほか綿と塩、長門国が綿・糸・雑鰒《あわび》、庸は両国とも綿と米、中男作物として周防国が紙・茜《あかね》・黄蘗皮《きはだ》・海石榴油《つばき》・胡麻油・煮塩年魚《あゆ》・鯖《さば》・比志古鰯《ひしこいわし》、長門国が紙・胡麻油・薄鰒・雑腊《きたい》・海藻を貢進するように定めている。このほか同書民部下では、長門国の瓷器《じき》、交易雑物として周防国の鹿革・席《むしろ》・苫・檑子《らいし》、長門国の鹿革・胡粉・坩・海藻・苫・檑子をあげている。平安時代の『新猿楽記』は周防国の中男作物である鯖を「周防鯖」として特産品にあげている。

天平二年、熊毛郡牛島《うしじま》（光市）の西汀《みぎわ》と吉敷郡達理山（山口市カ）で採掘した銅は良質で、長門国の鋳《ちゅう》銭《せん》に当てることにされた。長門国では神護景雲二（七六八）年に豊浦・厚狭両郡に養蚕を奨励し、調物を銅から綿に変更した。美祢市美東町《みとう》長登《ながのぼり》も古くからの銅山として知られ、東大寺大仏の鋳造に際して銅を貢献したことから奈良登《ならのぼり》の名がうまれ、それが長登に転訛したという話は有名である。このように両国は産銅地として知られ、それが長門国ついで周防国に鋳銭司《ちゅうせんし》が設置される要因の一つになったのではないだろうか。

律令制下の地方諸国には毎年の行政状況を政府に報告することが義務付けられ、もっとも重視された四度公文《よどのくもん》の一つが正税帳である。それは年間の収支決算報告書で、「正倉院文書《しょうそういんもんじょ》」のなかに天平年間（七二九～七四九）の諸国の正税帳二十数通が残っている。それは用済みの反故《ほご》として造東大寺司《ぞうとうだいじし》に払い下げられたもので、そのなかに天平六年と同十年の周防国および同九年の長門国のそれが含まれている。いずれも断簡ではあるが、当時の両国の財政や社会状況の一端をうかがうことができる貴重な史料である。

長門国正税帳は冒頭に同国全体の収支を合計した部分を記し、ついで神税そして豊浦郡関係の一部が残っているが、それによると、天平八年度は非常の場合にそなえて貯蔵する不動穀が五万五五八五斛《こく》余（一斛は約四斗《と》）、必要に応じて支出する動用穀が五万四一四五斛余あった。周防国天平十年正税帳は全体の支出の一部とその決算、神税および大嶋郡の一部であるが、不動穀が一二万七七六四斛余、動用穀が三万二七二八斛余ほど計上

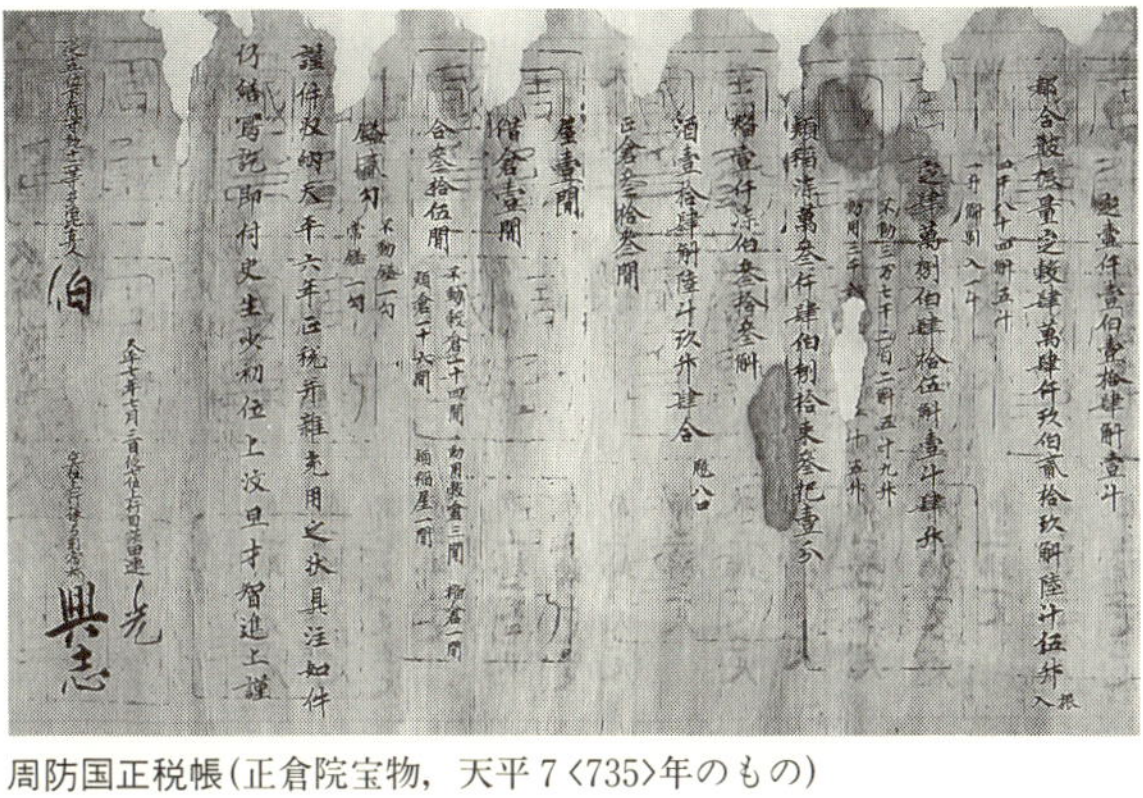

周防国正税帳(正倉院宝物，天平 7〈735〉年のもの)

されている。両者を比較してみると、周防国は長門国より不動穀を約二・四倍も多く、また穎稲《えいとう》や糒《ほしい》も多量に貯蔵しているにもかかわらず、動用穀は約六割、酒は約四分の一にすぎない点が注目される。これらの物資は各郡の郡家《ぐうけ》の正倉などで保管されるが、物資総量では少ない長門国の倉庫が二〇七棟であるのに対して周防国は一六六棟にすぎず、その差は長門国の山間地が多いという地理的な条件によるのであろうか。周防国天平十年正税帳には同国を通過した大宰府などの往来伝使や帰郷する防人に対する食料などの支給明細、一三度におよぶ国司の部内巡行、賑給《しんごう》、神社改造などに要した経費が詳細に記され、財政構造の一端がうかがわれ、興味深い。このほか穎稲・糒・酒などは両国とも貯蔵しているが、長門国でみえる酢《す》と醬《しょう》は周防国になく、周防国の塩は長門国にはみえない。

山陽道●

欽明二十二（五六一）年に来朝した新羅使は難波《なにわ》（大阪市）におけるわが国の接待を不満として館舎にもはいらず、海路穴門に引き返した。そこで修理中の穴門館をみて工匠にその理由をたずねたところ、西方すなわち新羅の無礼を問うための使者の宿舎にするという答えをうけ、これにより新羅はわが国にそなえるための城をきずいたという。穴門館の位置は下関市前田《まえだ》付近と推定され、のちの臨門《りんもん》駅にあたると考えられている。

律令制の成立後、政府は地方諸国との連絡を緊密にし、中央集権的な支配体制を維持するため、都《みやこ》から各地方にむけて駅路とよばれる官道を整備し、その重要度に応じて大中小に区分した。各道には原則として三〇里（約一六キロ）ごとに駅家《うまや》をおいたが、距離は地形などに応じて短縮された。以前は馬がとおれるほどの狭いものと考えられていたが、近年の調査によれば、道幅も一〇メートル前後のかなり整備されたものであったことが判明している。駅家には駅路の規模に応じて駅馬や駅田がおかれ、駅稲という駅田からの収穫で諸経費をまかなったが、利用できるのは公務で往来する官人にかぎられていた。そこには駅戸を配し、駅馬の飼養や駅田の耕作などにあたらせ、有力者を駅長として駅務を統轄させた。

山陽道は都と九州大宰府を結ぶ幹線道路で、唯一の大路とされ、各駅家には駅馬二〇疋《ひき》がおかれた。県内で駅路の遺構はいまだ確認されていないが、『延喜式』兵部省《ひょうぶしょう》や『和名抄』高山寺本などにみえる駅家の比定地からそのルートはおおよそつぎのように考えられている。すなわち安芸《あき》国遠管《おくだ》駅（広島県大竹《おおたけ》市

古代交通要図(三坂圭治『山口県の歴史』による)

小方《おがた》付近）から周防国にはいり、石国《いわくに》駅（岩国市関戸《せきど》）を首駅とし、野口《のぐち》駅（岩国市玖珂町野口）を経て、周防駅に至るが、これの比定地については光市小周防（山口県教育委員会文化課編『歴史の道調査報告書・山陽道』）、周南《しゅうなん》市三丘《みつお》・高水《たかみず》・勝間《かつま》付近（前掲『防長地名淵鑑』）などの説がある。ついで生屋《いくのや》（下松《くだまつ》市生野屋）・平野《ひらの》（周南市平野）・勝間（防府市勝間）・八千《やち》（山口市鋳銭司《すぜんじ》矢地《やじ》）・賀宝《かがほ》（同市賀川《かがわ》）の諸駅を経て、長門国にはいり、阿潭《あたみ》（宇部市吉見《よしみ》）・厚狭（山陽小野田《さんようおのだ》市厚狭）・埴生《はぶ》（同市埴生）・宅賀《たか》（下関市小月《おづき》）を経て、臨門《りんもん》駅（下関市前田付近）に至り、関門海峡をわたって、豊前国杜崎《もにさい》駅（福岡県北九州市門司《もじ》区）につうじた。『類聚三代格《るいじゅうさんだいきゃく》』収載の大同二（八〇七）年官符によれば、周防国には一〇駅がおかれ、各駅の駅馬も二五疋であったが、長門国の五駅とともに、二〇疋に減少されたといい、寛平元（八八九）年に大前《おおさき》駅（防府市大崎）が廃止されたことは判明するが、他の一駅についてはあきらかでない。

　これらの駅家には駅館・厩舎・宿泊施設などをそなえ、官人はその身分に応じてうけることのできるサービスが定められ、駅馬を提供された官人は駅鈴《えきれい》を鳴らしながらつぎの駅家に送られたという。また、備《びん》後《ご》（広島県）以西の駅館は、外国使節にそなえて、瓦葺の白壁が定制であったが、百姓の疲弊もあり、その維持はかなり困難であったようである。しかも使節の多くは海路を利用することもあって、大同元年にその修理は農閑期に行えばよいことに改められた。ただし、長門国駅は海浜に近く、人目につきやすいため、とくに従前どおりとされた。この長門国駅は国内の全駅を意味するのではなく、臨門駅をさすと考えられるが、これも玄関口としての長門国が重視されたことを示すものであろう。

　なお、長門国内には山陽道厚狭駅から分岐し、山陰道石見《いわみ》国（島根県）につうじる小路もあり、つぎの一〇駅がおかれた。阿津《あつ》（美祢市西厚保《にしあつ》）・鹿野《かの》（同市大嶺《おおみね》）・意福《おふく》（同市於福《おふく》）・由宇《ゆう》（長門市深川《ふかわ》）・三隅《みすみ》

（同市三隅）・参見《さんみ》（萩市三見《さんみ》）・垣田《はた》（同市小畑《おばた》）・阿武（同市大井）・宅佐《たかさ》（同市高佐《たかさ》）・小川《おがわ》（同市小川）の各駅である。『類聚国史《るいじゅうこくし》』によれば、弘仁九（八一八）年条には駅家一一カ所とあるから、いつしか一駅が廃止されたのであろう。また馬は各駅五疋が配備されていたが、朝使《ちょうし》の往来もなく、各駅一疋に減じ、削減分を鋳銭料鉛の運搬にあてることにした。しかし『延喜式』兵部省では各駅三疋とされているので、その後ふたたび増置されたのであろう。

このほか、令制では郡家に伝馬各五疋をおくことになっていたが、山陽道諸国では民の苦しみが大きいとして、神護景雲二（七六八）年に廃止された。

鋳銭司●

『書紀』によれば、持統八（六九四）年に鋳銭司を任命したというが、実際に銭貨が鋳造されたかどうかはあきらかでない。現在、最初に鋳造されたのは和銅元（七〇八）年の和同開珎《わどうかいほう》で、それから天徳二（九五八）年の乾元大宝《けんげんたいほう》までの一二種類の銅銭が鋳造され、それらを皇朝十二銭《こうちょうじゅうにせん》と総称している。その鋳造にあたった官司が鋳銭司で、まず河内《かわち》（大阪府）や山背《やましろ》（京都府）などとともに、長門にもおかれたが、それらの置廃時期や相互間の関係などについては不明な点が少なくない。

前述のように、天平二（七三〇）年に周防国で採冶した銅を長門の鋳銭にあてており、和同開珎を鋳造していたことが知られる。鋳銭所の所在地は下関市長府逢坂《おうさか》・安養寺《あんようじ》に比定され、鋳銭坊《いさんぼう》とよばれる小山の東麓に所在する覚苑寺《かくおんじ》境内とその隣接地から、和同開珎とその銭笵《せんぱん》（鋳型）や鞴口《ふいごぐち》・坩堝《るつぼ》などが発見されている。これらの遺物は重要文化財に、また同所は長門鋳銭所跡として国の史跡に指定されている。神護景雲元（七六七）年の長門国豊浦団毅額田部直塞守《とよらだんきぬかたべのあたいせきもり》や宝亀元（七七〇）年の周防凡直葦原などが多額の銭を献納して昇叙されたように、地方豪族が銭を大量に蓄積していたことがうかがわれる。その後、鋳銭所は一時廃止されたが、弘仁九（八一八）年に長門国司を改編して鋳銭使となし、長官・次官各一人、判官二人、主典三人、鋳銭師二人、造銭型師一人、史生五人をおいた。また同年、長門国一一駅の駅馬五五疋を各駅一疋に減じ、ほかを鋳銭料鉛の運搬にあてた。しかし天長二（八二五）年にこの鋳銭使を廃止して、周防国に鋳銭司を配置し（栄原永遠男『日本古代銭貨流通史の研究』）、周防守が鋳銭長官を兼ねたほか、各種の職員も配置されたが、定員の増減はかなり頻繁であった。なお、移建の理由はあきらかでないが、採銅や鋳銭に使役される諸国の浮浪人や長門国内の住民の疲弊がはなはだしくなり、事業を縮小せざるをえなくなったためともいわれる（三坂前掲書）。

周防鋳銭司は山口市鋳銭司から陶《すえ》にかけての一帯におかれ、両地区内には鋳銭坊や銭庫《せんこ》など鋳銭司に由来する地名が多くみられる。『防長地名淵鑑』（前掲）によれば、陶字糸根山《いとねやま》付近の土蔵の壁中から和同開珎の銭笵が出土したというが、八世紀前半の銅銭が当地で鋳造されていたとは考えがたい。

史跡周防鋳銭司跡(山口市)

それはともかく、昭和四十一（一九六六）年および同四十六年から翌年にかけて鋳銭司字大畠地区の発掘調査が実施され、工房や倉庫群・炉・井戸などの遺構、鞴口・坩堝・木簡・皇朝十二銭の一つである長年大宝《ちょうねんたいほう》の破片が検出された。また「宗□私印」と判読できる印影痕のある粘土板も出土しているが、「宗□」は貞観七（八六五）年に鋳銭長官を兼ねた周防守安倍宗行《あべむねゆき》とみなされ、これは貴重な遺物として注目された。

鋳銭司については、「周防鋳銭司の歴史と銅銭鋳造」（山口市教育委員会編『周防鋳銭司跡』所収）など八木充氏の一連の研究があるので、それを参照しながらみてみよう。はじめ管理棟ともいうべき司家《じけ》は陶地区の字地家《じけ》に、また工房は鋳銭司字大畠に設置されていた。承和十四（八四七）年に司家は陶地区の西蓮寺山《さいれんじやま》に比定される東方の潟上山《かたがみやま》に移されたが、工房は大畠地区に存続していた。しかし、それは天慶三（九四〇）年に藤原純友《ふじわらのすみとも》によって焼き払われたため、まもなく司家膝下の鋳銭坊地区で再建され、十一世紀前半まで機能していた。これに対して栄原氏は、地家にある司家に宿泊していた工人は直線にして約二キロはなれた大畠の工房まで毎日往復していたことになり、それが不可能ではないにしても、そうしてまで司家と工房を別地に設置しなければならない理由はあきらかでないし、工人は作業現場付設の宿泊施設で寝起きしていたと考えるのが自然ではないか、と疑問を示されている。両説の当否はにわかに判断できないが、興味ある問題である。

それはともかく、この存続時期からみて、周防鋳銭司は十二銭のうち富寿神宝《ふじゅしんぽう》から最後の乾元大宝までの八種の銅銭を鋳造したのであろう。この間、弘仁十三年から天長五年までに鋳銭使とあわせて三五〇〇〇貫文を、天長六年から承和元年までに一万一〇〇〇貫文を生産したという。『延喜式』主税上によれば、原料は備中・長門・豊前などの諸国から送られ、その年額は銅五八〇〇斤余、鉛二九〇〇〇斤余とされているが、承和元年の官符には銅五万一三三三斤、鉛二万五六六六斤とみえ、格段の差があり、鋳銭司にとってこのころが最盛期であったのではないだろうか。

3 転換期の防長両国

玖珂郡玖珂郷戸籍●

滋賀県大津市の石山寺《いしやまでら》は紫式部《むらさきしきぶ》が『源氏物語《げんじものがたり》』を執筆したところとして有名であるが、同寺に所蔵される文化財の一つに「周防国玖珂郡玖珂郷延喜八年戸籍残巻」一巻があり、現在は国宝に指定されている。首尾ともに欠けているが、紙継目の裏書から延喜八(九〇八)年の同郷の戸籍であることを確認でき、紙面には多数の「周防国印」という印影がみられる。郷が自然集落ではなく、国郡制の最末端の行政区画として、一戸が数世帯からなる五〇戸を人為的に編成したものであるから、いわゆる民家はかなり広い範囲に散在していたと考えられる。玖珂郷の具体的な郷域はあきらかでないが、『防長地名淵鑑』(前掲)は野口郷の地である野口をのぞいた旧玖珂町から東南に接する旧玖珂郡周東町祖生《そう》(ともに岩国市)にかけての地域に比定している。

戸籍は六年ごとに作成され、すべての民が登録され、班田収授《はんでんしゅうじゅ》もこれにもとづいて行われた。戸主にはじまり、各戸口について戸主との続柄、年齢、性別、課不課の別などが記載された。造籍には七カ月をかけ、正確を期すために国司が国内を巡行してこれにあたり、三部を作成し、一部を国にとどめ、二部を太政官に送った。三〇年間保存されるが、現存する八世紀前半のものは廃棄後に東大寺写経所で紙背《しはい》が再利用され、正倉院におさめられたことによって保存されたものである。これらの戸籍によると、戸口が一〇〇人を超す戸もままみられるが、一戸の平均的な戸口は二五人前後であったと考えられる。このように大人数になるのは、夫婦を基本とする現在の戸籍とは異なり、戸主とその家族のほか、従父兄弟姉妹、甥姪さらには居候《いそうろう》的な寄口《きこう》とその家族などを含むためである。しかし、律令政治の弛緩《しかん》とともに、戸籍はほとんど作成されなくなり、十世紀にはいるとまったく形骸化した。

この戸籍には一四戸、三三九人の記載があり、氏姓構成では周防国造の子孫と考えられる周防凡直が戸主に二人、ほかの戸の戸口に二〇人、新羅渡来人系の秦人《はたひと》が戸主に五人、戸口に二十数人がみられ、このほか山代《やましろ》・紀《き》・笠《かさ》などの臣《おみ》姓、物部《もののべ》・壬生《みぶ》・矢田部《やたべ》・茨田《まむた》・舂米《つきしね》などの連《むらじ》姓もみられる。ちなみに、周東町用田《ようだ》の極楽寺《ごくらくじ》の寺伝によれば、同寺（二井寺《にいじ》）は天平十六（七四四）年玖珂郡大領秦皆足《はたのみなたり》が創建したといい、秦氏が玖珂地方の有力氏族であり、この地方がはやくから開かれていたことを示している。

ところで、末尾の一戸をのぞく一三戸については全戸口が記され、その合計は三二一人で、一戸平均は約二五人となり、数世帯からなる当時の戸としてはいちおう平均的といえる。しかし男女比では、男四人に対して女二七人という戸をはじめ、全戸とも女が圧倒的に多く、女性総数二三五人は全体の約四分の三を占める。また年齢構成では、八六歳を最高に六六歳以上のいわゆる耆老《きろう》・耆女が約三分の一にあたる一一一人を数え、完全な高齢化社会で、二〇歳以下は五人、最年少は一五歳であった。これに対して、課役を負担する成人男子の正丁《せいてい》は身体障害者である残丁一人を含めて五六人、六一歳以上の老丁が一六人であった。なおこれとは別に、一〇人が他郷に移っているが、移動先は柞原《くばら》郷四人、由宇郷一人、伊宝《いほう》郷五人で、この三郡は玖珂郡内で、いずれも玖珂郷に近隣していた。

このような記載が実態を示していないことは多言を要しないし、典型的な偽籍とさえいわれている。新規の調査を行わず、単に年齢だけを加算して新しい戸籍を作成したため、高齢者が多く、一五歳以下がみられないのである。高齢者のなかにはすでに死亡したものも含まれ、また意図的に死亡者を除籍していない可能性も考えられる。さらにあきらかに男性名と思われるものに女性名に共通する「売」を付し、男を女として登録したものや、同一人の二重登録と推定されるものも少なくない。

延喜二年官符が指摘したように、女性や耆老が不課であることを利用し、できるだけ多くの口分田《くぶんでん》を得ようとする一方で、少しでも課役をまぬがれようとして、種々の方法で戸籍の偽造を行っているのである。これは玖珂地方に限ったことではなく、全国的な傾向であったと思われる。

菅原道真と藤原純友●

延喜元（九〇一）年、菅原道真《すがわらのみちざね》は右大臣から大宰権帥《だざいのごんのそち》に左遷された。その理由は天皇の廃立を謀ったというのであるが、一般には対立する左大臣藤原時平《さだいじんふじわらのときひら》らの策謀といわれている。藤原氏の専権をおさえようとする宇多《うだ》天皇に重用《ちょうよう》され、奈良時代の吉備真備《きびのまきび》についで二人目の学者出身の大臣となったが、この前年に文章博士《もんじょうはかせ》の三善清行《みよしきよつら》が彼に辞職を進めたように、それは逆に反感を買う要因ともなった。変を知った宇多法皇は内裏《だいり》に急行したが、左右の諸陣に阻止され、むなしく夜を明かして引き返した。

そして「東風《こち》吹かば匂ひおこせよ梅の花あるじなしとて春を忘るな」という有名な歌を残し、大宰府にむかった。『菅家後集《かんけこうしゅう》』におさめられている漢詩「叙意一百韻」によれば、傷ついた馬や破損した舟しかあたえられず、苦しい旅であったことがうかがわれる。応長元（一三一一）年に編纂された『松崎天神縁《まつざきてんじんえん》起《ぎ》』によれば、西下の途中で勝間浦（防府市）に立ち寄り、海人《あま》の粗末な苫屋《とまや》で一夜をすごし、ここに居をおくことを願ったという。同三年に彼は大宰府で没したが、そのとき、光明《こうみょう》が海上にあらわれ、瑞雲《ずいうん》が酒垂山《さかたれやま》の峰にたなびくなど奇異の瑞相がみえたので、国司などは渇仰《かつごう》の心を肝に銘じ、随喜《ずいき》の思いにむせび、宝殿を創建し、松崎社と号したという（口絵参照）。それ以来、恒例の祭奠《さいてん》は国の営みとしておこたらず、日別の御供《ごくう》や修理料田《しゅうりりょうでん》などを寄進し、勤行《ごんぎょう》や鐘声《しょうせい》は絶えることがないという。

彼の死後、都では清涼殿《せいりょうでん》に落雷して廷臣が死亡するなどの異変があいつぎ、彼の祟《たた》りとして恐れられた。延長元（九二三）年には本官に復し、やがて天満天神《てんまんてんじん》として神格化されていくが、太宰府の天満宮安楽寺《てんまんぐうあんらくじ》、防府の松崎天満宮、京都の北野天満宮《きたのてんまんぐう》などが創建され、学問の神として朝野の崇敬を集めた。天神信仰の盛行とともに、各地に天満宮が創祀された。松崎天満宮の社伝では延喜四年に国司土師信貞《はじのぶさだ》が創建したという。とすれば、太宰府や北野などよりも古い天満宮となる。

それからまもなく、瀬戸内海沿岸地方を騒がせたのが藤原純友である。山陽・南海両道の舂米《しょうまい》輸送が海路を取るようになると、瀬戸内海における舟運利用はしだいに増加した。また荘園《しょうえん》の発展とともに年貢米の輸送や商業活動が頻繁になるにつれて、西日本の大動脈となった。潮流もおだやかで、大小の島々が浮かぶこの内海は比較的に安全な航路であった。このような経済動脈である瀬戸内海は海賊にとって絶好の舞台でもあり、奈良時代にも横行していたが、平安時代にはいるとその活動は深刻な社会問題となった。

貞観四（八六二）年と八年には周防・長門などの沿岸諸国に海賊の追捕《ついぶ》を厳命し、一時的な小康を得た。しかし承平年間（九三一～九三八）になると海賊の活動が急に活発になり、各地で略奪を行い、南海の国国は海賊で満ちあふれているといわれた。朝廷は各地に警固使を派遣し、神々にその鎮定を祈った。承平六（九三六）年、伊予《いよの》（愛媛県）守紀淑人《かみきのよしと》が追捕にあたり、その寛仁な扱いによって多くの海賊が帰順し、淑人は彼らに田地をあたえて定着させたので、一旦はおさまった。ところが、天慶二（九三九）年に東国で平将門《たいらのまさかど》の乱が発生すると、伊予掾藤原純友は守淑人の制止を振り切り、海上にでた。同年、長門国が海賊におそわれ、官舎を焼かれ、官物も奪われたが、これが純友によるものかどうかはあきらかでない。

そして伊予国日振島《ひぶりじま》を本拠に本格的な行動を開始し、朝廷は東西両面で重大な危機にさらされることになった。上京中の国司を襲撃し、備中国（岡山県）や淡路島《あわじしま》（兵庫県）では兵器を奪い、京都では放火して社会不安に陥れたが、朝廷は純友に従五位下をさずけて懐柔したので、海賊の活動は低調となった。しかし将門の乱を鎮定《ちんてい》後の翌年三月には小野好古《おののよしふる》を追捕使に任命して政策を一転させたので、八月には純友が活動を再開し、伊予・讃岐（香川県）両国をおそい、十月には大宰府追捕使の兵を破り、十一月には周防鋳銭司を焼き払った。しかし翌年になると追捕使の活動が本格化し、純友の部下のなかには降伏するものや内応するものがあいつぎ、形勢は逆転した。五月には大宰府をおそって略奪したが、博多津《はかたのつ》（福岡市）で追捕使に撃破され、伊予に逃げ帰ったところを討たれた。

海賊といっても、それを生業としているわけではなく、通常は平凡な農漁民であった。紀淑人の鎮撫《ちんぶ》にもみられるように、生活苦のため海上輸送中の物資を略奪したのであり、律令制支配が崩壊しつつあるなか、生きるためのやむをえない行為であった。

東大寺領椹野荘●

律令制下の土地制度は公地制を大原則としていたが、養老七（七二三）年の三世一身法《さんぜいっしんのほう》を経て、天平十五（七四三）年には一定の条件のもとで墾田《こんでん》の永代私有を認める墾田永世私財法《えいせいしざいほう》が発布された。その結果、財力のある貴族や寺社などは積極的に開墾を進め、広大な土地を所有し、やがてそれは荘園とよばれるようになったが、史料的には奈良時代から戦国時代末にかけて約五〇〇〇の荘園が知られている。領主が土地とそれを耕作する荘民を一元的に支配し、租税を免除され、国司の介入を拒否できる不輸不入の特権を有した。このほか平安時代末期に成立した土地制度に保《ほ》と別符《べふ》があり、前者は在地の有力者に雑役を免除して開墾させたといわれ、後者については太政官と民部省から不輸租権を認められた官省符荘《かんしょうふしょう》の周辺が開墾され、荘園として国符で認められた土地という説、国司や郡司があらたに許可をあたえて成立した田地という説などがある。

竹内理三氏は荘・保・別符あわせて防長二国の荘園として八〇カ所と二九カ所をあげられているが、このうち奈良・平安時代の荘園は一九カ所と六カ所であり、全体の約二割にすぎない（『荘園分布図』下巻）。田村哲夫氏は周防国四一カ所、長門国二五カ所をあげられ、平安時代末までに初見されるものとして一六カ所と七カ所を指摘されている（「防長庄園の地域的考察」前・後『山口県文書館研究紀要』二・一二）。一方、清水正健氏は周防国で四六荘・三二保・二牧・一別符、長門国で一九荘・五保・二牧・二別符・一厨《くりや》一領《りょう》をあげられているが、平安時代末までにみえるとされているのは周防国五カ所にすぎない（『荘園志料』下巻）。

防長両国における荘園の初見は東大寺領の椹野荘《ふしののしょう》で、天平勝宝六（七五四）年に産業勘定が作成されたというが、同寺領となった経緯はあきらかでない。東大寺は天平十七年に聖武《しょうむ》天皇の発願で創建され、天平勝宝四年には盛大な大仏開眼供養《だいぶつかいげんくよう》を行っているが、当荘の成立が東大寺建立とほぼ同時期であったことは注目される。天平勝宝元年に有力寺院の墾田額が決定され、東大寺は四〇〇〇町とされた。当荘もその一部と考えられ、吉敷郡俘囚《ふしゅう》郷と賀宝《かがほ》郷の空閑地《くうかんち》を開墾したもので、椹野川下流域沿岸の山口市大歳《おおとし》付近から山口市旧小郡《おごおり》町域・嘉川《かがわ》付近にかけての一帯がその荘域であったといわれ(田村前掲論文)、天平宝字五(七六一)年にはその坪付も確定されている。その経営の実態はあきらかでないが、後述のような初期荘園と同じであったと思われる。奈良正倉院に収蔵されている「東南院文書《とうなんいんもんじょ》」によれば、天暦四(九五〇)年の『東大寺封戸庄園《とうだいじふこしょうえん》并《ならびに》寺用帳《じようちょう》』では「周防国吉敷郡椹野庄田九十一町六段十九歩」とみえ、長徳四(九九八)年の『東大寺領《とうだいじりょう》諸国《しょこく》庄家《しょうか》田地《でんち》目録《もくろく》』には「周防国吉敷郡椹野庄田九十一町六段六十九歩」とあるが、「右国々庄荒廃」と記されているので、このころはすでに荒廃していたようである。文治二(一一八六)年に周防国は東大寺の再建料国とされ、大勧進俊乗坊《しゅんじょうぼう》

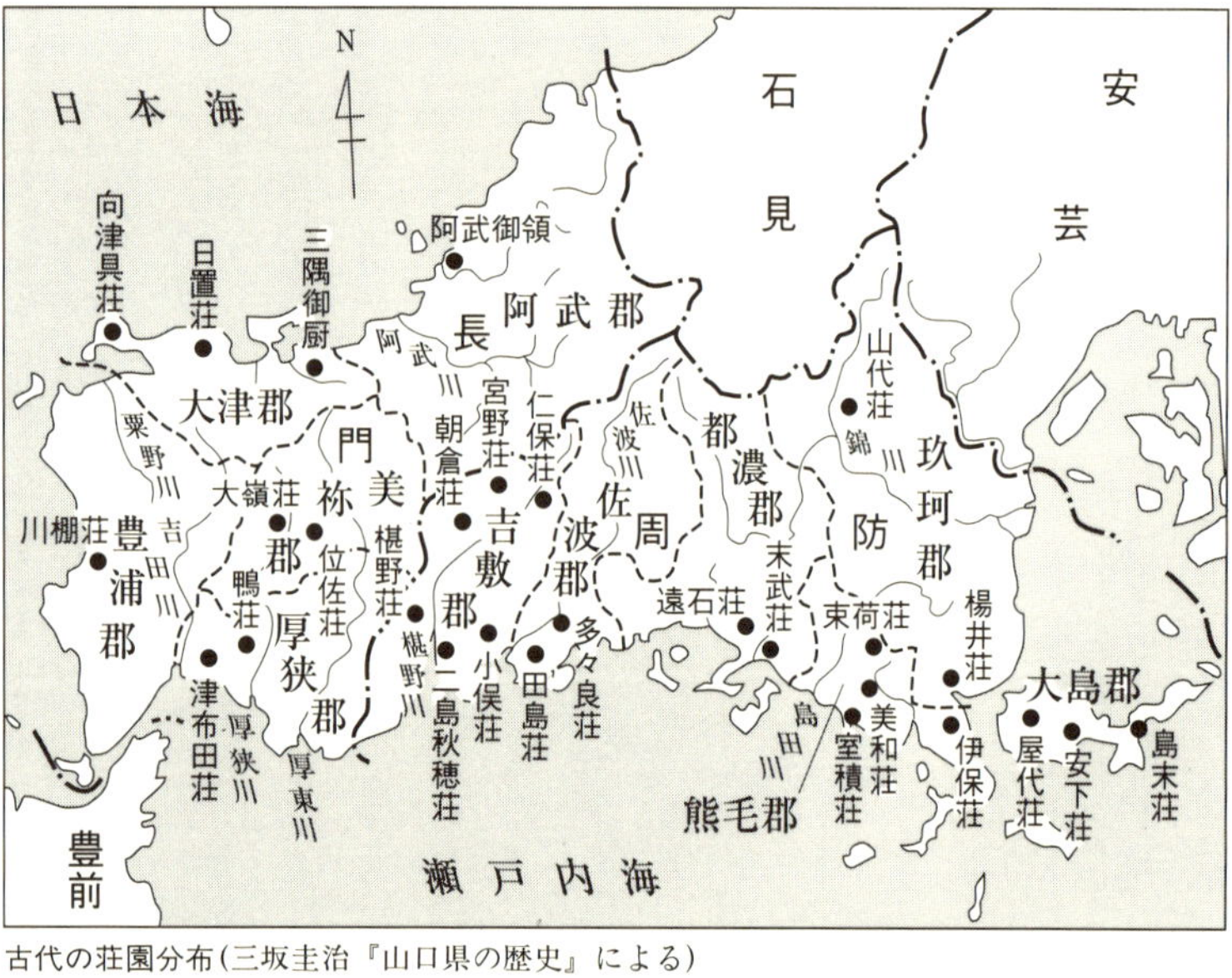

古代の荘園分布(三坂圭治『山口県の歴史』による)

重源《ちょうげん》が国務を沙汰《さた》するようになったが、彼は建久七（一一九六）年に当荘を復興させ、四至牓示《しいしぼうじ》を糺《ただ》し、紀季種《きのすえたね》を預所職《あずかりどころしき》に補任したという。その後、しばしば武士の押妨《おうぼう》をうけるなど、さまざまな紆余曲折《うよきょくせつ》をたどったようであるが、東大寺の支配は戦国時代まで続いている。

初期の荘園は墾田主がみずから開墾し、経営は多くを周辺の一般班田農民の賃租によっていたほか、過酷な徭役《ようえき》からのがれるため本貫をはなれた浮浪・逃亡人などを使役していた。しかし平安時代後半になると、寄進地系荘園が一般的になった。すなわち、地方の開発領主は中央の貴族や寺社などの権門勢家《けんもんせいけ》に名義上の領主権寄進を行って年貢をおさめ、その権威を背景に国司などの介入を排除するとともに、前述した不輸租権を獲得し、みずからは荘官として在地における地位を確保した。肥後《ひご》国（熊本県）の鹿子木《かのこぎ》荘がその代表的な例として有名であるが、周防国でも大島郡の屋代荘が知られる。それは安部成清《あべなりきよ》が開発して当時の最高権力者である摂関家《せっかんけ》に寄進し、みずからは惣公文職《そうくもんしき》に補任され、中世においてもその職は子孫が世襲している（田村前掲論文）。

壇ノ浦の合戦●

治承四（一一八〇）年、平清盛《たいらのきよもり》を総帥とする平氏《へいし》一門は全盛をほこっていたが、後白河《ごしらかわ》法皇の皇子である以仁王《もちひとおう》は平氏追討の令旨《りょうじ》を発して源頼政《みなもとのよりまさ》とともに挙兵した。王は戦死したが、これを機に各地で源頼《より》朝《とも》や木曽義仲《きそよしなか》など反平氏勢力が挙兵し、源平《げんぺい》内乱はまたたくまに全国的な規模に拡大した。防長二国の武士も両勢力に分かれて参戦し、最後の決戦の舞台となったのが長門壇ノ浦《だんのうら》であり、またのちに周防国が平氏によって焼かれた東大寺の再建料国にあてられるなど、この内乱は防長二国に大きな影響をあたえた。

寿永二（一一八三）年七月、義仲が京都にせまり、平氏一門は安徳《あんとく》天皇や三種の神器《じんぎ》を奉じて西海に落ちた。しかし京都にはいった義仲の軍は統制を欠き、後白河法皇などとも反目し、さらに頼朝との確執もあり、元暦元（一一八四）年正月に法皇の求めで頼朝が派遣した範頼《のりより》・義経《よしつね》の軍と宇治川《うじがわ》でたたかい、敗死した。一方、大宰府にのがれた平氏は西国武士の支援をうけて勢力を挽回し、寿永二年閏十月には備中国（岡山県）水島で義仲軍を破り、翌元暦元年には摂津国一ノ谷（神戸市）に陣を敷き、京都回復をめざす気配をみせた。当時の長門国は新中納言平知盛《とももり》の知行国《ちぎょうこく》でもあり、防長地方では平氏勢力が強く、一ノ谷に参陣した軍勢のなかには周防国の石国源太維道《いわくにげんたこれみち》・野介太郎《のけたろう》有朝《ありとも》・周防介高綱《たかつな》、長門国の郡東司秀平《ぐんとうじひでひら》・郡西大夫良近《ぐんせいだいぶよしちか》・厚東入道武道《ことうにゅうどうたけみち》などの名がみえる（『源平《げんぺい》盛衰記《じょうすいき》』）。源氏にはあらためて平氏追討の院宣《いんぜん》がくだり、元暦元年二月に義経の鵯越《ひよどりごえ》の奇襲によって一ノ谷の平氏軍は多くの部将を失い、讃岐国（香川県）の屋島《やしま》に敗走した。

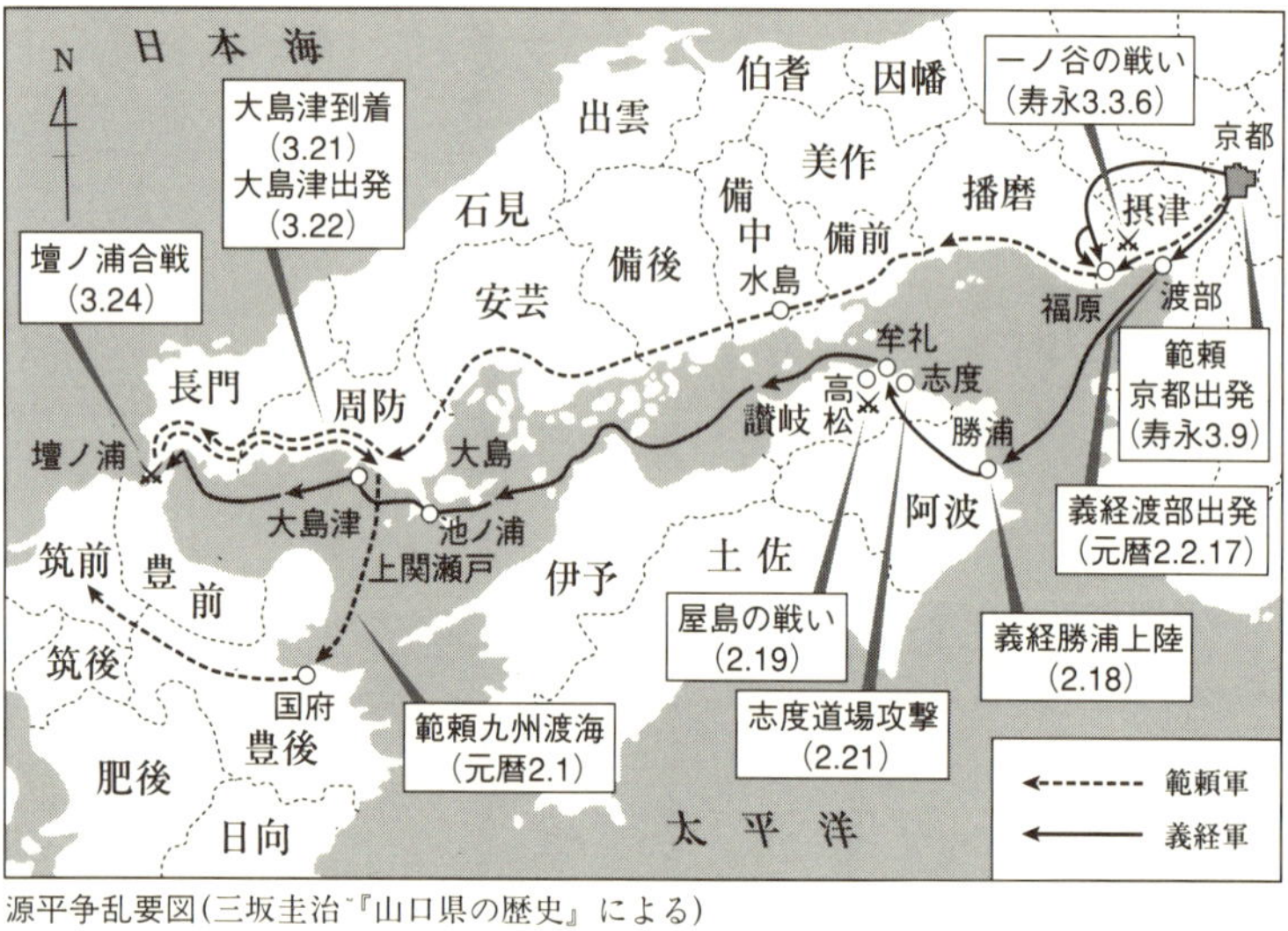

源平争乱要図（三坂圭治『山口県の歴史』による）

しかし平氏は、総帥の宗盛が屋島に城郭をかまえ、知盛が長門彦島に拠って、瀬戸内海の制海権を押さえていた。そのころ、知盛は大島の島末《しまずえ》荘にも城をかまえ、島民の多くがそれに加担したという。元暦元年九月、範頼の軍は京都を出発し、山陽道をくだったが、周防国では石清水八幡宮《いわしみずはちまんぐう》領遠石荘《といしのしょう》（周南市）における都濃郡末武《すえたけ》荘（下松市）の住人内藤六盛家《ないとうろくもりいえ》のような在地土豪《どごう》の抵抗をうけた。また兵粮《ひょうりょう》調達にも苦しみ、本国に逃げ帰ろうとする軍士もあり、範頼は鎌倉《かまくら》の頼朝に窮状を訴えた。これに対して頼朝は翌文治元（一一八五）年正月ただちに返書を送り、人心を失わず、安徳天皇や二位尼《にいのあま》（清盛の妻、天皇の外祖母）などを安全に確保するようにとこまかく指示した。ともあれ範頼はようやく赤間関《あかまがせき》に到達し、九州渡海をはかったが、兵船が得られず、周防国にしりぞいた。しかし豊後国（大分県）の住人臼杵《うすき》氏などが兵船を提供し、周防国宇佐那木《うさなぎ》（熊毛郡平生《ひらお》町）上七遠隆《こうしちとおたか》が兵粮米を献上したので、豊後にわたり、原田《はらだ》氏など北部九州の平氏与党を攻め、彦島に拠る平氏の背後をおびやかした。

文治元年二月、義経が屋島を急襲し、不意を突かれた宗盛以下の平氏はまたもやぶれて海上にのがれ、ついで彦島の知盛の軍と合流した。義経も追撃し、三月中旬には大島津に到達したが、この間に伊予・熊野などの水軍を加え、勢力逆転に成功していた。そして二十一日は雨のため壇ノ浦への進発を延期したところ、周防国の在庁官人で舟奉行の舟所《ふなとこ》五郎正利《ごろうまさとし》がきて数十艘の兵船を献じたので、義経は正利に鎌倉殿の御家人《ごけにん》になすべき旨の書をあたえた。翌二十二日、門司関をみたことのある範頼の代官《だいかん》三浦介義澄《みうらのすけよしずみ》を先導として数十艘の兵船を率いて進発し、壇ノ浦奥津に布陣した。その船団は八〇〇余艘ともいわれ、そのなかには関門海峡にくわしい長門国串崎《くしざき》（下関市）の水軍も加わっていた。このような源氏の動きに対して、平氏も彦島の本営から出撃し、五〇〇余艘を三手に分け、赤間関対岸の豊前田之浦《たのうら》沖に集結した。

ここに源平両軍は最後の決戦の秋《とき》を迎えた。

二十四日卯刻《うのこく》（午前六時ごろ）に戦闘がはじまり、東進する潮流にのった平氏優勢のうちに進んだが、平氏軍は水手《かこ》や梶取《かじとり》が討たれて思うように行動できなくなり、さらに午後になると潮流の変化もあって壇ノ浦に追いつめられ、ついに敗北した。安徳天皇は按察局《あぜちのつぼね》にだかれ、入水《じゅすい》して崩じ、一部に救助され、あるいは生け捕りになったものもいるが、一門の多くも入水して平氏は全滅した。また頼朝が強い関心を示していた三種の神器のうち、鏡《かがみ》は無事であり、神璽《しんじ》ものちに回収されたが、宝剣《ほうけん》は二位尼がだいて沈んだままとなった。

わずか八歳で入水して没した安徳天皇を哀れに思ったのであろうか、その祖父である後白河法皇は建久二（一一九一）年にその菩提《ぼだい》をとむらうために現下関市に堂宇《どうう》を建立し、それは阿弥陀《あみだ》寺《じ》とよばれたが、明治以降は神社として赤間神宮《あかまじんぐう》と称している。

4章

防長の中世社会

平子重経坐像(山口市源久寺)

1　領主と地域社会

地頭と開発●

周防《すおう》国仁保荘《におのしょう》は山口市の東北部、仁保川の流域一帯に開け、谷底平野にできた荘園《しょうえん》である。この地区の通称土井河内《どいごうち》とよばれる場所で、圃場整備《ほじょうせいび》に伴う事前の発掘調査が行われた。その途上で大きな溝が発掘され、これが武士の館を囲む堀の一部である可能性が高いことがわかった（山口県教育財団・山口県教育委員会文化課・山口県埋蔵文化財センター編『よみがえる仁保の歴史1　土井遺跡』）。この「土井遺跡」は、他の出土遺物から十四～十五世紀の遺構であると考えられている。この館のあった当時、仁保荘には地頭《じとう》である平子《たいらご》氏が居住していたので、発掘された館の住人は平子氏であると考えることができる。平子氏は鎌倉《かまくら》時代の初頭に相模《さがみ》国から移住してきた御家人《ごけにん》である（阿部正道「相模国三浦氏と周防国―三浦義澄と平子重経―」『神奈川県立博物館研究報告』一〇）が、以後、用水を引いて耕地を開発し、あらたな開発地の拠点として庶子《しょし》の居館をおいた。一族の惣領《そうりょう》は庶子をまとめたが、それぞれの居館には領主《りょうしゅ》直営田が付属し、現在もそのような田には「ヨウジャク（用作）」というような字名が残っている。

平子氏は、南北朝《なんぼくちょう》以降は大内《おおうち》氏の有力家臣《かしん》になって姓を仁保と改め、大内氏滅亡後は毛利《もうり》氏の家臣になり、姓を三浦《みうら》と改め、十六世紀後半には萩《はぎ》に移住し館を放棄した。三浦家には現在も鎌倉期以来の古文書（「三浦家文書」）が多数伝えられている。

下関《しものせき》市富任町《とみとうちょう》にある「三太屋敷《さんたやしき》跡」は、綾羅木《あやらぎ》平野の北東端の微高地にある。館跡の北側にはすぐ背後まで山がせまり、南側と西側には二つの小河川が館跡をはさむように流れており、防御上めぐまれた立地である。その規模は東西八〇メートル、南北一〇〇メートルの長方形で、周囲を土塁《どるい》が囲繞《いにょう》し、外側に堀がめぐらされていた（山口県教育委員会編『三太屋敷跡』）。この館の主は、建長四（一二五二）年に長門守護《ながとのしゅご》二階堂行忠《にかいどうゆきただ》の代《だい》官《かん》として関東から下向した三井資平《みいすけひら》と考えられている（徳見光三「三太屋敷址私考」『郷土』二）。

周防国与田保《よたのほ》（柳井《やない》市余田《よた》）は特色ある展開をとげた地域である。鎌倉以前に国衙《こくが》領になって以来、公文職《くもんしき》を世襲する一族が領主支配を定着させていた。公文は、鎌倉期において公文名《みょう》二六町余、公文給田五町、在家一五宇をもっていた。ところが、建仁四（一二〇四）年、俊乗房重源《しゅんじょうぼうちょうげん》によってあらたに藤原朝俊《ふじわらのともとし》が地頭に任命されたが、この地頭職は周防国司《こくし》が安堵《あんど》するという特殊な性格のものであった。地頭は、農民支配をめぐり、東《とう》大寺《だいじ》を背景とした公文を相手に、鎌倉幕府の支持を得ながら、鎌倉中期〜南北朝期にかけて相論《そうろん》を繰り返すが、

平子氏館の復元イラスト（山口県埋蔵文化財センター作図）

結局勝利できずに没落している（田村裕「中世前期国衙体制下における在地領主の存在形態─与田保公文の場合─」『広島大学文学部紀要』三三）。

守護と在庁官人

周防守護について、鎌倉初頭の人名は不詳だが、その初見は前周防守藤原親実《ふじわらのちかざね》であり、文暦二（一二三五）年に安芸《あき》守護に転任するまでその任にあったと考えられている。一方、長門守護については比較的くわしくわかり（田村哲夫「異本『長門守護代記』の紹介」『山口県文書館研究紀要』九）、鎌倉期の正式な守護の初代は佐々木高綱《ささきたかつな》である。建治二（一二七六）年以降、北条《ほうじょう》氏一門が防長《ぼうちょう》両国の守護を占め、遅くとも正応年間（一二八八〜九三）以降は、防長両国守護は同じ人物が兼務していたと考えられている。

建治元年、鎌倉幕府は、蒙古《もうこ》の再来にそなえ、御家人に長門警固番役《けいごばんやく》を命じ、関門《かんもん》海峡の要所を警備させた。幕府は、元寇《げんこう》以降、九州につぐ防衛上の要地である防長両国に対し強い権限をもち、最後の防長両国守護である北条時直《ときなお》はとくに「長門周防探題《ながとすおうたんだい》（または長門探題）」とよばれていた。

周防国では、すでに平安《へいあん》末期において、多々良《たたら》、賀陽《かや》、土師《はじ》といった一族が在庁官人を占め、「令《りょう》」や「保《ほ》」と称される国衙領を自己の所領のように分け合っていた。多々良氏は平家に反抗したらしいし、船所《ふなどころ》（国衙の水上軍事力をにぎる役職）の正利《まさとし》は壇ノ浦合戦《だんのうらかっせん》に多数の船を提供しており、周防国の在庁官人は、源氏《げんじ》に協力的であったので、源平内乱《げんぺいないらん》後も所領を没収されず、留守所《るすどころ》の実務をにぎり続けた。

多々良氏のなかでも、平安末期までに権介《ごんのすけ》を称して在庁官人の筆頭となり、周防国吉敷《よしき》郡大内《おおうち》村（山口市）を所領とし、代々「大内介《おおうちのすけ》」とよばれた一派がとくに有力で、惣領とみなされていた。大内介は、幕府御家人である「在京人《ざいきょうにん》」でありながら、都合が悪くなると「関東所勘の輩《ともがら》に非ず」と称して幕府の管轄外にのがれるように、幕府と周防国司にうまく両属していた（松岡久人「鎌倉末期周防国衙支配の動向と大内氏」竹内理三博士還暦記念会編『荘園制と武家社会』）。東大寺再建にあたって、大内介は、ときには重源に反抗し、ときには重源に協力して国務をさまたげる地頭と争った。また、大内介は、建長三（一二五二）年、東大寺と周防国与田保地頭との相論では、幕府から地頭の召還を命ぜられ、守護に準ずる役割を果たした。多々良氏は大内介のほか、右田《みぎた》、鷲頭《わしず》、問田《といだ》氏といった支族を分派させながら、それぞれ国衙の要職をにぎっていた。鎌倉期において、大内介は惣追捕使職《そうついぶししき》および案主所《あんじゅしょ》の兄部職《このこうべしき》を、支族では、問田経貞《つねさだ》は検非違所《けびいしょ》の、右田八郎は健児所《こんでいしょ》の各兄部職をもっていた。

大内介は、鎌倉末期までに、大内村や宇野令《うのれい》を始めとする吉敷郡内、佐波令《さばれい》や下右田を始めとする佐波郡内、そのほか国内各郡の国衙一円地や海上交通の要地に所領を設けていた。大内介重弘《しげひろ》に至っては、東大寺内部を分裂させ、朝廷に工作し、「国司上人」を罷免するだけの実力をもつに至り、鎌倉末期において、大内氏は、のちに守護大名《しゅごだいみょう》として成長する

忌宮神社境内絵図（部分，長門守護館）

だけの基盤を得ていたことがわかる。

周防国において国衙はよく保たれた。鎌倉時代には東大寺による支配の拠点とされ、守護大内氏治下において「国衙土居八丁《こくがどいはっちょう》」が東大寺領とされ、近世においても東大寺領が残されていたためである。防府《ほうふ》市にある「周防国衙跡」は、八町四方（東西約八六八メートル、南北約八五〇メートル）の領域をもつことがわかっており、往時の景観を良好にとどめる、全国的にも貴重な事例である。

長門国府《こくふ》の所在地について、現在の忌宮《いみのみや》神社境内に比定されているものの、くわしいことは不明である。鎌倉末期の成立である「忌宮神社境内絵図」（忌宮神社蔵）には、国分寺や惣社《そうじゃ》といった国衙と密接な関係をもった寺社がみられるものの、国府に関係する施設はみられない。そのかわり、守護館、守護代所、守護領といった守護権力に関するものが描かれており興味深い（小川信「中世の長門府中と守護館・守護代所」『国史学』一二七）。

重源上人と在地勢力●

養和元（一一八一）年、俊乗房重源は、大勧進職《だいかんじんしき》に任ぜられ、東大寺再建にのりだした。文治元（一一八五）年、大仏《だいぶつ》が完成し、朝廷は、文治二年、周防国を東大寺造営料《ぞうえいりょう》国とし、重源に国務をゆだね、大仏殿以下の造営を命じた。同年、重源は、宋人陳和卿《ちんなけい》や番匠《ばんじょう》らを率い、周防国に下向した。重源は、周防国をまかされることによって、佐波郡奥地の森林（現在の山口市徳地《とくぢ》一帯）と、木材を伐りだすために国内の民衆を動員する権限をあわせ得ることができた。平安末期までに、畿内《きない》近国の山の多くは、あいつぐ寺社や貴族邸の造営による乱伐をこうむっており、東大寺は、近所から大木を得ることが困難になっていた。

重源は、みずから中国（宋）に三度わたったと称しているが、現在のところその確証は得られていない。

❖コラム

年輪が語る重源の足跡

重源《ちょうげん》と同時代の史料にみえる「周防杣《すおうそま》」とは、国衙《こくが》領「得地保《とくぢほ》」内の杣であった。得地保は、現在の山口市徳地《とくぢ》にほぼ相当し、現在も地域の大部分は深い森林におおわれ、「滑《なめら》国有林」として知られている。徳地の法光寺《ほうこうじ》には、得地保産のヒノキを用いた阿弥陀如来《あみだにょらい》坐像が伝来している。東大寺南大門《とうだいじなんだいもん》の金剛力士《こんごうりきし》像にもヒノキ材が用いられているが、平成元（一九八九）年に解体修理をうけたさい、用材の年輪の幅が計測された。樹木の年輪の幅は、気温など気象条件の影響をうけ毎年変化し、樹種ごとに固有の共通した変動パターンがある。このことを手がかりに同年代に形成された年輪かどうかを判定することができる。そこで、奈良国立文化財研究所が、東大寺金剛力士像と法光寺阿弥陀如来坐像の用材を比較したところ、年輪の変動パターンに共通点がみられたため、両者に用いられたヒノキが、ともに徳地町内の山で生育したものであることが確かめられた（光谷拓実「年輪から歴史を探る」『山口県文化財』一八）。そして、そのことによって、この法光寺が、重源が建てた安養寺《あんようじ》の跡であることも確かめられた。

木造阿弥陀如来坐像（山口市法光寺）

重源は、安元元（一一七五）年に博多誓願寺《はかたせいがんじ》の丈六阿弥陀如来《じょうろくあみだにょらい》像のため周防国の木材を調達している。重源は、はやくから博多方面でも活動しており、入宋せずとも宋の情報にくわしかったと考えられる。宋人の進んだ技術を用いて周防国の良材を得る発想は、大勧進就任以前からの活動のなかで培《つちか》われたのではないだろうか。

重源が材木を伐りだした地域は、山口市内の佐波《さば》川および島地《しまじ》川の二つの水系に二大別される。重源は、島地川水系上流に安養寺《あんようじ》を建立して杣《そま》経営の前進基地とし、また、下流には、重源当時の建物である月輪《がちりん》寺薬師堂《じやくしどう》がある。重源は、水系に沿って、杣経営の基地としての寺院を配置させていったと考えることができる。

源平内乱によって周防国内は疲弊していた。重源の課題は、いかに周防国内の民衆（領主層も含む）の負担をやわらげ、かつ恩恵をほどこすかということであった。そこで、重源は、宋人陳和卿らによる進んだ土木技術を採りいれ、大工事を遂行した。たとえば、杣から大木を伐りだすのに、一本に人夫が一〇〇

鉄宝塔(防府市阿弥陀寺)

〇人や二、三千人もかかりそうな作業のさい、轆轤《ろくろ》を使うことによって六、七十人で引くことができたという。また、筏《いかだ》を組むのにも「秘術」を用いたという。とりわけ大規模な土木工事は「関水《せきみず》」（水量を調節して強い水流を得る施設）の設置であった。材木は、佐波川をくだって現在の防府市へ運ばれ、そこから瀬戸内海へだされたが、佐波川は水が浅く、木材を流すことが困難であった。そこで、重源は、川の途中一一八カ所に「関水」を設けてこれを克服した。その結果、文治三年には、長さ一三丈（三九・四メートル）で口径二尺三寸（〇・七メートル）におよぶ大材が大仏殿の棟木用に送られた。このような難事業を経て、建久六（一一九五）年に東大寺の大仏殿は完成した。

重源は、大仏殿が完成した建久六年、周防国に下向し、同国一宮の玉祖《たまのおや》神社や松崎天神《まつざきてん》社といった周防国の主だった神社を建て替えている。これは周防国内の神祇に、造営料国として協力を得たことに対する謝意をあらわすものであった。

東大寺再建後も、周防国は長く造営料国であり続け、東大寺から派遣された大勧進は、事実上の国司として「国司上人」とよばれた。とくに阿弥陀寺《あみだでら》（周防南無阿弥陀仏別所）には、重源のモニュメントとして貴重なものが伝わっている。建久八年に制作された鉄宝塔は、東大寺大仏殿の完成を記念したものであるが、そこに鋳出された銘には、重源とその配下の僧とともに、周防国在庁官人が名を連ね、同寺の永続を祈願している。

南北朝動乱●

元弘元（元徳三＝一三三一）年、鎌倉幕府打倒のため挙兵した後醍醐《ごだいご》天皇は、翌二年にとらえられ隠岐《おき》に流された。『太平記《たいへいき》』によれば、このとき、後醍醐方の武士たちが各地で蜂起したので、執権《しっけん》北条氏が諸国の御家人を召集し、厚東入道《ことうにゅうどう》（武実《たけざね》）・大内介らが周防・長門の軍勢を率いて上洛《じょうらく》したという。初めは周防・長門の武士たちも幕府方についていた。元弘三（正慶二）年、長門探題北条時直《ときなお》は、防長両国の武士を率いて伊予《いよ》国の土居《どい》・得《とく》能《のう》氏を攻撃したが失敗におわった。この隙《すき》をついて、石見《いわみ》国津和野《つわの》を本拠とする吉見頼行《よしみよりゆき》は、後醍醐天皇の綸旨《りんじ》をうけて挙兵し、その子高津道性《たかつどうしょう》が、厚東武実とともに、長門国府（下関市長府《ちょうふ》）を攻撃して、北条時直を敗走させた。武実は、その功により建武政権から長門守護に任ぜられた。

　厚東氏は、鎌倉幕府御家人の出身で、長門国厚東郡（旧厚《あ》狭《さ》郡の東部を指す私郡）に勢力をもち、棚井《たない》村（宇部《うべ》市）に居館をおき、霜降《しもふり》城（宇部市）をその備えとした。その後、厚東氏は、隣国周防の守護が大内長弘《ながひろ》父子であるうちは、ともに北朝方《ほくちょうがた》として協調関係を保ち、しばらく長門守護として繁栄した。『梅松論《ばいしょうろん》』によれば、厚東武実と大内長弘は、延元元（建武三＝一三三六）年、大量の兵船を派遣し、足利尊《あしかがたか》氏《うじ》が東上するのに功績があったという。厚東武実は、臨済《りんざい》宗《しゅう》の名僧南嶺子越《なんれいしえつ》を請じ、長門安国寺《あんこくじ》として東隆寺《とうりゅうじ》を創建

霜降城跡のある霜降山遠景（宇部市）

したり、西大寺派律宗の浄名寺を保護し、持世寺を天台律宗の元応寺（京都）の末寺《まつじ》としており、禅律《ぜんりつ》寺院を重用した。武実から三代のちの義武《よしたけ》は、正平十三（延文三＝一三五八）年、南朝方《なんちょうがた》に立つ大内弘世《ひろよ》の攻撃をうけ豊前国《ぶぜん》に敗走した。のち厚東氏は、九州で南朝方として再起をはかるが衰退した。

周防国では、在庁官人多々良氏のうち大内介とよばれた一派が、南北朝動乱に乗じ勢力を拡大し、もはや権介にとどまらない存在となり、「大内」という家名でよばれるようになった。この当時、大内氏は、重弘の子で権介を名乗り大内氏の惣領をついだ弘幸《ひろゆき》と、重弘の弟で支族の鷲頭氏をつぎ、豊前権守を名乗る長弘の二つの系統に分かれていた。最初優勢であったのは、北朝方に立ち、周防守護に任ぜられた長弘の方であり、しばらく弘幸系は長弘系にしたがっていた。正平四（貞和五）年、足利直冬《ただふゆ》は、長門探題に任ぜられ、南朝方に立つが独自の勢力を形成し、足利氏の内部抗争に端を発した観応《かんのう》の擾乱《じょうらん》は防長両国にもおよんだ。おそくとも正平七（観応三）年九月までに周防守護は長弘からその第二子弘直《ひろなお》に交替しているが、このころ弘幸の子弘世は、足利直冬について南朝方に立ち、弘直方に攻撃を開始した。

弘世は、正平九（文和三）年ごろまでに周防国を平定し、正平十八（貞治二）年には北朝方に転じ、室町幕府から周防・長門両国守護に任ぜられた。長門国、とりわけ赤間関《あかまがせき》（下関市）を支配することによって、大内氏は、関門海峡の制海権をにぎることが可能になり、繁栄への足がかりを得たと考えることができる。建徳元（応安三＝一三七〇）年に行われた長門国一宮《いちのみや》である住吉《すみよし》神社の造営は、弘世による関門海峡支配の宣言と考えられる。弘世は、正平十九（貞治三）年、九州に出兵したが、南朝方の菊池氏にやぶれた。その直後上洛し、『太平記』によれば、数万貫の銭貨、新奇な唐物《からもの》（舶来品）を幕府要人から庶民に至るまでくばり、京都の人びとの歓心を買ったという。その意図は幕府に取りいることにあったとみえ、正平二十一（貞治五）年には石見の守護にも任ぜられている。建徳二（応安四）年からは九州探題今川《いまがわ》了俊《りょうしゅん》に協力して九州に転戦するが、文中三（応安七＝一三七四）年からは安芸国方面に力をいれた。また天授元（永和元＝一三七五）年には九州への出兵要請をこばみ、九州方面は子の義弘にまかせるようになった。

2　守護領国の発展と終焉

守護大名と室町幕府●

大内義弘は、初め九州探題今川了俊に協力しながら自己の勢力を拡大していった。建徳二（応安四＝一三七一）年から九州に出兵し、水嶋《みずしま》の陣の失策のため窮地に立った了俊を救援した功により天授三（永和三＝一三七七）年、豊前守護に任ぜられた（村井章介「水嶋陣後の九州の情勢」『東京大学史料編纂所報』二六）。義弘期には、一方では、安芸国の拠点として東西条《ひがしさいじょう》も確保されている。

天授六（康暦二）年から弘和元（永徳元＝一三八一）年まで、弟大内満弘《みつひろ》とたたかうが、幕府の支持を得て勝利し、領国支配を安定させた。元中六（康応元＝一三八九）年、将軍義満《しょうぐんよしみつ》が厳島《いつくしま》を参詣したさい、一行を出迎え、ともに上洛して以後、在京が多くなる。元中八（明徳二）年、明徳《めいとく》の乱《らん》のさいは幕府方を勝利に導き、その功により山名《やまな》氏の旧領国である和泉《いずみ》・紀伊《きい》両国の守護に任ぜられた。これにより義弘は、博多とともに堺《さかい》（和泉国）を得ることができ、北部九州から瀬戸内海へとつづく海上交通路の両端を支配することに成功した。

義弘は、元中九年、南北朝の合体を成立させた功により、将軍の一族に準ずる御内書《ごないしょ》を得た。また、幕府への讒言《ざんげん》によって、応永二（一三九五）年、今川了俊の九州探題解任に成功し、朝鮮との交渉を行う実権をにぎる。しかし、将軍足利義満は、大内氏の強大化を許さず、義弘が応永六年、和泉国堺に挙兵したところを攻め滅ぼした。これによって、幕府は、応永十一年から勘合《かんごう》貿易の制度を定め、日明《にちみん》貿易を幕府の管理のもとにおいた。

義弘の死後、家督はその弟である盛見《もりみ》と弘茂《ひろしげ》のあいだで争われた。弘茂は応永《おうえい》の乱《らん》のさい堺の陣中にあったが、幕府に降伏して家督を認められた。これに対し国元にあった盛見は領国を弘茂にわたさず、応永八年、長門盛山《さかりやま》の戦いで弘茂を滅ぼした。同十一年、幕府は盛見の家督を認めたので、盛見は幕府にしたがい、応永十六～三十二年のあいだ在京する。応永三十二年、盛見は、幕命をうけ、九州探題を追いだした少弐満貞《しょうにみつさだ》を破り、永享元（一四二九）年、将軍足利義教《よしのり》から、その料国筑前《ちくぜん》の支配をゆだねられた。盛見は、義弘死後の領国をよく維持したが、永享三年、少弐氏とたたかい、筑前深江《ふかえ》で敗死した。

盛見の死後、大内氏の家督は義弘の子である持世《もちよ》と持盛《もちもり》の兄弟間で争われたが、永享四年、幕府は持世の家督を認め、周防・長門・豊前・筑前四カ国の守護職を安堵した。持世は、大内氏歴代ではじめて筑前の守護となり、正式に博多を確保した。このころ石見国邇摩《にま》郡の

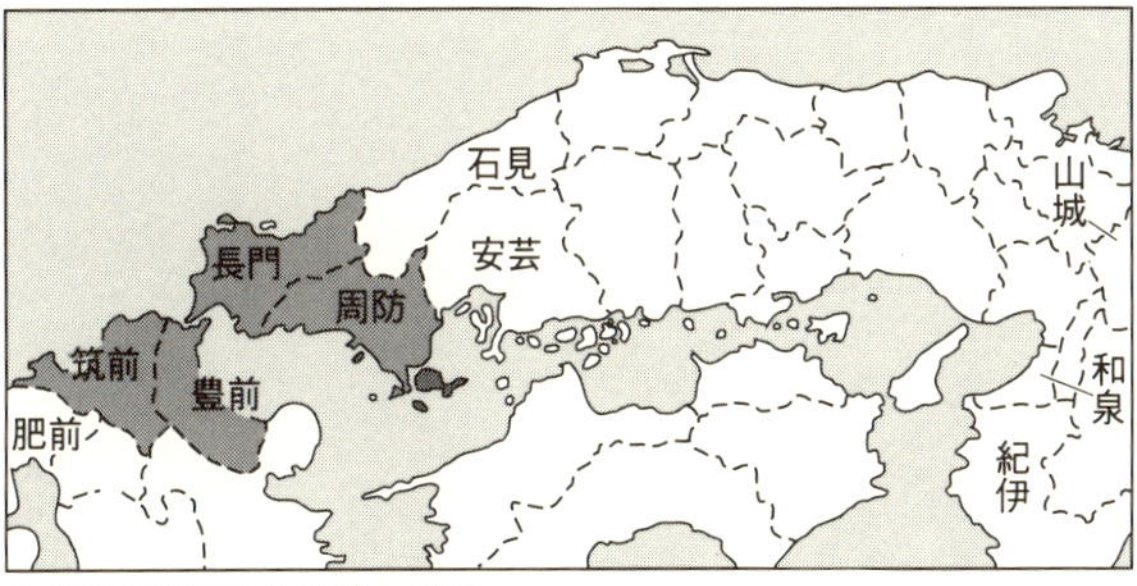

大内氏の領国および勢力範囲

分郡守護も兼ねている。永享五年、少弐満貞父子を筑前国秋月城《あきづき》（福岡県浅倉市《あさくら》）に滅ぼした。同十二年以後は在京することが多かったが、嘉吉元（一四四一）年、嘉吉《かきつ》の乱《らん》のさいに将軍義教邸で殺害された。

義弘の代以降、筑前国に進出すると、大内氏は朝鮮・中国との貿易の窓口であった博多の港を確保した。朝鮮との貿易によって、大内氏は、当時国産化されていなかった綿布、薬として珍重される高麗人参《こうらいにんじん》、そして仏教経典の集大成である大蔵経《だいぞうきょう》などを輸入し、経済・文化の両面で大きな利益をあげることができた。また、明との貿易によって、大内氏は、「唐物《からもの》」（中国からの舶来品）を独占的に輸入することができた。当時の権力者のあいだでは「唐物」が珍重されたので、これを大量に所蔵したり、将軍に贈り物をすることによって、大内氏は自己の立場を有利にすることができた（山口県立美術館編『室町文化のなかにみる大内文化の遺宝展図録』）。

大乱と領国経営●

持世をついだのは教弘《のりひろ》である。父には大内持盛および盛見の両説がある。西は少弐嘉頼《よしより》を対馬《つしま》に追って肥前《ひぜん》まで進出し、東は安芸守護武田信賢《たけだのぶかた》を攻め、領国の範囲を広げた。教弘は、山口から勢力範囲内諸地域の行程日数を定め、訴訟の迅速化をはかる（「大内氏掟書《おおうちしおきてがき》」）など領国支配を強化し、袖判下文《そではんくだしぶみ》による知行充行《ちぎょうあてがい》によって領国内の国人層《こくじん》を御家人化した。宝徳三（一四五一）年にははじめて日明貿易に参画した。寛正五（一四六四）年、細川《ほそかわ》氏に攻められた河野通春《こうのみちはる》を助けるために出陣したが、翌六年、伊予国興《ご》居島《ごじま》で病死し、その後築山《つきやま》大明神の神号を贈られた。

教弘をついだのは政弘《まさひろ》である。応仁元（一四六七）年から、応仁《おうにん》・文明《ぶんめい》の乱《らん》に西軍として参加し、二〇〇〇艘といわれる兵船、数万人といわれる軍兵が西軍の劣勢を跳ね返した。これに対し東軍は、九州の大《おお》友《とも》・少弐両氏を挙兵させたり、政弘の家臣を寝返らせた。文明二（一四七〇）年には国元で伯父大内教幸《のりゆき》（道頓《どうとん》）が反乱をおこしたが、周防守護代の陶弘護《すえひろもり》はこれを鎮圧し、政弘にかわり領国を維持した。その後東西両軍の勝敗がつかぬまま、政弘は文明九年に帰国した。

大内氏の先祖について、義弘段階では、百済《くだら》の始祖高《こう》氏の後裔で、盛見難を避けて日本にわたったと述べられている（「李朝実録」）が、盛見段階では、百済国の琳聖太子《りんしょうたいし》であると述べられている（「氷上山興隆寺文書」）。これ以後、大内氏によってその先祖に関する伝説がととのえられていき、政弘の代までに、百済国聖明王《せいめいおう》の王子琳聖太子が、推《すい》古《こ》天皇の代に周防国佐波郡多々良浜《たたらはま》に着いたのち聖徳太子《しょうとくたいし》に謁し、聖徳太子から周防の大内県《あがた》を所領としてあたえられ、多々良の姓も賜ったという内容に定着していった。先祖伝説にみられるように、大内氏が朝鮮王朝に対していだいていた親近感はなみなみならぬものであり、その国際感覚は、当時の権力者のなかでも独特のものであった。

大内氏の氏神は妙見神《みょうけんしん》（菩薩《ぼさつ》）であり、大内氏の故地大内村に位置する氏寺である興隆寺《こうりゅうじ》の上宮にまつられていた。妙見神は、弘世の代には氏神とされていたが、大内氏と妙見神との関係は、太子の来朝が妙見神の加護のもとに行われたという伝説以外にくわしいことはわ

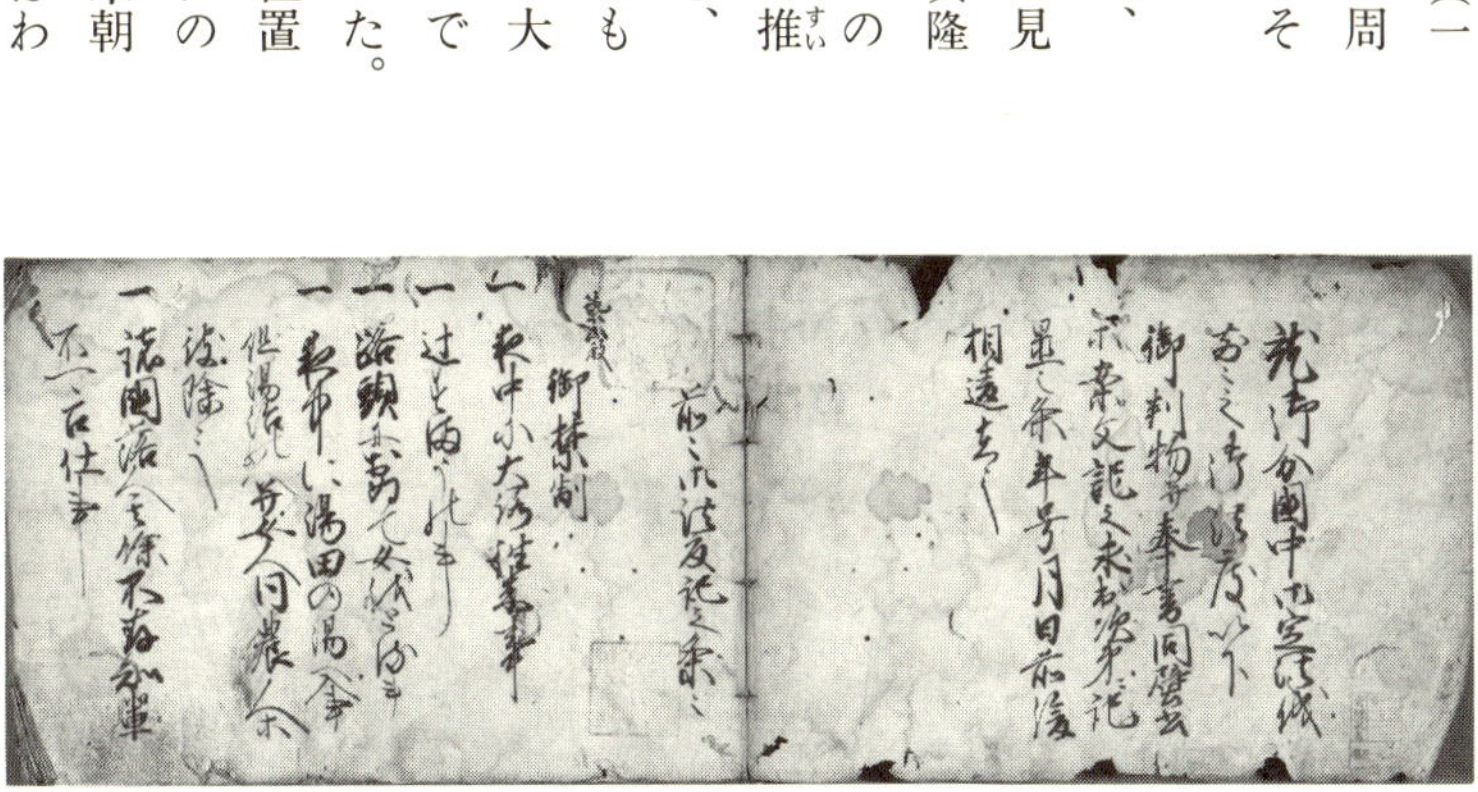

大内家壁書　表紙見返しの識文（１丁目裏）と本文（２丁目表）。

からない。興隆寺で行われる二月会《にがつえ》は、大内氏にとってもっとも重要な年中行事であり、領国をあげて執行された。その第一責任者である「大頭《だいとう》」は重臣のなかから選ばれ、これをつとめるものにかぎり徳政がほどこされ、負債が帳消しにされた。大頭につぐ責任者である「脇頭《わきとう》」「三頭《さんとう》」は、領国内の郡が順番に担当した（太田順三「大内氏の氷上山二月会神事と徳政」渡辺澄夫先生古稀記念事業会編『九州中世社会の研究』）。二月会のクライマックスである「舞童《ぶどう》」（童子による雅楽）と「歩射《ふしゃ》」（家臣による弓射）は、大内氏が家臣および領民にその威勢をみせつける格好のイベントであった。身分の高いものは桟敷《さじき》席を設けて見物し、「甲乙人《こうおつにん》」（凡下《ぼんげ》百姓身分のもの）も境内に殺到し、女人禁制である区域にも女性の見物が許された。

しかし、二月会の中心は、大内氏当主とその嫡子が上宮で行う氏神祭祀の秘儀であり、二月会は、政治的な意味をもつ一連の儀式から構成された、領国支配の安定を祈願するための行事であった（平瀬直樹「大内氏の妙見信仰と興隆寺二月会」『山口県文書館研究紀要』一七）。

二月会では大内氏の当主と嫡子のみが上宮に近づくことを許された。政弘―義興《よしおき》―義隆《よしたか》の三代にわたり、嫡子にあたえられた幼少期の名は同じ「亀童丸《きどうまる》」であった。幼名が代々同一であるのは比較的珍しい例で、嫡子の地位を幼少時から明確にし、相続争いをめぐる家臣団の分裂を予防する手段と考えられる。

大内氏の強大化

政弘は、文明九（一四七七）年に帰国し、翌十年には九州に少弐氏を破って筑前・豊前両国を平定した。幕府が六角《ろっかく》氏攻撃の協力を要請すると、延徳三（一四九一）年に上京した。政弘は、帰国後、領国支配を固める一連の政策を打ちだし、各種の法令・制度・裁判機構などを整備した。「大内氏掟書」の大部分は、帰国後の政弘期に制定されたものである。また、父教弘の政策をうけつぎ、大量に下文《くだしぶみ》の充行状《あてがいじょう》を発給して国人層の御家人化をはかった。山口の大内氏館が拡張されて堀と土塁で囲まれた構造をもつようになるのも、同時期のことと考えられる（古賀信幸「守護大名大内〈多々良〉氏の居館跡と城下山口―大内氏館跡と町並遺跡の発掘成果から―」金子拓男・前川要編『守護所から戦国城下へ―地方政治都市論の試み―』）。

政弘をついだのは義興である。明応五（一四九六）年に大友政親《まさちか》を、同六年に少弐政資《まさすけ》を滅ぼし、筑前の支配を固め、同八年からは惣国寺社領の糾明をはじめた。同九年から前将軍足利義材《よしき》を山口で保護していたが、永正五（一五〇八）年、京都に進出し、将軍義澄《よしずみ》および管領《かんれい》細川澄元《すみもと》を追い、義材を将軍に復職

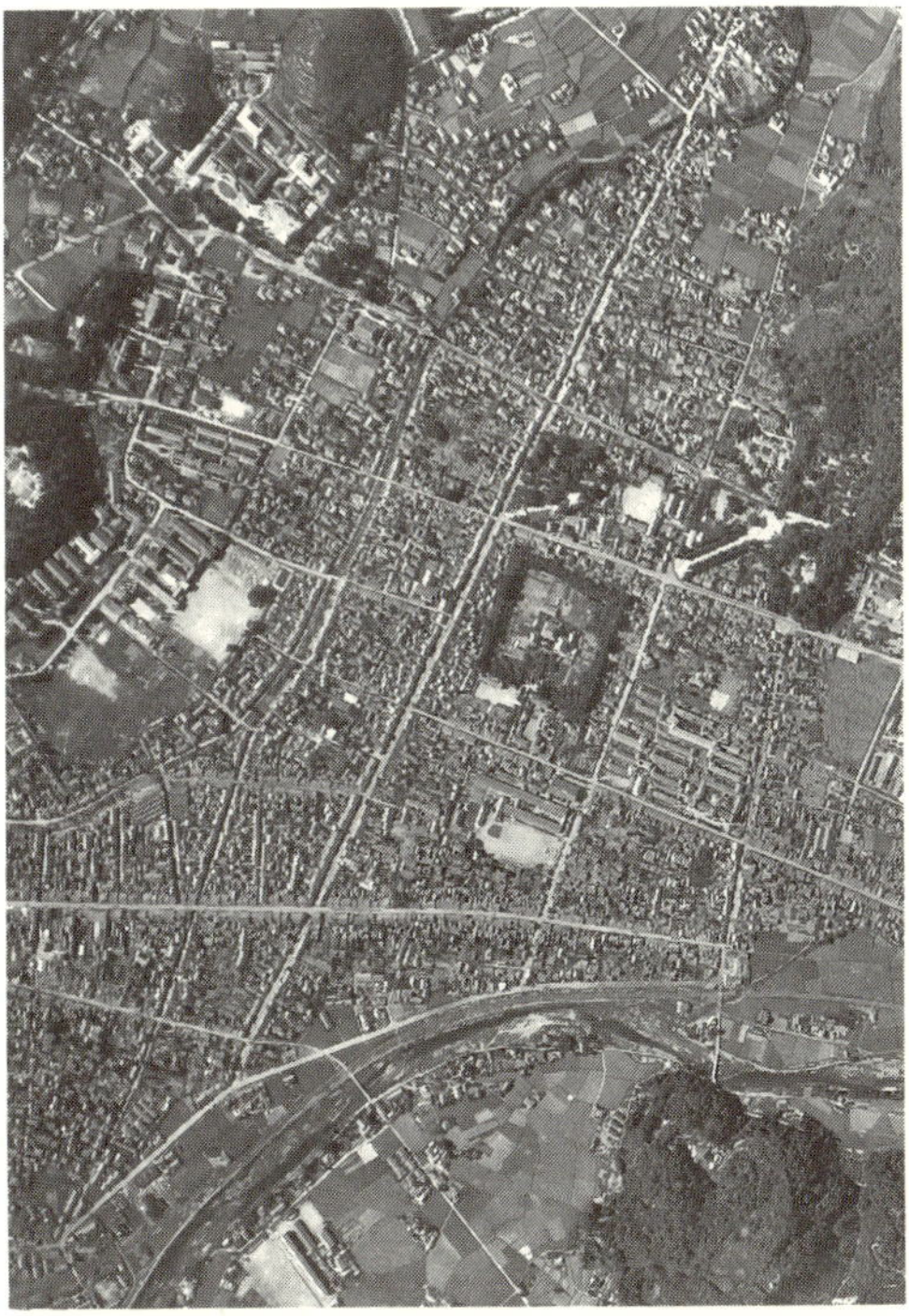

昭和22(1947)年9月23日，米軍撮影による山口市街　画面中央に土塁で囲まれた大内館がみえる。この写真は，米軍撮影の空中写真を建設省国土地理院の承認を得て，掲載したものである。

させた（義尹《よしただ》と改名）。この間、同六年、周防国衙領を東大寺に返還している。同八年、将軍義尹と義興は、細川澄元側の反撃によって敗走するが、船岡山《ふなおかやま》の戦いに勝って京都を奪還し、管領細川高国《たかくに》、山城《やましろ》守護大内義興という体制を確立した。同十五年には山口に還り、以後領国支配に専念した。安芸厳島神主家の継嗣争いに介入し、同神領を支配下におくと、大永元（一五二一）年以降、尼子《あまご》氏と安芸支配を争い、同五年には毛利元就《もとなり》を尼子方から大内方に転向させた。

幕府の勢力が衰退したので、義興は、永正十三年、幕府から遣明船《けんみんせん》を一任され、以後大内氏が勘合貿易を独占した。日本からの輸出品は、刀剣《とうけん》・硫黄《いおう》・銅が主で、輸入品は、銅銭が主であった。

大内氏の政治機構は室町《むろまち》幕府にならったものであり、山口に政所《まんどころ》・侍所《さむらいどころ》・記録所《きろくじょ》などの役所がおかれ、各分国を統治するために守護代・小守護代・郡代《ぐんだい》・段銭《たんせん》奉行《ぶぎょう》などの組織がととのえられた。また、守護代クラスの最有力家臣からなる評定衆《ひょうじょうしゅう》とよばれる意思決定機関が存在し、実務をとる奉行人は評定衆もかねていた（佐伯弘次「大内氏の評定衆について」『古文書研究』一九）。

大内氏は、政弘期の前後において軍事力動員の制度を整備しており、当時において抜きんでた軍事力を発揮することができた（川岡勉「大内氏の知行制と御家人制」『日本史研究』二五四）。第一には、所領の分《ぶ》限高《げんだか》に応じて家臣に軍役を負担させる仕組みであり、分限高の掌握は、教弘期にさかのぼる。防長における石高《こくだか》表示は、とくに教弘から政弘の代にかけて進行し、大内権力の浸透した地域ほど徹底されていく。周防・長門では石高、安芸・石見では貫高、豊前・筑前では面積表示から石高へと移行した。第二に各種の租税制度であり、領国内に段銭および夫役《ぶやく》を賦課した。第三に、半済《はんぜい》政策（年貢の半分を軍費として徴収すること）であり、応仁《おうにん》の乱《らん》以降、とくに義興以降は、全領国規模で寺社や国衙領に対して行った。

大内氏の滅亡●

義興をついだのは義隆である。九州方面では少弐氏・大友氏と争い、天文五（一五三六）年、少弐資元《すけもと》を滅ぼして筑前国を平定《へいてい》。中国方面では、安芸国をめぐって尼子氏と争い、同九年、毛利氏に援軍を送り、郡《こおり》山《やま》城の包囲をしりぞけた。同十年には、桜尾《さくらお》城に拠る友田《ともだ》氏、銀山《かなやま》城に拠る守護武田氏を滅ぼし、安芸国を平定。天文十一年、出雲国に尼子氏を攻めたが敗走。途中で嫡子晴持《はるもち》（土佐《とさ》一条《いちじょう》氏から迎えた養子）が溺死《できし》し、以後、義隆は軍事に意欲を失ったという。政弘の帰国以降、いわゆる戦国期に相当する時期の大内氏は、周防・長門を中心としながら、東は備後・石見から西は豊前・筑前まで、すなわち西中国から北部九州までを支配していた。

　義隆は、上洛することはなかったが、貴族文化の維持に尽力した。天文四年、後奈良《ごなら》天皇の即位を経済的にささえ、その見返りとして官位をのぞみ、従二位まで昇進した。大内氏当主の官位は朝廷からさずけられ

龍福寺本堂（山口市）　龍福寺は大内義隆の菩提寺である。この本堂は明治16(1883)年に興隆寺の本堂が移築されたものであり，同時に大内氏の氏寺（興隆寺）の往時の姿もしのぶことができる。

たものであり、とくに義隆は官位の権威に実効性をみいだし、少弐氏を滅ぼすさいには、大宰府の官制で少弐よりも上官である大宰大弐《だざいのだいに》を得ることに執着した。家臣が官位を得るについて朝廷に取りついでいるが、官位を媒介として大内氏が優位を認識させる行為であると考えられる。義隆は、小槻伊治《こつきこれはる》を京都から招いて朝廷の作法を学んだり、『尾籠集《びろうしゅう》』に記された礼儀作法にみられるように儒教《じゅきょう》に関心が深かった。また、神道《しんとう》にも興味を示し、吉田兼右《よしだかねみぎ》が下向して伝授している。

義隆は、貴族の娘を正室・側室に迎え、前関白二条尹房《さきのかんぱくにじょうただふさ》を始めとする貴族たちを山口で保護した。しかし、貴族たちとの奢侈《しゃし》が家臣の不満をあおったらしく、家老陶隆房《たかふさ》（のちの晴賢《はるかた》）は、天文二十年、内藤《ないとう》・杉《すぎ》氏らの家老とはかって反乱をおこした。山口をのがれた義隆は、長門国深川《ふかがわ》の大寧寺《たいねいじ》で自害し、同行した貴族たちのほとんどは陶方に殺害された。晴賢は、義隆の後継者として、大友宗麟《そうりん》の弟で、母が義隆の姉である大友晴英《はるひで》を擁立した。同二十一年、晴英は大内氏の当主となり、将軍義輝《よしてる》の一字をあたえられ義長《よしなが》と改名した。義長はもともと義隆の後室に義尊《よしたか》がうまれるまでは義隆の後継者に予定されていた。義長は、厳島の合戦に晴賢が戦死したのちも、周防国に進攻した毛利軍に抵抗し、弘治三（一五五七）年、山口に高嶺城《こうのみねじょう》をきずくが、攻め落とされ、長府長福寺《ちょうふくじ》にのがれて自害した。

十六世紀後半に盛期を迎える東国の大名を「戦国大名」の典型とみなすと、大内氏の場合、知行制や検地政策、直接的な農村支配や農民把握などにおいて未成熟な点が多い（川岡勉「大内氏を支えた軍事力と経済」学習研究社編『歴史群像シリーズ49　毛利戦記』）。かといって「守護大名」段階にとどまるといってみてもその強大さは説明できない。大内氏の歴史的特徴は、守護公権を根拠にしてまず防長両国を固め、海上交通の要衝に位置する利点を生かして物と情報の流れをにぎりながら、公武の伝統的な権力・権威を最大限に活用したところにあるのではないだろうか。

毛利氏の防長支配●

安芸国の国人の一人であった毛利元就は、元就の代の弘治元（一五五五）年に陶晴賢を厳島の合戦で倒し、同三年には大内義長を滅亡させ、大内氏にかわって防長両国を支配した。さらに出雲国を本拠とする尼子氏を倒すことによって中国地方の覇者となった。毛利氏は、旧大内氏家臣を救済または懐柔《かいじゅう》するため「牢人米《ろうにんまい》」を給付した（岸田裕之「大内氏滅亡後の防長旧臣層と毛利氏」『史学研究』二〇〇）が、弘治三年には大内氏旧家臣が義隆の遺児問田亀鶴《といだかめつる》を奉じて、障子カ嶽《しょうじがたけ》城に挙兵し、永禄十二（一五六九）年には大友氏の支援をうけた大内輝弘《てるひろ》が豊後から山口に乱入した。輝弘は高嶺城を包囲し、城将である市川経好《いちかわつねよし》が筑前在陣中で鎮圧に手間どったため、山口の町は兵火に焼かれた。大内氏旧家臣のなかでも大庭賢兼《おおばかたかね》は、元就の側近に抜擢され、毛利氏の譜代《ふだい》層による領国支配の不備を補完し、内側からささえる役割を果たした（和田秀作「毛利氏の領国支配機構と大内氏旧臣大庭賢兼」『山口県地方史研究』六四。以下『山地研』と略す）。それでも、防長両国について、裁判のような重大な案件は、市川経好を首班とする山口奉行人にゆだねられており、毛利氏の命令は、山口奉行人から防長両国の郡司に下達された（松浦義則「戦国大名毛利氏の領国支配機構の進展」藤木久志編『毛利氏の研究』）。

毛利氏は、元就の孫輝元《てるもと》の代には中国地方の大部分を支配するようになり、さらに輝元が豊臣秀吉《とよとみひでよし》に臣従することによって中国地方の戦乱はおさまった。輝元は、天正十五（一五八七）年から惣国検地をはじめ、同十九年、秀吉から中国八カ国一一二万石の支配を保証された。しかし、秀吉にしたがう大名には、軍事的な奉仕を行う義務（軍役）が課せられ、毛利氏の家臣もまた知行地の石高に応じて毛利氏に対して軍役を果たさなければならなかった。防長両国の人びとは、秀吉の行うあらたな征服戦争に巻き込まれることになり、四国平定、九州平定、朝鮮出兵、いずれの戦争でも毛利氏の軍勢は先頭に立たされた。さらに、それらの戦争では武士だけでなく農民や漁民も動員され、とりわけ朝鮮出兵のときには、大軍をささえるのに必要な物資を運搬する人夫《にんぷ》や水夫《かこ》として多数の者がつれていかれた。「上利家文書《あがりけもんじょ》」(長門市蔵)には、当時の漁村の苦しみを記した文書が含まれている。これによれば、青海島《おうみ》の大日比浦《おおひびうら》では、村の男たち数十人が水夫として徴発されたが、一人も帰ってこず、ただ一人残った村の長《おさ》が、留守家族の面倒をみながら、村をまもったという。

赤間関は、大内氏滅亡後は毛利氏の直轄になり、その代官かつ鍋城《なべ》(下関市南部町《なべ》)城番に起用されたのが、警固衆《けいごしゅう》であり商人であった堀立直正《ほたてなおまさ》である。その配下には、大内氏時代から赤間関の地下中《じげちゅう》に勢力をもっていた問丸役佐甲《といまるやくさこう》氏がおり、商人ながら海賊と交戦する武力をもち、赤間関の住人から関役料《せきやくりょう》を徴集する役目をになっていた。毛利氏は、堀立氏や佐甲氏の力を引きだし、赤間関をよく機能させることによって、国内流通・対外交易に積極的に対応した(岸田裕之「大名領国下における赤間関支配と問丸役佐甲氏」『内海文化研究紀要』一六)。

3　空間と交通

荘園と村落●

長門国正吉《まさよし》郷は、現在の下関市大字永田《ながた》郷の範囲に相当する。「長門国正吉郷入江塩浜絵図」(口絵参照)

は、鎌倉末期の製作と考えられ、そこに描かれた地形は、現在の地形に近いものである（国守進「豊浦郡正吉郷入江干潟絵図について」『山口県文化財』一六）。この絵地図は、旧正吉郷に伝来した「有光家文書《ありみつけもんじょ》」のなかに含まれている。有光家は、この図中に描かれている正吉郷八幡宮の社家をつとめてきた。この地図をみると、南端には波打ち際が線描され、図の中央には「入江干潟」の文字が記されている。朱色で「入江干潟」の範囲が囲まれ、その内側には五カ所の塚が描かれて「塩塚」の文字が記されている。これらのことからこの地図が製塩に関係していることがわかる。製塩の工程については、満潮時に海水を干潟に流入させ、塩分が付着した砂を集めて「塩塚」にし、

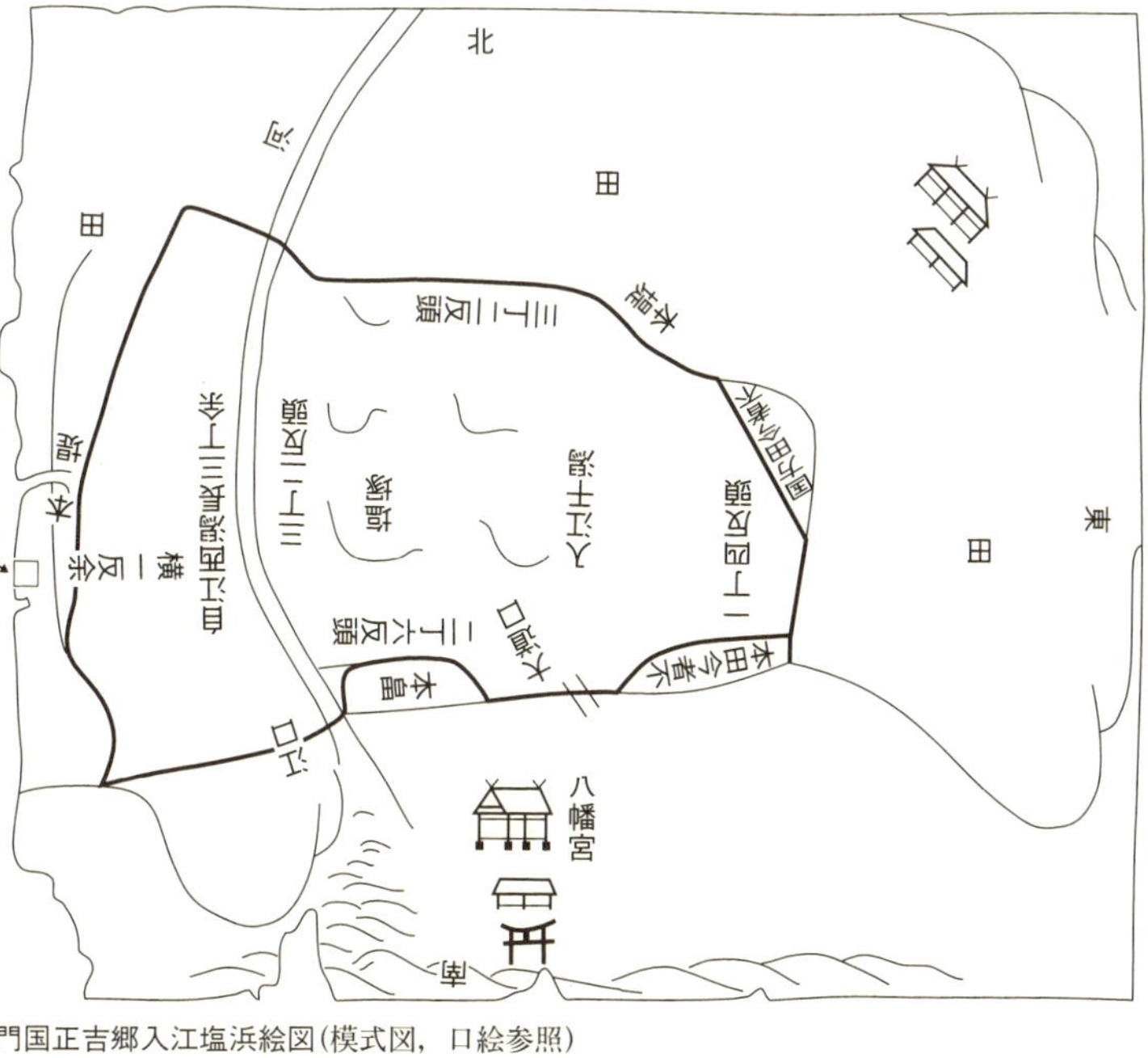

長門国正吉郷入江塩浜絵図（模式図，口絵参照）

最後にそこからたれおちる濃い塩水を煮詰めたと推測されている（網野善彦「中世の製塩と塩の流通」永原慶二・山口啓二編『講座・日本技術の社会史』第二巻　塩業・漁業）。この絵地図は中世の製塩技術をうかがい知ることのできる全国でも珍しい貴重なものである。

　また、この地図から当時の水田耕作のありさまをうかがうこともできる。干潟の周囲には「本堤」の文字、その外側には「田」の文字が記され、海水が水田にはいることをふせぐための土手が干潟の周囲にきずかれていたことがわかる。中世の正吉郷は、海辺にあって平らな地形をしており、そこに住む人びとは、一方では製塩を行うことによってこのような地形を活用し、他方では土手をきずくことによって、同じ地形のもつ悪条件を克服していた。

　中世集落の発掘事例のなかでもっとも大規模であり、その実態にせまることのできるものとして下右田《しもみぎた》遺跡が有名である。佐波川右岸に氾濫原から六〇〜一〇〇センチの高さに広がる北東―南西方向にかけてのゆるい傾斜

室町時代　　鎌倉時代　　平安時代

下右田遺跡の遺構復元図（山口県埋蔵文化財センター作図）

面に位置する。平安中期以前に施行された条里《じょうり》地割が踏襲されている地域に掘立柱建物二五〇棟が確認された。土器の編年から平安〜室町期のものと分類されているが、いずれの時期においても、家屋の方向は条里の区画にしたがっている。条里水田に農家が進出するのが平安中期で、小規模な掘立柱建物（二×一間、二×二間）に同規模の付属棟が直交する建物群が散在していた。平安後期になると大型化した主屋（四×二間二面庇《ひさし》）に付属棟三〜四をもつ比較的大規模な農家が出現し、階層分化がみられる。

鎌倉期にはいると、主屋（四ないし五×二間二面庇）と五〜六棟の付属棟を有し、中央には作業場と井戸をもつ大規模農家が出現してこの時期の主流を占め、それら家屋群がさらに塊をなしている。このような現象は、名主級の農民を中核とする村落共同体ができつつあったことによると考えられている。また、この時期には、用排水機能と宅地区画を明示するための環溝が出現する。室町期には大半の農家が環溝をもち、垣内《かいと》が一般的に形成される。農家のなかには、主屋（五×二間二面庇）に五棟の付属棟と持仏堂《じぶつどう》さえもつ大規模農家もある。鍛冶《かじ》工房や甕《かめ》にはいった大量の銅銭も出土し、農業以外に職人化、商人化を指向していたと考えられている。室町期をつうじて集村化は進むが、末期になって忽然《こつぜん》と集落は姿を消し、水田になってしまったらしい。

都市山口の発展●

大内氏治下の山口という都市は、大内氏当主＝「御屋形様《おやかたさま》」の居館を中核とする領国全体の首都であった。各守護代を始め大内氏家臣は山口に居住する義務があり、屋敷を設けていた。戦国末期のイエズス会宣教師たちは、京都の人口を一〇万人とし、山口は、戸数が一万戸以上、毎月五、六度の市《いち》が開かれる「西の都」と記している。

「山口」の地名は鎌倉中期からあり、その地名を含む国衙《こくが》領である「宇野令《うのれい》」は鎌倉期から大内氏の所領であった。山口は、一ノ坂《いちのさか》川の氾濫原に開けた平地で、砂礫《されき》の多い土壌は農耕には良好でなく、山口の町は、初めから「都市」を建設する目的で選ばれたと考えることができる。ここで注目すべき史料として「山口古図」（以下「古図」と略称）をあげることができる。その成立は近世であるが、大内氏治下の地名や施設が記入され、ほかに類するものがなく貴重である。これには大内弘世が正平十五（延文五＝一三六〇）年に京都を模倣して町づくりをしたという銘文があるが、弘世の代に町がどれだけ整備されたかは不明であるし、京都に似た都市プランもうかがえない。山口の町は、北東から南西にかけて流れる

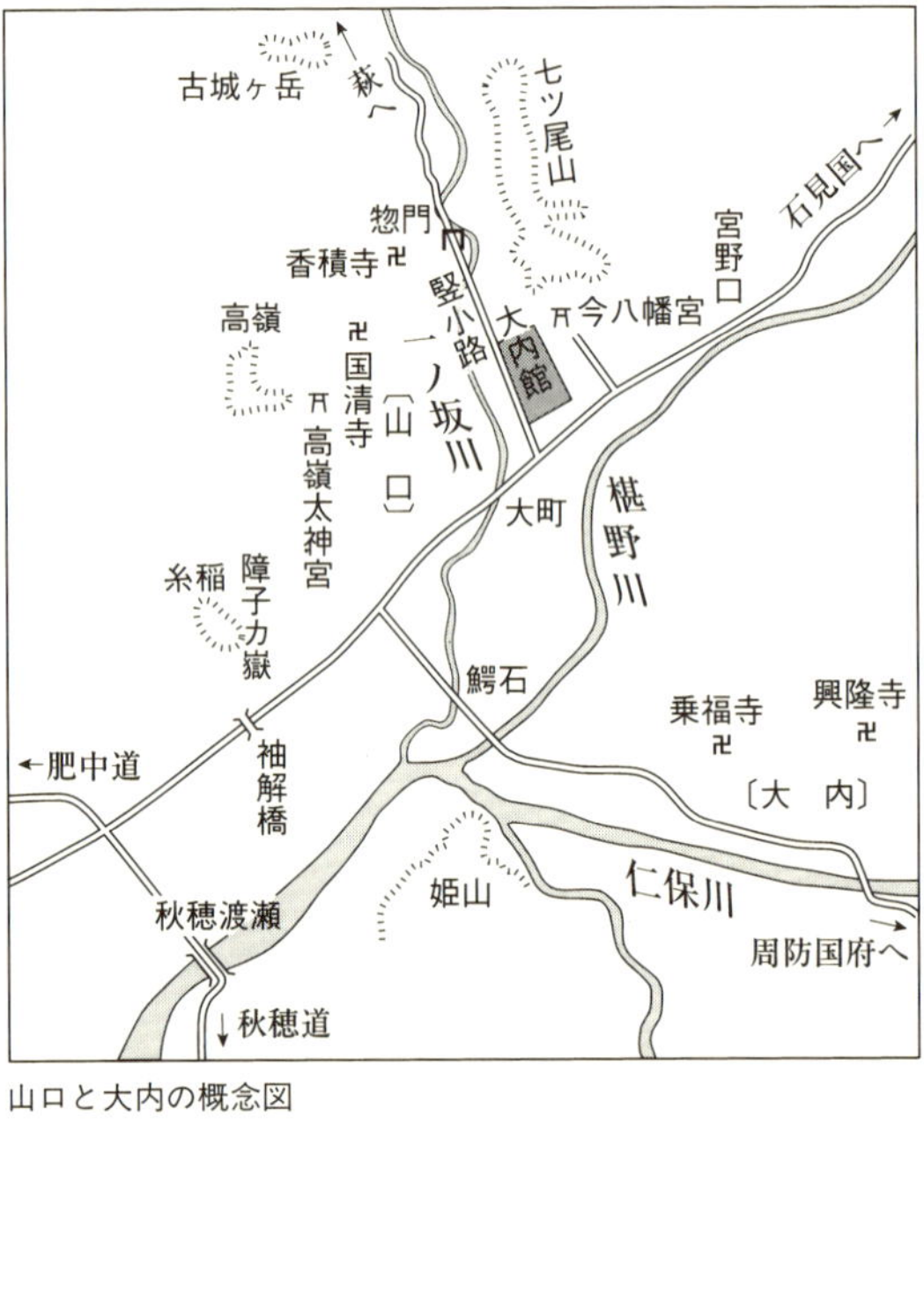

山口と大内の概念図

一ノ坂川に沿う形で街路（「小路《しょうじ》」の名でよばれる）が形成された。このため地形に合わせた町づくりになっており、京都のような碁盤目《ごばんめ》状にはなっていない。町のなかを、南北にのびる「竪小路《たてこうじ》」と津和野《つわの》・益田《ますだ》方面へむかう東西の道（近世の「石州往還」）が出会っており、二つの道を軸とする交通の要衝ということができる。「雲門一曲《うんもんいっきょく》」には「西庁日新軒《せいちょうにっしんけん》」がみえており、弘世期には守護館の建物群が存在したと考えられる。

「大内氏掟書」には、夜中に往来する人間を取り締まったり、他国の人間の流入や居住を警戒する条文がある。このような取り締まりを行うためには、おのずから町の境界があるはずである。東の境界は、「宮野口《みやのぐち》」とよばれる地点であろう。西の境界は、近世には「袖解橋《そでときばし》」となっているが、中世では史料がない。ただ、毛利氏が弘治三（一五五七）年以降に山口の防衛線としたのは、「糸稲（糸米《いとよね》）」—「障子カ嶽」の山塊であったので、それよりは東側と考えられる。南の境界は、「小路」の通りが椹野《ふしの》川にぶつかる辺り、近世には「口屋《くちや》」（通行を見張る番所）があった「鰐石《わにし》」と考えられる。北の境界は「木町《きまち》」と考えられる。「古図」によると、ここは北の町はずれであり、「惣門《そうもん》」が記入されている。近世にはここに「口屋」がおかれたので、この地点に門がおかれ、北の境界になる可能性が高い。

永正十七（一五二〇）年に記された「高嶺太神宮御鎮座縁起《こうのみねだいじんぐうごちんざえんぎ》」（山口大神宮蔵）は、義興期の山口のようすを伝える貴重な史料である。祇園社《ぎおんしゃ》を「竪少（小）路上」から高嶺に移す記事から、竪小路沿いに民家が多くなっていたことがわかる。また、祇園祭の記事から、庶民の居住区域が「大町《おおまち》」とよばれていることがわかり、「大町」から鉾《ほこ》（祭りの屋台）三台をつとめていることから、町民の共同体の存在がうかがえる。竪小路から北方は萩方面へむかう道がのびている（近世の「萩往還」）。山口から北西方向に山間部にむかう道（近世の「肥中道《ひじゅうみち》」）は、遠く燧灘《ひうちなだ》に面する肥中の港（下関市）に続き、南西の山間部にむかう道（近世の「秋穂道《あいおみち》」）は、瀬戸内側の秋穂浦（山口市）に続いていた。椹野川は、水運が利用され、これを下れば「小郡津《おごおりつ》」（山口市）に着いた。「小郡津」は山口の外港となっており、ここに領国からの年貢をおさめる倉敷がおかれていた。さらに南方には、山口湾の先に位置する深溝《ふかみぞ》（山口市）の港に、遣明船熊野丸《くまのまる》が停泊していた。このように、中世都市山口は、多様な方向に道がつうじ、海ともつながっており、防長両国統治の要《かなめ》となる立地をしていた。

海と陸の交通●

建徳二（応安四＝一三七一）年の「道ゆきぶり」、元中六（康応元＝一三八九）年の「鹿苑院殿《ろくおんいんどの》厳島《いつくしま》詣《もうで》記《き》」や文安二（一四四五）年の「兵庫《ひょうご》北関《きたせき》入船《いりふね》納《のう》帳《ちょう》」によって、また、朝鮮王朝側の記録である一四二〇年の「老松堂《ろうしょうどう》日本《にほん》行録《こうろく》」および一四七一年の

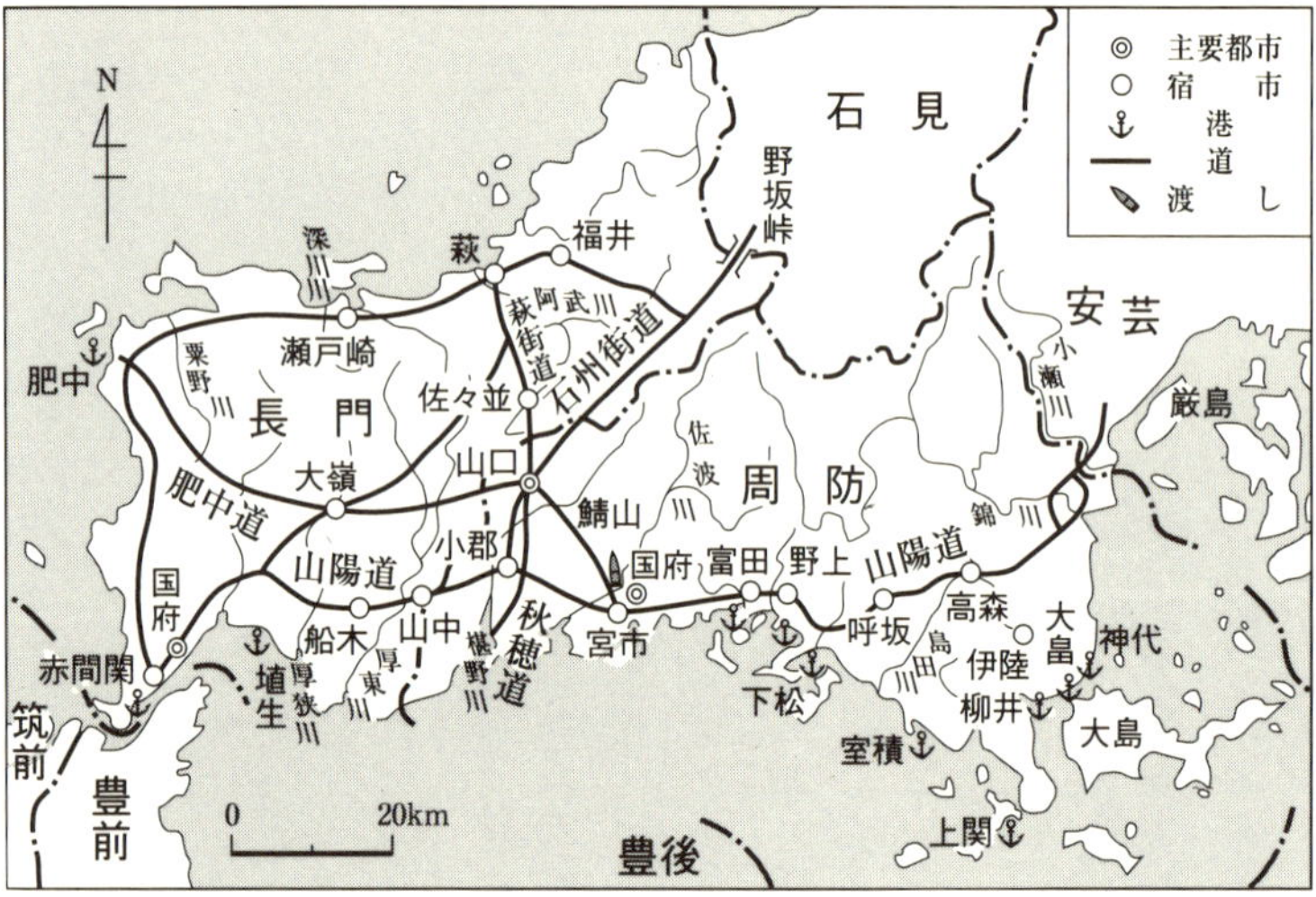

中世の交通要図

「海東諸国紀《かいとうしょこくき》」によって、室町期に機能していた防長の宿《しゅく》や港がうかがえる。天正十五（一五八七）年「九州御動座記《きゅうしゅうごどうざき》」や同二十年『大かうさまくんきのうち』など豊臣秀吉の出兵関係の記録によって、戦国期の宿や港がうかがえる。このほか「入明諸要例《にゅうみんしょようれい》」にみえる遣明船の根拠地や天文十九〜二十（一五五〇〜五一）年の「梅霖守龍周防下向日記《ばいりんしゅりゅうすおうげこうにっき》」からもわかる。以上掲げた記録類には主として瀬戸内側の交通路が記されている。主要な港は、周防では東から、「神代《こうじろ》」「大畠《おおばたけ》」「楊井《やない》（柳井）」「上関《かみのせき》」「室積《むろづみ》」「下松《くだまつ》」「野上《のがみ》」「富田《とんだ》」、長門国では「赤間関」である。陸路は山陽道《さんようどう》であり、主要な中継地としては、周防では東から、玖珂《くが》郡の「伊賀地《いかじ》（伊陸）」や同郡「高森《たかもり》」をとおり、熊毛《くまげ》郡の「海老坂（呼坂《よびさか》）」を越え、都濃《つの》郡の「富田」を経て佐波郡の「（周防）国府（防府）」にでる。そこから山口へむかう道があるが、途中の佐波川には渡舟が設けられ、山口の手前の「鯖山《さばやま》」には関がおかれていた。また、山口へいかず、「国府」からさらに西へむかう場合、海沿いに厚狭郡の「埴生《はぶ》」へでるルートと、内陸へまわって厚狭郡の「山中」を越え、同郡「船木」を経て同郡「埴生」へでるルートがあった。「埴生」からは豊浦《とようら》郡の「（長門）国府（長府）」を経て「赤間関」に至る。関門海峡には渡舟が設けられていた。文禄元（一五九二）年の朝鮮出兵に関係する記録のうち、「九州道の記」および「朝鮮陣留書」では、日本海側の交通路がうかがえる。前者では「小畑《おばた》」（萩市）から「瀬戸崎（仙崎《せんざき》）」（長門市）をとおり、いわゆる北浦《きたうら》回りで赤間関にでている。後者では、石見国津和野を出発し、阿武《あぶ》郡の「福井」から同郡「萩浦（萩）」にでて、そこから同郡「佐々並《さざなみ》」をとおり宮野から山口にはいっている。このほか歌人《かじん》や連歌師《れんがし》による紀行文や連歌集が注目され、「松下集《しょうかしゅう》」（正広）、「筑紫道記《つくしみちのき》」（宗祇《そうぎ》）、「月村抜句《げっそんばっく》」（宗碩《そうせき》）がある。

　富田という土地はとくに興味深い。「富田保」（周南市）は陶氏の本拠であり、その東隣の「野上荘」

（周南市）は陶氏の家臣野上氏の所領と考えられ、ともに陶氏の勢力範囲である。富田には「富田市」があり、九州各地からの年貢が集まり、武具や生活物資が売られていた（国守進「松郷八幡宮天文十二年大般若経紙背断簡文書（一）」『山口女子大学文学部紀要』三など）。また、富田は寺院の配置からみても興味深い。西大寺派律宗の浄宝寺《じょうほうじ》があり、時衆《じしゅう》寺院の勝栄寺《しょうえいじ》がある。勝栄寺は、周囲に土塁《どるい》（一部現存）がめぐらされている特異な景観をもち、交通の便と防御の点から、毛利元就はよくここを宿営地に利用した（百田昌夫「周防富田道場勝栄寺の寺史と土塁のこと」『山口県文化財』一八）。

勝栄寺のみならず、先掲のような港、宿、市に、時衆寺院と「道場」地名が分布している。こうした事実は、時衆の布教が主として街道筋の宿場町《しゅくばまち》や市町あるいは港町など交通の要衝を拠点として行われたことを意味している（前田博司「『道場』地名と時宗寺院の盛衰」『山地研』六一）。

海賊・警固衆・倭寇●

室町期において、守護大名大内氏は、「海賊」「警固衆」「倭寇《わこう》」とよばれるような海辺の武装勢力をしたがえることによって、対馬―博多―赤間関―兵庫を結ぶ海上交通の動脈に沿って勢力を保持し、朝鮮および中国との交易に大きな役割を果たした（平瀬直樹「守護大名大内氏と海辺の武装勢力―海賊・警固衆・倭寇―」『山地研』七一）。

大内氏は、「海賊」の取り締まりに有効な海の要衝である赤間関を、対岸の門司《もじ》・小倉《こくら》と一対のものとして支配していた。その支配は、赤間関住人＝海民の共同体の自治に依拠していた。その一方、大内氏領国の瀬戸内海域の交通事情は、室町期をつうじて必ずしも平和なものではなかった。港の支配の内容が、領国内で一様ではなく、上関《かみのせき》では、能島村上《のしまむらかみ》氏が進出し、室町時代後半からこの地に砦《とりで》をかまえ、関を設けて銭を徴収し、広い範囲に網を張っていた。京都にむかう朝鮮の使者は周防・安芸間で「海賊」の出没を恐れたし、帰国した遣明船の両居座は、山口から大畠までの海上に「海賊」が多く浮かんでいたと述べている。

　戦国期において、本来海賊行為を行っていた勢力が、廻船などを「警固」するという名目で、「警固米」などを徴収し、「警固衆」とよばれるようになり、大内氏の海上軍事力になっていった。しかし、陶晴賢が、厳島に来航する諸廻船に対する警固米を、天文二十一（一五五二）年にやっと禁止したことにみられるように、大内氏につかえながらも、「警固衆」は一貫して既得権益である「警固」行為を行い続けたことがわかる。大内氏警固衆の一員である神代氏は、大島《おおしま》郡神代保を本拠としており、神代の港は、大畠の瀬戸をはさんで屋代島とむかいあう海上交通の要衝であった。神代兼任《かねとう》は、天文十一年、大内氏の警固衆が伊予国棚林要害を攻めたさい、渡海を命じられる一方、安芸国内の城番をつとめ、陸戦にも従事している。また、細川・大内両氏の使節が明《みん》国で武力

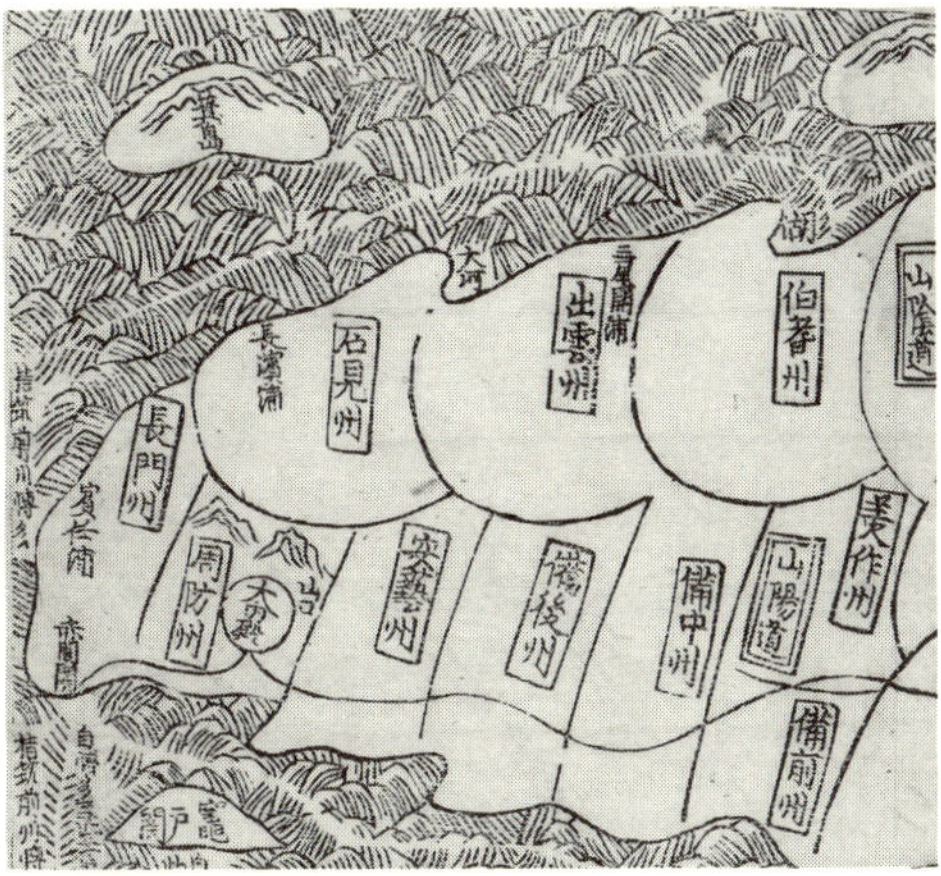

「海東諸国紀」にみる中国地方

衝突した「寧波《ねいは/ニンポー》の乱《らん》」では、大内氏側の首謀者は「神代源太郎」とされる。海上交通の要衝に所領をもつ領主層は、その立地を活かして海上への進出を試み、そこで得た能力によって大内氏の警固衆になると考えられる。このような性格は、ほかの周防国警固衆にもみられ、屋代島《やしろじま》（周防大島）に依拠する警固衆であった櫛部《くしべ》氏は、鎌倉期には屋代荘（同島西部）の開発領主と称しているし、同島の長崎氏は、島末荘《しますえ》（同島東部）の惣公文《そうくもん》である。

大内氏と関係したことが明確な倭寇は、十四～十五世紀段階に、朝鮮半島をおそった勢力である。朝鮮半島への倭寇の活動は、高麗王朝の末期（十四世紀後半）がもっとも活発であり、朝鮮王朝初期には鎮圧されて衰えたものの、朝鮮は、一貫して倭寇への警戒心をゆるめなかった。大内氏が倭寇の禁止にのりだすのは、朝鮮王朝になってからである。初め大内義弘は、九州探題今川了俊を助け、賊船の禁止と倭寇にさらわれた被虜人の送還につとめていたが、のちに朝鮮との交渉の表に立った。

十四～十五世紀のあいだ、倭寇は朝鮮王朝から壱岐《いき》・対馬・松浦《まつら》という三つの根拠地をもつ「三島倭寇」として認識されていた。大内氏が、義弘以来、北部九州への進出をはかったのは、「三島」地域に影響力をもつ少弐氏勢力を排除するためであった。大内氏は、直接的には、「三島」地域の倭寇を禁遏《きんあつ》することによって、間接的には、倭寇化する可能性がある瀬戸内海の海賊を統轄し、かつ赤間関の出入りを取り締まることによって、朝鮮王朝の絶大な信頼を獲得していたということができる。

❖コラム

中世武士の肖像

山口県は中世地方武士の肖像に恵まれている。最古のものは、鎌倉中期をくだらないころの作である「木造《もくぞう》平子《たいらご》重経《しげつね》坐像《ざぞう》」(源久寺《げんきゅうじ》蔵、八五頁参照)。鎌倉初期に関東から仁保荘《におのしょう》に移住した地頭《じとう》を記念する肖像として興味深い。「絹本《けんぽん》著色《ちゃくしょく》仁保《にお》弘有像《ひろありぞう》」(源久寺蔵)、「絹本著色陶弘護像《すえひろもりぞう》」(龍《りゅう》豊寺《ほうじ》蔵)、「紙本《しほん》著色益田兼堯像《ますだかねたかぞう》」(島根県益田《ますだ》市雪舟《せっしゅう》の郷《さと》記念館蔵)は、いずれも応仁《おうにん》・文明《ぶんめい》の乱前後の時期に、大内《おおうち》氏の旗下で、たがいに姻戚関係を結んでいた武将(系図参照)の肖像であり、そろって伝来していることに意義がある。大内氏については、木像では義弘《よしひろ》、盛《もり》見《み》、持盛《もちもり》のもの(洞春寺《とうしゅんじ》蔵)があり、画像では「絹本著色大内義隆《おおうちよしたか》」「絹本著色毛利元就《もとなり》像《ぞう》」(龍福寺《りゅうふくじ》蔵)がある。毛利《もうり》氏については、「絹本著色毛利元就像」(豊栄《とよさか》神社蔵)および「紙本著色毛利元就像」(毛利博物館蔵)がある。

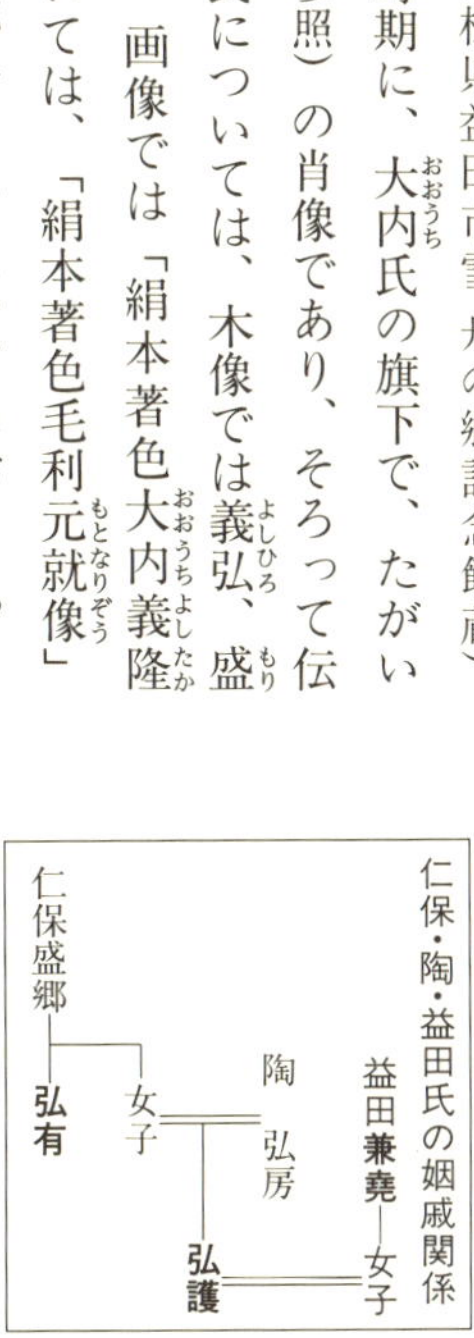

絹本著色仁保弘有像

絹本著色陶弘護像

紙本著色益田兼堯像

4　精神の活動

大内氏をめぐる多彩な文化●

室町時代の守護は在京が原則とされており、大内氏の当主と家臣は、京都において公家《くげ》、幕府要人、禅僧《ぜんそう》、歌人との交流が密接で、文芸に造詣が深かった。応仁・文明の乱以降は、京都が荒廃し、大内氏が下向してくる公家や文化人を庇護したので、山口、博多、大宰府といった領国内の主要都市において、文芸が盛んになった。また、大内氏は「山口殿中文庫」を設け、典籍の蒐集・保管につとめた。

大内氏と文芸との関係は弘世の代までさかのぼり、「山口十境の詩」は、建徳二（応安六＝一三七三）年に明の使節として来日した趙秩《ちょうちつ》の作といわれている。義弘は、義堂周信《ぎどうしゅうしん》や絶海中津《ぜっかいちゅうしん》といった一流の五《ご》山《ざん》禅僧と交流があった。その家臣には、平井道助《ひらいどうじょ》のように連歌愛好者が多かった。盛見も多数の五山禅僧と交遊しているが、とくに惟肖得巌《いしょうとくがん》と親しく、「紙本墨画天神図」（古熊《ふるくま》神社蔵）などいくつかの画像に賛を求めている。持世は和歌・連歌に堪能であった。教弘は『李花集《りかしゅう》』など古典を蒐集し、当代随一の歌人である正徹《しょうてつ》とまじわり、その高弟である正広《しょうこう》の下向が実現し、『松下集』として結実した。教弘の家臣は、禅および儒学にわたり蘊蓄《うんちく》があり、雪舟《せっしゅう》とも交流した。政弘は、宗祇が中心になってまとめた准勅撰の連歌集『新撰菟玖波集《しんせんつくばしゅう》』を後援し、自身の和歌を『拾塵和歌集《しゅうじんわかしゅう》』にまとめた。政弘期には和歌や連歌が盛んで、大内殿中でよまれた懐紙は文庫に保管する決まりであった。大内氏の保護を背景とする正広・宗祇・兼載《けんさい》・宗碩など著名な歌人・連歌師の下向は、文芸の地方伝播に大きな役割を果たす一方、そのさいにまとめられた紀行文・歌集・句集は、歌をよんだそれぞれの土地について大内氏に対する一種の政情報告書と考えられる。義興は文芸上の功績に至っては、史料にとぼしいが、法楽和歌《ほうらくわか》と猿楽《さるがく》に熱心であった。義隆時代の大内氏の連歌は、専門連歌師によって層の厚いものとなっていた。また、天満宮安楽寺月次《つきなみ》連歌興行のように、筑前国人に文芸の面から優越感をあたえるような、連歌の政治的利用も行われていた。

大内版（大内氏治下の刊行事業）の最古のものは、盛見期の『蔵乗法数《ぞうじょうほっすう》』（仏教の解説書の一種）である。政弘期には、興隆寺において、文明十四（一四八二）年から法華経《ほけきょう》が開版され、その版木が伝来しており（「大内版妙法蓮華経版木」）、明応二（一四九三）年には『聚分韻略《しゅうぶんいんりゃく》』（漢字の韻を調べる辞書）が開版された。

フランシスコ＝ザビエルは、天文十八（一五四九）年に来日し、上京の途中山口に立ち寄った。大内義隆はザビエルを館に招いて海外の事情やキリスト教の教義について質問した。翌年に上京したが、京都が荒廃していたので、山口に戻り、義隆の許可を得て布教を開始し、豊後の大友氏に招かれるまで山口にいた。義隆の死後は、トルレス神父とフェルナンデス修道士が赴任し、義隆をついだ義長から、大道寺《だいどうじ》境内に堂舎の建立を認められて布教《ふきょう》を行った。ザビエル以下の宣教師の日誌は、戦国末期の大内氏領

大内版妙法蓮華経版木　「文明十四壬寅丑月日願主宥淳」「開版裔薫」の刊記をもつ版木（一之七・裏）。

国、とくに山口を知るうえで貴重な記録になっている（松岡久人「大内氏」新人物往来社編『日本の名族九・中国編』）。

大内氏は、李氏《りし》朝鮮の信頼があつく、東アジアでもっとも校訂の優れた経典の集大成である高麗版大蔵《こうらいばんだいぞう》経《きょう》を贈られた。盛見は、一代で四部を得、このほかに元版を国清寺《こくせいじ》におさめた（成田勝美「園城寺（三井寺）にある経蔵と毛利家の関係」『温故知新』一六）。持世期に一部、教弘期に二部を得、政弘期には一三部を所持していた。その後朝鮮王朝は大蔵経の流出を避けるようになり、義興期に請来の記録はなく、義隆期には厳島大願寺尊海《だいがんじそんかい》を派遣したが失敗した。

多様な宗教

防長両国内には、庶民の信仰を集める霊場が形成され、それらは勧進聖《かんじんひじり》による活発な活動によりささえられていた。永正十六（一五一九）年、善阿弥《ぜんあみ》という聖が周防国赤崎弁才天《あかざきべんざいてん》の宝前で断菜木食したとある（『真如堂縁起《しんにょどうえんぎ》』）。同じころ、十穀聖《じっこくひじり》の祐覚房《ゆうかくぼう》は高嶺太神宮の勧進を行っていた。この聖は久しく山口に徘徊し、近年今八幡社の舞殿を造立したのが京都の義興に聞こえて起用されたという。赤間関の阿弥陀堂《あみだどう》（後世の赤間神宮）は、南北朝《なんぼくちょう》期には安徳《あんとく》天皇の木像で有名になった。熊毛郡室積は海に面する普賢《ふげん》菩薩の霊場になった。山口の善福寺《ぜんぷくじ》は時衆寺院であるが、大内館の近くに立地し、その末寺は防長両国の交通の要衝に立地して布教を行った。

山口において大内氏の膝下《ひざもと》で重視された神社は今八幡宮と祇園社である。このほか周防国で栄えた神社には松崎天神社（防府市）があげられる。その鎌倉期の姿は『松崎天神縁起』（口絵参照）で知ることができる。社坊が参道沿いにならび、門前の商業地「宮市」とともに栄えた。長門国で栄えた神社には長門一宮（住吉神社）および同二宮（忌宮神社）があげられ、両者は組織的に一体であり、後者は国府（長府）に位置し、在庁官人と密接な関係をもった。また、各荘園では、地域共同体の祭祀が行われていることがわかる（『周防秋穂八幡宮旧記』や『南方八幡宮祭礼旧記』）。

戦国末期の防長両国では、村々において、独特の発達をとげたまじないが行われていた。在地の社家の場合、長門国正吉八幡宮の大宮司は、大永七（一五二七）年、長門二宮の道場で、「三種神器皇太神位」をもつ僧から神道の秘法をさずけられているが、文書の文面には「急々如律令」といった道教《どうきょう》的な文句も含まれている。また、周防国山代荘《やましろのしょう》では、慶長三（一五九八）年、地侍《じざむらい》一揆《いっき》の一員である三分一式《さんぶいちしき》部丞《ぶのじょう》が疫病鎮静の祈禱を行っており、まじないも村落のリーダーである地侍の果たす役割の一つであったことがわかる（平瀬直樹「文書に見る中世末期のまじない—周防・長門両国—」『山口県文書館研究紀要』二一）。

大内氏の氏寺である興隆寺《こうりゅうじ》は天台宗であったが、さまざまな密教《みっきょう》僧がここを訪れ、大内氏に奉仕するため妙見神に祈りをささげた（平瀬直樹「興隆寺の天台密教と氏神＝妙見の変質」『山口県史研究』二）。また、大内氏は禅宗を重視しており、重弘は乗福寺《じょうふくじ》を創建し、臨済禅寺の基盤を確立した。弘世の弟が保寿寺《ほじゅじ》（山口市）を開き、以後ここの住職には、以参周省《いさんしゅうしょう》など大内氏の政治顧問となるような僧が就任している。大内氏は曹洞宗にも目をむけ、盛見は、石屋真梁《こくやしんりょう》に帰依《きえ》し、小鯖《おさば》に闢雲寺《へきうんじ》（現、泰雲寺《たいうんじ》）を創建し、教弘も宮野《みやの》に妙喜寺《みょうきじ》（現、常栄寺、雪舟庭がある）を創建した。また、陰陽師《おんみょうじ》もまじないで大内氏に奉仕していた（森茂暁「大内氏と陰陽道」『日本歴史』五八三）。

大内氏は、一方で領国内への宗教者の流入や活動に警戒の目をむけていた。「大内氏掟書」には、薦僧《こもそう》、放下《ほうか》といった禅宗系の芸能者を排除する条文や、異なる宗派間で「罵詈悪口《ばりあっこう》」を行うことを禁ずる条文がみられる。

義興は、山口に伊勢神宮を勧請し、永正十七（一五二〇）年に遷宮《せんぐう》を完了した。これは正式に伊勢にある本社の許可を得たものであった。伊勢神宮は皇室の祖先神であり、その勧請には、領国の首都山口を日本の中心になぞらえるような意味があったのではないだろうか。山口高嶺には義長期に山城が整備されたが、義興期には聖地であって、ここには祇園社のほか、山口の町中にまつられている神や大内氏一族各館の屋敷神を移転・集中している。

地下の世界●

吉母《よしも》遺跡（下関市吉母）は、昭和三十六（一九六一）年に、市道の側溝埋設工事中に発見された。東西一二〇メートル、南北一一〇メートルを中心とする海岸砂丘に、中世の土壙墓一〇一基、火葬墓二〇基があらわれ、一〇七体の中世人骨が出土し、土器片も得られた。人骨は、新生児から老人に至る年齢のものを含み、吉母浦在住者である庶民層の共同墓地であることを示している。土井ケ浜《どいがはま》でも吉母浜でも、従来から、元寇の蒙古人《もうこじん》の骨が出土すると言い伝えられていた。

瑠璃光寺《るりこうじ》跡遺跡（山口市仁保下郷）は、一七四基の墓と四基の供養施設からなる室町時代の墓群である。昭和六十一～六十二年にかけて調査された。遺跡の北西側にまで遺構が続いているらしいが、過去の道路工事によって破壊されている。仁保氏の館跡である土井遺跡とは仁保川をはさんだ対岸に立地する。土葬と火葬が併存するが、圧倒的に土葬が多い。火葬の場合、現地火葬はなく、蔵骨器《ぞうこつき》を用いない。墓を造った集団は、庶民層とは異なるもっと上層のものと考えられ、複数のグループからなる。そのような階層として、中世仁保荘の支配者である仁保氏の家臣団が想定できる。グループの内部で厚葬の墓と薄葬の墓とがあり、厚葬の墓は「家長」もしくはそれに準ずる人物の墓と考えられる。銅銭が副葬されている墓があり、出土した石塔の編年は、室町中期〜末期のものとされている。

大内氏は、対外交易に熱心であり、「大内氏掟書」に撰銭令《えりぜにれい》がみられるように、銭貨流通への介入を行っている。そのような領国内の銭貨流通を反映して、山口県内（とくに周防部）には、中世後期に埋納された銭貨が出土しており、そのなかでも以下のような大量の埋納銭《まいのうせん》が注目される。

興隆寺跡遺跡出土銭（山口市大内御堀《みほり》）は、昭和四十七年、養豚舎《ようとんしゃ》の造成工事中に出土したが、ここは大内氏の氏寺の旧境内であるため、発見の意義は大きい。備前焼大甕《おおかめ》に推定八万九〇〇〇枚の古銭が収納されていた。最古銭は「貨泉《かせん》」（中国王莽《おうもう》期）、最新銭は「朝鮮通《ちょうせんつう》宝《ほう》」（李《り》朝）、最多銭は「永楽通宝《えいらくつうほう》」（明）、時代別では北《ほく》宋《そう》銭が最多である。埋納時期は、甕の特徴から十五世紀

瑠璃光寺跡遺跡(山口市)

後半～十六世紀初めと考えられる（山本源太郎ほか「山口市興隆寺出土の渡来古銭について」『山口県立山口博物館研究報告』一三）。

下右田遺跡出土銭（防府市下右田）は、昭和五十四年に中世の代表的集落遺跡内の屋敷地跡から出土したため、発見の意義は大きい。備前焼の甕に一万三四九二枚の古銭がおさめられていた。最古銭は「開元《かいげん》通宝《つうほう》」（唐《とう》）、最新銭は「宣徳通宝《せんとくつうほう》」（明）、最多銭は「永楽通宝」（明）である。時代別では北宋銭が最多で明銭がこれにつぐ。埋納時期は、甕の編年から十五世紀後半から十六世紀初めとされる。

旧大畠町出土古銭（柳井市遠崎《とおざき》）は、昭和五十八年、民家の浄化槽新設工事のさい、壺（瓦質土器）が単独で発見され、そのなかに二八九九枚の古銭がおさめられていた。最古銭が「開元通宝」（唐）で、最多銭は「元宝通宝《げんぽうつうほう》」（北宋）、時代別では北宋銭を最多とし、ついで南宋銭。中国銭としては、明代以降のものはないにもかかわらず、「寛永通宝《かんえいつうほう》」（日本、寛文八〈一六六八〉年）が一枚含まれているために、中世に埋められたと断定できていない。ただし、出土してからの経緯に不明な点があり、「寛永通宝」をなんらかの事情による混入と考えると、宋銭を内容の主体とすることから、宋銭を基準貨幣とした室町期の典型的な埋納銭ということができるのではないだろうか。

5章

近世社会の幕開け

萩城天守閣

1　新しい支配体制

度重なる普請役●

関《せき》ヶ原《がはら》の合戦によって毛利《もうり》氏は防長《ぼうちょう》両国の大名《だいみょう》として出発することになった。そもそもこの合戦は、事実上たった一日の戦いで「決着」がついたものであり、しかも西軍の総大将格だった毛利氏は主戦に参加さえしていない。戦力も無傷のままでありながら毛利氏が八カ国から防長両国への減封をうけいれ、また逆に徳川《とくがわ》氏の側も毛利氏を取《と》り潰《つぶ》しはしなかったということは、戦争をつうじて兵農分離《へいのうぶんり》の体制を創出していこうとする豊臣秀吉《とよとみひでよし》の政治路線がはっきり破綻し、それにかわる徳川氏のもとでの新しい体制づくりを、多くの大名たちがめざそうとしたことを象徴するものといえよう（高木昭作『週刊朝日百科日本の歴史　関ヶ原』）。

それでは徳川氏（江戸《えど》幕府）のもとで大名たちが選択した新しい政治路線とはいったい何か。そこで注目されるのは、関ヶ原の合戦以降、幕府からたびたび普請役《ふしんやく》が賦課されているということである。次頁表にまとめたのは、享保七（一七二二）年に、慶長年中（一五九六～一六一五）から寛永年中（一六二四～四四）までの期間にたずさわった「御城廻《おしろまわり》御普請」を、幕府の質問に応じて長州《ちょうしゅう》藩が答えたものである。ちなみにこの時期の幕府への普請役としては、表示のほかにたとえば江戸市中の普請であるとか、禁裏《きんり》普請などもあったから、そのことをふまえればほぼ毎年のように普請役が課されたことになる。なお慶安二（一六四九）年に同じく幕府から、寛永九（一六三二）年以降一八年間の「御普請役之次第」を質問されたときには、それが二度あったとしているから（「江戸大坂禁裏御普請事」）、こうした普請が集中するのはほぼ寛永年間までだといえよう。関ヶ原の合戦までは、最後には朝鮮侵略にまで至る連年の戦争に動員されていたことを思えば、それにかわる十七世紀前半のこうした度重なる普請役への動員は特筆すべきことである。

問題はこうした連年の普請役賦課が、防長地域にあらたな領国をきずこうとしていた毛利氏にとってもった意味である。そこで今度は、こうした普請役に具体的にどのように対応しているのかをみておくことにしよう。ここでは表示したうち、慶長十一（一六〇六）年の江戸城本丸普請をとりあげてみたい。

この時期毛利氏の役高は三〇万石であり、そのうち一〇万石は除役とされていた。そしてこのときは、

長州藩の手伝普請の例

年　　次	普　請　箇　所
慶長 7(1602)年	伏見城治部少輔丸地引
11(1606)年	江戸城本丸
12(1607)年	駿河城本丸
13(1608)年	駿河城三ノ丸
14(1609)年	丹波篠山城
15(1610)年	尾張名古屋城
19(1614)年	江戸城本丸
元和 2(1616)年	大坂城
6(1620)年	大坂城
寛永 1(1624)年	大坂城
2(1625)年	大坂城本丸・玉造口石垣築直
5(1628)年	大坂城二ノ丸
9(1632)年	江戸城
12(1635)年	江戸城
13(1636)年	江戸城

毛利家文庫「御城廻御普請御手伝御政務之趣公儀江被仰出候記録」より作成。

毛利家文庫の現状(平成 9〈1997〉年，山口県文書館)　右にみえるのは，継立《つぎたて》原書という長州藩独特の形態の文書。

このうち一二万六〇〇〇石弱の役高に対して賦課されており、それが長府《ちょうふ》と岩国《いわくに》領、および六組からなる家中《かちゅう》、さらに弓足軽《ゆみあしがる》と鉄炮足軽に転嫁されている。ここで注目されるのは、本藩分だけで考えると、足軽の役高（六四〇〇石強）は全体の一〇％に相当するのに対して、負担する普請役（四三四人）の割合は二五％におよんでおり、あきらかに足軽に過重な負担となっていることである。もちろん足軽という藩の直属の奉公人は藩が直接扶養するものであり、したがって、こうして普請役を実際には藩が直接かかえる奉公人にかなりな程度賦課せざるをえないのであれば、当然それをささえる蔵入地《くらいりち》が不可欠なはずであろう。しかもこうした人足の負担のほかにも、大名として負担しなければならないさまざまな経費があったことを考えると、幕府の普請役に対応するには、何より大名の蔵入地が確保されていなければならない、ということをまずは確認しておきたい。

検地の施行●

ところでそうした強大な大名の蔵入地は、検地をまってはじめて確保されるものである。そこで以下、近年の田中誠二氏の研究によって、強大な蔵入地の創出という観点から、長州藩の近世初頭の検地のようすをまとめておきたい。

　まず慶長十二〜十六（一六〇七〜一一）年にかけて行われた三井《みい》検地がある。この検地で特徴的なのは、関ヶ原の合戦をはさんで行った慶長五年検地の一・八倍もの打出《うちだ》しを行ったということである。しかもこれは年貢高を基準に、それを七三％として逆算してだした額だったから、必然的に年貢高も一・八倍化したのである。しかしながらこれは毛利氏自身が失敗と認める代物だった。まず第一に、一・八倍にもなる内検高をそのまま幕府普請役の役高として報告するわけにはいかなかった。結局、幕府年寄《としより》（取次）のアドバイスも得て、広島藩が行った慶長五年高の一・二四五倍を参考にした、三六万九〇〇〇石を幕府との関係における領国の石高とすることになり、以後この額が朱印高として固定することになる。第二に、こうして大幅に石高を増加したにもかかわらず、蔵入地の占める割合は全体の三割程度にとどまった。第三に、一方で百姓の疲弊は深刻であり、「走り者」が後を断たず、彼らによって九州の小倉《こくら》には周防《すおう》町や長《なが》門《と》町ができるというありさまだったし、蔵入地では免《めん》七三%を維持することもできなくなっていく。

こうしてただちに検地のやり直しをせざるをえなくなる。三井検地からわずか一四年後の寛永二(一六二五)年、今度は熊野《くまの》検地とよばれる検地が施行された。この検地においては、過去の年貢実績をもとに、免が五〇%になるように石高《こくだか》を決定し、支藩一八万石余を含めた高六五万石余が確定した。これは三井検地の一・二倍、年貢額では〇・八三倍となるものだった。そして翌年行われた知行地《ちぎょうち》の割替えでは、石高は全体として増加したにもかかわらず、家中には前と同じ額の知行高をあたえたから、差引きで蔵入地が強化されるという結果をもたらしたのである(以上、田中誠二『近世の検地と年貢』および『下松市史』)。

こうして幕府から普請役が集中的に賦課されているちょうどその期間に、長州藩は検地を行い、普請役に対応できるように蔵入地の強化を実現したことになる。したがって結果的に考えれば、普請役の賦課は大名権力を強化させる意味をもったことになろう。やがて普請役の賦課も減少する寛永末年以降、長州藩は本格的に領国《りょうごく》支配の体制を整備しはじめるのである。

蔵元の整備●

それではつぎに十七世紀なかば以降における、領国支配機構の確立についてみていくことにしよう。まずここでは藩庁機構の問題をとりあげておく。

長州藩の国元での藩庁諸役所は、蔵元《くらもと》という一画にまとめられていた。下に掲げたのは近世後期のものと思われる蔵元絵図である。みられるように蔵元とされる一画は、周囲が塀で囲まれているが、その内部にはさらに塀と門で囲まれた部分があるという、入籠《いれご》状の構造をなしており、中央に御殿状の建物が、その周囲を長屋状の建物が取り囲むという、ちょうど城下の武家屋敷や、江戸の大名屋敷と同じような構造になっていた。このうち書院などがある建物には、(蔵元)両人所《りょうにんしょ》や裏判所《うらはんしょ》、当職所《とうしょくしょ》手元役所《てもとやくしょ》、あるいは寄合《よりあい》座敷《ざしき》といった、蔵元のなかでも中枢的な役所がおかれ、対してその周囲の長屋状の建物にはその他のさまざまな役所がおかれていたことがわかる。また内側とは塀で仕切られた外廻りの部分には米蔵が立ちならんでいる。

ところでこの場所に蔵元がおかれたのは寛文八(一六六八)年のことであり、それまで城中二ノ丸におかれていたのを、このとき「作事木屋《さくじごや》」があった場所に移転させたのである(『萩市史』。場所については一四二頁の萩城下絵図参照)。またこれにさきだつ寛文元年には、当職から蔵元諸

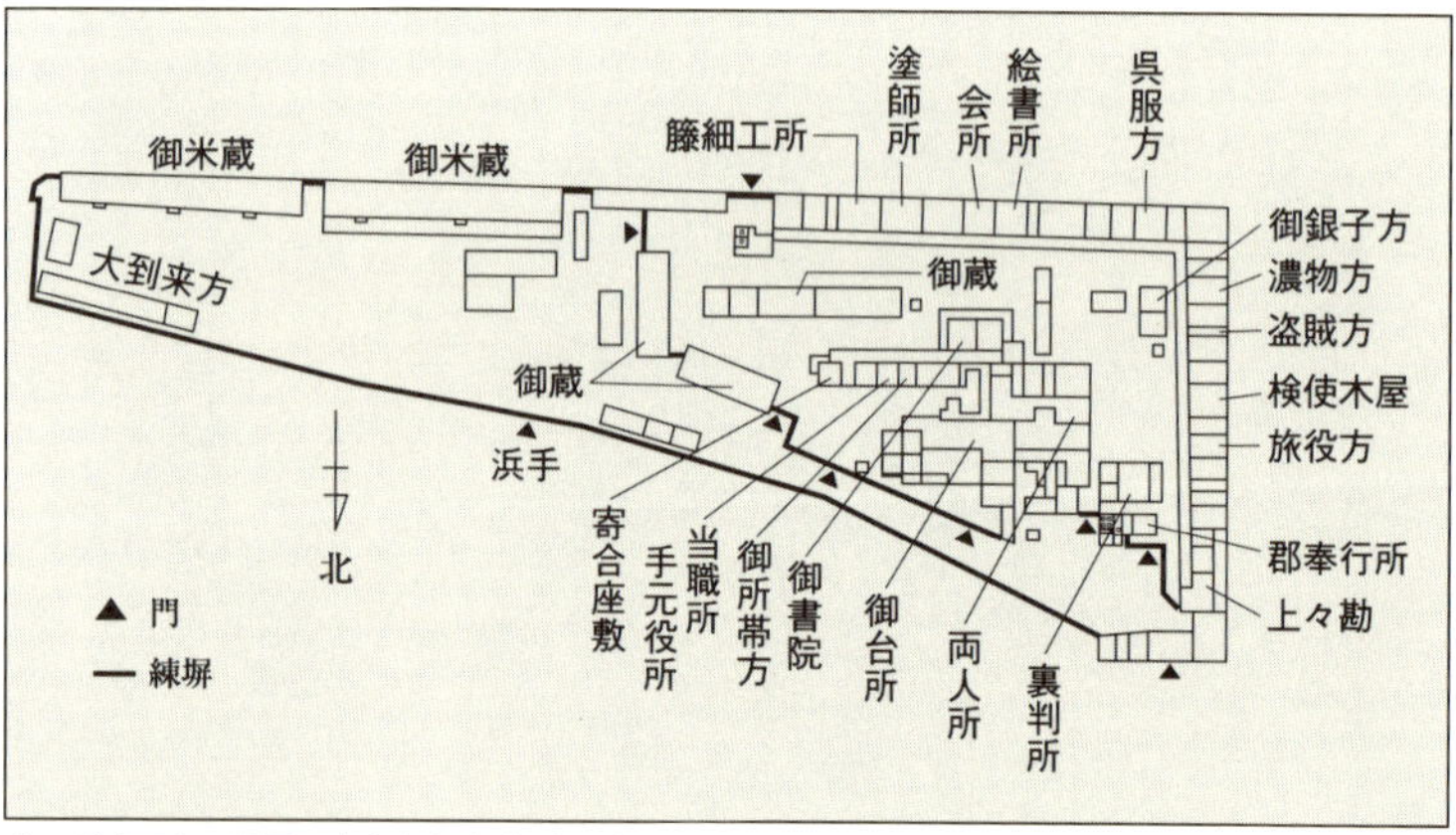

蔵元諸役所の配置図(毛利家文庫「御蔵許分間絵図」より作成)

役人への職務規定がだされている（「大記録」二一）。これによれば、この時点で「両人衆《りょうにんしゅう》」（蔵元両人役）がおかれ、そのもとに御米方《おこめかた》・御銀子方《おぎんすかた》・呉服方《ごふくかた》・御細工所《おさいくしょ》・濃物方《こまものかた》・御買物方《おかいものかた》・御貸銀方《おかしぎんかた》といった諸役があったことがわかる。また監査のためには、不定期に派遣される検使《けんし》と、毎日番所へ詰める横目《よこめ》もおかれていた。のちに引きつがれる役所の場所が確定し、また役所ごとの職務規定が文章化して定まるほぼこの時期から、行政機構としての蔵元が整備されていったと考えることができよう。

ところで国元にあって、こうした蔵元諸役所の支配にあたるのが当職とよばれる役職だった。本来これには寄組《よりぐみ》の家中が任命されており、たとえば正保三（一六四六）年の「条々」でも、「大年寄」として寄組の三人を任じ、そのうち一人を国元当職とするのに対して、家中の最上層である一門八家は、そのなかから三人が「国元留守居《くにもとるすい》」に任じられ、月番《つきばん》で萩《はぎ》へ詰めて、「他国之承引《たこくのしょういん》」や家中の統制、「役目方《やくめかた》」の統制、「諸公事沙汰《しょくじさた》」の任にあたることが規定されている（「御法度書控」）。ところが寛文二年に毛利主膳《しゅぜん》が当職についてからは、以後しばらくのあいだは集中的に、こうした一門八家が当職を担当するようになる（「役人帳」）。

ここで長州藩家中の編成について説明を加えておけば、まず最上級のものとして一門八家があった。これは宍戸《ししど》や毛利を称する六家、および益田《ますだ》・福原《ふくばら》両家をあわせたもので、いずれも数千石以上の知行をあたえられ、陣屋《じんや》を知行所にかまえて陪臣団《ばいしんだん》を居住させていた。つぎにこれ以外の上級の家中には知行高一〇〇〇石から五〇〇〇石程度の寄組があり、十七世紀なかばの段階では二〇家ほどあった。また中下級の家中は、大組という八つの組か、船手組かに編成されていた（以上は「分限帳」に記載される。このほかに「無給帳《むきゅうちょう》」に記載される無給通《むきゅうどおり》、三十人通《さんじゅうにんどおり》などがあり、また奉公人としては足軽・中間《ちゅうげん》などがあった）。

こうした構成からなる家中のうち、事実上独立した小大名のような存在だった一門八家が、当職として藩政に直接に、かつ恒常的に参加するようになるということは、大名権力の確立の指標の一つに数えてよいことだろうが、その時期は蔵元の移転がみられるのとほぼ同じときなのである。

一方、当職とは対照的に、個々の役所で末端の実務や雑用を担当する手子《てご》・小使《こづかい》についてはどうだろうか。この手子・小使はおもに中間のなかから選ばれるものだった。そこで「無給帳」によって、中間の推移をみておけばつぎのようである。すなわち、正保二年の「無給帳」には十三組中間・地方《じかた》中間・百人中間・六尺あわせて七〇〇人程度がみいだせるが、その後新中間と新百人中間が加わるようになり、さらに蔵元付中間も創設されて、一六八〇年代には総計は一一〇〇人を超えるようになる。つまりほぼ一六五〇年代から八〇年代にかけて大幅に中間は増加しており、なかでも組編成によらない、蔵元にもっぱら付属するものさえ設けられるようになったのである。

ちなみに当職所での文書管理のありかたについて検討した山崎一郎氏によれば、近世中期以降には、過去の先例をまとめて必要な事項を検索できる記録や、あるいは現有文書のなかから必要な文書を取りだすための目録が作成されたという。たしかにそうしたものは、今日でも毛利家文庫のなかに保管され、われわれも恩沢にあずかっているわけである。ところでその起源をさかのぼると、個別的な記録類の作成自体は明暦三〜四（一六五七〜五八）年にすでに行われてはいるが、役所全体の総括的な記録の作成は元禄九〜正徳三（一六九六〜一七一三）年の時期にはじまり、また目録の作成も、確認できるかぎりでは享保十七（一七三二）年がもっとも古いものだとされる（山崎一郎「萩藩当職所における文書の保存と管理」・「萩藩当職所における文書整理と記録作成」『山口県文書館研究紀要』二三・二四）。すなわち担当役人個々人の作成する備忘的なものではなく、役所全体としてこうした先例の文書化がなされるのは十七世紀末以降のことだったのである。

こうしていくつかの指標を取りだしてみるかぎりでは、藩庁機構の確立をほぼ十七世紀後半のこととみなしてよいであろう。つまりこのことは大名のもとで、「官僚」機構によって領国の支配が一手に行われるようになったことを意味するものであり、行政機構のうえからの藩政確立の時期とみなすことができるものであろう。

宰判の起源●

それではつぎに農村支配の機構について検討していこう。

長州藩では、地方の支配は郡奉行《こおりぶぎょう》のもと宰判《さいばん》とよばれる行政単位ごとにおかれた代官があたり、その宰判は領内一二の郡にあわせて一八あったとされる。それではこうした地方支配の機構はいつ、どのようにして成立したものなのだろうか。ここでは近世前期のあり方について検討を加えておきたい（なお小川国治「宰判制度と町方・地方支配」『防府市史』、同「宰判・代官所・勘場」山口県教育委員会文化財保護課編『勘場報告書』の記載もあわせて参照されたい）。

たとえば「所務《しょむ》代於裁判所《だいさいばんしょにおいて》、私之利益一切停止《ちょうじ》之事」（慶長十八〈一六一三〉年、「申聞条々」『萩藩閥閲録　第四巻』）などとあるように、本来は代官のことを所務代とよんでおり、その「裁判」する範囲として「裁判所」があったようである。また所務代の職務を規定した慶長十六年七月の「覚」（『山口県史料』近世編法制上）では、年貢を十一月十日までに皆済《かいさい》させることや、郡によって大坂か萩かへの廻米をさせること、あるいは請取に裏書して庄屋《しょうや》・畔頭《くろがしら》に渡すことなどといった、年貢の収納に関する事柄

承応3（1654）年分，蔵入地物成の付立

地域名	所務代	免率
吉敷郡	桜井市之丞	0.35307
〃	東条九郎右衛門	0.34114
佐波郡	長沼太郎兵衛	0.45286
〃	渡辺五兵衛	0.43761
〃	吉原九郎右衛門	0.32
〃	野村九右衛門	0.3791
熊毛郡	神保市郎右衛門	0.41865
〃	上田八郎右衛門	0.32834
〃	河野市郎兵衛	0.37146
玖珂熊毛郡	見嶋九郎右衛門	0.43765
都濃郡	吉原伝左衛門	0.49253
〃	尾川三郎右衛門	0.46132
上之関	平岡八左衛門	0.18213
〃	山縣善右衛門	
大島郡	粟屋五郎兵衛	0.33754
〃	坂井喜左衛門	0.40421
阿武郡	村田嘉兵衛	0.39459
〃	尾本八郎兵衛	0.4313
〃	南清右衛門	0.46363
〃	村上七兵衛	0.17981
大津郡	八木又兵衛	0.32229
〃	長屋又右衛門	0.36919
大津豊田郡	国司喜兵衛	0.34503
厚狭郡	厚母市郎左衛門	0.39999
厚東郡	坂七右衛門	0.399
〃	竹内少兵衛	0.31683
美祢郡	井上右衛門丞	0.3377
〃	一来七郎左衛門	0.37424
山代	市川九郎右衛門	0.3958

免率は田方のもの。毛利家文庫「大記録」19より作成。

がおもに規定されており、もともとは文字どおり村々からの年貢の収納にかかわる役人だったと想定できる。

それではこうした所務代は領内にどのように設置されていたのか。今度は、右表にまとめた承応三（一六五四）年分の蔵入地の物成《ものなり》の付立《つけたて》を参考にしよう。この史料は、「御所務代中一才判切物成付立」とされるように、所務代が「才判《さいばん》」する単位ごとに田方の物成の率を記したものであり、右表にみられるように、蔵入地が各郡一～四人、合計二八人の所務代によって分割されている（しかもその率は所務代ごとにまちまちである）。さらにこれとは別個に給領の物成も書き上げられている。たとえば「万治制法」のなかでも「給領所務代」の職務規定が、所務代（代官）のものとは独自にだされているように（寛文元〈一六六一〉年、「箇条」『山口県史料』近世編法制上）、所務代とは蔵入地・給領地別々におかれたものだったこと

寛文12(1672)年，損牛の付立

才判所			死牛数	
			蔵入	給領
長門	野原九郎右衛門才判所之分		2,398	411
〃	渡辺五兵衛	〃	604	
〃	周田又兵衛	〃	1,983	1,853
〃	三戸市丞	〃	1,091	903
〃	糸永正兵衛	〃	1,612	4,385
〃	楊井三丞	〃	1,712	1,334
〃	中村九兵衛	〃	1,070	5,408
周防	杉彦右衛門	〃	63	
〃	兼常喜兵衛	〃	1,202	1,367
〃	平田為右衛門	〃	2,203	384
〃	入江七郎左衛門	〃	145	374
〃	弘中半右衛門	〃	150	
〃	長屋又右衛門	〃	290	356
〃	井上三左衛門	〃	いまた付立不仕候	

毛利家文庫「大記録」22より作成。

がわかる。ちなみに寛文元年の「諸郡御所務代中名付」でも、いくつかの郡を欠いた書上げではあるが、所務代として二二人を数えることができる(「大記録」二一)。このように十七世紀なかばまでは、領内の地方は蔵入地・給領地に大きく分かれており、それぞれに、のちの時期の宰判から考えればずっと少ない数の村を管轄する所務代がおかれていたことになる。

ところで寛文十二年八月、領内で四万疋におよぶ牛が病死しているのだが、そのとき各所務代が「才判所」での「損牛」の数を報告している。この内容は上表にまとめておいた。なおみられるように、周防の井上三左衛門《いのうえさんざえもん》については、「いまた付立不仕《つかまつらず》候」と注記されるから、とりあえずこの一四人がこの時点での所務代のすべてだと理解しておこう。すると、所務代の人数が減って管轄域が広くなり、しかも蔵入地・給領地あわせて支配していることになるのである。断定するには十分な検討を欠くが、ほぼ一六六〇年代から七〇年代以降の時期に、のちの宰判の原型が形成されたといえるのではないだろうか。また大庄屋についても、小郡宰判では、延宝九（一六八一）年にはじめて設置されたとする記事がある（『防長風土注進案』一四。この史料は山崎一郎氏のご教示によった）。所務代が直接に各村の庄屋・畔頭を支配する体制から、あいだに大庄屋を介するようになったのであり、そのことはこうして管轄域が広範囲におよぶようになったことの反映だったと理解できよう。

こうした過程を経て、宰判という行政単位ごとに代官が大庄屋を介して村々を支配する体制が確立したといえそうだが、同時にその変化は、地方の支配が所務代という人を単位になされていたのが、宰判という空間が単位となり、役人（代官）がそのなかを転々とするという意味で、地方支配が一定度官僚化されたことを意味するものでもあったといえよう。しかもその時期は、藩庁機構が整備されるのとほぼ重なり合うのである。

2　防長地域の農村と都市

規模の大きな村●

以上のように長州藩の支配体制は、ほぼ十七世紀後半にかけて、のちのものの原型が確立したといえそうだが、そもそも社会の仕組みにおいて、近世的なものが確立するのはいつ、どのような過程を経てのことだったのだろうか。ここではまず村の成立について考えておこう。

寛永《かんえい》検地《けんち》によって確定した村ごとの石高をまとめた次頁表をみてみよう。ここで注目されることは、村

寛永検地における郡別村高の分布

村高＼郡	長門 阿武	長門 大津	長門 美祢	長門 厚東	長門 厚狭	長門 豊田	周防 玖珂	周防 大嶋	周防 熊毛	周防 都濃	周防 佐波	周防 吉敷 a	周防 吉敷 b
9,000石〜											1		
8,000石〜	1												
7,000石〜							3			1	1		
6,000石〜		1	1							1		2	1
5,000石〜	2	1	1	1			8		2		1	3	3
4,000石〜	3	1	2	1	1	1	3		4	3	1	2	
3,000石〜	4		2	1	2		3	2	4	4		2	8
2,000石〜	4	1	4	3	1		4	3	2	3	3	5	1
1,000石〜	5	5	3	7	3	3	8	2	10	6	7	4	14
500石〜	2	3		3	1	2		5	2	4	1		2
0〜		3		6	1		6	15	2	3	3	2	

表中の数字は村数。なお吉敷郡のうち，a は寛永検地のもの。b は18世紀前半のもの(『地下上申』による)。県庁旧藩記録「寛永弐年坪付帳」より作成。

の規模の大きさであろう。ふつう近世の村はおよそ四〇〇〜五〇〇石程度の石高を有するものだったとされるから、それに比べればはるかに大きく、平均の数倍から一〇倍以上にもおよぶ村から防長両国はなっているのである。またあわせて指摘できるのは、一口に村といっても、村高でみるかぎり五〇〇石以下（最小で数十石のものもある）から一万石近い範囲に分布しているように、そのあり方は多様だったろう、ということである。

規模に大小があるということとの関わりでいえば、近世初頭の検地で石高が確定された村々には、その名称にも実はさまざまなバリエーションがあった。いま寛永検地までの検地帳での村の名称を、のちに小郡《おごおり》宰判と山口宰判がおかれる吉敷《よしき》郡に即してみておけば、つぎのようにほぼ四つに類型化できる。まず①「何々庄」とよばれる村がある。たとえばかつて東大寺《とうだいじ》領だった小郡庄・宮野《みやの》庄であるとか長講堂《ちょうこうどう》領だった秋穂《あいお》庄、法勝寺《ほっしょうじ》領だった仁保《にお》庄や、そのほか白松《しろまつ》庄、嘉川《かがわ》庄、吉敷庄などである。②宇野令《うのりょう》のように、かつての公領の系譜を引くもので、「何々令」とよばれるもの。③たとえば「鋳銭司《すぜんじ》村・陶《すえ》村共ニ」のように、「何々村」とはよばれるが、複数で記載されるもの。④朝田《あさだ》村のように「何々村」と単独で記載されるもの。そしてそれぞれの村の高を寛永検地に即してみておけば、①と②は、ほぼ四〇〇〇石から七〇〇〇石までで、平均すると五〇〇〇石強、③は平均二〇〇〇石強、④は一〇〇〇石強となる。

つまり村の名称とその規模とには対応関係があるわけで、中世の荘園《しょうえん》や公領《こうりょう》の系譜をひくものは規模が大きく、一方「何々村」とよばれていたものはその数分の一程度であるが、実際には複数の「村」が合体して石高に付けられることが多かったのである。したがってここから、近世の防長地域の村の規模が大きかった理由として、中世末までにできあがっていた荘園・公領や、あるいは本村《ほんむら》・枝村《えだむら》という、それぞれに個性的な村のあり方をほとんど温存する形で検地が施行され、石高に結ばれる度合いが高かった、ということが想定されるのではないだろうか。

なお、このうちたとえば小郡庄（のちの上中郷・下郷）では原田《はらだ》庄左衛門《しょうざえもん》が明暦年間（一六五五〜五八）まで四〇年間庄屋をつとめ、その死後は子の孫兵衛《まごべえ》が庄屋をつとめているし、嘉川庄（山口市嘉川）の本間氏は「芸州御時代」より庄屋をつとめつづけているなどのように、それぞれの村の庄屋は特定のものが代々世襲していたようである（『防長風土注進案』一四）。近世後期になると、小郡宰判では入庄屋《いりしょうや》といって、ある村のものがほかの村の庄屋をつとめることが多かったとされるが（佐藤淳「近世後期長州藩領における地域・村支配」『山地研』七五）、近世前期にあってはそうしたことはなく、村内の有力農民が庄屋を独占していたといえよう。

村の分立●

ところで一般的にいって、その後村はより小規模なものに分立していくはずだろう。長州藩では寛永検地のあと十七世紀末に貞享《じょうきょう》検地が施行されたが、残念ながらこの検地の全領的な村々の高を知ることのできる史料は残されておらず、寛永検地以降、十七世紀後半にかけての展開を直接にたどることができない。そこで十八世紀前半に作成された「地下上申《じげじょうしん》」という村ごとの村況調査を参考にしておこう。その後の増加分は当然あるものの、ほぼここでの村高は、貞享検地で確定したものを反映すると思われる。

さきの寛永検地での村高の分布表(一三七頁参照)を再度みよう。このなかに吉敷郡についてだけ、「地下上申」での記載をあわせて示しておいた(表中b欄)。ここでなによりも注目されることは、村の数がほぼ一・五倍に増加しているということであり、あきらかに十七世紀後半以降村の分立が進んでいることを知ることができる。しかも村高は一〇〇〇石代と三〇〇〇石代の二つのピークに収斂している。実はこのうち三〇〇〇石以上のものはほとんどが、瀬戸内海に面した小郡宰判の村であり、おそらくは新田開発の結果、耕地面積が拡大したことを表現するものだと思われる。一方、一〇〇〇石代のものはほとんどが内陸の山口宰判のものである。さらに、そもそも村の名称もほとんどが「何々村」に統一されている。

したがって、新田開発により耕地が拡大したかどうかという違いはあるものの、寛永検地の時点と比較するならば、村がほぼ均一なものに統一されていったとみなすことができるだろう。

とはいっても、山口宰判でさえ平均は一八〇〇石余になるし、数千石という村さえ依然存在するわけで、多くが全国平均から考えれば圧倒的に巨大な村であり続けている。しかもそれぞれの村は、またいくつもの小村《こむら》などとよばれる村からなるのがふつうだった。山口県文書館には「地下上申絵図」という村ごとにつくられた絵図が残されており、十八世紀前半という時期の全領の村のようすを視覚的にとらえることができる。このなかで山口宰判吉田《よしだ》村の絵図を示しておいた。この時点でのこの村の石高は一二八三石強、うち蔵入地四一一石強、給領地八七二石強で、給主は六人あった。これは山口宰判のなかでは、平均よりもやや小規模なものに属する。そして図にもみられるように、この村のなかには大塚《おおつか》村など「何々村」とよばれる小村が七つあり、そのうち坂本《さかもと》村など三つは北東部の山麓、もしくは谷間にそれぞれ集落を形成しており、また大塚村など四つは南西部の同じく山麓や谷間にやはりそれぞれが集落をなしているといえる。ちなみにかつてまとめられていた平井《ひらい》村は、この村の北方にあり、溝をはさんで区画されている。さらに村役人は吉田村として庄屋が一人おかれ、その下に給主ごとの給庄屋《きゅうじょうや》と、蔵入地の複数の畔頭があったが、

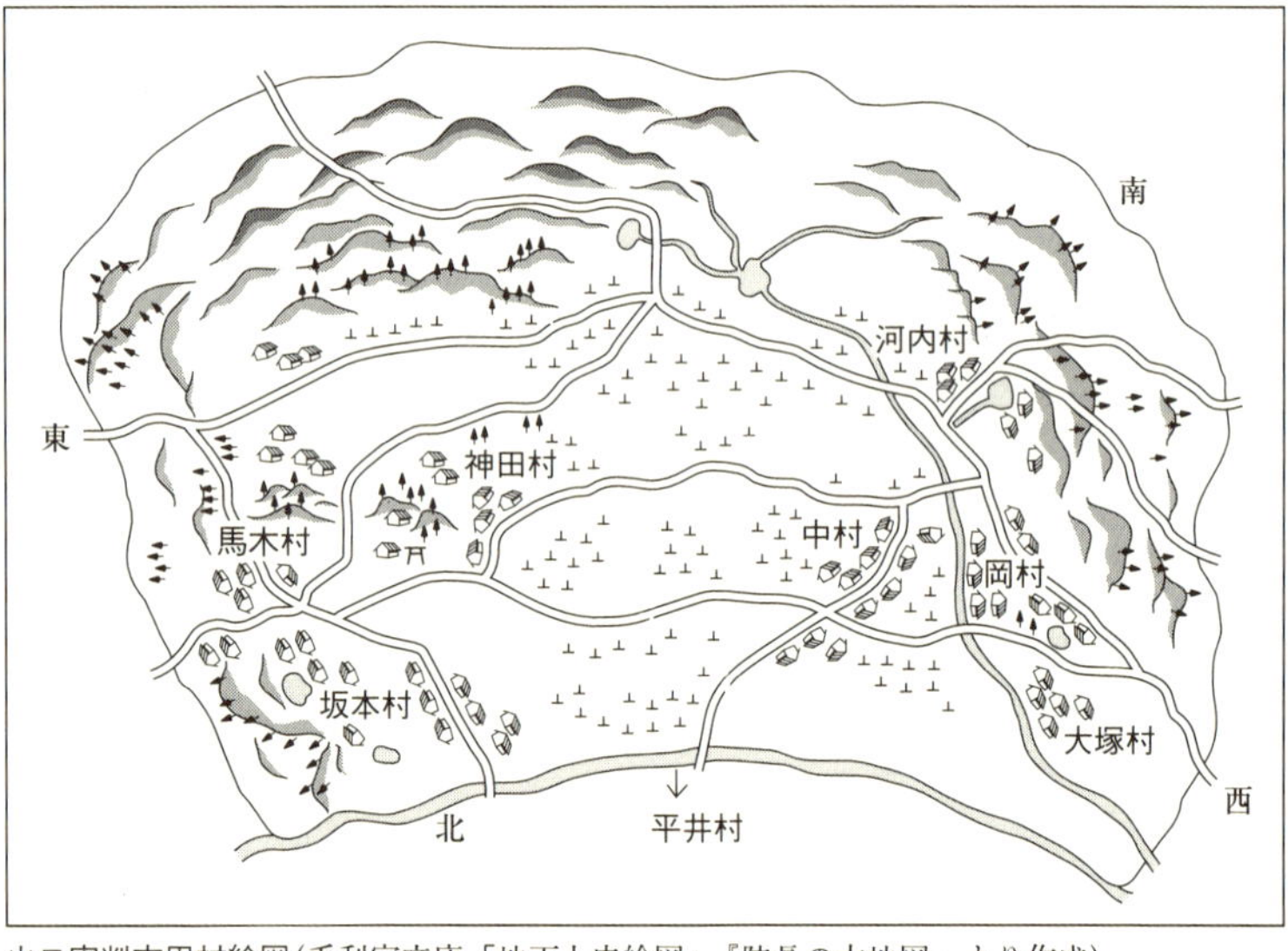

山口宰判吉田村絵図(毛利家文庫「地下上申絵図」『防長の古地図』より作成)

ほかの村でも畔頭はほぼ小村ごと、もしくは複数の小村ごとにおかれる場合が多かった。

このようにみてくれば、小村もしくはそのいくつかのまとまりが、ほかの地域でいう村にむしろ近いものともいえそうである。ただし近世後期の村内の地域集団についての報告によれば、氏子《うじこ》圏・水利組織・入会《いりあい》権などはそれぞれずれつつ重層しているとされており（石原潤「防長における村と小地域集団」西原睦男編『藩領の歴史地理―萩藩―』）、共同体をどのレベルに求めるのかについては定説を得ていないのが現状である。しかし少なくとも、検地によって確定した村の範囲よりは小さな、小村や複数の小村といったレベルに比定して差し支えないだろう。そして、そうであるならば、防長地域の村にあっては、近世初頭に施行された検地のあり方に結局は規定されて、村請《むらうけ》制としての村と、実際に近世になって成立し、成熟した共同体としての村とが大きく乖離《かいり》しているということになる。小村を直接管轄していた畔頭をつとめた家の史料の発掘が、とりわけ待たれるゆえんである。

城下町萩の建設●

こうして近世になると、農村部には村という共同体があらたに成熟していったわけだが、一方で都市が成立し、そこには村とは独自な社会が形成されていった。ここでは城下町《じょうかまち》萩の成立と、その後の展開のようすをみておくことにしよう。

毛利氏は新しい城下町建設にあたって、その場所を防府《ほうふ》・山口・萩のいずれにするかで決めかねていた。そのさい長州藩の取次だった幕府の年寄は山口をすすめたが、毛利氏の側が山口を嫌がり、結局萩が城下に決まったのである（田中誠二「藩からみた近世初期の幕藩関係」『日本史研究』三五六）。

こうしてできた萩の十七世紀なかばのようすは次頁図のとおりである。みられるように二つの川にはさまれたデルタ地帯にあったが、そのなかの指《し》月山《づきやま》に城を設け、その周囲、堀内《ほりうち》とよばれる一画には上層家臣団の屋敷を配置。さらにその東方には町人地を設け、また南方には中下級の家臣団の屋敷を配置している。城を中心に、武家地・町人地さらには寺社地が整然とならんだ、典型的な近世城下町の姿をみてとることができる。

　それでは、このなかで町人の居住する町《ちょう》はどのようにしてつくられたのか。農村に村ができることと対応させて、萩における町の形成についてみておくことにしよう。

　そもそも城下町をつくる直前には、たとえばのちの古萩町《ふるはぎちょう》のあったところに「町家さのみ無之《これなく》、古萩町はかり町並《まちなみ》少々も有之《これあり》」とされたり、また吉田町は石州から九州への往還沿いにあたり「町並之様ニ家居」があったとされるものの（県庁旧藩記録「萩諸町之旧記

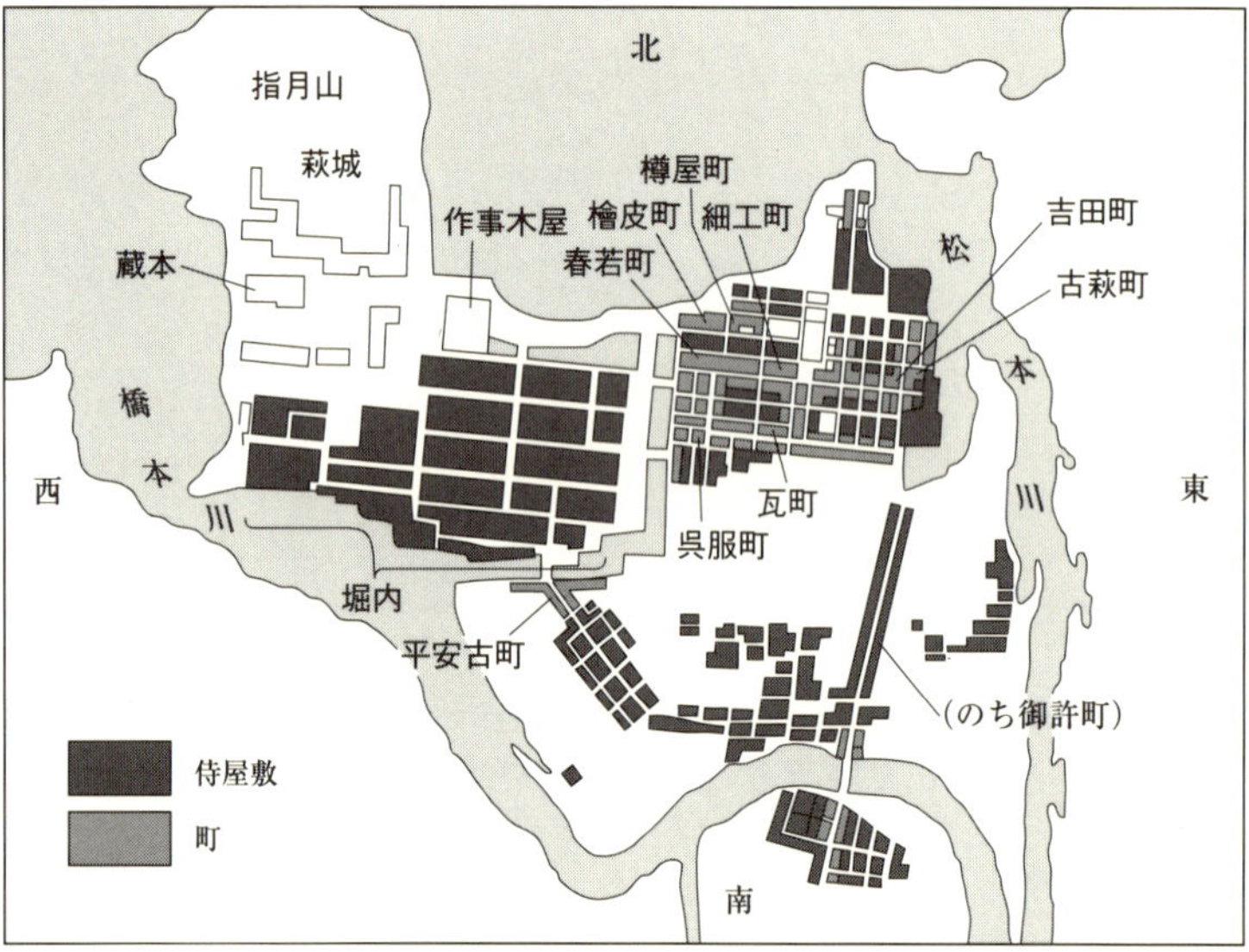

萩城下図（慶安元〈1648〉年，毛利家文庫「正保萩城下絵図」『防長の古地図』より作成）

草案」）、それ以外に都市的な要素はほとんどない場所であり、そこに一から町立を行ったのである。その場合多くの町が、特定のものに区画をあたえ、彼らに町立を行わせることで創出されている。以下、十八世紀なかばに作成された「萩諸町之旧記草案」によって町の変遷を記しておこう。

たとえば山口にも居屋敷を拝領している長谷川恵休《はせがわけいきゅう》は、萩では呉服町や隣町八町の年寄をつとめていたが、彼はかつて「唐物《からもの》類を商売し、専《もっぱら》呉服物多く貯て商ひ来」たとされるように、大内《おおうち》氏のもとで対外貿易で蓄財した商人の系譜をひくものだったと思われる。そして彼は慶長十二（一六〇七）年に呉服町に新市を許可されたというから、萩にあっては商人たちに売場を提供し、そこから場代を取るというあらたな活動をはじめたものであろう。この時期の萩の町人には、山口にも屋敷を拝領するものを多くみることができるが（『萩藩閥閲録　第四巻』）、これらはこの恵休と同様な存在だったといえるだろう。

ちなみに恵休は市《いち》を立てるとき、自宅に恵美須神《えびすしん》を祀ったのだが、それは豊後浜之市《ぶんごはまのいち》から勧請《かんじょう》したものだった。そしてのちにそれが盗難にあったとき、今度は元和四（一六一八）年に石州《せきしゅう》益田の恵美須をあらたに勧請したという。豊後浜之市は近世をつうじて市が開催され、また大坂からも芝居役者がよばれて興行が行われたところとして、芸州《げいしゅう》の宮島《みやじま》とならんで有名なところだが、近世初頭にはすでにこの浜之市や石州益田には市が立てられ、市神が祀られており、あらたに萩に市を立てるときにはそこから勧請しているのだから、要は九州北部から日本海沿岸にかけて市のネット・ワークが存在したことを想定でき、興味深い。

このほか春若次郎右衛門《はるわかじろうえもん》は「一町司《つかさどり》て町と成す」とされるように、春若町の町立を行ったものだが、彼はすでに中世末に、売買について分国中の諸役免許をうけているから（『萩藩閥閲録　第四巻』）、地域の商人たちを束ねる商人司《しょうにんつかさ》だったことが想定できる。本来広い範囲に有する商圏を移動していたはずの商人のなかにも、集団で萩に定住するものもあったのである。

さらにたとえば樽屋《たるや》町には御手《おて》桶大工《おけだいく》大玉新右衛門が居住し、檜皮《ひわだ》町には御手檜皮河井福寿《かわいふくじゅ》が居住、それぞれのもとに桶大工や檜皮細工人が集住して町を形成したとされるように、かつての職人頭《しょくにんがしら》が御手大工《おてだいく》という特権的な職人に任命され、そのもとに同職集住することで形成された町もあった。細工町や瓦《かわら》町なども同様にして形成されたものであろう。ただし職種によっては、領内から必要な職人を招致しえない場合もあった。たとえば舟大工がそうで、これについては瀬戸内での造船業の拠点として著名な芸州倉《くら》橋嶋《はしじま》から招致している。

このように城下町の建設とは、その時点までの領内の社会的分業の到達のうえに、それを大名権力が膝下に集中し、凝縮させて把握することを意味するものだったといえよう。

町の増加●

やがて十七世紀後半になると、町の増加・拡大が進んでいる。たとえば五間《ごけん》町が上・下五間町に分立するのは寛文年中（一六六一～七三）と伝えられるし、また呉服町ものちに一丁目・二丁目に分立している。あるいはこの呉服町の横丁である絹織《きぬおり》町は元禄八（一六九五）年に従来の侍屋敷を町人が買い受けてできたというし、また同じく侍町だった場所に御許《おもと》町ができるのは元禄十年のことだった。さらに寛文五（一六六五）年には、呉服町や平安古《ひやこ》町の町域が拡大されている（『萩市史』）。こうして十七世紀の末には町年寄のおかれる二六町と、おかれない脇町あわせて五四町が形成されていた（同前）。その後若干の増加はあるものの、ほぼこれが萩の町の数となっているのである。さきにあげたような呉服町の長谷川恵休が周囲の町の年寄もかねていたあり方から考えると、十七世紀後半の過程は、町の分立・自立として概括できるものであろう。

もちろんこのことは町人の自立の過程を基礎にもつものだった。たとえば大工についていえば、近世初頭には藩は御手大工に扶持《ふち》をあたえ、大工役を徴して必要をまかなっていた。ところが一六六〇年代になると、従来編成の対象外だった城下の町大工を御手大工とは別に水役《みずやく》によって直接に編成し、基本的には作料を支払って使役するようになる。御手大工二一人に対して、このとき把握された町大工は弟子を含めて三百数十人にものぼり、城下一三の町に散在して居住していた。このことから、十七世紀後半になると町大工が御手大工の差配をはなれて存在するようになっていたこと、その背景には民間需要の増大により、藩や御手大工から独自に営業できるようになったことを想定することができる（森下徹「藩権力と職人組織」『歴史学研究』六七七）。また十七世紀末になると、武家地が町人によって買得される事態が進展し、ために藩は家中の屋敷確保のための方策を講じるようになるとされており（植杉幸恵「萩藩の城下支配の原則について」『山地研』七七）、やはり町人の成長をみることができる。こうして、一般の町人について、特権的な少数の町人の支配からの自立が進展していたこと、そのことが町の増加の基礎にあったことをうかがうことができよう。

こうして十七世紀後半には、農村部と同様、城下町においても町が分立し、増加していくのであり、のちの城下町の原型が形づくられていくのである。

領国の成立●

以上の過程を経て、防長地域の人びとは、農業をいとなむものは村に、商工業にかかわるものは町《ちょう》に結集今日県庁が所在する山口は、中世末には守護大名《しゅごだいみょう》大内氏《おおうち》の城下町《じょうかまち》として繁栄したとされるが、幕末に藩庁がおかれ、再度政治の中心となるまでのあいだ、近世においてはどのような町としてあったのだろうか。

次頁図は十七世紀末の山口の絵図である。みられるように山陽道《さんようどう》の宿駅《しゅくえき》小郡《おごおり》と三田尻《みたじり》からそれぞれ街道がとおり、北へいくと城下町萩、東へいくと石州津和野《せきしゅうつわの》へ抜けるという交通の要衝にあたっていた。かつての大内館は龍福寺《りゅうふくじ》の場所にあたるが、近世には御茶屋《おちゃや》とよばれる場所に藩の役所がおかれた。そして町《ちょう》が街道沿いに形成されており、四〇ほどを数えることができる（表通りに沿ったものは町とよび、それより奥まった通りにあるものは小路《こうじ》とよぶ区別が、若干の例外はあれ、あったようである）。これは萩の町方にも匹敵《ひってき》する規模である。なおこのうち中心部にある、小郡方面からいえば、道場門前《どうじょうもんぜん》・米屋町（晦日市《みそか》）・中市・大市は四町とよばれ、特別な地位にあった。このうち中市や大市には恵美須堂《えびすどう》があったし、何々市という名称からしても早くから市が立った場所であろうと推測できる。ここは今でも「道門《どうもん》」と通称される商店街となっている。また五重塔で有名な瑠璃光寺《るりこうじ》を始め、寺社も多くみられるが、このうち大内氏が勧請したと伝える今八幡《いまはちまん》や伊勢社《いせしゃ》などには神職の屋敷を中心に、小門前町が形成されていた。さらに後川原《うしろがわら》には木地師《きじし》が集住しており、今日の「大内人形」の技術の源流となっているともいわれる。

おそらくはこの盆地には、中世以来こうしたいくつかの都市的な要素が散在していたのだろうが、

❖コラム

近世になるとそれらがまとめて検地《けんち》をうけ、町屋敷を単位とする町方と認定されたし、同時に町という共同体が形成され、市街地をおおうことになった。こうして町屋敷と町とを単位にする空間として、村とは区別されるようになったのであり、その意味では今日の山口の原型は近世になってできあがったといえそうである。なお近世後期になると山口の上層町人のあいだでは、たとえば「京・山口より外《ほか》に小路号唱えすなと、わらへ（童）に至る迄も言伝ふ事常也」などとして、山口の町の歴史を、大内氏の「伝統」と結びつけて説明する書物が書写され、流布している（「阿部家文書」）。

　こうした「伝統の創造」が、なぜ、いかにしてなされたのか、ということは興味ある問題であろう。

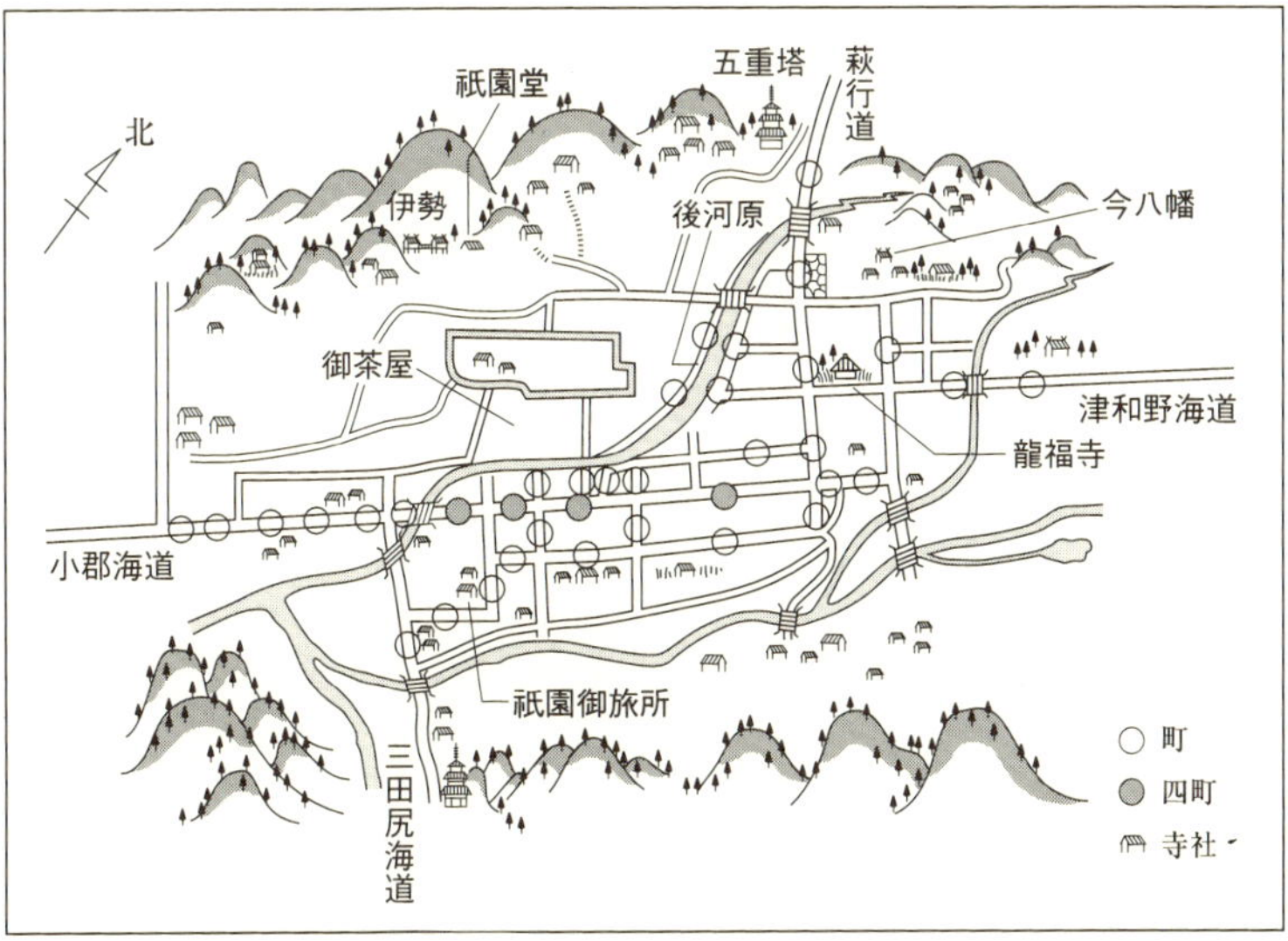

17世紀末の山口市街図(毛利家文庫「山口市街古図」より作成)

して暮らすようになった。藩の支配もそれに対応しており、村々のまとまりは郡奉行の管轄する地方《じかた》、町のまとまりは町奉行の管轄する町方《まちかた》とよんで、行政上も区別したのである（このほか漁業にかかわるものが居住する浦方《うらかた》がある）。もちろん町は城下町である萩だけにあったのではなく、山口や三田尻《みたじり》（防府）にもみられた。さらに地方のなかにも市《いち》とされる場所が形成されており、たとえば吉敷郡についていえば、山口町のほかに山陽道沿いに台道市《だいどういち》（防府）、陶市《すえいち》・津市《つ》・嘉川市（いずれも山口）などがあり、また津市から山口へむかう街道沿いには黒川市《くろかわいち》があって、それらは村のなかの市屋敷として検地をうけている。藩領全体としていえば、近世初頭にあっては、こうした市町が五七カ所あり、とりわけ瀬戸内海沿岸部に稠密《ちゅうみつ》に分布していた（小林健太郎「近世初頭萩藩領における市町の分布と類型区分」西村睦男編『藩領の歴史地理―萩藩―』）。つまり近世初頭の段階で発達をとげていた領内の商工業的な要素は、検地の結果、町方もしくは市として農村とは空間的にも区別されることになったのである。その意味で、今日の山口県の都市と農村の関係の原型が、近世になってほぼ確定したといえるだろう。

ちなみに近世初頭の検地がもたらしたものとして、今日の山口県という地域、もしくは山口県民という人のまとまりの原型が形づくられたこともあげられる。

たとえば慶安三（一六五〇）年に石州との国境に近い山代宇佐郷《やましろうさごう》の新兵衛《しんべえ》という百姓が、津和野《つわの》領注連川《しめかわ》村へ妻子とともに居住していたのを、「走り者」だとして強制送還されることがあった。ほかにもこの時期、同様な事例はたくさん存在した（これらのうち津和野領のものは「萩津和野人沙汰《ひとざた》」にまとめられている）。ところでこの場合、当初宇佐郷の庄屋が注連川村の庄屋に、送還するまでの期間「預る」ことを要請したのに対し、注連川村の庄屋は藩をとおして要請するよう回答している。つまり送還は村と村との個別の関係ではなく、藩と藩との関係において実現するのである。したがって藩領の領民というのは固定的なもので、勝手に変更しうるものではなかったことになろう。それでは新兵衛は何によって長州藩領の領民と決まったのか。そこで法令を参照すると、慶安四年に「人沙汰」についてのまとまった規定がだされていることが注目される。これはのちの「万治制法」にも引きつがれるのだが、そのなかで百姓の「人返《ひとがえ》し」については、「寛永四年熊野藤兵衛究《きわめ》」のとき「居合《おりあい》候所の筋目」とせよ、すなわち熊野検地の検地帳で登録された場所を本籍として、そこからの勝手な移動を禁止するのである（『山口県史料』近世編法制上）。つまり検地の結果として、長州藩の領民という関係が確定したことになろう。

なお承応元（一六五二）年には、益田修理《しゅり》の奉公人が妻子とともに修理の屋敷をでて、津和野に居住していたのをやはり強制送還されているが、彼は親・兄弟ともに津和野に居住するものだった。すなわちそれまでは藩の領域に関係なく、地理的な関係で結ばれた人びとの交際が存在したはずである。しかし藩領が確定し、そのなかでこれまでみてきたような村や町というまとまりが形成されるということは、同時にそうした人びととの自由な交際を断ち切るものでもあったといえよう。十七世紀なかばに集中的に行われた「人返し」は、藩領という空間と、領民というそこの住人を確定するための不可欠の作業だったのである。

6章

藩政の転換

江戸桜田邸(長州藩上屋敷)

1　徳山藩の改易

本藩と支藩●

寛永十一（一六三四）年閏七月の将軍《しょうぐん》徳川家光《とくがわいえみつ》による朱印《しゅいん》改《あらため》に際して、長府《ちょうふ》藩主毛利《もうり》秀元《ひでもと》と下松《くだまつ》藩（のちに徳山《とくやま》藩）主毛利就隆《なりたか》が独自に領地《りょうち》朱印状《しゅいんじょう》を得ようとした。彼らは、将軍と直接結び付くことによって、萩《はぎ》本藩からの自立をはかったが、慶長五（一六〇〇）年十月の徳川家康《いえやす》起請文《きしょうもん》や元和三（一六一七）年九月の将軍徳川秀忠《ひでただ》領地朱印状が本藩主毛利秀就《ひでなり》（前者は毛利輝元《てるもと》・秀就宛）に防長《ぼうちょう》両国を一括してあたえていたので、結局、実現しなかった。

長州《ちょうしゅう》藩主秀就は、幕府の命をうけて、寛永十三年一月に江戸《えど》城の普請《ふしん》を開始した。この二年前（同十一年）の暮、彼は、普請役が防長両国の総石高《こくだか》に対してかけられているので、長府藩主秀元と下松藩主就隆にも負担を求めたが、従来普請役の負担を免除されてきた「先例」を理由に、両者から拒否された。秀就は、ただちに弟の就隆を義絶するとともに、普請完成後の同十三年五月に秀元の不当を幕府へ申しでて善処を要請した。この秀就と就隆・秀元の確執は、幕府の斡旋によって、一応、同十二年三月に就隆、同十三年五月に秀元との和解が成立した。その後、慶安二・三（一六四九・五〇）年の江戸城普請に際して、就隆・秀元両者は、再度、同様の理由で普請役の負担に応じなかった。このため、秀就は、就隆を義絶し、秀元の不当な行為を幕府老中松平信綱《ろうじゅうまつだいらのぶつな》へ告げ、将軍へ訴訟する旨を伝えた。しかし、今度の確執も、同三年閏十月に秀元、翌四年一月に秀就が死去したので、訴訟には至らなかった（田中誠二「萩藩の本・支藩関係をめぐって」『山地研』六一)。以上のことは、防長両国の領地朱印状を盾に取って宗主権を主張する本藩と自立を志向する支藩との確執が露呈したものである。

元和三年三月、将軍徳川秀忠の上洛に際して諸家の証人改が行われ、吉川広家《きっかわひろいえ》の実子（広正《ひろまさ》）証人の未提出が指摘された。広家は、徳川家康・秀忠父子と懇意であったので、実子証人の提出を免除されていたが、急いで実子広正が本藩主秀就にしたがって江戸に赴くように手配した。しかし、広正の実子証人と江戸在府は実現しなかった。この問題は、同九年六月の将軍秀忠の上洛《じょうらく》（七月に家光将軍就任）のさいにも再燃し、広正の長男広嘉が証人として江戸へ出府したが、吉川氏当主の広正の江戸在府とは意味が違っていたのである。寛永十一年七月、将軍徳川家光の上洛のさいに、広正は、家光への「御目見《おめみえ》」を希望し、本藩主秀就も広正が長州藩主秀元と同様の待遇をうけるように老中土井利勝《どいとしかつ》・酒井忠勝《さかいただかつ》へ申しいれた。し

岩国城跡天守閣(岩国市)

かし、広正は、二条《にじょう》城で将軍家光へはじめて「御目見」したものの、諸侯の行う「月次之御出仕《つきなみのごしゅっし》」は許されなかった。こうして、広正は、秀元・就隆両者とは異なる待遇をうけるようになったのである。

正保三(一六四六)年九月、幕府は、国絵図《くにえず》の作成にあたって、長州藩へ秀元・就隆両者が将軍への「御直之御奉公候」ものであるので、長府領と徳山領を本藩領とは異なる色で描くように指示した。長州藩は、防長両国の領地朱印状が藩主秀就へあたえられているので、この指示に難色を示したが認められなかった。このとき、長州藩は、長府・徳山両領を別色にするのなら岩国《いわくに》領も同様にしたいと主張したが、幕府は、広正が「長門守(秀就)殿御家来之儀候」(「秀就様御代之記録物」)ことを理由に拒否した(田中前掲論文)。その後、承応二(一六五三)年十月に秀元の次男元知《もとも》が長府藩主毛利綱元《つなもと》(秀元の孫)から一万石を分知されて清末《きよすえ》藩を興したにもかかわらず、吉川氏は、幕府から宗家毛利氏の「家来《けらい》」として位置づけられ、官位がさずけられなかった。以後、吉川氏は、たびたび諸侯への復帰運動を行ったが実現せず、明治三(一八七〇)年三月に至って、ようやく諸侯の班に列することになった。したがって、吉川氏の岩国領は、厳密には、廃藩置県《はいはんちけん》の直前に岩国藩になったといえよう。

毛利吉元の萩本藩襲封●

宝永四(一七〇七)年十一月、長府藩主毛利綱元の長男吉元《よしもと》は、長州藩主毛利吉広《よしひろ》の死去によって宗家毛利氏の家督をつぎ、長州藩の第五代藩主になった。これは毛利宗家の血統が絶え、長府毛利家の血統と交替したことを意味しており、支藩・一門の当主はもとより、萩本藩の家臣に大きな衝撃をあたえた。このため、藩主毛利吉元の代には、諸事件が続発して藩政が動揺した。そのなかでも、本藩と支藩の問題に限定すると、徳山藩の改易《かいえき》、岩国領農民の萩本藩領編入一揆《へんにゅういっき》、および長府藩の断絶などがある。前者は、次項で取りあげるので、ここでは、後二者について述べることとする。

享保二(一七一七)年十二月、岩国領玖珂《くが》郡南部諸村の農民が貢租収納方法の改善を求めて一揆をおこした。この一揆は、いったんおさまったが、岩国領府の拙劣な処置によって、翌享保三年二月八日に再発し、約一七四〇人が岩国領府の不当を訴えると称して萩へむかった。長州藩は、十三日に都濃《つの》郡の花岡《はなおか》代官所で一揆勢と対応し、十九日に彼らを帰村させた。その後、長州藩は、一揆をおこした諸村へ家臣を派遣し、農民を慰撫《いぶ》するとともに、岩国領府と農民のあいだを斡旋したが、成功しなかった。九月になると、農民は、一転して長州藩へ本藩領編入を願いでた(広田暢久「岩国領享保一揆の形態」『山地研』一四)。これは二年前に徳山領が長州藩へ還付され、本藩領に編入されていただけに、現実味を帯びたものであった。実際に、長州藩は、「畢竟《ひっきょう》左京(吉川経永《つねなが》)政務不宜《よろしからず》、就夫《それについて》百姓騒動仕《つかまつる》」(『毛利十一代史』五冊)と認識しており、数え年五歳の領主吉川経永の政務不業績が改易の理由になり得たの

毛利吉元像

である。

同三年十月、長州藩当職桂広保《かつらひろやす》は、吉川氏の家老今田伊織《いまだいおり》を萩へよび、一揆事件の責任者吉川武大夫《たけだゆう》を罷免するように命じた。これを知った吉川家中《かちゅう》は、本藩が吉川氏の支配権に介入したことに反発し、命令を拒否した。こうして、岩国領の農民一揆は、宗主権をめぐる紛争に発展し、徳山藩改易の直後であっただけに、本藩と岩国領府の深刻な対立をもたらしたのである。この事態を憂慮した幕府は、農民訴状の却下、吉川武大夫の罷免、吉川経永の任命権確保などを内容とする裁定を行い、翌四年四月に事件を落着させた（桂芳樹「岩国藩」児玉幸多・北島正元監修『新編物語藩史』九）。徳山藩再興の一カ月前のことである。これは新しい幕政を志向した将軍徳川吉宗《よしむね》の政権であったことが幸いしたといえよう。

この一揆事件の最中、享保三年三月二十日に長府藩主毛利元矩《もとのり》が数え年一五歳で死去し、同藩が断絶した。毛利吉元は、宗家の家督をついださいに、長男又四郎《またしろう》（元朝《もととも》）を残して父長府藩主毛利綱元の継嗣とし、次男斉宮《さいのみや》が早世していたので、三男左門《さもん》（元陳《もとのぶ》）を萩本藩の世子にした。しかし、正徳三（一七一三）年四月に世子元陳が死去したため、長州藩主吉元は、元朝《もととも》（のちに宗元《むねもと》）を宗家に移して世子とし、弟那波仁八郎《なんばにはちろう》に長府毛利家をつがせた。これが長府藩主元矩である。この一連の措置は、宝永六年四月に元朝が祖父綱元の跡をついで長府藩主になっていただけに、強引なものであった。長州藩は、幕府老中井上正岑《うえまさみね》をとおして長府藩の再興運動を行い、幕府の内意を得て、清末藩主毛利元平《もとひら》の石高を増加する方法で実質的に長府毛利家の存続をはかることとした（「遺塵抄《いじんしょう》」）。享保三年四月十五日、毛利元平は、匡広《まさひろ》と改名し、三万八〇〇〇石を拝領して長府に移り、旧長府毛利家の家格と家臣を引き継いだ。この結果、清末藩が廃絶したのである。

この長府藩の再興に際して、旧長府毛利家の家老以下一一人の家臣が退散する事件がおこった。旧長府藩の家老椙杜元世《すぎのもりもとよ》は、あらたに清末藩から移った家老との取りあつかいで、家格に不満をもち、新藩主匡広に「御奉公不仕と申切」って長府領を退去した。このとき、彼は、「船ニハ鉄砲切り火縄五拾挺にて立退」(「吉就・吉広・吉元公記」)いたという。この事件は、長府藩政をゆるがす深刻なものであったが、これも長州藩主吉元の強引な措置に端を発していたのである。なお、長府藩は、享保五年三月に旧高四万七〇〇〇石に復帰し、清末藩は、同十四年十月に一万石で再興した。

徳山藩の改易と再興●

正徳五(一七一五)年六月、本藩領都濃郡久米村《くめ》(周南市)の農民喜兵衛《きへえ》は、長男惣右衛門《そうえもん》と次男三之允《さんのじょう》とともに農作業をおえて帰る途中、畦《あぜ》の修理のため、墓ノ尾山《はかのおやま》の松一本を切ったところ、徳山藩の山廻り足軽里右衛門《あしがるさとえもん》に見とがめられた。喜兵衛は、かつて自分が植えた松を切っただけだと主張したが、里右衛門は、徳山領の松を勝手に伐採したと認めず、両者の口論となり、里右衛門が喜兵衛の首を打ち落とし、三之允に三カ所の

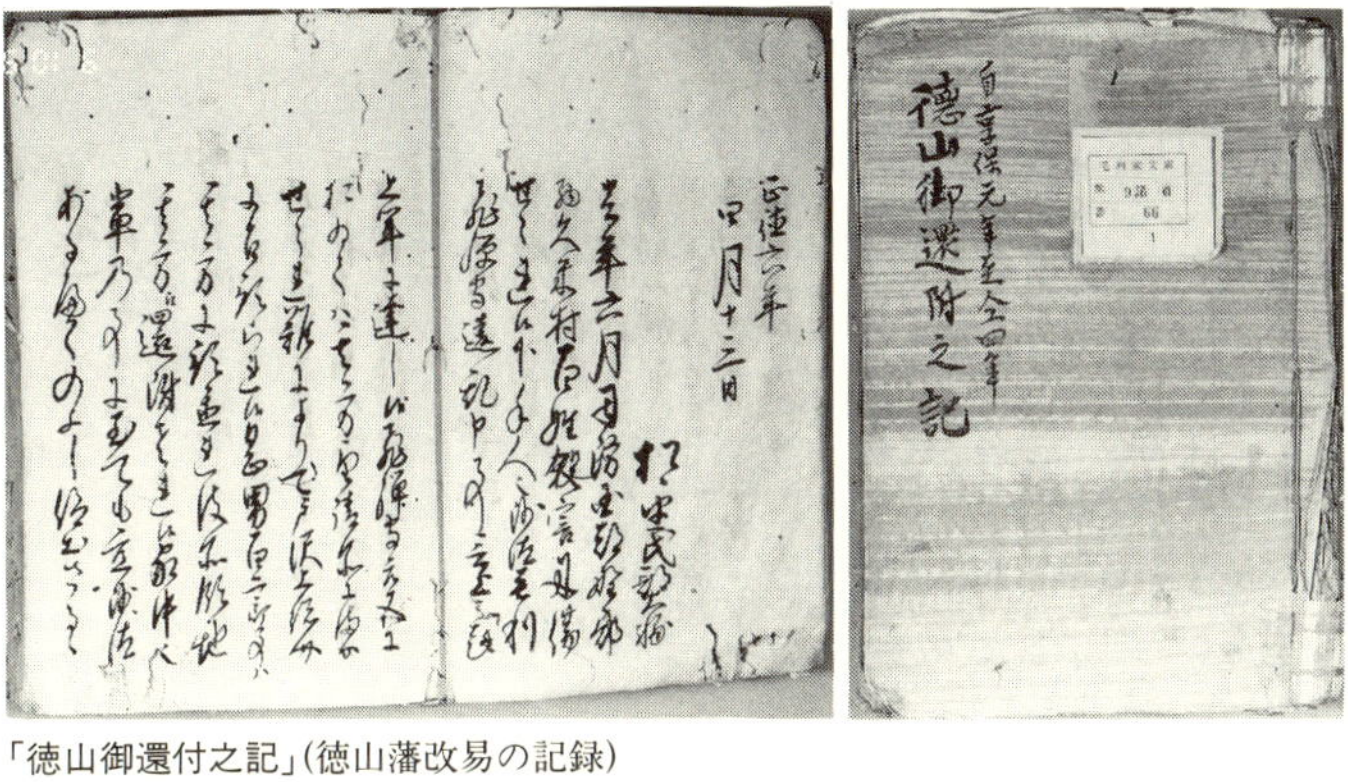

「徳山御還付之記」(徳山藩改易の記録)

傷を負わせた（「徳山御還付之記」「徳山事記」）。墓ノ尾山は、万役山《まんにゃくやま》の一部で、徳山領では尾崎山《おざきやま》と称していたが、ここでおこった事件の処理をめぐって、本藩と徳山藩が対立したのである。

長州藩の当職浦元敏《うらもととし》・国司広道《くにしひろみち》は、特使奈古屋匡道《なごやまさみち》を徳山藩へ派遣し、家老粟屋内匠《あわやたくみ》に当事者の処分と謝罪を要求した。しかし徳山藩は、領内の松を盗採した農民を処断するのは当然のこととして、本藩の要求を拒否した。実は、交渉中の同五年八月に、本藩領佐波《さば》郡牟礼《むれ》村（防府《ほうふ》市）の農民約一五〇人が隣村の徳山領富海《とのみ》村（同市）の下草山《したくさやま》に乱入し、乱暴狼藉《らんぼうろうぜき》を働く事件が生じていたのである。この紛争は、宝永期から続発していたが、正徳四年四月に富海村と牟礼村の双方で確認した鑑札《かんさつ》の所持者に入山させることで落着したばかりであった。このほかにも、徳山藩は、本藩の要請で都濃郡久米村と末武《すえたけ》村（下松市）の農民が徳山領の同郡瀬戸《せと》・譲羽《ゆずりは》両村（同市）の下草山で採草することを許可していたのである。このように、徳山藩が譲歩したにもかかわらず、同五年十一月に牟礼村の農民四〇〜五〇人が下草山で富海村の農民をおそって傷を負わせ、十二月に同藩の制札《せいさつ》や境杭《さかいくい》を「盗取」り、御立山《おたてやま》に侵入して木を伐採した。徳山藩は、万役山事件の交渉に際し、牟礼村農民の乱暴狼藉が領主権をおかすものとして、富海下草山事件を本藩へ厳重に抗議したが、無視されてしまった。これが徳山藩の態度を硬化させる原因の一つになったのである。

長州藩主毛利吉元は、国元《くにもと》加判役《かはんやく》宍戸《しど》就延《なりのぶ》を帰国中の徳山藩主毛利元次《もとつぐ》のもとに派遣して問題の解決をはかったが、元次の同意が得られなかった。さらに、吉元は、江戸へ出府した元次を説得するため、江戸加判役毛利広政を派遣するとともに、清末藩主毛利元平にも斡旋を依頼したが、これも不調におわった。

正徳六（六月二十二日に享保と改元）年四月十四日、吉元は、幕府へ対して、元次を隠居させ、嫡子百次郎《ももじろう》

山代三老

慶安四（一六五一）年四月、長州《ちょうしゅう》藩は、山代《やましろ》地方を三分割し、松原与右衛門《まつばらよえもん》（幸久《ゆきひさ》）・松原勝右《かつえ》衛門《もん》（善房《よしふさ》）・増野忠右衛門《ますのちゅうえもん》（斉慶《なりよし》）ら三人の所務方《しょむかた》に各地区を管轄させた。「山代温故録《やましろおんころく》」は、「三老《さんろう》の号は慶安二年より始まれり」と述べているが、実際には、彼らは、「三老」ではなく、「所務方」として、同四年四月に任用されている。山代三老の呼称が公的に用いられるようになるのは、万治三（一六六〇）年以降である。

両松原氏は、同族で山代地方の小領主であったが、毛利元就《もうりもとなり》の周防《すおう》国侵攻にさきだって、いちはやく元就に味方し、所領の安堵《あんど》を得た。しかし、両松原氏は、毛利氏の防長《ぼうちょう》移封のさいに「召《めし》放《はなち》」となって浪人した。その後、元和六（一六二〇）年に松原幸久の父木工助（幸次）、寛永六（一六二九）年に松原善房の父久右衛門（善安）が御雇《おやとい》身分になり、山代の所務方をつとめた。増野氏は、石見国津和野《いわみつわの》の三本松《さんぼんまつ》城主吉見《よしみ》氏の家臣《かしん》であったが、斉慶の父善右衛門《ぜんえもん》（斉勝《なりかつ》）のとき、浪人になり、山代に移って医を業《なりわい》としていた。増野斉慶も寛永五年に御雇身分・所務方となった。長州藩は、大きな利益をうみだす山代地方の楮《こうぞ》・半紙《はんし》を把握するため、山代地方の旧小領主を所務方に登用し、在地に根強く残る彼らの支配力によって、寛永八年に山代請紙《うけがみ》制を断行したのである。

長州藩は、享保三（一七一八）年の大規模な農民一揆《いっき》の発生と山代地方の楮・半紙生産の衰退によって、延享元（一七四四）年八月に山代三老を廃止した（小川国治「萩藩の郷村支配と老」『瀬戸内海地域史研究』二）。

に家督相続をさせたいと願いでた。その理由は、元次が本家を「疎略」にし、礼を失していること、「常々行跡不宜《よろしからざる》」状態で藩政が正しく行われていないこと、の二つであった（「毛利飛騨守様一件」）。これをうけた幕府は、元次の行為をとがめ、翌十五日に徳山藩を改易した。これによって、徳山領は、萩本藩へ返還され、元次が出羽《でわ》国新庄《しんじょう》藩主戸沢正庸《とざわまさやす》へあずけられ、嫡子百次郎・元次の家族・家臣らが萩本藩で保護されることになった。

その後、奈古屋里人を中心とする旧徳山藩家臣の再興運動がおこり、彼らは、幕府へ嘆願書を提出した。当初、この再興運動は、幕府に無視されたが、将軍徳川吉宗の登場によって、幕閣で好意的に取りあげられるようになった。享保四（一七一九）年五月、幕府は、元次の「お預け」を許し、百次郎の家督相続を認め、長州藩主吉元に、百次郎への分知を命じた。翌五年四月、百次郎は、元尭《もとたか》と改名し、吉元から旧領と旧家臣の返還をうけ、十二月に従五位下《じゅごいげ》・日向守《ひゅうがのかみ》に叙任した。こうして、徳山藩が再興されたのである。

この徳山藩の改易問題は、元次が徳山毛利氏の家督をついださいに、長府藩主毛利綱元が自分の次男（幸之助《こうのすけ》）を推したので事態が紛糾し、徳山藩の家老たちが「甲斐守《かいのかみ》殿（綱元）御子息御養子ニ候時ハ、甲斐守殿御一所ニ相成」（「毛利日向守様御死去一件」）として、初代徳山藩主毛利就隆の実子・永井主計《ながいかずえ》（毛利元次）を擁立し、両者がするどく対立したことに遠因があった。のちに、綱元の長男吉元が宗家の家督をつぎ、本藩主になったため、徳山藩主元次・家老・家臣が反発し、対抗心をつのらせたのである。いずれにせよ、徳山藩の改易は、本藩主吉元が宗主権を発動し、幕府が承認した事件であったといえよう。

2 宝暦改革

藩主毛利重就と改革派の登場

寛延四（一七五一・十月二十七日に宝暦と改元）年二月、長州藩主毛利《もうり》宗広《むねひろ》が萩城内で死去し、「当分御養《とうぶんごよう》子《し》」の長府藩主毛利匡敬《まさよし》が跡をついだ。これが長州藩の第七代藩主毛利重就《しげなり》（のちに、しげたか）である。初入国にさきだって、藩主重就は、実兄の加判役《かはんやく》毛利広定《ひろさだ》（一門右田《みぎた》毛利氏）と相談して、長男文之助を世子にしようとしたが、宍戸広周《ししどひろちか》を中心とする一門当主が前藩主宗広の遺志として越前《えちぜん》国丸岡《まるおか》城主有馬一《ありまかず》準《のり》の次男大三郎《だいざぶろう》を推したため、実現しなかった。翌宝暦二（一七五二）年四月、藩主重就は、一門当主の意向を尊重して、姉秀子《ひでこ》（藩主吉広《よしひろ》の養女）の子大三郎を養子に迎え、将来、宗広の遺児誠子《せいこ》と結婚させることとした。大三郎は、十二月に江戸城で将軍家重《いえしげ》に謁見《えっけん》し、従四位下《じゅしいげ》・民部大輔《みんぶたいふ》に叙任され、偏諱《へんい》をさずけられて重広《しげひろ》と命名された。これによって、重広は、世子として正式に認定されたのである。

当初、藩主重就は、強力な勢力をもつ一門・寄組《よりぐみ》の制約のもとで、赤間関《あかまがせき》の抜荷事件、大坂の米切手訴訟事件などの処理に追われ、独自の藩政を展開することができなかった。しかし、彼は、重広が将軍家重に献上した太刀《たち》の鍔《つば》に傷があった事件を契機に、同三年一月に宍戸広周（一門筆頭宍戸氏）を加判役からしりぞけ、当役堅田元武《とうやくかただもとたけ》・当職益田広堯《とうしょくますだひろたか》を罷免し、毛利広定を当職にすえ、同四年五月に参勤《さんきん》中の不行《ふぎょう》跡《せき》を責めて加判役毛利広漢《ひろくに》（一門阿川《あがわ》毛利氏）を隠居させ、藩政を掌握しはじめた。この一環として、藩政に精通した老臣坂時存《さかじぞん》・長沼正勝《ながぬままさかつ》・山県昌貞《やまがたまささだ》の三人に藩政の諮問が行われたのである（「三老上書」）。

藩主重就が襲封したとき、長州藩の負債総額は、約銀三万貫目に達していた。その後、長州藩は、「家《か》中《ちゅう》半知《はんち》馳走米《ちそうまい》」七万四一一八石余と「地下《じげ》石別《こくべつ》四升馳走米」二万四七三五石余を徴収して藩財政を運営したが、同八年には負債総額が銀四万一三〇三貫目余に増加してしまった。同八年九月、藩主重就は、当職益田広道《ひろみち》を罷免して「蟄居《ちっきょ》」に処し、加判役に転じていた毛利広定（同四年六月に当職辞任）を再度当職に任じ、十一月に当職裏判《うらはん》役高洲就忠《たかすなりただ》に記録所役《きろくしょやく》を兼帯させた。この時期、記録所役は、殿中《でんちゅう》記録所の事務を統轄するのみでなく、表番頭《おもてばんかしら》・目付《めつけ》・使番《つかいばん》などを指揮下におき、大きな権限をもつようになっていたのである。当職に復帰した広定は、早速、当職裏判役就忠と老臣坂時存に藩政改革に関する意見の具申を求めた。これをうけて、就忠は、同八年十月に機構改革、役人・経費の削減、番役の期間延期などの具体的方策（「御仕組一件扣《ひかえ》」）を上申し、時存は、十二月に他領借問題の解決、宝蔵銀の増蓄、備荒貯米の充実、検地の実施、良港の設置、開作の築立、馳走米銀の再検討など七カ条からなる長文の建白書

毛利重就像

（「御国政再興記」）を提出した。これをもとに、藩政改革の基本政策が立案され、実施されるのである。

同八年十二月、藩主重就は、一門・寄組の勢力をきびしく抑圧するとともに、家臣《かしん》に藩政改革への協力を要請した。このとき、彼は、藩政を直裁して権力を強化するため、「内聞之取次役《ないぶんのとりつぎやく》」を設けて就忠に兼任を命じ、近侍して「御前差引之御用《ごぜんさしひきのごよう》」を「取次」がせることとした。これによって、就忠は、当職裏判役・記録所役のほかに、他藩における「御用人《ごようにん》」の権限をも兼帯し、藩政改革の中心的な担い手として登場したのである。

翌九年二月、藩主重就は、坂時存・羽仁正之《はにまさゆき》・佐々木満令《ささきみつよし》・粟屋勝之《あわやかつゆき》の四人を「御前仕組方《ごぜんしくみかた》」に任じ、萩城内の「獅子之御廊下《ししのごろうか》」に設けた仕組方役所への出仕を命じた。この役所が藩政改革の推進母体になるのであるが、その実務を担当した所帯方帳方役《しょたいかたちょうがたやく》の村田為之《むらたためゆき》は、長州藩天保改革《てんぽうのかいかく》の中心人物村田清風《むらたせいふう》の祖父である。さらに、藩主重就は、三月三日に蔵元《くらもと》両人役の坂次郎右衛門《さかじろうえもん》（時連、時存の子）に当職手元《とうしょくてもと》役《やく》・所帯方、札座頭人役《さつざとうにんやく》の羽仁正之に当職手元役・所帯方、蔵元両人役の佐々木満令に借銀返済方・所帯方を兼任させ、五日に粟屋勝之に所帯方を命じた。彼らは、いずれも、有能な財政家として知られていたのである。この日、藩主重就は、当職広定に一〇カ条からなる直書をさずけ、城内の洞春寺《とうしゅんじ》に詣でて毛利元就の霊位の前で藩政改革の断行を宣言し、翌六日に参勤の途に着いた。以後、毛利広定＝高洲就忠のもとに改革派家臣が結集し、藩政改革を遂行するのである。

宝暦検地と撫育方の設置●

宝暦十（一七六〇）年の春以来、藩主毛利重就の世子重広は、江戸・麻布《あざぶ》藩邸で養生していたが、衰弱が激しく、六月に死去した。藩主重就は、今回は一門当主の意見を徴することなく、独断で実子岩之允《いわのじょう》を世子にすることとし、翌七月に幕府へ願いでて許可を得た。世子重広は、同六年六月に前藩主毛利宗広の遺児誠子と納采《のうさい》の式をあげ、次代藩主の地位を確立していただけに、その死去が家臣に大きな波紋を投げかけた。しかも、岩之允の世子申請が異例の早さで行われたので、一門当主の不満が表面化した。宍戸広周と毛利元連《もとつら》（一門厚狭《あさ》毛利氏）は、当役梨羽《なしは》広言《ひろとき》に書状をだし、一門当主に相談もなく、世子の決定が行われたことを糾弾した。これは当役広言への論難であったが、藩主重就は、藩主に対する批判と見なし、同十年十二月に広周・元連両人に登城の禁止と公的会合出席の停止を命じ、翌年二月に両人を隠居させた。

　こうして、藩主重就は、岩之允の世子擁立を果たし、反対勢力の代表者広周・元連両人の排除に成功すると、翌三月に検地の実施を決断した。当職毛利広定は、三月に徳地《とくぢ》代官吉田《よしだ》房郷《ふささと》（八月死去、九月後任都野《つの》祥正《あきまさ》）、四月に都濃代官布施《ふせ》光定《みつさだ》に小村《こむら》帳頭取役《ちょうとうどりやく》（検地の責任者）の兼任を命じ、五月に櫛部《くしべ》慶猶《よしなお》・岡《おか》本源兵衛《もとげんべえ》・三戸《みと》基芳《もとよし》の三人を小村帳本締役《もとじめやく》（頭取役の補佐）に任じた。彼らは、いずれも、地方（農村）支配に精通した「地

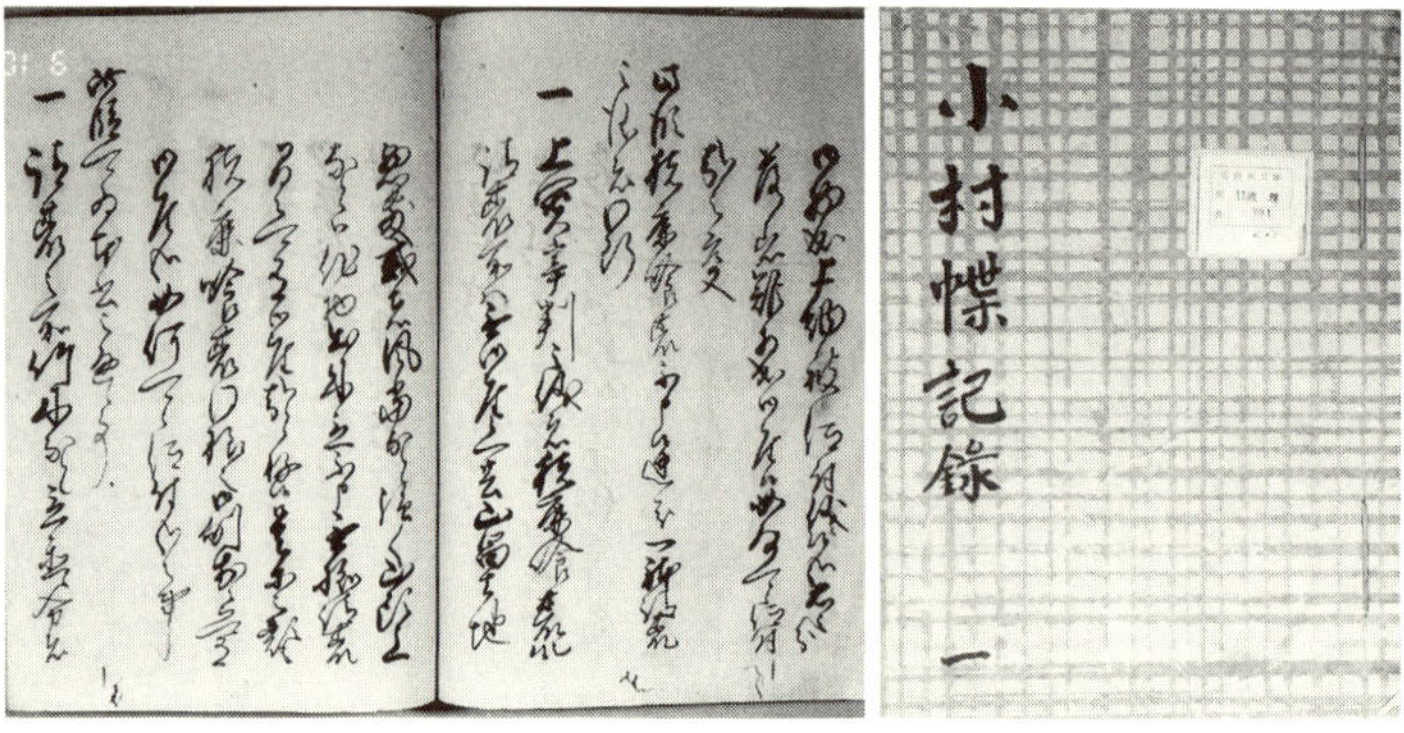

「小村帳記録」（宝暦検地の記録）

方巧者」であった。この検地は、財政基盤を強化するために、当職裏判役・記録所役高洲就忠と「御前仕組方」の羽仁正之・佐々木満令・粟屋勝之らが藩主重就へ進言したものである。なお八〇歳の高齢であった坂時存は、前年の十二月に死去していた。

同十一年五月以後、高洲就忠は、所帯方小村帳懸《かかり》粟屋勝之や小村帳頭取役光貞・房郷両人と検地を実施するさいの問題点を整理し、藩主重就の許可を得て、八月に蔵元役所で郡奉行《こおりぶぎょう》正之・小村帳懸勝之以下関係役人と具体的な打ち合わせを行った。一方、郡奉行正之は、八月末に萩・片河《かたがわ》町の松坂屋《まつざかや》七之進《しちのしん》の家を借りあげ、小村帳役所を設置した。こうして検地実施の準備がととのったので、当職広定は、九月に蔵元役所に各宰判の代官《だいかん》・下代《しもだい》・算用方《さんようかた》を集め、検地の基本方針を伝えた。ここで強調されたのは、貞《じょう》享検地《きょうけんち》後の田畑地の変化を把握し、農民撫育《ぶいく》のために石盛《こくもり》（厚薄）と丈量《じょうりょう》（広狭）を是正《ぜせい》（「厚薄広狭抨《ならし》」）することであった。

就忠・正之・勝之らは、九月から翌十二年五月に蔵入地《くらいりち》（直轄地）、同十二年六月から翌十三年四月に給領地で検地を行い、行政単位の村を小さな地域に区分（小村）し、小村帳と小村絵図を作成して徹底的に把握した。彼らは、農民撫育のために「厚薄広狭抨」を行うと称しながら、貞享検地以後に開発された塩浜や開作地の石盛、石盛の引上げ、延畝石《のべせこく》（出畝石）の把握、追損米の整理、給領地増高六割分の蔵入地化など、増徴策を強行したのである。この結果、長州藩は、あらたな増高（増加高）四万一六〇八石余を得た。

都濃代官能美以成《のうみもちなり》は、都濃郡が他郡よりも石盛が高いので、今度の検地で「石下ケ相成百生中悦可申」と思っていたが、「兼て入魂」の小村帳頭取役光貞から他宰判では一〇〇〇～二〇〇〇石ほど増高されるので「都濃郡も少し成とも上ケ石無之ては不相済、其心得にて致沙汰可然の由」と内密に話があった。彼は、無理な石盛の引上げは「往々亡所仕様ニとも有之候ては甚以御為ならさる儀」と考え、「百姓且々取続相成程の校了にて石抨致し候」ところ、「古石高少々下り申候」という状態になったので辞任を申しでたが、慰留されたため、検地加勢《かせい》綿織《にしこり》孫惣《まごそう》の協力を得て検地を続行し、結局、増高に成功した。しかし、彼は、強硬な年貢増徴策に疑問を呈していたのである（「蔵櫃録《ぞうひつろく》」）。

この検地が終了したので、藩主重就は、同十三年五月に増高五万一六三六石余を財源とする撫育方を蔵元役所内に設置し、布施光貞・都野祥正両人を撫育方頭人、三戸基芳を撫育方本締役に任命した。撫育方は、十月に城内に一局として独立し、新財源を基に豪農商の馳走米銀を加えて、農民の撫育よりも、新田・塩田の開発、港町の整備・設置、米穀市場の創設などの諸事業に取り組んだのである。就忠・正之・満令・勝之らは、当職広定が明和三（一七六六）年六月に辞任（同六年八月死去）したあとも、藩政の枢要な役職を占め、藩政改革を推進した。たとえば、就忠は、当職裏判役のあとに、当職添役《そえやく》・当役添役・当役などを歴任し、御《お》手廻《てまわし》頭《かしら》格・若年寄《わかどしより》・老中と昇格したが、当役添役に就任してから当役をつとめるあいだも、藩政改革の中枢機関の撫育方を統轄し続けたのである。

経済政策と藩札●

高洲就忠と「御前仕組方」三人は、検地を実施するとともに、西廻り海運の発展を重視し、伊崎《いざき》・中関《なかのせき》新地の開発や室積《むろづみ》港の整備を行って、経済活動の拠点を確保しようとした。坂時存は、さきの建白書《けんぱくしょ》のなかで、防長両国の重要な港の赤間関・柳井津《やないつ》が支領に偏在していることを指摘し、長州米の売りさばきのため、早急に本藩領にも良港を設置するように提案していたのである。

「西の浪華」といわれた赤間関(下関市《しものせき》)は、長府領で東部下関に位置し、南部《なべ》・西ノ端《にしのはた》・中ノ町《なかのまち》などが中心であった。しかし、西廻り海運が活発になると、南部町より西の地域が発展し、竹崎《たけざき》浦や今浦《いま》などは、漁村的浦から商業をいとなむ町的性格の地域へ変貌していた。ちなみに、幕末期に活躍する豪商白石《しらいし》家は、竹崎の廻船問屋である。長州藩は、西部下関の発展に着目し、今浦の西に隣接する本藩領伊崎に港を設け、新地を開発することとし、城下町萩の豪商梅屋吉右衛門《うめやきちえもん》に請け負わせた。この伊崎新地の開発には、吉右衛門の資銀のみでなく、撫育方の資銀も投入されたのである。伊崎新地は、明和五(一七六八)年に完成したが、会所・米蔵四棟が建ち、二階建ての長屋が軒を連ねていた。ここでは長州米の販売、越荷《こしに》業務(二一〇頁参照)、市立《いちだて》などが行われ、芝居も興行された。

中関新地も梅屋吉右衛門によって開発された。彼は、撫育方から米銀の融資をうけ西泊《にしどまり》に港をきずき、新地を形成して居宅・蔵・貸家・茶屋・常芝居固《じょうしばいご》(小)屋《や》などを建設したのである。長州藩は、鶴浜《つるはま》・大浜《おおはま》両開作の形成を契機に、周辺の塩田を管轄するため、明和五年に三田尻《みたじり》・小郡《おごおり》両宰判の一部を割《さ》いて中関宰判を新設し、撫育方本締役の三戸基芳を初代の代官に任じた。翌六年には中関に塩浜の大会所が設けられ、塩業を統轄する大年寄《おおどしより》が任命された。こうして、中関新地は、中関宰判の中心地となり、塩の販売、他国廻船との交易および越荷業務を展開した。その後、塩業の不振によって、吉右衛門は、新地の運営にいきづまり、天明三(一七八三)年に都濃郡浅江村《あさなえ》(光市《ひかり》)出身の豪農加藤伝蔵《かとうでんぞう》と交代した。以後、伝蔵は、豊富な自己資銀を投入し、中関新地の立直しに成功した。

明和〜安永期(一七六四〜八一)の室積再開発も伊崎新地と同じ目的で実施された。ここでも撫育方の資銀が融資され、町並・港の整備、会所・蔵の設置、市立の許可などが行われ、長州米の販売や越荷業務が展開されたのである。宝暦十三（一七六三）年七月、長州藩は、熊毛《くまげ》宰判の一部を割いて中熊毛宰判を新設し、室積に勘場をおいた。このように、長州藩は、西廻り海運へ積極的な乗込みをはかり、行政的な面からも港町を育成するとともに、米穀市場の創設、越荷業務の実施、塩の販売などの経済政策を展開したのである。

宝暦三年八月、長州藩は、「札遣仕法之覚」をだし、再度、銀札を通用させることにした。この銀札は、一〇カ年で約五〇〇〇貫目に達したのである。同藩は、享保札の失敗にかんがみ、領民に信用不安を生じさせないため、札座引替米として毎年一万七七七四石余を支出し、正銀四九五貫目を得て銀札の引替準備銀とした。これまで、長州藩では延宝札と享保札が発行されたが、とくに、享保札は、家臣救済の名目で銀札を乱発したこと、享保十七（一七三二）年の激甚な虫害で二九万二七四〇石余の損害をこうむったことなどによって、領内に信用不安が蔓延したので、元文五（一七四〇）年一月に実質九年間で通用が停止されていた。今回、長州藩は、城下町萩

延宝札（左）と宝暦札（中）の銅板

❖コラム

義民権太と平助—伝説と史実

阿武《あぶ》郡川上《かわかみ》村（萩市）を流れる阿武川のほとりに、義民権太《ごんた》の地蔵《じぞう》と義民平助《へいすけ》の墓が立っている。その前では、現在でも香華が絶えないという。権太の地蔵は一ノ谷《いちのたに》（字名）から、平助の墓は筏場《いかだば》（同前）から移されたものである。村民の言伝えによると、文化年間（一八〇四～一八）に萩《はぎ》の酒造家某が橋本《はしもと》川の上流の太鼓《たいこ》湾をせきとめ、酒米を搗《つ》く水車を設けたため、萩で売りさばく薪《しん》炭《たん》を積んだ筏がとおれなくなり、川上村の農民が困窮におちいった。農民は、たびたび水車の撤廃を藩府に請願したが、当島代官《だいかん》周布《すふ》某（誤伝）は、酒造家某から賄賂を得ていたので、彼らの請願を認めなかった。このため、農民が一揆《いっき》をおこし、水車の破壊をめざして、萩へむかった。長州藩は、代官の処罰と水車の撤廃を行って、農民を鎮撫《ちんぶ》したが、一揆の首謀者の権太と平助をとらえて斬首した。農民は、権太と平助の死をいたみ、両人を義民としてまつり、永く語り伝えたのである。

この義民伝説は、「諸事《しょじ》少々《こまごま》之控《のひかえ》」「御《お》仕《し》置帳《おきちょう》」などによって、史実を明確にすることができる。阿武川は、萩の「河嶋太甲庵《かわしまたいこうあん》（太鼓湾）」で橋本川と松本《まつもと》川に分流するが、寛政元（一七八九）年に萩・橋本町の商人山本助五郎《やまもとすけごろう》が松本川に水車を設けてから、川上村の農民と紛争が続いていた。文化七（一八一〇）年六月十四日、大規模な一揆がおこり、逮捕者が六七人に達した。相原《あいはら》の平助と一ノ谷の権左衛門《ごんざえもん》（権太と誤伝）が萩・大屋《おおや》で斬首されたのは、翌八年四月十五日のことである。この事件によって、郡奉行《こおりぶぎょう》松野文右衛門《まつのぶんえもん》（勝通《かつみち》）・当島代官進藤長蔵《しんどうちょうぞう》（直郷《なおさと》）・下代鮎川文左衛門《しもだいあゆかわぶんざえもん》らも、「遠慮」に処された。

で櫨蠟《はぜろう》を取りあつかう豪商花田治左衛門《はなだじざえもん》に札座を請け負わせ、領域経済の拠点である萩渡り口（萩市）・山口（山口市）・瀬戸崎《せとざき》（長門《ながと》市）・船木《ふなき》（宇部市）・波野《はの》（田布施《たぶせ》町）・鹿野《かの》（周南市）に札座を設け、銀札の通用をはかり、享保期と同様に諸上納銀を銀札で上納させることとした。

安永五（一七七六）年十一月、長州藩は、札座の請負を花田治左衛門から萩の豪商山中六右衛門《やまなかろくえもん》・熊屋《くまや》五右衛門《ごえもん》・大黒屋六兵衛《だいこくやろくべえ》・重村吉左衛門《しげむらきちざえもん》・田村金右衛門《たむらきんえもん》の五人に変えた。以後、長州藩は、享和三（一八〇三）年二月に札座の五人を為替御用聞《かわせごようきき》とし、大坂の豪商広岡久右衛門《ひろおかきゅうえもん》と為替の取組みを行わせ、国産品を銀札で調達し、大坂で売りさばいて正銀を得るという仕組みをととのえた。これは文政十二（一八二九）年の産物会所《さんぶつかいしょ》の設置以降に展開する産物取立政策のさきがけをなすものである。

なお、長府・徳山・岩国の各支藩は、萩本藩から分与された銀札に「裏印《うらいん》」を押して通用させていたが、寛政期（一七八九〜一八〇一）以後、各自で藩札を発行するようになった。しかし、これは幕府公認でなかったので「預り札」と称していた。

7章

産業の発展

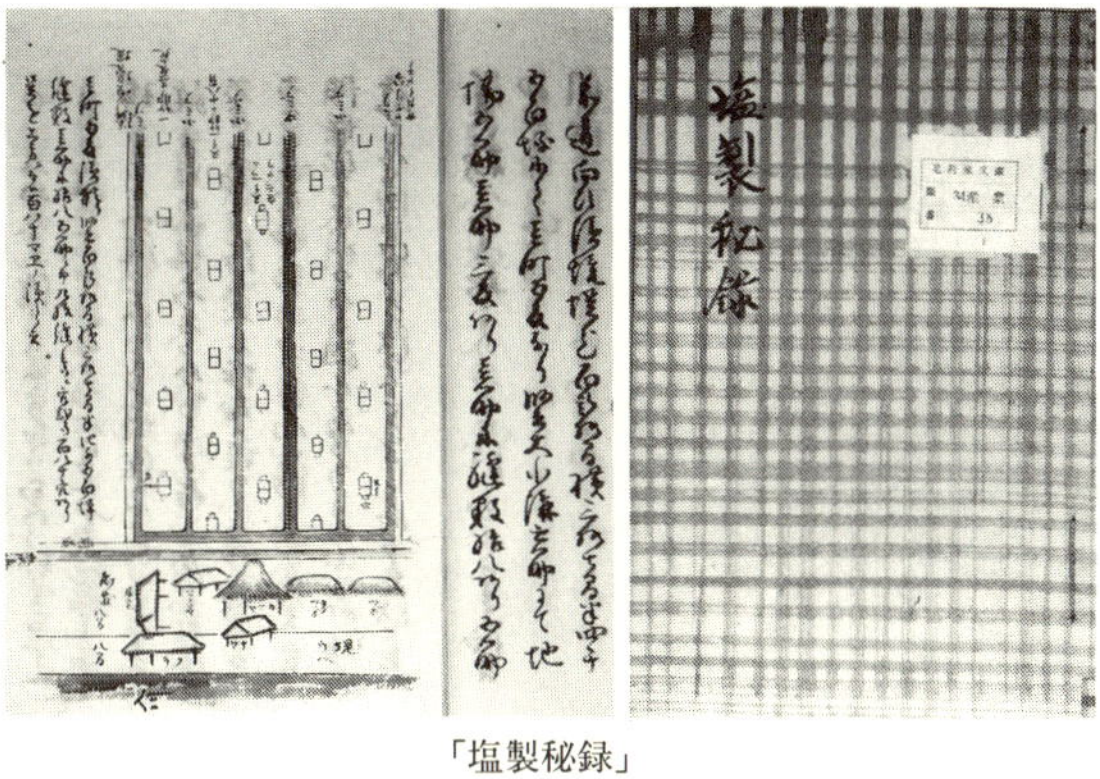
「塩製秘録」

1　防長の四白と白糖

防長米●

長州《ちょうしゅう》藩は、多量の米・紙・塩・櫨蠟《はぜろう》を領外へ移出し、大きな利益をあげていた。これらの物産がいずれも白色であったため、前三者を「防長《ぼうちょう》の三白《さんぱく》」といい、櫨蠟を加えて「四白《よんぱく》」とも称した。このうち紙については、後述（二四三頁参照）されるので、本節では米・塩・櫨蠟などを取りあげることにする。

慶長十六（一六一一）年七月、長州藩は、「覚《おぼえ》（所務方箇条《しょむかたかじょう》）」を発給し、第一条で年貢を十一月十日までに米銀で上納するように定め、その付則で「大島《おおしま》・熊毛《くまげ》・都濃《つの》・佐波《さば》・吉敷《よしき》・厚狭《あさ》・厚東《ことう》之儀、早米出来次第、少充成共大坂運上之手遣肝要之事」（『萩藩閥閲録　第一巻』）と指示した。この瀬戸内諸郡の年貢米を大坂へ運送し、販売代銀を藩の運営資銀にあてる仕組みは、基本的に幕末まで維持されるのである。

長州藩の大坂売米は、大坂米市場で中国米と称され、建米《たてまい》として重視された。長州藩は、明暦三（一六五七）年からたびたび法令をだし、俵を二重にして米の脱漏を防ぐとともに、一俵（四斗、一斗＝一五キロ）の目減り分として二升五合〜三升（中期以降）をつめて大坂へ運送した。これによって、中国米は、大坂米市場で信用が高まり、建米として取引されたのである。

元文二（一七三七）年ごろに周防国で栽培されていた稲の品種は、早稲六〇種・中稲七六種・晩稲五六種・糯稲《もちいね》（餅稲）五四種にも達しており、その名称は、防長両国のみでなく、中国・四国・九州・畿内《きない》・北国《ほっこく》・関東の地名を冠するものもあった（「両国本草」）。このことから、全国各地の稲によって品種改良をしていた農民の努力のようすがうかがえるが、中国米の中身が多品種であったこともわかるのである。この多品種の稲栽培の影響と思われるが、明和期（一七六四～七二）の大坂米市場では、筑前米・中国米・広島米・備前米・加賀米のなかで、中国米がもっとも安く、良質の筑前米と比較して一四・三％（明和期の平均）も低い価格で取引されていた（大阪大学近世物価史研究会編『近世大阪の物価と利子』）。

宝暦元（一七五一）年十月に大坂の米仲買人《なかがいにん》らが長州藩の米切手の支払いを求めて大坂町奉行所《まちぶぎょうしょ》へ出訴した。この事件は、長州藩大坂屋敷の蔵元《くらもと》三木権太夫《みきごんだゆう》の手代《てだい》三文字屋甚兵衛《さんもんじやじんべえ》が同藩の米切手を利用して米の投機売買をし、失敗して米切手九九〇〇俵（三九六〇石）分の回収が不可能になったことが発端であった。当職《とうしょく》益田広堯《ますだひろたか》は、大坂留守居役《るすいやく》（大坂頭人役）生田《いくた》八郎《はちろう》右衛門《えもん》を国元《くにもと》へ召還し、後役に赤木丹下《あかぎたんげ》を任命するとともに、京都留守居役井上四郎右衛門《いのうえしろうえもん》を大坂へ派遣し、大坂町奉行所との応接にあたらせた。その後、赤木丹下が調査したところ、未決済の米切手が八万九二五〇俵（三万五七〇〇石）に達しており、しかも、手代の甚兵衛が一人で米の投機売買をして失敗し

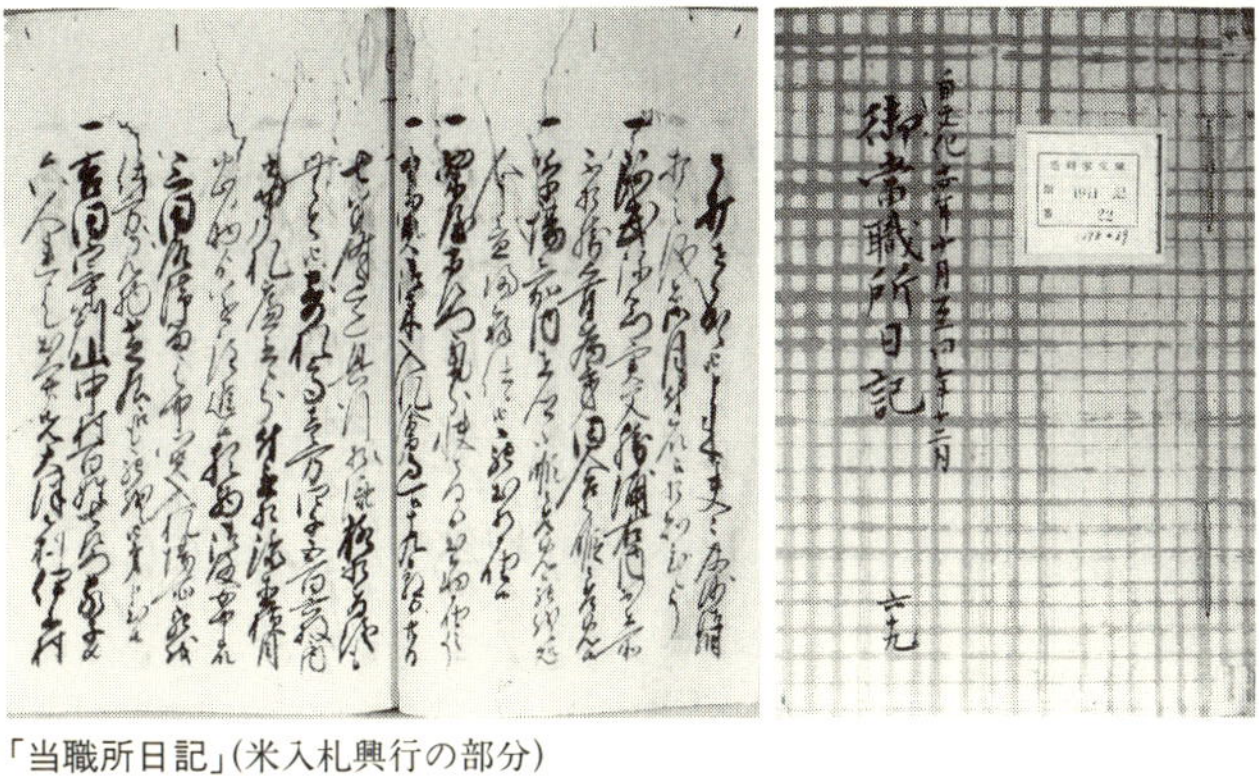

「当職所日記」(米入札興行の部分)

たのではなく、前任の大坂留守居役八郎右衛門が資銀の調達と運営銀の確保などで米切手を乱発し、差引《さしひき》方河野幸右衛門《かたこうのこうえもん》以下の諸役も関与していたことが判明した。

長州藩大坂屋敷では、二年前の寛延二（一七四九）年四月にも大坂運送米の延着によって、米切手訴訟事件がおこっていた。これが落着したばかりであっただけに、長州藩は、今回の事件の対応に苦慮したが、半分を現米・銀で支払い、残りを一〇カ年で清算する方法で、米仲買人らと合意が成立し、宝暦二年四月に訴訟事件が解決した。その後、長州藩は、生田八郎右衛門を流刑、河野幸右衛門を死罪（切腹）にするなど、多くの関係者を処罰した。こうして事件が落着したが、彼らは、大坂運送米の遅延と中国米の低価格で苦労しながら資銀を調達しており、藩財政の破綻による犠牲者であったといえよう。この二度の米切手訴訟によって、中国米は、大坂米市場で一時的に建米からはずされたのである。

このように、長州藩の関心は、藩政中期までは大坂運送米の量的拡大にあり、米の質的改善にはむけられていなかった。稲の品質改良が進むのは、嘉永年間（一八四八～五四）に長州藩士内海五左衛門《うつみござえもん》が江戸《えど》参勤《さんきん》の帰途に摂津国西宮《せっつのくににしのみや》（兵庫県西宮市）で優良な稲穂を買い求め、帰国後、栽培に成功してからである。その後、彼の持ち帰った稲種は、領内各地で栽培されるようになり、「都鶴《みやこつる》」の名称で防長両国に普及した。この「都鶴」は、明治期に名声を博す大粒で早稲の良質米「穀良都《こくりょうみやこ》」の母種である（『山口県政史』上）。

塩田の開発●

三方を海に囲まれた防長両国では、早くから塩田が開かれていた。しかし、大規模な塩田の開発は、元禄期（一六八八～一七〇四）と明和・安永期（一七六四～八一）に集中し、いずれも、瀬戸内海沿岸で行われた。

長州藩は、元禄十二（一六九九）年八月に三田尻村《みたじり》（防府市）の沖合で開作に着手し、翌年四月に二七一町一反二畝余におよぶ大規模な造成地（三田尻大開作）を完成した。このうち、塩浜分は、一四八町四反一畝余であったが、完成時に開発された塩田は、八七町（一浜＝約一町）であった。これを三田尻浜（古浜《こはま》）という。この三田尻浜の築造に深くかかわった人物に、「大島郡ニ罷居候奈良屋助右衛門《ならやすけえもん》と申者」がいた。彼は、「塩浜手伝い功者之者」で、同十二年の秋に三田尻にきて塩浜の築造を検討し、冬に郡《こおり》奉行馬来就延《まきなりのぶ》・林《はやし》重良《しげよし》両人に具体的な方策を上申した。このほかにも、播磨《はりま》国の四郎左衛門《しろうざえもん》が平生《ひらお》（平生町）から三田尻へ来て、「塩浜相談など」を行っていた（「三田尻御開作一巻」）。

大島郡では、元禄三年に寄組粟屋就貞《よりぐみあわやなりさだ》が給領地の熊毛郡大《おお》河内《かわち》村（周南市）の豪農矢田部三郎兵衛《やたべさぶろうべえ》に請け負わせて、小《こ》松《まつ》村の沖合で約三〇町の塩田を造成していた（中野孝之「大島郡小松塩田の開築者と竣工年について」『山地研』七六）。ここで、奈良屋助右衛門は、塩浜の築造を指導したと思われる。また、平生湾でも、元禄十年に竪ヶ浜《たてがはま》新開作（岩国領《いわくに》）が造

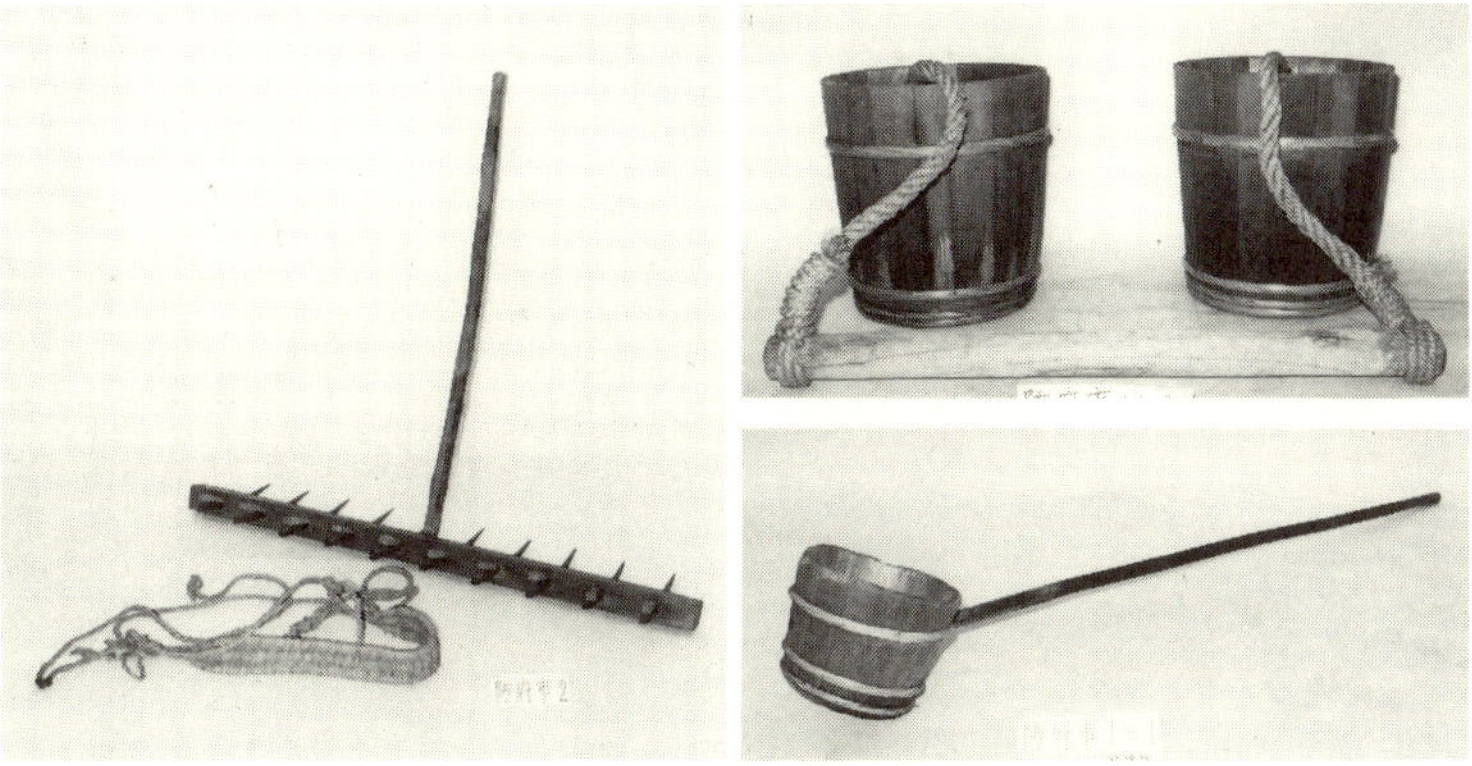

製塩用具

成され、塩田三五町四反四畝余が築造されていた。播磨国の四郎左衛門は、同所で塩浜の築造を行い、そののちに三田尻へきたと考えられる。この四郎左衛門の存在から推定して、元禄期の大規模な塩田開発は、播州《ばんしゅう》の先進的な入浜式《いりはましき》塩田が導入されたといえよう。このほか、元禄元年に吉敷毛利《もうり》氏が末武《すえたけ》村（下松《くだまつ》市）の沖合で開発した平田開作でも、一一町三反七畝余の塩田が築造されている。なお、元禄期の塩田開発は、都市の発展による塩の需要増大に呼応したものであった。

明和元（一七六四）年七月、長州藩は三田尻浜（古浜）の隣接地で開作に着手し、同年閏十二月に潮留めに成功すると、翌二年二月から塩浜の築造を行い、四年八月に塩田三三町四反を完成させた。これは撫《ぶ》育方《いくかた》が最初に開発した鶴浜《つるはま》開作である。このとき、同開作責任者（開作方用掛《かいさくかたようがかり》）の当職裏判役《うらはんやく》兼記録所《きろくじょ》役高洲就忠《たかすなりただ》・「御前仕組方《ごぜんしくみかた》」兼郡奉行羽仁正之《はにまさゆき》らは、撫育方の資銀を投入するとともに、領内の豪農からも馳走米《ちそうまい》・銀《ぎん》を提供させ、その見返しとして、彼らを御利徳雇《おりとくやとい》・本御雇《ほんおやとい》・三十人通《さんじゅうにんどおり》・無給通《むきゅうどおり》などの下級武士に登用した。こうして、就忠・正之らは、豪農の経済力を領内の開発に収斂《しゅうれん》させたのである。

その後、長州藩は、鶴浜開作の成功をもとに、同様な資銀の調達方法によって、瀬戸内海沿岸の各地でつぎつぎと塩田の開発を行った。撫育方塩田は、三田尻・小郡《おごおり》両宰判《さいばん》（天明四〈一七八四〉年八月に中関宰判廃止）のみでも、鶴浜二二軒・大浜《おおはま》七五軒・江泊浜《えどまりはま》一七軒・西浦前ヶ浜《にしのうらまえがはま》三五軒（三田尻宰判）・青江浜《あおえはま》一九軒・遠波浜《とおなみはま》一一軒（小郡宰判）など合計一七九軒（一軒＝一浜）に達したのである。同時期の塩田は、元禄期（一浜＝約一町）の塩田よりも大きく、一浜が一町五反で築造されていたので、二六八町五反が開発されたことになる。このうち、三田尻宰判の塩浜は、古浜三九軒・中浜一三軒とともに三田尻浜と総称され、年額三四万六五〇〇石を産する瀬戸内有数の塩業地域と目されるようになった。

防長両国の塩浜は、大坂市場のみでなく、九州各地にも塩を販売していたが、西廻り海運の発展によって、山陰・北陸・東北地方にも販路を拡大した。しかし、一方、大型塩田の急増は、塩の過剰生産を生じさせ、価格を下落させた。このため、塩田経営者の破産があいついだのである。宝暦九（一七五九）年に安芸《あき》国生口《いくち》島瀬戸田浜《せとだはま》の三原屋貞右衛門《みはらやていえもん》が休浜《きゅうひん》協定を提唱したが、実効のないままで破綻していた。

明和八年十月、鶴浜の塩浜主田中藤六《たなかとうろく》（豊後屋《ぶんごや》）は、三月から八月までを就業期間とし、「現土地半分方宛日替に業浜仕候事」（「塩製秘録」）を長州藩へ建策した。この休浜法の承認を得ると、彼は、ただちに三田尻をたち、瀬戸内諸国を遊説して塩浜主に休浜への参加を求めた。塩浜主は、塩業不振に苦慮していたので、藤六の休浜法に賛同し、翌九年に周防《すおう》・長門《ながと》・安芸・備後《びんご》・伊予《いよ》五カ国の休浜同盟が成立した。これによって、瀬戸内西部の塩浜は、生産調整と燃料費節約が可能となり、塩業不況から脱出したのである。三田尻浜は、幕府の要請をうけて、寛政二（一七九〇）年から蝦夷地《えぞち》（北海道）へ年額一万石の塩を輸出しはじめた。その後、休浜同盟に阿波《あわ》・讃岐《さぬき》・播磨《はりま》・備前《びぜん》・備中《びっちゅう》五カ国の塩浜が参加し、瀬戸内全域で休浜協定が成立した。この藩制を超えた十州《じっしゅう》塩田同盟は、生産の制限や燃料値段の情報交換などを行いつつ、幕末まで存続したのである。

櫨蠟の生産と統制

長州藩は、天和元（一六八一）年ごろから領内農村で櫨《はぜ》の植付けを奨励した。櫨の実からしぼる生蠟は、蠟燭《ろうそく》や鬢付《びんつけ》の原料として、大きな需要が生じていたのである。元禄十六（一七〇三）年一月、長州藩は、蔵元両人役の管理のもとで、各宰判ごとに大庄屋・庄屋をとおして「大はせ」（黄櫨）・漆《うるし》・「黒こが」（黒文字＝クスノキ科の落葉灌木）などの実を集め、蠟燭屋へ売りわたした。蠟燭屋は、「御運上《ごうんじょう》」として蠟燭を上納し、残る蠟燭を自由に販売したのである(「二十八冊御書付」)。しかし、このとき、同藩が櫨実だけでなく、質量ともにおとる漆・「黒こが」などの実も集荷しているので、櫨の栽培は、植樹から約二〇年を経ても、あまり普及していなかったと思われる。

享保十(一七二五)年、長州藩は、良質の蠟が多く取れる琉球《りゅうきゅう》櫨の種を薩摩《さつま》藩から輸入し、村上平《むらかみへい》次郎《じろう》を指導者として栽培を奨励した。彼は、櫨実の発芽や櫨苗木の育成などを詳細に指導し、琉球櫨の栽培に成功した。これによって、領内では、農村のみでなく、武家屋敷・寺社境内・町屋敷・農民屋敷などの周囲に至るまで、琉球櫨が植えられたのである。延享元(一七四四)年、長州藩は、各宰判に「櫨実取立人《はぜのみとりたてにん》」(勘定役の兼役)を一人ずつおき、その下で各村に「櫨方手子《はぜかたてご》」(村手子の兼役)を配して櫨実の集荷体制をととのえ、櫨実の三〇%の上納と残る七〇%の自由販売の禁止を厳命した。従来、

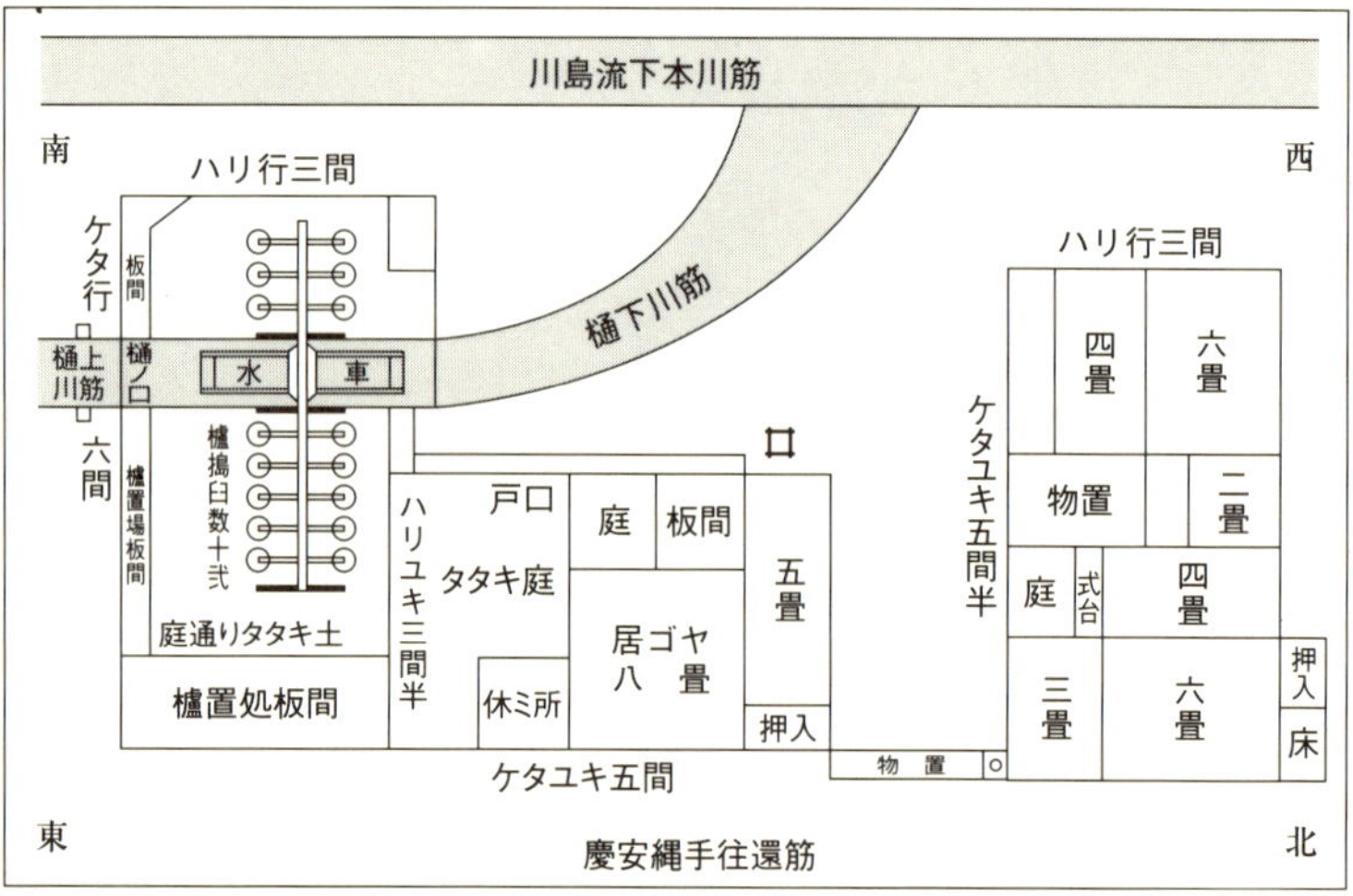

萩水車筋製蠟板場差図(毛利家文庫「製蠟板場差図」より作成)

給領地では、給領主が櫨実の三〇%を収納・販売していたので、「抜け櫨実」との区別が判然としなかった。このため、長州藩は、給領地の櫨実も上納させ、給領主へは農民から買いあげる値段で代銀を支払うことにしたのである。この櫨実の独占集荷体制をもとに、長州藩は、板場《いたば》（生蝋生産の作業場）を三田尻（防府市）のみでなく萩《はぎ》にも開設し、民間の自由絞りを禁止した。こうして、一種の櫨蝋専売制が実施されたのである。

長州藩は、宝暦四（一七五四）年度の予算書で、大坂市場で販売する生蝋二五三八丸（樽）の代銀八四七貫目を計上した。これは予算書とはいえ、「酉年（宝暦三年）分櫨実を戊ノ年締立相成分」とあるように、前年に収穫した櫨実をもとにしているので、実質的な数量とみてよい。この生蝋販売代銀は、紙売払代銀一七八八貫目、大坂運送米代銀一六一〇貫目についで多く、諸郡畠銀（畠の年貢高）八〇二貫目よりも四五貫目ほど上まわっており、藩の重要な財源になっていたのである（「御所帯根積」）。同七年九月、長州藩は、櫨蝋専売制を強化するとともに、三田尻・萩の藩営板場のほかに、赤間関《あかまがせき》（下関市）の豪商に民営板場を請け負わせて生蝋生産の増加をはかった。櫨実収穫高はあきらかではないが、同十年に萩・下五《しもご》間《けん》町の仲買人阿川次郎左衛門《あがわじろうざえもん》・常磐屋孫兵衛《ときわやまごべえ》・山田源兵衛《やまだげんべえ》三人が吉田宰判の櫨実一万四二〇〇貫目を請負入札していることから、全体では二五〜二六万貫目程度であったと推定できる。

宝暦九年、長州藩は、萩・片河《かたがわ》町の豪商重村吉右衛門《しげむらきちえもん》・長谷川宗兵衛《はせがわそうべえ》両人に晒蝋《さらしろう》の独占的製造・販売権をあたえ、領内の「鬢付屋中」へ売りわたさせた。この晒蝋は、鬢付に用いられるもので、萩・山口・宮市《みやいち》（防府市）の三町と小郡・前大津《まえおおつ》・先大津《さきおおつ》の三宰判の拠点で販売された。たとえば、安永九（一七八〇）年には、萩の「鬢付屋中」へ一万五〇〇〇斤（九トン）が代銀四八貫目で安売りされていた。しかし、

❖コラム

永富独嘯庵の白糖製造

古医方《こいほう》の医者永富独嘯庵《ながとみどくしょうあん》は、殖産興業《しょくさんこうぎょう》にも意をそそぎ、長府《ちょうふ》領で白砂糖の製造を行った。幕府が黍《きび》栽培と砂糖製造の普及にのりだすより前のことである。彼は、享保十七（一七三二）年に長府の東側に隣接する宇部《うべ》村（下関《しものせき》市）の庄屋勝原治左衛門《かつはらじざえもん》の三男としてうまれ、萩《はぎ》で井上玄静《いのうえげんせい》に医学、山県周南《やまがたしゅうなん》に儒学を学び、江戸《えど》へでて周南学統の徂徠学派《そらいがくは》で研鑽し、寛延元（一七四八）年に帰国して下関の医者永富家の養子になった。その後、彼は、宝暦元（一七五一）年に上洛《じょうらく》し、山脇《やまわき》東洋《とうよう》の門にはいって古医方を学んだ。

独嘯庵は、東洋のもとで古医方を学ぶかたわら、製糖業にも興味をもち、長崎出身の長谷川《はせがわ》慶《けい》右衛門《えもん》から白糖製造の技術を修得した。この技術は、慶右衛門が長崎で唐人《とうじん》（清国人《しんこくじん》）から伝授されたものであった。独嘯庵は、砂糖黍の苗を長崎から入手し、長兄内田孫《うちだまご》右衛門《えもん》（安岡《やすおか》村の大庄屋内田家）と次兄勝原吉太夫《よしだゆう》の協力を得て、安岡村（下関市）と宇部村で栽培した。その後、砂糖黍は、両村はもちろんのこと、黒井《くろい》村・川棚《かわたな》村・角島《つのしま》（いずれも下関市）などでも栽培されるようになり、長府領全域に広がりはじめた。この実績をもとに、独嘯庵三兄弟は、宝暦五年に大坂商人と年間一万斤の白糖を一〇カ年にわたって輸出する契約を結んだが、翌六年に密貿易の疑いによって挫折した。同六年十月、幕府の検分《けんぶん》役人（吹上衆《ふきあげしゅう》）岡田丈助《おかだじょうすけ》・池永軍八《いけながぐんぱち》両人は、独嘯庵三兄弟が白糖を製造するのをみて、その技術の優秀さに驚嘆した。以後、この白糖製造技術は、丈助・軍八両人によって江戸へもたらされ、本草《ほんぞう》家《か》田村藍水《たむららんすい》の手を経て伝播したのである。

領内で晒蠟需要が多かったので、他国晒蠟の密売が横行し、同藩は、その取り締まりに苦慮することになった。

長州藩の生蠟は、商標「一〇」にちなんで「一丸蠟《いちまるろう》」と称し、大坂市場でも好評であったが、櫨蠟専売制によって、宝暦期（一七五一〜六四）をすぎると農民の生産意欲が衰退し、櫨実の収穫高も減少しはじめた。安永期（一七七二〜八一）以降、同藩は、たびたび櫨実の増産を奨励するとともに、他国晒蠟の密売を取り締まったものの、効果がなかった。このため、文化十（一八一三）年四月には、片河町の豪商重村家が膨大な負債をかかえたまま倒産した。その原因として、当主次郎左衛門《じろうざえもん》は、「櫨実絞方上納銀」の負担、櫨蠟生産の減少および櫨蠟値段の下落をあげている。

慶応元（一八六五）年十一月、長州藩は、領内の櫨実のみでなく、他国からも櫨実を購入して、佐波・吉敷両郡境の鯖山《さばやま》の谷間（山口市）に五〇搾木《しめぎ》（面木《めんぎ》）をもつ製蠟局《せいろうきょく》を二五カ年で二〇ほど建設する壮大な計画を立てた。一つの搾木で櫨実一万貫目をしぼるので、大規模な製蠟局であったことがわかる。この鯖山製蠟局は、翌二年二月に開設されたが、明治四（一八七一）年の廃藩置県《はいはんちけん》によって中止された。

2　鉱山の開発

銅山と鋳銭●

防長両国の代表的な鉱山としては、阿川金山・一ノ坂《いちのさか》銀山・青景《あおかげ》銀山・根笠《ねがさ》錫山・蔵目喜《ぞうめき》銅山・長登《ながのぼり》銅山などがあり、金・銀・錫・銅・鉛などを産出していた。このなかでも、銅は、古来、特産物として広く知られている。防長両国では、近世の銅山が六八カ所ほど確認されているが、そのうち阿武《あぶ》郡に二三カ所、美祢《みね》郡に二二カ所があり、両郡で三分の二を占めている。蔵目喜銅山と長登銅山は、おのおの阿武郡と美祢郡の中心的な銅山である（河村乾二郎「近世防長銅山概観」山口県教育委員会文化課・山口県埋蔵文化財センター編『生産遺跡分布調査報告書』、同「近世における防長の鉱山」『山地研』一六）。

阿武郡の蔵目喜銅山は、蔵目喜川流域に存在する諸銅山の総称で、銅のみでなく、銀や鉛も産出していた。この諸銅山のある蔵目喜村は、「蔵目喜町方之儀は芸州御時代より銅山繁盛仕候而銅山領をも被為付置」（『防長風土注進案』二二）と、生雲《いくも》郷のうち鉛・銅《あかがね》・須野原《すのはら》・成谷《なるたに》・上田万《かみたま》などの小村が銅山領（蔵目喜後地山領）として独立したもので、正保三（一六四六）年の村高が三三九石余となっている。ここは、毛利氏の「八箇国御時代分限帳」に「蔵目喜多万銀山領」として三六七石余が記され、慶長十五（一六一〇）年の検地帳《けんちちょう》に「蔵目喜鉛山」として三二四一石余が載せられている。

蔵目喜銅山は、収益銀として、元和元（一六一五）年に八貫六〇〇目、同三年に二二貫七六九匁を計上しているが、これは、長登銅山の一四貫四〇五匁、八貫六〇〇目、根笠錫山の六貫六七八匁、一〇貫七六六匁などよりも多い。この時期（同七年一月）、蔵目喜銅山は、「蔵目喜山之事、近年のことく先直山ニ申付、其上望手於在之は預ケ可遣候事」（「譜録・三井善兵衛資誠」）と、藩の直山《じきやま》（直営鉱山）として経営されていた。その後、蔵目喜銅山は、不振におちいり、元禄十一（一六九八）年に三〇〇〇斤、十二年に二〇〇〇〇斤の銅を産出するものの（「諸国銅山覚書」）、元文四（一七三九）年には銅山の認定からはずれている（「両国銅山付立」）。この銅山が再開発されるのは、宝暦三（一七五三）年に神子舞《かみこまい》山で新しく銅鉱脈が発見されてからであり、同十二年には、一万二三三三斤の銅を産出している。なお、銅山における採掘と精錬のようすは、寛延元（一七四八）年七月の「蔵目喜村鉛山ノ記（金山之次第）」（『地下上申《じげじょうしん》』）にくわしく述べられている（窪田哲三郎「蔵目喜鉱山についての二、三の考察」西村睦男編『藩領の歴史地理―萩藩―』、渡辺一雄「蔵目喜銅山」前掲『生産遺跡分布調査報告書』）。

美祢郡の長登銅山は、古来、多くの銅を産出した銅山として知られているが、これも長登村に点在する諸銅山の総称である。このうち、大切《おおぎり》山は、慶長四年に開発され、長州藩の直山として採掘された。慶長十五年の検地帳に「長登銅山」として一万六〇八石余が記載されているのは、大切山と思われる。この山は、慶長期には蔵目喜銅山の約三倍の規模であったが、元和期にはいると湧水に悩まされるようになり、寛永十四（一六三七）年十月に黒磯就正《くろいそなりまさ》（淡路《あわじ》）へ払いさげられた。その後、彼は、正保年間（一六四四～四八）に京都町人松屋利兵衛《まつやりへえ》・川口五郎兵衛《かわぐちごろうべえ》・三木新右衛門《しんえもん》の三人に大切山の採掘を請け負わせ、再開発に成功した（「美祢郡銅山付立」）。この結果、美祢代官勝間田就通《かつまたなりみち》は、寛文四（一六六四）年から三カ年で銅二三万一四二一斤を備蓄することができた。近世の鉱山は、鉱脈を掘りつくすと廃止され、新鉱脈を発見すると再開発されるが、大切山も同様で、寛文期に末国又左衛門《すえくにまたざえもん》、元禄期に大坂町人泉屋吉左衛門《いずみやきちざえもん》の手代平助《てだいへいすけ》によって再開発されている。長登銅山は、銅のみでなく、鉛も採掘し、北平《きたひら》山では寛永初年に鉛五〇万斤を産出していた（池田善文「長登銅山」前掲『生産遺跡分布調査報告書』）。

長州藩は、初期には長崎で銅を売りさばいていたが、寛永十二年の鎖国令《さこくれい》とその後の貿易制限によって、銅の販売が不振におちいったため、大坂へ銅を運送するようになった。ただし、寛永期には、一時的に領内で大量の銅が使用された。

寛永十三年十一月、長州藩は、銅の産出と萩銭鋳造の実績が見込まれて、幕府から「寛永之新銭」鋳造の依頼をうけた。当時、同藩は、幕府の通貨発行権の独占によって、鋳銭《ちゅうせん》を中止し、職人も「長門国之鋳銭共江戸京大坂之間ニ大分罷居候」（「公儀所日乗」）と幕府の鋳銭所《ちゅうせんじょ》に移動していたが、翌十四年一月に美祢郡赤郷《あかごう》と小野《おの》村（美祢市）で銭座《ぜにざ》を設け、国元にいた職人五〇人を集めて鋳銭を開始し、十一月に「新銭」を提出した。しかし、この寛永通宝《かんえいつうほう》の鋳銭事業は、同十七年十一月にわずか四年たらずで廃止された（山口県教育委員会文化課・山口県埋蔵文化財センター編『銭屋―長州藩銭座跡―』）。長門銭座は、少額貨幣の不足をおぎなうため、臨時的措置として設けられたのである。

製鉄の村々●

防長両国の製鉄業には、ほとんど関心がもたれていなかったが、「先大津阿川村砂鉄洗取之図」（東京大学工学部蔵）の発見によって、白須山鑪《しらすやまたたら》製鉄遺跡の三次にわたる調査が行われてから、にわかに注目されるようになった。その後、製鉄遺跡が二九カ所も確認されている（吉積久年「防長におけるたたら製鉄について」前掲『生産遺跡分布調査報告書』）。

元禄六（一六九三）年四月、長州藩の当職福原広俊《ふくばらひろとし》は、都市

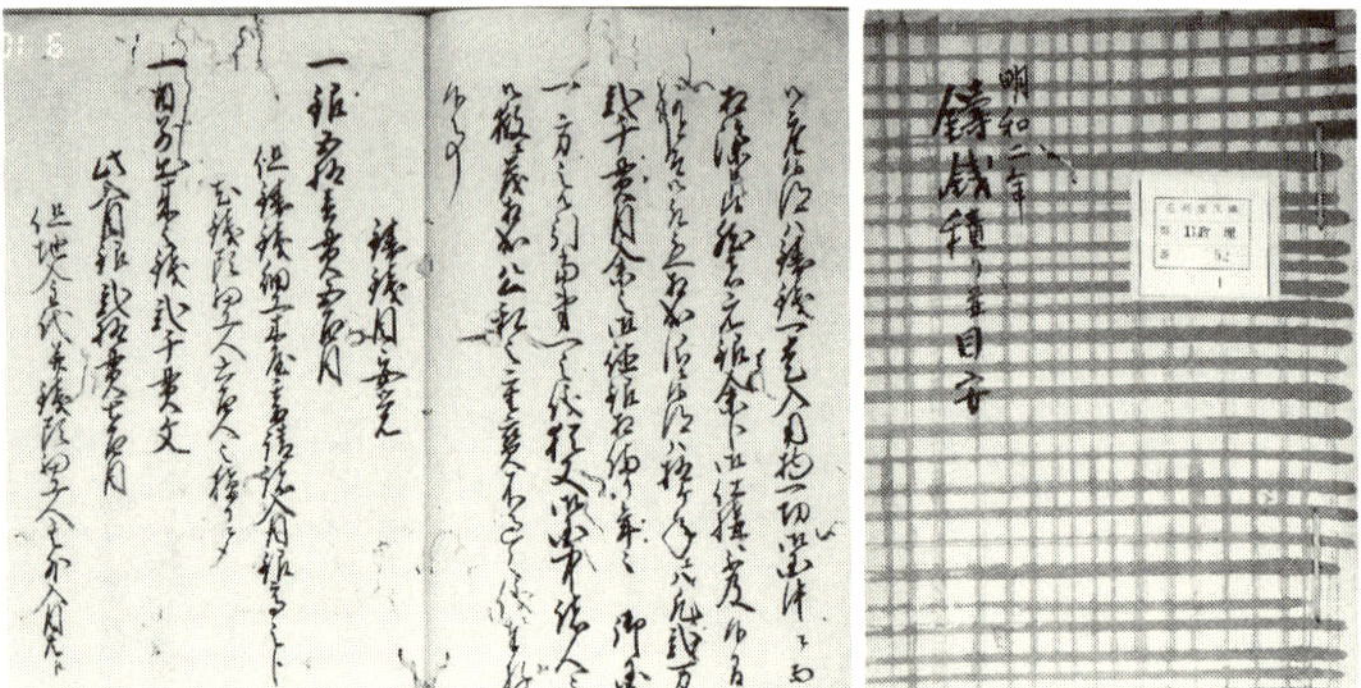

「鋳銭積り並目安」(明和 2 <1765>年)

の発展と塩田の開発によって、薪炭の需要が増大したため、山林の運上銀を整理した。当時、給領主のなかには、一門の宍戸就延《ししどなりのぶ》のように「播州之者え五ケ年売払之約束ニて」薪を請山《うけやま》させるものも生じていたのである。この山林運上銀の整理に際して、生雲村（山口市）の渡川《わたりがわ》山・嘉万《かま》村（美祢市）の大滝《おおたき》山・同村の河原上《かはらかみ》山・渋木《しぶき》村（長門市）の某山（山名は不明）など、四鑪山《たたらやま》も対象になり、操業が中止されている。このうち、渡川山は、山師の野村助三郎《のむらすけさぶろう》が請け負っていたが、元禄四年に「欠落」したため、萩の「御城下庄屋四人」と交代し、残る三山は、中村久左衛門《なかむらきゅうざえもん》が一人で請け負っていた。この鑪山の年間運上銀は、大滝山が四貫三〇〇目で、他の山が二貫一五〇目であった。これによって、大滝山の規模が他の山の二倍であったことが推定できる（「二十八冊御書付」）。なお、この時期、徳山《とくやま》領奈古《なこ》村（阿武町）の「黒ぬた」山にも鑪山があり、同村の水津小兵衛《すいづしょうべえ》と瀬戸崎《せとざき》浦（長門市）の中谷左兵衛《なかたにさひょうえ》が元禄五年から八年まで経営していた（吉積久年「鑪史料を追う」『山地研』五〇）。

防長両国の代表的な鑪山としては、紫福《しぶき》村（萩市）の大板《おおいた》山と惣郷《そうごう》村（阿武町）の白須山がある。大板山では、宝暦期（一七五一～六四）、文化期（一八〇四～一八）、安政期（一八五四～六〇）の三期で製鉄が行われた。第一期は、生雲村の阿川六郎兵衛による操業である。彼は、大板山で林業を経営していたが、石《いわ》見《み》国青原《あおはら》村（島根県津和野町）の紙屋伊三郎《かみやいさぶろう》に鑪山の開設を相談し、伊三郎配下の伴造《ともぞう》を招いて操業をはじめた。六郎兵衛は、奈古村の綿屋三四郎《わたやさんしろう》・中村屋助右衛門《すけえもん》、萩の古屋源右衛門《ふるやげんえもん》、紫福村の金子彦兵衛《かねこひこべえ》らの資銀協力を得て鑪山を経営したが、資銀不足におちいり、山口町金古曽《かなこそ》の岡本長槌《おかもとながつち》から銀五〇貫目を借りいれた。しかし、その後、借銀返済がとどこおり、結局、八カ年で操業を停止した。

第二期は、青原村の原田勘四郎《はらだかんしろう》が経営し、三隅湊《みすみみなと》（島根県浜田市）の竹屋《たけや》某が仕入元方《しいれもとかた》となった。この鑪山では、石見国井野《いの》村周布地《すふち》（同市）の砂鉄を買いいれ、三隅湊から奈古浦を経て大板山に搬入し、生産した「長割鉄」を下関の問屋へ送り、九州方面へ販売した。しかし、勘四郎も資銀ぐりにいきづまり、竹屋に鑪株を譲渡した。その操業期間はあきらかでない（「石州鑪五ケ所流鉄山仕法書」）。第三期は、大葉《おおば》山の名称で、石見国大森天領《おおもりてんりょう》渡津《わたつ》村（島根県江津《ごうつ》市）の原屋《はらや》によって経営されている。長州藩は、軍艦製造に際して安政三年に奈古浦の綿屋三四郎に平割荒鉄・大割荒鉄の調達を命じ、翌四年に大葉山鑪鉄山師原屋（高原《たかはら》）竹五郎《たけごろう》に竿鉄一〇〇〇貫目の代金五〇両を支払い、文久三（一八六三）年から独占的に鉄を買いあげることとした。なお、第一期にも資本参加している綿屋は、奈古港の鉄問屋と推定されている（山口県埋蔵文化財センター・福栄村教育委員会編『大板山たたら製鉄遺跡』）。

白須山では、享保期（一七一六〜三六）、明和期（一七六四〜七二）、文化〜文政期（一八〇四〜三〇）、安政〜慶応期（一八五四〜六八）の四期にわたって操業され、第三期をのぞいて石見国の資本によって鑪山が経営されていた。享保期以前

「先大津阿川村砂鉄洗取之図」

にも製鉄が行われていたが、実態は不明である。白須山の特徴は、文政四（一八二一）年から直山として操業されたことにある。萩の町人尾崎吉兵衛《おざきよしべえ》・伊勢屋惣兵衛《いせやそうべえ》両人によって、文化十四（一八一七）年から操業が開始された。第三期は、この鑪山では、領内の砂鉄が用いられることとなり、先大津郡宰判阿川村（下関市）の山砂鉄と同宰判伊上村《いがみ》（長門市）と前大津郡宰判 境川村《さかいがわ》（同市）の浜砂鉄が、惣郷村へ船で輸送された。頭書に示した「先大津阿川村砂鉄洗取之図」は、第三期の白須山について、砂鉄採取から製鉄に至る工程を詳細に描いている。文化十四年、長州藩は、他国鉄の購入を禁止するとともに、白須山鉄を独占的に買いあげて領内に販売し、文政四年に白須山を直山にした（山口県教育委員会編『白須山遺跡第1～3次調査概報』）。

長州藩は、文政十一年ごろに白須山を中止し、砂鉄の採取地に近い先大津郡宰判河原村《かわら》（長門市）で、同九年から天保二（一八三一）年まで河原鑪山を直営した。その後、白須山は、安政三年に石見国日原村（島根県津和野町）の水津家によって再開されたが、再度、文久三年に直山にされた。このように、長州藩は、国産取立政策の一環として、文政期から鑪山の直営化を推し進め、維新の動乱のなかで、鉄の掌握にのりだしたのである。

船木宰判の石炭山●

船木《ふなき》宰判の石炭は、古くから農民が燃料や灯火として用いており、正保四（一六四七）年には長門国の名物として知られていた（『毛吹草《けふきぐさ》』）。しかし、その重要性が認識されるのは、石炭が塩田の燃料として使用されはじめてからである。

宝暦十二（一七六二）年十一月、山口・米屋町の白須平七《へいしち》と相物小路《あいものしょうじ》の金子清兵衛《せいべえ》は、小郡宰判岐波《きは》村

（宇部市《うべ》）の床波浦《とこなみ》で問屋の営業をはじめた。このとき、彼らが取りあつかった商品のなかに、たばこ・糠《ぬか》・干鰯《ほしか》・鰆《さわら》・塩などとともに石炭がみえる。同浦には塩浜があったので、石炭が燃料として売られたと思われる。三年後の明和二（一七六五）年四月、船木宰判の大庄屋林市郎左衛門《はやしいちろうざえもん》は、有帆《ありほ》川や厚東《ことう》川の河口付近の村々で石炭の採掘と販売が盛んに行われているので、石炭運上銀を徴収して藩府へ上納したいと願いでた。彼の試算では、一カ年で五万四二〇〇振（一振＝一六貫目）の石炭を二七一〇艘の船で運送し、一貫三五五匁の石炭運上銀を上納することになっていた。長州藩は、翌五月に石炭運上銀徴収の許可をあたえ、運上銀の半分を藩府所帯方が収納し、残る半分を代官所にとどめ、村の運営資銀にあてることとした。この同藩の意図は、運上銀の徴収よりも、安価な領内の石炭によって、塩浜の燃料代を削減し、撫育方の塩浜を育成することにあったといえよう。

従来、安永七（一七七八）年に三田尻浜の新田村《しんでん》東須賀《ひがしすが》の忠左衛門《ちゅうざえもん》が豊前《ぶぜん》国の石炭焚を導入し、以後、しだいに瀬戸内の塩浜に広まったといわれてきた。しかし、これは「大浜実録」の記事によるもので、実際には、宝暦末期には「有帆・千崎・高泊其外之村々」で盛んに石炭が採掘され、他宰判の塩浜へ売りさばかれていたのである（「船木宰判本控」）。その後、長州藩は、寛政元（一七八九）年に三田尻浜が輸入する九州炭に運上銀を課し、その購入を抑制するとともに、享和元（一八〇一）年に領内の塩田業者へ有帆炭の購入を求め、要請に応じない場合には懲罰銀を徴収することとした。

この結果、石炭産出量が飛躍的に増加し、天保末期の船木宰判では、東高泊《ひがしたかどまり》・有帆村（山陽小野田市《さんようおのだ》）が一二万五七八七振、西須恵村《にしすえ》（同市）が三万四六九六振、東須恵村（宇部市）が一万九〇〇〇振、際波村《きわなみ》（同市）が一万六〇〇〇振、宇部・小串村《こぐし》（同市）が一万四六八五振、逢坂村《あいさか》（同市）が五〇〇〇振、舟木市（同市）が二〇〇〇〇振など、年間合計二一万七一六八振（三四七万四六八八貫目）の石炭を産出するようになった。これは明和二年の石炭産出量の四倍に達している。このうち、東高泊・有帆、西須恵、東須恵、際波の四カ村では、石炭販売代銀や「石炭堀（ママ）日雇駄賃」などが全収入銀の三〇％以上を占めており、なかでも、東高泊・有帆村では七二・一％にも達していた（『防長風土注進案』一五）。このように、石炭の採掘は、村の経済活動にとって、重要な意味をもっていたのである。

　長州藩の石炭は、安政四（一八五七）年七月に幕府の出炭要請をうけてから、にわかに脚光を浴びるようになった。前年の九月に長崎で幕府の観光丸《かんこうまる》が長州炭を使用したところ、蒸気船の燃料に適していることがわかったのである。もちろん、これは開港にそなえたもので、下田《しもだ》と江戸への輸送を想定していた。船木宰判の勧農産物江戸方御内用・大庄屋作花《さっか》清《せい》右衛《え》門《もん》は、藩命をうけて石炭山を調査し、石炭採掘量・値段・輸送方法・運賃・石炭山開発計画などを報告した。これによると、当時の石炭採掘量は、年間四五

南蛮車(大正5〈1916〉年)

万振であったが、あらたに有帆村の氷上田山《ひかみだ》を開発して一〇万振の石炭を増産し、それを対外貿易にあてることにしていた。同六年二月、長州藩は、石炭を産物方の一手取扱とし、長崎会所へ一〇万振を納入するとともに、薩長《さっちょう》交易で三万振を輸出した。その後、石炭需要の増大によって、石炭山は、船木・吉田両宰判でつぎつぎに開発されていった。明治元(一八六八)年八月、同藩は、石炭局を設置し、石炭の生産と流通の両面で独占体制を成立させたのである。

この時期、長州藩の石炭産出地は沿岸部に集中しており、坑道が長くのびて深くなると、排気と出水に悩まされるようになった。このため、農民は、坑道に「風取穴」をあけて換気をし、天保十一年ごろに宇部村亀浦《かめうら》の農民九十郎《くじゅうろう》が兄七右衛門《しちえもん》と発明した南蛮車《なんば》(前頁写真参照)によって水をくみだすなど、種々の対策を講じるようになった。南蛮車は、釣瓶《つるべ》の綱を滑車《かっしゃ》にとおして轆轤《ろくろ》で巻きあげるもので、人力による巻上装置であったが、嘉永六(一八五三)年ごろの改良によって、八人掛、十人掛、十二人掛としだいに大規模なものになった。これによって、従来二〇~三〇尺程度であった竪坑を一〇〇尺(三〇・三メートル)以上も掘削できるようになり、石炭の採掘がいちだんと進むこととなったのである。なお、この装置は、長州南蛮車として九州の石炭山にも普及し、大きな影響をあたえたといわれている(広島通商産業局宇部石炭支局編『山口炭田三百年史』)。

8章

文化と交流

長州藩参勤入府の図

1　学問・文化の展開

明倫館と諸学館●

享保四（一七一九）年一月、長州《ちょうしゅう》藩は、藩校明倫館《はんこうめいりんかん》の開校式を挙行した。この明倫館は、萩《はぎ》城の南に位置し、三の曲輪《くるわ》内の追廻《おいまわし》（平安古惣門《ひやこそうもん》の右側・九四〇坪）に建設されたが、講堂には、孔子《こうし》・顔子《がんし》・曽《そう》子《し》・孟子《もうし》などの木像が安置されていた。これらの尊号は、幕府《ばくふ》の儒官林信篤《じゅかんはやしのぶあつ》（大学頭《だいがくのかみ》）の書になるものであった。その配置は、寛政九（一七九七）年の「古明倫館差図」によって、詳細に知ることができる。従来、家臣《かしん》の「文学諸武芸稽古之儀」は、おのおの師匠の自宅に設けられた稽古場で実施されていたが、開校以後、同館で儒書・兵書の講義と諸武芸の鍛錬が行われることになった。

長州藩は、開校にさきだつ半年前、享保三年六月に藩財政の逼迫《ひっぱく》による家臣の志気の退廃を憂慮し、「文武諸稽古」を行う家業人の地位を向上させ、文武を奨励した。これによって、寺社組の儒者や遠近付《えんきんづき》の軍法者・武術者・礼式者・筆道者などが大組へ、無給通《むきゅうどおり》の馬乗者・大筒者などが遠近付へ昇格した。それまで儒者は、医師《いし》・絵師《えし》・能狂言師《のうきょうげんし》・連歌師《れんがし》などとともに寺社組に属し、一般の武士とは異なる待遇をうけていたので、家臣の中核である大組の士になったことは、大きな地位の向上であった。

長州藩は、林信篤門下の小倉尚斉《おぐらしょうさい》をとおして尊号の入手を手配するなど、正徳六（一七一六）年春（七月一日に享保と改元）以前から明倫館創設の準備に着手していた。この時期、藩政を掌握していた江戸《えど》加判役毛利広政《はんやくもうりひろまさ》は、「倹政都合」役をかねて財政改革（「正徳之仕組」）を断行するとともに、当役山内広《とうやくやまのうちひろ》道《みち》・当職《とうしょく》桂広保《かつらひろやす》と相談しつつ、同館の創設を主導した。しかし、実際には、当役広道の命をうけて、当役手元役坂時存《てもとやくさかじぞん》が儒者山県庄助《やまがたしょうすけ》（周南《しゅうなん》）と相談して建築図面（差図）・教育計画などを作成し、国元《くにもと》の当職手元役八谷通良《やたがいみちよし》が江戸で決定した案をもとに、当職広保の指示によって、建設などの実務を担当していた。

毛利吉元《よしもと》の襲封によって、重大な諸事件が生じ、同年四月に徳山《とくやま》藩が改易されたことは、すでに述べたとおりである。江戸加判役広政らは、「君臣之間公私之志」を育成する場所として明倫館を創設し、家業人の地位を向上させ、文武を奨励して家臣の動揺をおさえ、藩主吉元への忠誠心を喚起し、萩本藩家臣と徳山藩家臣との一体化をはかったのである（小川国治「享保期長州藩の文教政策と藩校明倫館」『日本歴史』五八六）。

その後、長州藩天保改革の一環として文武の興隆がはかられたさいに、明倫館は、萩城下の江向《えむかい》に移転され、嘉永二（一八四九）年二月に落成式が挙行された。新明倫館は、一町（約一二〇メートル）四方の敷地を有する堂々たるもので、施設もいちだんと充実していた。このとき、医学所《いがくしょ》も南苑から敷地内に移り、済生堂《さいせいどう》と称することとなったが、翌三年六月に旧地の南苑に戻り、好生館《こうせいかん》と改称した。安政二（一八五五）年九月に好生館に付設された西洋学所は、のちに博習堂《はくしゅうどう》と改称し、西洋兵学の拠点となった。

防長《ぼうちょう》両国では、萩本藩のみでなく、支藩・一門でも、はやくから家臣の文武奨励が行われていた。慶長七（一六〇二）年、毛利秀元《ひでもと》は、長府《ちょうふ》の大雲山日頼寺《だいうんざんにちらいじ》に山城《やましろ》国恵日山東福寺《けいじつざんとうふくじ》の仏智大照国師《ぶっちだいしょうこくし》を招き、師事して経史《きょうし》を聴いたが、多くの家臣も同師から学文を学んだ。岩国《いわくに》の儒者宇都宮由的《うつのみやゆてき》（遯庵《とんあん》）は、吉川《きっかわ》広嘉《ひろよし》の知遇を得て多くの著書を上梓し、儒者として名をあげ、防長両国の儒学に大きな影響をあたえた。

支藩の藩校と一門の学館

支藩・一門	藩校・学館	創設者	創立年	所　在　地
長府藩	敬業館	毛利匡芳	寛政４年	長府・侍町(下関市)
徳山藩	鳴鳳館，のちに興譲館	毛利就馴	天明５年	勢屯，のちに桜馬場(徳山市)
清末藩	育英館	毛利匡邦	天明７年	清末(下関市)
岩国藩(領)	養老館	毛利経幹	弘化４年	岩国・横山(岩国市)
三丘宍戸氏	徳修館	宍戸就年	文化６年	安田(熊毛町)
右田毛利氏	時観園，のちに学文堂・本教館	毛利元法	寛永５年	上右田(防府市)
厚狭毛利氏	朝陽館	毛利房晁	享和年中	厚狭(山陽町)
吉敷毛利氏	憲章館	毛利房裕	文化２年	吉敷(山口市)
阿川毛利氏	時習館	毛利広漢	宝暦３年	阿川(豊北町)
大野毛利氏	弘道館	毛利親頼	文化11年	大野(平生町)
益田氏	育英館	益田元道	享保年中	須佐(須佐町)
福原氏	晩成堂，のちに菁莪堂・維新館	福原親俊	天保年中	中宇部(宇部市)

新・旧版『山口県教育史』,『教育沿革史草稿』などより作成。

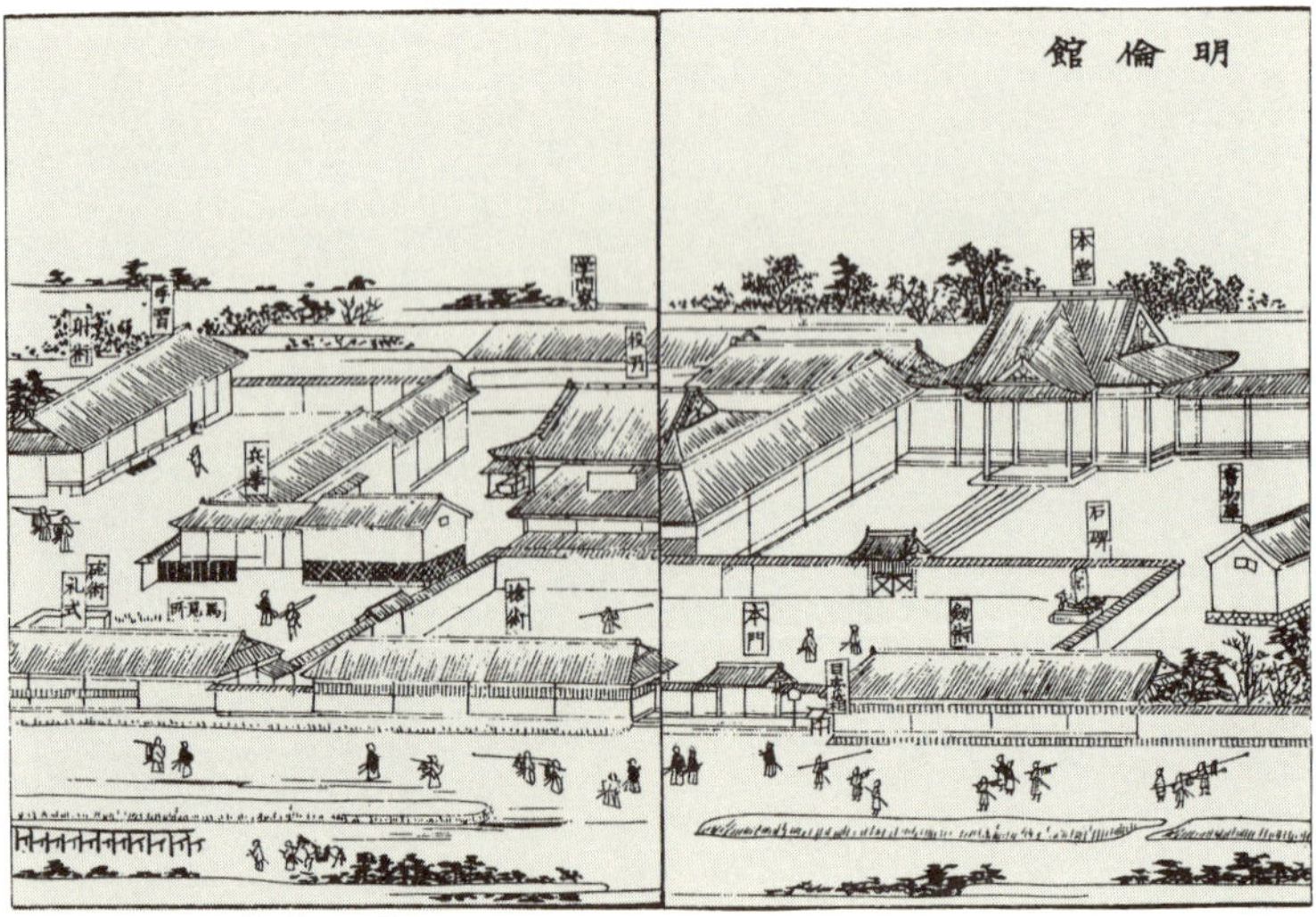

古明倫館図(『八江萩《やえはぎ》名所図画《ずえ》』)

毛利元次《もとつぐ》は、伊藤仁斎《いとうじんさい》の次男長英《ながひで》（梅宇《ばいう》）を徳山に招き、家臣に儒学を学ばせるとともに、学問所をかねた棲息堂《せいそくどう》を設置した。寛永五（一六二八）年に毛利元法《もとのり》（右田《みぎた》毛利氏）が開設した時観園《じかんえん》は、一門の学文によせる関心の高さを示している。支藩の藩校と一門の学館を大略し、表に示しておこう（前頁参照）。

越氏塾と滝鶴台●

越氏塾《えっしじゅく》は、河野養哲《こうのようてつ》が三田尻《みたじり》に開設した私塾である。御船手組《おふなてぐみ》中船頭の三男としてうまれた彼は、医学と儒学をおさめ、医を業《なりわい》としながら自宅で御船手組の子弟に儒学を教えた。享保四（一七一九）年、長州藩は、養哲の功績にむくいるため、屋敷を免租地《めんそち》とし、夫役《ぶやく》も免除した。同年の明倫館創設に際して、彼の弟子山根之清《やまねこれきよ》（華陽《かよう》）・小田村公望《おだむらきみもち》（鄜山《ふざん》）両人が同館の「入込諸生《いりこみしょせい》」に抜擢されていたのである。小倉尚斉の養子実廉《さねきよ》（鹿門《かもん》）も少年期に養哲の塾で学んでいた。彼らは、のちに、華陽・鹿門が学頭《がくとう》、鄜山が都《づ》講《こう》となり、明倫館の教育に貢献した。養哲は、死を迎える三年前、同九年五月に長州藩から「三田尻医者河野養哲、人を指南仕行ひ宜、御料理被下候事」（「吉就・吉広・吉元公記」）と表彰された。これによって、彼は、終生、医者として遇されていたことがわかる。

同十二年九月、養哲は、六七歳で死去したが、死にのぞんで、門弟に屋敷を藩府へ上納して子弟の教育の学舎とするように遺言した。彼の遺志は、門弟によって実行され、私塾が三田尻都合人《つごうにん》（重要な三田尻・山口・山代の三宰判の代官を都合人という）の所管に移され、三田尻稽古場と称された。当時、当職の座を占めていたのは、明倫館の創設を主導した毛利広政であったので、彼の意向が強く反映していたといえよう。しかし、三田尻稽古場は、経費の不足によって、数年後に廃止された。これは同十八年三月に当職広政が疫病で急死したことが影響したと思われる。その後、三田尻稽古場は、寛保元（一七四一）年に三田尻都合人中川与右衛門《なかがわよえもん》（清一《せいいち》）によって再興され、勘場《かんば》の修補《しゅうほ》米《まい》・銀《ぎん》も支給された。これによって、養哲が開設した私塾は、三田尻稽古場として、郷校の性格をもつようになった。なお、この三田尻稽古場が越氏塾と公称されるのは、萩の明倫館から儒者が一人ずつ派遣されはじめる明和四（一七六七）年からである（前掲『転換期長州藩の研究』）。

この三田尻稽古場では、山県周南の門弟で著名な儒者の滝弥《たきや》八《はち》（鶴台《かくだい》）も教えていた。彼は、右田毛利氏の学館・時観園の督学《とくがく》（学頭）として勤務するとともに、「三田尻稽古場江も都合人中川与右衛門より相頼、度々罷出講釈会等仕候」（「譜録・滝弥八長愷」）と、三田尻都合人中川清一の要請によって、三田尻稽古場にもでかけて儒学を教えたのである。その後、彼は、宝暦十一（一七六一）年十一月に当職毛利広定《ひろさだ》（右田毛利氏）の推薦によって長州藩へ出仕し、世子岩之允《いわのじょう》の侍読《じどく》をつとめ、明和二年七月に藩主毛利重就《しげなり》の側儒《そばじゅ》となった。鶴台は、「撫育《ぶいく》方《がた》」の名称を示すなど、宝暦改革《ほうれきのかいかく》にも関わりをもち、「学校興立仕法書」をあらわして、周南門弟のあいつぐ死去によって沈滞しはじめた明倫館の改革を提言した。以後、この建白書《けんぱくしょ》は、

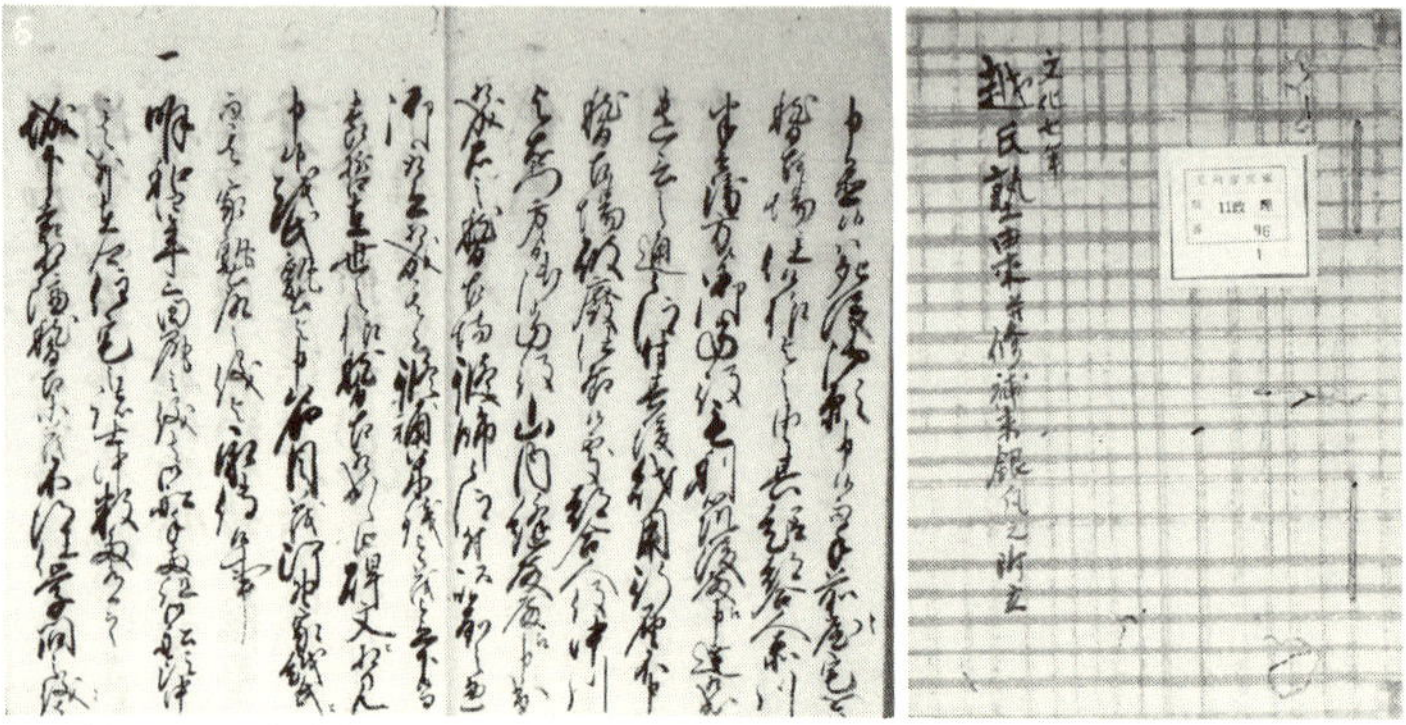
越氏塾由来幷修補米銀凡之附立（文化7〈1810〉年）

同館の改革に大きな影響をあたえたのである（同前）。

長州藩は、萩で明倫館を創設するとともに、三田尻で養哲の私塾を援助し、彼の死後、三田尻稽古場を設けて御船手組の諸士の教育にも意を致した。文化十二（一八一五）年四月に上田纉明《うえださんめい》（鳳陽《ほうよう》）が山口の中河原《なかがわら》で開設した山口講堂《やまぐちこうどう》も同様の趣旨によるものである。同藩は、纉明を儒役に任じて山口講堂の資銀を援助し、山口在住諸士の文武奨励を行った。この山口講堂は、弘化二（一八四五）年一月に山口講習《こうしゅう》堂《どう》と改称され、講堂のみでなく、剣術・槍術・射術・馬術などの稽古場も設置された。

万延元（一八六〇）年二月、長州藩は、軍制改革の一環として、明倫館・山口講習堂・越氏塾などで洋式銃陣の訓練を実施することとし、施設の充実をはかるとともに、十一月に山口講習堂と越氏塾を明倫館の所管とした。これに伴って、同年十月に越氏塾が船頭町《せんどう》へ、翌文久元（一八六一）年九月に山口講習堂が亀山《かめやま》の東麓へ移転・拡充した。長州藩は、同三年十一月に山口講習堂を山口明倫館と改めて萩の明倫館から独立させ、翌元治元（一八六四）年二月に越氏塾を三田尻学習堂《がくしゅうどう》と改名し、さらに、同年七月に三田尻講習堂と改称した。慶応二（一八六六）年三月、三田尻講習堂は、山口明倫館の直轄下にはいった。このように、維新の動乱のなかで学制も目まぐるしく変転したが、三田尻と山口は、萩とならんで一貫して重視されたのである（『山口県教育史』、『防府市史』下巻、小川亜弥子『幕末期長州藩洋学史の研究』）。

栗山孝庵の人体解剖●

宝暦八（一七五八）年三月、長州藩の藩医栗山孝庵《くりやまこうあん》（献臣《けんしん》）は、城下町《じょうかまち》萩の東郊の手洗川刑場《ちょうずがわけいじょう》で、同僚の熊野玄宿《くまのげんしゅく》（正貞《まささだ》）ら数人と人体解剖を行った。この四年前、同四年閏二月に恩師山脇東洋《やまわきとうよう》が京都でわが国最初の人体解剖を行い、同八年十二月に『蔵志《ぞうし》』二冊を刊行した。東洋は、『蔵志』の刊行にさきだって、長門《ながと》へ帰国する門人品川道卓《しながわどうたく》に託して、『九蔵図《きゅうぞうず》』『蔵志』『医則《いそく》』などを弟子の孝庵に贈っていた。これに触発されて、孝庵は、師と同じ志をいだくようになっていたが、三月二十六日に同藩から刑死（斬首刑）した盗賊吉右衛門《きちえもん》の死体の下付をうけ、『蔵志』と照合しながら解剖を行い、所見を師の東洋へ送った。彼の人体解剖は、東洋についで、わが国で二番目であった。

孝庵（献臣）は、享保十三（一七二八）年に長州藩医栗山孝庵（之経《これつね》）の三男としてうまれ、寛保元（一七四一）年七月に家督を相続して藩医（四人扶持・銀三〇〇目）となり、寛延元（一七四八）年八月に東洋の門にはいって古医方《こいほう》を学んだ。彼が東洋の門を辞したのは、宝暦元年の暮と推定されている。その後、彼は、京都をはなれて長崎に赴き、唐通事《とうつうじ》（通訳官）徐中邦《じょちゅうほう》について中国語を学んだが、オランダ伝来の人体解剖図をみて衝撃をうけ、彼の関心は実体の究明にむかうようになった。この彼の態度は、理論よりも実践を重視する古医方の精神に則ったものといえよう。

滝鶴台（弥八）は、太宰春台《だざいしゅんだい》から「西海第一之才子」と賞賛された儒者であったが、医学にも造詣が深く、東洋の依頼によって、『蔵志』に序文をよせていた。鶴台は、宝永六（一七〇九）年に萩で御手大《おてだい》工引頭市右衛門《くいんとういちえもん》の長男としてうまれたが、御客屋医師《おきゃくやいし》（藩医）滝養生《たきようせい》の養子になり、享保七（一七二二）年に一四歳で明倫館の「入込諸生」になった。明倫館開設の三年後のことである。以後、彼は、同館学頭山県周南の下で儒者の道をあゆむことになったが、養家の関係で医学も学び、京都滞在中に古医方の香川《かがわ》修庵《しゅうあん》・山脇東洋・吉益東洞《よしますとうどう》らと親しくまじわっていた。このような経緯もあって、鶴台は、一九歳年下の孝庵の人体解剖を全面的に支援したといわれている。永富独嘯庵《ながとみどくしょうあん》（一八〇頁コラム参照）が東洋の門にはいったのは、孝庵に遅れること三年の宝暦元年である。

宝暦九年六月、孝庵は、前回から約一年後に二度目の人体解剖を行った。同月二十一日に萩の南郊の大《おお》屋《や》刑場で、阿武《あぶ》郡川上《かわかみ》村（萩市）の農民久右衛門《きゅうえもん》の妻美濃《みの》（二七歳）が処刑（斬首刑）されたさいに、彼は、長州藩の許可を得て解剖したのである。これはわが国最初の女体解剖であった。もちろん彼は、今回も師の東洋へくわしい所見を報告した。豊後《ぶんご》国杵築《きつき》の三浦梅園《みうらばいえん》は、孝庵の女体解剖を高く評価し、天明元（一七八一）年四月に上梓した『造物余譚《ぞうぶつよたん》』に報告書の全文を収録している。

宝暦十二年八月に山脇東洋が死去すると、孝庵は、東洋門下の重鎮として、古医方の大家と目されるようになり、明和四（一七六七）年九月に藩主毛利重就の側医《そばい》（侍医）を拝命し、馬廻組《うままわりぐみ》に昇格した。天明七年十一月、孝庵は、孫の幸庵《こうあん》（景範《かげのり》）のために、大屋刑場で三度目の人体解剖を行った。これは、瀬戸内海の海賊備中丈助《びっちゅうじょうすけ》（忠兵衛《ちゅうべえ》）を解剖したものであるが、寛政元（一七八九）年十一月に至って詳細な記録が完成した。この記録一巻には、長州藩医中原玄常《なかはらげんじょう》（のちに藩主毛利斉房《なりふさ》の侍医）が序文をよせている。

栗山孝庵女刑屍体腑分之跡の碑
(萩市大屋)

藩医の孝庵は、江戸出府《しゅっぷ》中に、幕府医官（本草学《ほんぞうがく》の大家）田村藍水《たむららんすい》、藍水の弟子平賀源内《ひらがげんない》、小浜《おばま》藩医杉《すぎ》田玄白《たげんぱく》らと交際していた。とくに、著名な蘭方医《らんぽうい》の杉田玄白と親交のあったことは、玄白の晩年の著書『形影夜話《けいえいやわ》』で知られている。このような両者の関係によって、孝庵の人体解剖は、安永三（一七七四）年に玄白が前野良沢《まえのりょうたく》・桂川甫周《かつらがわほしゅう》らとともに刊行したわが国最初の西洋医学翻訳書の『解体新書《かいたいしんしょ》』に大きな影響をあたえたといわれている（田中助一『防長医学史（全）』）。

和歌・俳句

和歌は、武将の嗜《たしな》みとしてよまれており、毛利元就《もとなり》も多くの和歌を残している。安部吉左衛門《あべきちざえもん》（春貞《はるさだ》）は、和歌・連歌の才が認められて、延宝七（一六七九）年の冬に藩命によって江戸の吉川惟足《きっかわこれたる》の門にはいり、古今伝授《こきんでんじゅ》されて帰国し、翌八年十二月に和歌（連歌）の宗匠《そうじょう》（五人扶持・一〇俵）として召しかかえられた。吉川惟足は、著名な神道家《しんとうか》（吉川神道の創始者）で、会津《あいづ》藩主保科正之《ほしなまさゆき》の保護をうけ、天和二（一六八二）年に幕府の神道方になった人物であるが、和歌の道でも権威者であった。岩国《いわくに》の森脇三久《もりわきみつひさ》（三大夫《さんだゆう》）も惟足の門で学び、延宝七年に神道の免許をうけて帰国し、天和二年に岩国領府の神道方《しんとうかた》（歌学兼務）になった。元禄十五（一七〇二）年三月、安部春貞の長男左兵衛《さひょうえ》（信貞《のぶさだ》）は、「防府天神《ぼうふてんじん》八百年忌」の「供養《くよう》千句《せんく》連歌」を行って成功をおさめ、長州藩から銀三枚（一二九匁）を下賜された。この連歌興行は、防府天満宮別当大専坊《べっとうだいせんぼう》の出願によるものであったが、防府には適任者がいなかったため、藩命によって信貞が執り行ったのである。ここには彼の連歌宗匠の姿がみえる。

吉川氏の家老香川春継《かがわはるつぐ》（宗尤《そうゆう》）は、吉川広家《ひろいえ》のもとで武功をあらわしたが、古典につうじ、『古今集《こきんしゅう》』『新古今集』などの秘伝をうけ、里村紹巴《さとむらじょうは》から連歌を学んだ。春継の三男香川家継《いえつぐ》（一汀《いってい》）は、岩国領府の歌学の師範となり、四男森脇正仍《まさなお》（自安《じあん》）は、すぐれた和歌・連歌によって、西海の歌仙《かせん》といわれた。先の森脇三久は正仍の子である。家継の子正矩《まさのり》（昨木軒《さくぎけん》）は、香川家景《いえかげ》の養子になって本家をつぎ、吉川氏の家老をつとめるかたわら『陰徳記《いんとくき》』を編修した。正矩の次男香川景継《かげつぐ》は、壮年に至って上京し、清水《しみず》谷実業《だにさねなり》・中院通茂《ちゅういんみちしげ》・武者小路実陰《むしゃのこうじさねかげ》らから和歌を学んで梅月堂《ばいげつどう》を創始し、今西行《いまさいぎょう》と称された。彼は、父正矩の『陰徳記』を補正して、『陰徳太平記《いんとくたいへいき》』を刊行したことでも知られている（『岩国市史』上）。

文化期から天保期にかけて、和歌革新の指導者として活躍した香川景樹《かげき》は、梅月堂香川景柄《かげつか》の養子である。彼は、文化元（一八〇四）年に梅月堂香川家を去り、新しく結社（桂園《けいえん》派）をおこして独立し、和歌の革新運動を行い、歌壇に大きな影響をあたえた。この桂園派は、多くの門人を擁し、熊谷直好《くまがやなおよし》・木下幸《きのしたゆき》文《ふみ》・八田知紀《はったとものり》らの著名な歌人を輩出した。このうち、熊谷直好は、吉川氏の家臣であった。彼は、寛政十二（一八〇〇）年に景樹に入門して新しい和歌を学び、領主吉川経礼《つねひろ》の歌学師範をつとめたが、文政八（一八二五）年に禄をはなれて上京し、桂園派の重鎮となった（兼清正徳『香川景樹』）。

連歌は、武士のみでなく、豪農商のあいだでもよまれていた。山口の豪商安部家には、寛文四（一六六四）年以降、「連歌百韻懐紙《ひゃくいんかいし》」が残されており、寛文期から元禄期にかけて、たびたび連歌が興行されていたことがわかる。しかし、同家では、近世中期になると、連歌がよまれなくなり、安永三（一七七四）年からは俳諧《はいかい》が行われるようになる。この傾向は、ほかの豪農商も同様で、俳諧の普及と軌を一にしているといえよう。

俳諧は、武士も連歌の発句《ほっく》として、好んで吟じていた。第三代徳山藩主毛利元次《もとつぐ》も発句を愛好し、宝永六（一七〇九）年に『徳山雑吟《とくやまざつぎん》』を刊行している（『徳山市史』上）。近世も中期になると、俳諧の普及によ絵師雲谷等顔《うんこくとうがん》は、毛利輝元《もうりてるもと》に召しかかえられて、荒廃していた雲谷庵《うんこくあん》の再建と雪舟《せっしゅう》画風の再興を行った。彼の画統を雲谷派という。当時、彼は、水墨画の絵師として高く評価されており、大徳《だいとく》寺《じ》黄梅院《こうばいいん》（現存）・龍光院《りゅうこういん》・碧玉庵《へきぎょくあん》・看松庵《かんしょうあん》および東福寺普門院《とうふくじふもんいん》（現存）の障壁画《しょうへきが》を描いている。等顔の跡は、長男等屋《とうおく》が福島正則《ふくしままさのり》につかえたため、次男等益《とうえき》がついで長州藩の絵師をつとめた。等益の子等与《とうよ》・等爾《とうじ》・等哲《とうてつ》・等璠《とうばん》は、いずれも同藩の絵師となり、等屋の子等的《とうてき》・等宅《とうたく》・等作《とうさく》も福島家改易《かいえき》のあとに絵師として召しかかえられた。

このほか、等顔の弟子三谷等宿《みたにとうしゅく》と等益の弟子李家等和《りのいえとうわ》も、絵師としてつかえていた。万治四（一六六一、四月に寛文と改元）年三月の万治制法の「条々（絵師）」によると、絵師は雲谷派のみで、等益の長男等与が雲谷派全体を統轄し、その下に等与・等爾・等的の三系統が存在していた。等哲と等璠は等与に、等宅と等作は等的に属し、等和と三谷清兵衛《せいべえ》（等宿の子）は等与と等的の命にしたがった（影山純夫「雲谷派の衰退」『山地研』五七）。以後、雲谷派は、支藩の絵師も含めて、防《ぼう》長《ちょう》両国の画壇を風靡《ふうび》したのである。

狩野永真《かのうえいしん》（中橋《なかのはし》狩野家）の門弟村田永伯《むらたえいはく》は、第三代藩主毛利吉就《よしなり》に召しかかえられて、長州《ちょうしゅう》藩で最初の狩野派の絵師となった。彼は、第四代藩主毛利吉広《よしひろ》の手廻組《てまわしぐみ》に加えられたが、大内氏《おおうちし》旧臣の大楽《だいらく》氏の子孫であったので、宝永七（一七一〇）年八月に本姓の大楽氏に改姓した。大楽永伯は、第五代藩主毛利吉元のとき、藩命によって狩野養朴《ようぼく》（木挽町《こびきちょう》狩野家）の門弟に転じ、以後、朴《ぼく》

❖コラム

水《すい》と号した（「譜録・大楽探玄守允」）。

狩野派の絵師としては、朴水のほかに栗栖探叔《くりすたんしゅく》と長沢栄州《ながさわえいしゅう》がいた。栗栖家は、雲谷等璠が兄等与の家をついださいに、不要になった等璠の扶持米《ふちまい》・切銭《きりぜに》（銀）をもとに、栗栖等侑《とうゆう》が津森等為《つもりとうい》とともに絵師として取り立てられて、絵師の家となったものである。享保十六（一七三一）年七月、長州藩は、狩野探信《たんしん》の弟子野口源次郎《のぐちげんじろう》（守尚《もりひさ》）を召しかかえるに際して、栗栖等侑の曾孫等鶴《とうかく》の石《こく》高《だか》を分知させ、栗栖探叔と名乗らせた（「譜録・栗栖幾之進允久」）。その後、栗栖等鶴は、雲谷の庵号を得て、雲谷等活《とうかつ》と改称した（「譜録・雲谷等村」）。

栄州は、長府《ちょうふ》藩の絵師狩野如運《じょうん》（察信《あきのぶ》）の子であるが、長府毛利家から宗家《そうけ》をついだ毛利重就《しげなり》によって、明和三（一七六六）年三月に萩《はぎ》本藩へ移籍されたさいに、長沢と改姓した。如運の家系は、狩野永徳《えいとく》の子松伯《しょうはく》（与市《よいち》）を祖としている。なお、長府藩の絵師狩野家は、栄州の弟松隣《しょうりん》がついだ（「譜録・長沢栄州俊信」）。このほか、谷文晁《たにぶんちょう》の弟子朝倉南陵《あさくらなんりゅう》（人物画）がいた。

防長両国では、幕末期から明治期にかけて、狩野芳崖《ほうがい》（長府）、森寛斎《もりかんさい》（萩）、菅江嶺《すがこうれい》（美祢《みね》郡長《なが》田《た》村）、矢野筈山《やのかつざん》（防府）および小田海僊《おだかいせん》（下関）のすぐれた画家が輩出した。筈山の門から光妙寺《こうみょうじ》半雲《はんうん》、林百非《はやしひゃくひ》、海僊の門から羽様西崖《はざませいがい》、大庭学僊《おおばがくせん》らがでて活躍した。吉田松陰《よしだしょういん》の肖像を描いた松《まつ》浦松洞《うらしょうとう》は、西崖の弟子である（『山口県文化史・通史編』）。

って、本・支藩で家臣の「家中俳諧《かちゅうはいかい》」が行われるとともに、各地の豪農商や塩浜主のあいだでもたびたびもよおされるようになった。防長両国では、各地で俳諧が盛んになったが、松尾芭蕉《まつおばしょう》の高弟各務支考《かがみしこう》の提唱した平明通俗な美《み》濃《の》派が主流を占めていた。俳壇で一大勢力をきずいていた美濃派の影響であろう。

このような俳諧の盛行のなかで、加賀《かが》の千代女《ちよじょ》（素園《そえん》）と比肩《ひけん》される田上道《たがみみち》（菊舎《きくしゃ》）があらわれたのである。道の父田上由永《よしなが》は、長府藩の家臣（中扈従《ちゅうこじゅう》・四〇石）であったが、隠居して医者になり、本庄了左《ほんじょうりょうさ》と称した。彼女は、一六歳で村田利之助《むらたとしのすけ》に嫁したが、死別して実家に帰り、安永九年に二八歳で出家した。以後、田上道は、菊舎（一字《いちじ》庵《あん》）と号し、俳諧の道をあゆむことになった。菊舎尼は、全国各地を遍歴し、文政九年八月に長府で七四歳の生涯を閉じたが、その間、多くのすぐれた俳句を残した（中原郁夫「江戸時代の女流俳人、田上菊舎」小川国治監修『江戸時代・人づくり風土記』三五）。

菊舎の自画賛

2　陸と海の道

山陽道と萩往還

慶安三（一六五〇）年に長州藩が幕府へ提出した周防国と長門国の「大道小道幷灘道《なだみち》舟路之帳」によると、「大道」が小瀬《おぜ》〜下関、三田尻〜萩、野坂《のさか》〜小郡《おごおり》、生山《いきやま》〜田原《たわら》の四ルート、「中道」が山代亀尾川《やましろかめおがわ》〜萩、賀野市《かのいち》〜三田尻、萩〜吉田の三ルートで、このほかに、「小道」の三六ルート、灘道の一六ルートなどがあった。この「大道」のうち、安芸《あき》・石見《いわみ》両国境の生山〜田原ルートをのぞくと、残る「大道」は、おのおの山陽道《さんようどう》、萩往還《はぎおうかん》、石州街道《せきしゅうかいどう》となる。慶長十二（一六〇七）年八月の「歳入再検申付候条々」に「一大道之事、広さ弐間ニ相定候間」（「譜録・三井善兵衛資誠」）とあるので、「大道」は、藩政初期から二間《けん》幅で整備されていたことがわかる。

山陽道は、中国路《ちゅうごくじ》（公称）といい、幕府の道中《どうちゅう》奉行が管轄した五街道《ごかいどう》につぐ重要な道であった。長州藩は、幕府役人や九州諸大名の通行、幕府の書状や荷物の逓送など公的権力にかかわる道として、山陽道を重視し、その整備に力をそそいだ。その意味では、石州街道も同様である。慶安二年に長州藩が幕府へ提出した周防・長門両国の「正保国絵図《しょうほうのくにえず》」によると、山陽道には、次頁表のように、三〇カ所の馬継が設置されていた（田中誠二「近世前期の山陽道」山口県教育委員会文化課編『歴史の道調査報告書・山陽道』）。

これに対して、萩往還は、長州藩主の江戸参府のために整備された道で、「御成り道《おなりみち》」とも称されていた。この道のうち、山口と三田尻のあいだは、大内時代にも利用されていたが、萩と山口のあいだは、萩築城以前にも二ルートの存在が指摘されているものの、未整備で難所をかかえていた。慶長九年一月、福《ふく》原《ばら》広俊《ひろとし》・国司元蔵《くにしもとくら》両人は、幕府の意向として、本多正純《ほんだまさずみ》から指月《しづき》（萩）に築城するように指示されたさいに、「山口より之道、又諸口難所にて候由申候」（『毛利家文書』三）と述べている。しかし、周防・長門両国の「慶長国絵図」（口絵参照）には、川島《かわしま》（萩）～椿郷《つばきごう》～明木《あきらぎ》～佐々波《さざなみ》～山口～御堀《みほり》～小鯖《おさば》～右田～三田尻のルートが描かれている（国守進「萩往還（交通概観）」前掲『同・萩往還』）。この絵図は、築城開始後から慶長十五年以前に作成されたと推定されているので、遅くとも、同十五年までに萩往還が整備されていたことになる（川村博忠『江戸幕府撰国絵図の研究』）。

正保国絵図の山陽道（中国路）場継（慶安２〈1649〉年）

場　　所	場　　所	場　　所
周　防　国	周　防　国	長　門　国
小瀬	久米ノ内遠石	山中
関戸	野上	船木
御庄	富田新市	鴨庄ノ内厚狭市
岩国ノ内柱野	矢地ノ内福川	吉田
玖珂本郷	矢地市福川	小月
椙杜ノ内高森	富海	長府
高水ノ内今市	牟礼ノ内浮野	赤間関
呼坂	宮市	－
切山ノ内甲か峠	小俣	－
山田ノ内窪市	鋳銭司ノ内陶	－
末武ノ内花岡	小郡	－
久米	－	－

毛利家文庫「正保国絵図」より作成。

山陽道基点道標（下関市）

長州藩の道は、慶長十年から正保期（一六四四〜四八）にかけて整備されたといわれているが、赤間関《あかまがせき》街道の中道筋は、その象徴的なものである。長門国の「慶長国絵図」には、南北を横断する三ルートが描かれているのみで、山間部を縦断する中道筋は、まだ、存在しない。しかし、長門国の「正保国絵図」には、萩から明木・絵堂《えどう》・秋吉《あきよし》・河原・大嶺《おおみね》を経て吉田で山陽道に合流する中道筋が描かれており、萩と吉田のあいだに六カ所の馬継と一三の一里山《いちりやま》（一里塚《いちりづか》）が示されている。したがって、この間に、萩と赤間関を最短距離で結ぶ道として、中道筋が開設・整備されたことがわかる。また、「正保国絵図」には、城下町萩と各地を結ぶ主要道に、一里山が萩の札辻《ふだのつじ》を起点として一里ごとに示されており、馬継の場所も記載されている。このことは、長州藩が藩体制の確立の一環として、城下町萩を中心とする道路網を整備したことを如実にあらわしている。なお、中道筋は、享保二〜三（一七一七〜一八）年の「唐船御打払《からぶねおうちはらい》」を契機に、宿駅《しゅくえき》の機能がいちだんと整備・拡充された（小川国治「赤間関街道中道筋」前掲『同・赤間関街道』）。

こうして、長州藩は、山陽道・萩往還・赤間関街道など主要道を整備し、宿駅制度をととのえたが、このほかにも、村・浦・市町・港などを結ぶ、民衆の生活に密着した道（小道・枝道）も確保した（「地下上申絵図《じげじょうしんえず》」）。以上のように、防長両国の道は、公的権力の道、藩体制の道および民衆生活の道が脈管的につながり、相互に関連をもちつつ、人の交流・情報の交換・商品の流通・物資の輸送などの場を提供していたのである。

防長両国の主要道は、幕府役人・九州諸大名・藩府役人のみではなく、民衆も通行していた。享和元（一八〇一）年四月、尾張《おわり》の国の吉田重房《よしだしげふさ》（菱屋平七《ひしやへいしち》）は、九州遊歴の途中に海路で室積《むろづみ》に着き、山陽道をくだって赤間関から九州へわたり、「筑紫紀行《ちくしきこう》」をあらわした。これによって、当時の山陽道のようすを知ることができる。近世も中期をすぎると、民衆も商用・寺社参詣《じしゃさんけい》・物見遊山《ものみゆさん》・湯治《とうじ》・俳諧交流などで、防長両国の道を盛んに通行するようになった。湯本《ゆもと》温泉には、天保末期に年間約一九〇〇人の湯治人が訪れていたのである。

民衆は、旅籠《はたご》屋や木賃宿《きちんやど》に宿泊して旅をしたが、途中で病気になり、死に至ることもあった。長州藩は、病気が長引いて路銀もなくなった旅人を籠《かご》にのせて継送りで故郷へ返送し、旅人が死去したさいは仮埋《かりう》めして故郷の家へ知らせた。これは幕府の規定を準用したものである。このような病気と死去の事例が数多く残されているので、民衆にとって、旅は、苦痛を伴うものであったといえよう（小川国治「近世後期の山陽道」前掲『同・山陽道』）。

西廻り海運と越荷方●

寛文十二（一六七二）年に河村瑞賢《かわむらずいけん》が西廻り海運を開発した。しかし、これは、寛永年間（一六二四～四四）に鳥取藩と加賀《かが》藩が赤間関（下関）経由で大坂廻米を行った実績をもとに、寛文元年ごろに出羽国の庄内までのびた航路を整備したものといわれている。寛文期にはいると、諸廻船が西廻り航路を取るようになり、琵琶湖《びわこ》交通と直結し、日本海側の物資の中継地として栄えた若狭《わかさ》国敦賀《つるが》（福井県敦賀市）と小浜《おばま》（同小浜市）が打撃をうけ、延宝期（一六七三～八一）には衰微しはじめた（『寛文雑記』）。

長府領の赤間関は、古くから九州渡海口と国際港として繁栄し、慶長十五（一六一〇）年には町屋敷六三三軒が存在する商業都市になっていたが（「周防長門三井但馬蔵田与三兵衛検見帳」）、西廻り海運の開発によって、諸廻船が赤間関を経て大坂にむかうようになると、北陸・山陰・九州および瀬戸内の航路の結集地として、全国で有数の港町になった。城下町萩の港町浜崎《はまざき》（萩市）では、正保四（一六四七）年に北国《ほっこく》問屋《どんや》が成立しているので、寛永末期には北陸・山陰の諸廻船が入港していたと思われる。西廻り海運は、年貢米・貢納物・北国木材など、領主的商品を大坂へ運送することを目的としていたが、その途中で廻船が積荷を販売したので、各地の港町を発展させたのである。

元禄十六（一七〇三）年七月、浜崎港の北国問屋は、従来の実績が評価されて、他国廻船から他国米と北国木材を自由に購入することが許された。しかし、その後、近隣の小畑《おばた》・越ケ浜《こしがはま》・大井《おおい》・三見《さんみ》（萩市）の各浦（港）が諸商品を取りあつかうようになったため、彼らの経営が不安定になり、二〇軒を数えた北国問屋が享保八（一七二三）年には一二軒に減少した。元来、これらの浦では、他国廻船との交易が禁止されていたが、たとえば、同十一年八月に越ケ浜の船宿神部屋七右衛門《かんべやしちえもん》が北国問屋前田太右衛門《まえだたえもん》の名義を借りて摂津《せっつ》国の船頭成尾屋七兵衛《なるおやしちべえ》から「北国杉柾木」を購入し、宍戸美濃《ししどみの》（広隆《ひろたか》）家に納入するなど、船宿が事実上の問屋行為をしていたのである。このように、領主的商品と結びついた港町は、元禄期をすぎると衰退し、享保期以降、作徳米（年貢納入後の余剰米）・木綿・干鰯《ほしか》など、農民的商品を取りあつかうあらたな港町が発展した。西廻り航路は、享保期にはいると、農民的商品を積んだ中・小型廻船が多く航行するようになったのである。

瀬戸崎《せとざき》港（長門市）でも、享保期には北国米・大小豆・材木などを船載した他国廻船が入津しはじめ、赤間関を始めとする諸国商人が訪れるようになった。しかし、彼らは、沖合で直接船頭と商談をしたので、同港には利益をもたらさなかった。享保十年十一月、瀬戸崎浦庄屋重村左兵衛《しげむらさへえ》は、沖合取引を禁止し、船宿が廻船の積荷をあずかり、船頭の希望によって、積荷の返却や販売をする業務を行いたいと、藩府へ願いでた。これは、翌十一年二月に許可されたが、蔵敷料と販売口銭を収取することで、明和期（一七六四～七二）から本格的に展開する長州藩の越荷事業と同じものであった。

明和期に長州藩が西廻り海運の発展を重視し、撫育方の資銀を投入して伊崎・中関新地の開発や室積港の整備を行い、経済活動の拠点にしたことは、すでに述べたとおりである（一六六頁参照）。越荷《こしに》方《かた》は、撫育方の管轄下におかれたが、その業務は、積荷の売捌きをのぞむ他国廻船に対して、倉庫（蔵）を貸して積荷を陸揚げさせ、商談が成立するまで積荷を質物として銀を貸しつけて利息を得たり、倉庫（蔵敷）料を徴収するものであった。伊崎新地を開発した梅《うめ》屋《や》吉《きち》右《え》衛門《もん》は、米蔵四棟（合計五〇〇〇石入り）を建設して同藩の米の売捌き場を確保するとともに、越荷方会所頭取として「通船之揚ケ荷物を以貸方仕候」（「赤間関御開作事」）ことも行った。このとき、撫育方は、越荷事業の資銀として、彼に銀四〇貫目を貸しあたえた。当時、加賀米一石が六七匁程度であったので、約六〇〇石におよぶ資銀が提供されたことにな

上関越荷会所跡（熊毛郡上関町）

る。彼は、伊崎新地の開発に際して、自己資銀六九貫目を投資しているので、当然、撫育方資銀に近い額の資銀を越荷事業にも出資したと思われる。これによって、伊崎新地における発足当初の越荷事業の規模がうかがえるであろう。

長州藩天保改革のさいに、村田清風《むらたせいふう》によって越荷方が拡充されたことは、広く知られている。彼は、瀬戸崎・伊崎《いざき》・中関《なかのせき》・室積などのほかに、その後に設置された丸尾崎《まるおざき》・上関《かみのせき》などの実績をもとに、他国廻船との越荷事業によって利益をあげ、藩財政の再建をはかった。その後、撫育方の資銀は、維新の動乱期に軍艦・大砲・鉄砲などの購入にあてられたが、明治四（一八七一）年に金換算で約一〇〇万両が残っていた。このうち、七〇万両が朝廷へ献納されたのである（三坂圭治『萩藩の財政と撫育制度』）。

廻船の活動●

城下町の建設に伴って開発された浜崎港には、すでに、寛永期（一六二四～四四）には廻船を所有する船持衆が存在した。その後、明暦元（一六五五）年に浜崎港の廻船が大坂湾の一ノ州《いちのす》沖で大風にあって難破寸前になったとき、船頭・乗組員が住吉大明神《すみよしだいみょうじん》に祈ったところ、諸国の廻船五〇～六〇艘が破損したにもかかわらず、難船をまぬがれた。浜崎港の船持衆は、神霊に感謝し、翌二年二月に住吉大明神を勧請して鶴江浦《つるえうら》（のちに浜崎へ移転）に社《やしろ》を建立した。これは「住吉大明神勧請由来」であるが、浜崎廻船の活躍のようすの一端をうかがうことができよう。同元年九月に長州藩が大坂運送米に関する詳細な規則を定めているので、浜崎廻船は、年貢米の運送に従事していた可能性が高い。

延宝六（一六七八）年九月、長州藩は、各代官に対して大坂・萩運送米の船割付を行った（次頁表参照）。当時、同藩の船石《ふなこく》（廻船積石）は、合計二万九九四〇石に達しているが、これを六〇〇石積の中規模

大坂・萩運送米の宰判別船割付(延宝6〈1678〉年)

宰判名	船石	大坂	積船	萩	積船	小計
	石	石		石		石
前大津	1,800	—	—	870	前大津	870
先大津	2,670	—	—	1,395	先大津	1,395
吉田	500	2,500	浜崎	490	吉田	2,990
船木	3,500	3,700	船木，先大津	726	前大津	4,426
小郡	12,540	5,200	小郡	1,022	小郡	6,222
都濃	800	2,480	都濃，三田尻，小郡，浜崎	680	都濃	3,160
熊毛	1,530	2,160	熊毛，浜崎	424	先大津	2,584
大島	3,060	2,260	大島	443	大島	2,703
上関	1,160	1,100	上関，浜崎	216	上関	1,316
三田尻	2,380	900	三田尻	—	—	900
山口	—	3,230	小郡	634	小郡	3,864
熊毛	—	2,370	浜崎	562	浜崎	2,932
徳地	—	100	浜崎	103	浜崎	203
合計	29,940	26,000	—	7,565	—	33,565

(1) 「二十八冊御書付」(『山口県史料』近世編法制上)により作成。熊毛宰判が二つに分かれているのは，同宰判が南勘左衛門(南部)と杉原太郎左衛門(北部)の2代官によって管轄されていたからである。

(2) 浜崎宰判の船石の記載はないが，同宰判の廻船は，大坂へ6,139石(吉田2,500石，都濃102石，熊毛3,160石，上関277石，徳地100石)，萩へ665石(熊毛562石，徳地103石)を運送していた。

廻船に換算すると、約五〇艘になる。このうち、小郡宰判《さいばん》は一万二五四〇石(約二二艘)で群を抜いて多い。浜崎宰判の船石がみえないが、同宰判の年貢米を運送する必要がないためで、実際には、同宰判の廻船が他宰判の年貢米を六八〇四石も大坂と萩へ運送していた。これは小郡宰判に所属する廻船の運送米一万一一三一石の六一%(約一三艘)に相当する。このように、約六三艘(六〇〇〇石積換算)の廻船が年貢米を大坂へ二万六〇〇〇石、萩へ七五六五石ほど運送していたのである。

防長両国の大・中型廻船は、長州藩の年貢米のみでなく、他藩の年貢米も運送していた。船木宰判藤曲《ふじまがり》浦(宇《う》部《べ》市)の直乗《じきのり》船頭十右衛門《じゅうえもん》は、江戸の廻船問屋筑前屋作右衛門《ちくぜんやさくえもん》にやとわれ

❖コラム

高山の船絵馬―廻船と船霊信仰

阿武《あぶ》郡須佐《すさ》村（萩市）の高山《こうやま》は、古くは神の宿る山として、神山《こうやま》と称していた。その中腹にある宝泉寺《ほうせんじ》と黄帝社《こうていしゃ》には、文化元（一八〇四）年から明治初期にかけて奉納された船絵馬《ふなえま》が五四面も残っている。宝泉寺は、明治八（一八七五）年五月に玖珂《くが》郡新庄《しんじょう》村（柳井《やない》市）の古跡を引寺した妙高《みょうこう》庵《あん》をもとに、同三十六年九月に再建したものである。その敷地には、元来、曹洞宗《そうとうしゅう》の妙高山瑞林《みょうこうさんずいりん》寺《じ》が建てられていた。瑞林寺は、宝永二（一七〇五）年に須佐領主の益田就賢《ますだなりかた》によって創設された名刹《めいさつ》であったが、明治三年十二月に紹孝《しょうこう》（光）寺《じ》へ合併されて廃寺となった。したがって、船絵馬は、黄帝社に伝来したと思われる。

この黄帝社は、瑞林寺の創建以前から鎮座しており、中国の黄帝の神霊が「我朝崇神天皇御宇、此山ニ応現して初て船造万民教給ふ」（『防長寺社由来』六）ものとして、古来、船人から尊崇されていた。また、高山に鎮座する八相大権現《はっそうだいごんげん》も、沖合を航行する廻船が「帆をさけて敬拝し奉る」（『防長風土注進案』二一）対象になっていた。このため、黄帝社は、八相大権現社に対する船人の信仰と合体して、船霊《ふなだま》黄帝社とも称されるようになった。廻船が帆を少しさげて礼拝する聖地は、西国では、高山の船霊黄帝社と志賀島《しかのしま》（福岡市）の志賀明神の二カ所であったといわれている（桜田勝徳「船霊の信仰」『ものと人間の文化史』一）。このように、船頭たちは、船霊黄帝社へ礼拝・絵馬奉納・「日和鬮《ひよりくじ》」などを行って、航海の安全を祈りつつ、廻船活動に従事していたのである（吉本一雄「須佐高山の方角石」『山口県文化財』一七）。

て、乗組員一三人と越後国《えちご》へいき、同国新発田藩《しばた》（溝口氏《みぞぐち》）の預地《あずかりち》（幕府領）の年貢米八〇〇石を積み込み、東廻り航路で江戸へむかったが、享保十四（一七二九）年四月に出羽国《でわ》山木郡《やまき》水沢村《みずさわ》の沖合で遭難した（「諸事小々控」）。このような大型廻船は、沖合を長距離で航行していたのである。直乗船頭とは、船主が船頭をかねる場合をいうので、十右衛門は、藤曲浦の船持衆でもあった。同二十年には、同じ筑前屋にやとわれて、丸尾崎浦（宇部市）の直乗船頭太郎兵衛《たろうべえ》（一七五〇石積廻船）と阿知須浦《あじず》（山口市）の直乗船頭彦兵衛《ひこべえ》（一三八〇石積廻船）が、出羽国佐方《さかた》（酒田《さかた》）の年貢米を江戸へ運送した（吉本一雄「長州藩の廻船について」『山口県文書館研究紀要』五）。このほか、宝暦十一（一七六一）年に岐波浦《きわ》（宇部市）の大型廻船二艘が南部産の材木を輸送している。以上のように、防長両国の大・中型廻船は、西廻り航路のみでなく、東廻り航路にも進出し、年貢米・北国材木などの領主的商品を運送していたのである。

一方、享保期になると、農民的商品を積載した小型廻船が沿岸に沿って航行し、各地の港で活発に交易するようになった。秋穂本郷《あいおほんごう》（山口市）の浦方《うらかた》には、寛保二（一七四二）年に二五艘の廻船が存在したが、これらも、「但商人船、五拾石より拾五石まて之分、塩干鰯積諸国廻船之分」（『防長地下上申』二）といわれる小型廻船であった。石見国浜田《はまだ》・外ノ浦《そとのうら》（島根県浜田市）の『諸国客船帳』（清水家）や安芸国忠《ただの》海《うみ》（広島県竹原市《たけはら》）の「御客帳」（荒木家《あらき》）などは、防長両国の小型廻船が寄港し、交易したようすを伝えている。前者の外ノ浦港には、寛延期（一七四八～五二）から明治初期に至るまで、周防国の五八港、長門国の四七港に所属する多数の廻船が入津していた。

上関港の日見屋嘉兵衛《ひみやかへえ》の持船神力丸《じんりきまる》（直乗船頭嘉兵衛）は、寛政九（一七九七）年三月二十四日に下り船で外ノ浦港に入津し、塩を売って干鰯を買いいれ、四月八日に上り船で出港した。秋穂港（浦）の亀屋源《かめやげん》兵衛《べえ》の持船明神丸《みょうじんまる》（沖乗船頭伝治郎《でんじろう》）は、天保十（一八三九）年三月二十二日に下り船で同港に入津し、塩・大麦を売り、塩鯖《しおさば》を買いいれて五月十日に上り船で出港したが、再度、六月十六日に入津し、越後米・酒・鰹節を売り、大豆・種油・鯵《あじ》・鯖・酒粕・刺鯖・飛魚を買いいれて二十日に上り船で出港した。ここでは、直乗船頭と沖乗船頭（雇船頭）の例を一つずつ示したにすぎないが、小型廻船は、瀬戸内海側で塩・麦などを積んでくだり、日本海側で米・干鰯・塩鯖などを買いいれ、各港で売りさばいたのである。

嘉永四（一八五一）年八月二十六日、赤間関細江《ほそえ》町三百目《さんびゃくめ》の長田屋嘉助《ながたやかすけ》の持船清長丸《せいちょうまる》が松前《まつまえ》へむかう途中で同港に入津した。清長丸の沖乗船頭長九郎《ちょうくろう》は、「長九郎様生国越中六渡寺《ろくどじ》」と記されているように、越中国六渡寺港の人であった。赤間関の船持衆嘉助は、日本海の航行に巧みな六渡寺港の船頭長九郎をやとい、廻船を蝦夷地《えぞち》（北海道）へむかわせたのである。このように、文化期（一八〇四〜一八）にはいると、

長府沖の北前船

大・中廻船も、年貢米の運送のみでなく、蝦夷地との交易に従事するようになっていた。文化期に岐波浦の三保喜左衛門《みほきざえもん》（虎五郎《とらごろう》）が樺太《からふと》・蝦夷地交易で活躍したことは、広く知られている。彼の体験談をもとに書かれた『唐太話《からふとばなし》』は、その象徴といえよう。

9章

海と山の中世と近世

「地下上申絵図」(山間領主鶴岡氏の屋敷あと)　後方を山に，前方を川の湾曲部によって囲まれた台地状の要害。「土居」と記された部分に鶴岡氏の屋敷があった。

1　海の中世と近世

移動する漁民●

山から海がみえ、海から山がみえるという何でもない光景は、歴史のなかにどのような彩りをあたえているだろうか。また、山や海は「異界」であると日本民俗学はいうが、その里人からみた「異界」近くに住む人びとはどのような歴史の担い手だったのだろうか。本章はそのような観点から、村落史としての漁村・山村でなく、海や山が歴史に果たした役割のようなものを考えてみたい。

　漁民の特徴の一つとして、移動性の高いことがあげられる。たとえば近世期、北浦《きたうら》沿岸には筑前《ちくぜん》あたりから夏のあいだ大勢のアマがやってきてアワビをとった。宇生《うぶ》（萩《はぎ》市）や角島《つのしま》（下関《しものせき》市）には彼らの墓が残され、筑前の方をむいて立っている。また幕末に北浦を巡検した山田亦介《やまだまたすけ》は「廻浦日記《かいほにっき》」に室津《むろつ》（下関市）近くで「空家三軒あり。これ夏月、筑前より蜑《あま》女来りて蚫《あわび》をとる時住すると云」と記し、定住の一歩前のようすを伝えている。向津具《むかつく》半島の大浦《おおら》（長門《ながと》市）は正長元（一四二八）年ごろに筑前鐘崎《かねざき》から鐘崎屋久兵衛なるものがアマを率いて移住した集落であると伝えているが、いくつかの異伝があり、移住が波状的なものであったことを示している。アマはこのほかにも宇田《うた》（阿武郡阿武町）、見島《みしま》（萩市）、通《かよい》（長門市）、蓋井《ふたおい》島（下関市）などに広くみられた。アワビは専売品であり、また幕府への献上品でもあったから、こちらから積極的に筑前のアマを招くこともあったようである。

　一方、瀬戸内海に目を転じれば、家船《えぶね》とよばれる家族船で移動しつつ小規模な漁業に従事する人びとが多くみられた。こちらは安芸《あき》の能地《のうじ》（広島県竹原《たけはら》市）や瀬戸田《せとだ》（同尾道市）を拠点にするものが多く、盆正月には本拠地に帰ったが、しだいに定住の傾向にあり、広く瀬戸内海各所に枝村をつくった。『防長風土《ぼうちょうふうど》注進案《ちゅうしんあん》』や『玖珂郡志《くがぐんし》』は周防大島や岩国《いわくに》市の沿岸部について、能地漁民の移住があったことを伝えている。

なお、この家船漁民については瀬戸内海のほか九州の北部にもみられた。ルイス＝フロイスは一五八六年、平戸《ひらど》から下関にむかう途中のこととして「筑前の海岸に沿って博多をすぎ、諸島のあいだにでたとき、これまでかつてみたことのないものをみた。われらののっていた船の付近に六、七艘の小さい漁舟があったが、この舟は漁夫の家となり、妻子・犬猫・食物・衣服および履物その他、家財一切をのせ、各舟には唯一人船尾に坐って櫂を頭上にこいでいたのである」と報告している。

他国の漁民が移動してくる例としてもう一つ例をあげよう。長門市久津《くづ》に「大避《おおさけ》神社」という神社があ

宇生のアマ墓(萩市)

り、『防長風土注進案』向津具村が詳細にその由来を述べている。それによれば、大玉五郎右衛門をリーダーとして播州坂越《さこし》浦から「五端帆二艘、三端帆三艘、合わせて五艘、人数網子ともに合わせて二十二人」で移住してきたという。彼らのひいた網はイワシ網だったとみられる。イワシ網は近世初頭に大坂湾を中心にはじめられ、かなり短時間で東は房総《ぼうそう》半島から西は瀬戸内海から対馬《つしま》・五島《ごとう》あたりまで広がっていった。

さて、この「大玉五郎右衛門」なるものは、おそらく実在の人物ではない。「大玉」は豊漁のシンボルとして網の中央につけられるひときわ大きな網玉（アバ・エビス玉）を意味するであろうし、「五郎」も「鎌倉権五郎」や「炭焼き小五郎」などの「五郎」と同様、御霊（ゴリョウ）→ゴロウ（五郎）のイメージが読みとれるからである。してみれば、「大玉五郎右衛門」の名はそのまま彼らの豊漁のシンボルであり、それが彼らのリーダーとして伝説化し、いつしか実在の人物のように描かれるようになったと推測することができよう。

一方、漁民や漁法は他藩からはいりこんでくるばかりではもちろんなかった。元和元（一六一五）年にはすでに摂津尼崎《せっつあまがさき》の彦右衛門《ひこえもん》が島戸《しまど》浦（下関市）の長五郎と共同で「鯛葛網《たいかずら》」をはじめているし、寛保元（一七四一）年には久賀《くか》（大島郡周防大島町）の漁民が一本釣り漁法をもって角島近海で操業している。元文（一七三六〜四一）のころにはゴチ網・サワラ網なども瀬戸内海側から北浦側に伝えられている。

そのほか、近世の北浦漁民のめざましい活躍を示すものとして「大敷網《おおしき》」がある。湯玉《ゆたま》浦（下関市）には「日本大敷網発祥の地」の碑が建っているが、その発明は明暦元（一六五五）年、湯玉の山本惣兵衛《やまもとそうべえ》という人物が近海に魚群の来遊するのをみて工夫したことがきっかけであったという。湯玉大敷網は勘兵衛のとき肥前《ひぜん》五島や平戸などにも進出したといい、のちには対馬・石見《いわみ》・壱岐《いき》・伊予《いよ》・土佐《とさ》などにも伝播したとみられている。湯玉の川嶋《かわしま》神社の参道に残る飛び石は「対馬石」であり、拝殿には大敷網を含むいくつもの立派な大敷網操業絵馬《えま》が奉納してあって、近代に至る彼らの活発な操業のあとをみることができる。

また粟野《あわの》の住人であった小西常七《こにしつねしち》のあらわした『明治大正　長州北浦風俗絵巻』（マツノ書店刊）によれば、明治二十年以前、粟野・阿川《あがわ》・島戸（いずれも下関市）などの漁船が対馬へ出漁しており、対馬ではイカやブリ、タイなどを釣った。五～六人乗組みの船で、波よけの垣を両舷につけており、土や瓦のかまどもそなえられていたという。さきの「廻浦日記」にも小串《こぐし》（下関市）の漁民のこととして「一年三両度は対州に往来して魚漁す。（中略）順風を得るときは一昼夜に行くべし。返舟は往舟より速なり」と記しているから、出漁は近世期から広く北浦一帯におよんでいたとみられる。農民統制のきびしかった近世においても、漁民たちの活動範囲は藩域を越えた広がりをもっていたのである。

その一方で、上記のような移動する漁民たちでなく、古くからの伝統を感じさせる漁民もあった。沢江《さわえ》（長門市）の漁民は『防長風土注進案』によると、源平《げんぺい》の合戦で海に沈んだ安徳《あんとく》天皇の遺骸を沢江の口籠《くつこ》網の漁民が引きあげたという由緒によって、北浦のいずれの浦で網をひいても差し障りないことになったと伝えている。通津《つづ》（岩国市）の漁民も「通津浦旧記」などによれば、崇神《すじん》天皇につながる伝承をもち、それによってどこの浦で網をひいても差し障りないことになっており、周辺漁民のよく知るところだと述べている。

これらの伝承はたとえば牛島《うしま》（光《ひかり》市）の漁民がいまだに「賀茂の流れ」だと伝えるように、古く天皇家や伊勢《いせ》神宮、賀茂《かも》社などの御厨《みくりや》や社領に属する神人《じにん》・供御人《くごにん》といった特権的漁業者たちの伝統をうけつぐものではないかと想像される。沢江もまた伊勢神宮の御厨である三隅御厨の一部であったし、通津もったサワラは贄《にえ》として献上していたと伝えている。近世になって漁業が盛んになり、漁場や権利をめぐって紛争が頻発するようになり、彼らの伝統的な特権が危機に瀕した時点でその伝承が証拠として表明されるに至ったものであろう。

山口県下の中世の網漁については史料がとぼしいが、長門市の「上利《あがり》家文書」はその一端を伝えている。「上利家文書」は南北朝期の暦応二（延元四＝一三三九）年を最古とする文書群で、中世の網代《あじろ》支配に深川《ふかわ》の大寧寺《たいねいじ》が深く関与していたこと、また大日比《おおひび》の紫津浦《しつら》湾の網代の名称と権利関係など、漁業の歴史に関する史料を多く含んでいる。中世の網代を寺院が管理していたことは他県にも例があり、貴重な内容である。

海からよせくるもの●

ここでは、「海からよせくるもの」を材料として、全国有数の長さをもつ山口県の海岸線と海辺の人びととの密接な歴史について考えてみよう。

難破船やその木材・積み荷が海岸に流れ着いたものは、中世から「寄り船」「寄り物」とよばれた。近世にはこれらの拾得権は藩の手に帰したが、中世にはいまだ海辺民の権利としての一面を有していたから、海辺の民にとって大きな恵みになることがあり、同時に紛争の種にもなった。「寄り船・寄り物は近くの神社仏閣の修理用料に用いる」との慣習はその紛争解決の一つの手段であり、また神社仏閣側はその慣習をたてに海辺を囲い込んでいく傾向にあった。たとえば吉母《よしも》浦（下関市）は長門一宮《いちのみや》の住吉《すみよし》神社領であったが、永禄十二（一五六九）年二月十二日に小早川隆《こばやかわたか》景《かげ》が大友氏との戦いに際し、小倉城の掻楯板《かいたて》にするというので、寄り船を大宮司《だいぐうじ》に所望し、それを実現したことがあった（「住吉神社文書」）。

しかし、それらの発見者はおおむね海辺の人びとであり、漁民たちの意識のなかに、海の彼方《かなた》からくるものは海からのありがたい恵みであり、所有者のない、したがって自分たちのものだという意識は根強かった。岩政信《いわまさのぶ》比古《ひこ》の「桜の林」は周防《すおう》大島の安下庄《あげのしょう》には新宮の御崎《みさき》とよばれる松の森があり、これは昔難船の船人を浦の人びとが殺して積み荷を掠奪したが、その船人の霊がたたりをなすので神にまつりこめたものだといい、天正年間（一五七三〜九二）になって快念寺《かいねんじ》という寺が管理しはじめてからは仏式でまつっていると伝えている。宋希璟《そうきけい》の『老松堂日本行録《ろうしょうどうにほんこうろく》』も十五世紀前半の室積浦について、「海辺に居む人は皆海賊なり。故に村火を望むも心は猶未だ安んぜず」と記しており、中世の海辺民が一般的にこういう傾向にあったことを示している。それはまた、

古代・中世からの重要な風待ち港であった周防の室積(御手洗湾)

中世海運の大きな障害ともなっていた。

これなどは海辺民たちの寄り船に対する権利意識と紙一重の暗い一面を示す例だが、一方でよせくるものに対する意識は海からきた神仏に対する厚い信仰となって今にその名残りをとどめている。たとえば日《ひ》見《み》の大仏《だいぶつ》（大島郡周防大島町）として有名な阿弥陀仏《あみだぶつ》や室積（光市）の普賢菩薩《ふげんぼさつ》は海からあがったものだと伝えるし、日置《へき》八幡宮のご神体や黄波戸《きわど》（長門市《ながと》）の海岸寺《かいがんじ》の観音菩薩も同様であり、類例は数多い。また平生《ひらお》湾周辺を始め漁村にまつられるエビスさまのご神体は海底から拾いあげた石であることが多く、同様の心意を伝えていよう。

また、海辺によりくる鯨《くじら》もありがたい寄り物であった。それは「流れ鯨」「寄り鯨」とよばれる弱った鯨やうちあげられた死骸にとどまらず、鯨の回遊そのものでもあった。中世の捕鯨についてはほとんど記録がないが、山口県周辺ではメンデス＝ピントが弘治二（一五五六）年、豊後水道《ぶんごすいどう》で大友《おおとも》氏が捕鯨見物に熱中したさまを描いており、北浦においても天正二十（文禄元年＝一五九二）年、佐世元嘉《させもとよし》が大日比浦肝《きも》煎《いり》そのほか地下中《じげちゅう》にあてて「大魚取り候わば、あぶらの儀は馳走すべく候」との覚書を残している（「上利家文書」）。

通説では漁業としての捕鯨は近世になってからはじまったといわれ、北浦を舞台として通・瀬戸崎《せとざき》・黄波戸・川尻《かわしり》・津黄《つおう》・立石《たていし》（以上、長門市）、肥中《ひじゅう》・島戸・和久《わく》・角島（以上、下関市）、見島（萩市）など数多くの鯨組が結成された。その強固な組織は一個の経営体であり、社会生活全体に大きな影響をあたえたと考えられる。

よく使われる「鯨一頭とれれば七浦にぎわう」という言い方は、単に鯨がもたらした経済効果だけをいうのではない。通では鯨がとれれば「町内赤身」といって各戸に五〇〇匁ずつ、また通浦中の神祠にも二〇〇匁ずつの肉が配分されておおいににぎわった。また鯨の解体には鳥がつきものであるが、筑前の「勇《いさ》魚《な》取《とり》絵詞《えことば》」によれば、解体中に鳥が肉をついばんでもこれを追わず、むしろエビスととなえて愛したという。ここにも「よりくるもの」への海辺民たちの意識をみることができる。

また、ハザシや舸子《かこ》（水夫）などの技術要員は漁期ごとに肥前そのほかから大量の雇用を行っていた。肥前の鯨組の北浦への出漁は享保期（一七一六～三六）からみられ、藩域を越えての人的交流もしだいに盛んになったと考えられる。

山田亦介は通で捕鯨の聞取りをしたのち、その集団について「かくのごとく規律正しく進退周旋、手足を使ふよりも速なり、その人強壮にしてかつ熟練す。かくのごとく団練操習を得ば、西洋の巨艦何ぞ畏るるにたらんや」との感想を記している（「廻浦日記」）。これは藩が鯨組を保護する反対給与として鯨組に

漂着した朝鮮人を供養する地蔵(萩市)

「異船御手当」を課していることとあわせて興味深い。強固な組織力と繰船技術をもつ鯨組は、近世末期の攘夷運動に動員され、異国船防備の一翼をになったのである。

さて、もう一つの「よりくるもの」の例として、「漂着」があげられる。北浦地方は大陸からの漂着が実に多い場所であった。山口県文書館所蔵の「公儀事諸控」などには漂着の記事が数多く記されているが、これは大陸からの漂着が近世において重要な外交問題だったからであり、正保元（一六四四）年から明治三（一八七〇）年までの朝鮮半島からの漂着は実に一八〇件を数えている。季節的には北西の季節風が吹きすさぶ冬が多い。萩市下田万《しもたま》の湊《みなと》には文化十二（一八一五）年に朝鮮の咸鏡道《かんきょうどう》《ハムギョンド》から田万郷へ漂着した漁船の死者をまつった地蔵墓が立てられているが、地元民の手で立てられたこの墓に、当時の人びとの民間レベルでの友好的な心情をくみとることができよう。

関の役割と海運

海が歴史上に果たした重要な役割の一つに、海関があげられる。そこは陸と海を結ぶ軍事拠点として、また流通の拠点として重要な場所であった。ここでは上関《かみのせき》を例として、陸と海の接点の歴史―海関をめぐる中世から近世への移行をみてみよう。

「上関」は平安《へいあん》時代から室町《むろまち》中期にかけてはもっぱら「竈戸《かまど》」あるいは「竈戸関」とよばれた。応長元（一三一一）年には竈戸関に地頭《じとう》がおかれており、現地の地頭代にあてて、高野山金剛三昧院《こうやさんこんごうさんまいいん》領である筑前国粥田《かいた》荘の人や年貢などをのせた船を、煩いなく竈戸関を通過させるように命じたことがあったが、宝治・弘安・正応にも同様の指示がなされていると述べているから、宝治二（一二四八）年に蔵人所《くろうどどころ》牒《ちょう》がだされて通行する供御人《くごにん》に対する新儀狼藉を禁止したころにはすでに竈戸関に地頭代がおり、海関としての機能を掌握していたことが察せられる。この地頭の素性について詳細はなにもわからないが、周防灘をはさんですぐむかいの伊予《いよ》の島嶼部には忽那《くつな》一族が活発に活動しており、あるいは忽那氏に類するような、一種の海上勢力とみることもできよう。

さらに鎌倉《かまくら》時代後期、北条《ほうじょう》氏の一族金沢定顕《かねざわさだあき》が竈戸関に触手をのばしていることが知れる。元寇《げんこう》以来、得宗家《とくそうけ》は瀬戸内海の要所を把握することにつとめており、竈戸関の取得もその政策の一環とみられる。鎌倉時代後半に瀬戸内海各地でみられた、幕府や地頭などの活発な海上支配への模索を、ここにもみることができよう。

南北朝《なんぼくちょう》時代になると、上関の軍事戦略上の重要性がきわだってくる。幕府は暦応三（興国元＝一三四〇）年、九州から畿内へむかう船の警固を紀伊《きい》の熊野《くまの》水軍である泰地《たいじ》・塩崎《しおざき》の一族に、周防国竈戸関から摂津国尼崎までの警固を任じ、見返りとして兵粮料の徴収を許したが、ここでは竈戸関は瀬戸内海

海賊衆の拠点の一つであった上関海峡

海運の西の関門として特記されている。

康応元（元中六＝一三八九）年に足利義満《あしかがよしみつ》が行った厳島《いつくしま》参詣は瀬戸内海の海辺諸勢力が幕府の力に圧倒され、息をひそめているなかで挙行された瀬戸内海上での大デモンストレーションであった。義満は参詣をおえたのち安芸・周防の海岸を西下して下松《くだまつ》に至り、三田尻《みたじり》（防府《ほうふ》市）から豊後へわたろうとしたが、風が悪く断念し、竈戸関で大内《おおうち》氏の一族や伊予の河野《こうの》氏と接見し、ふたたび東上している。すでにこのころ竈戸関は大内氏の勢力下にあり、そこへ義満一行を迎えたものと思われる。

室町に幕府が開かれ、日明勘合《にちみんかんごう》貿易の緒が開かれると、竈戸関も大陸との通交をにらんだ役割を付加され、彼我《ひが》のさまざまな史料に登場するようになる。朝鮮側の史料、通信使朴瑞生《ぼくずいせい》《パクダンセン》の永享元（一四二九）年の報告によると、「四州以北竈戸 社島《やしろじま》等処、赤間関以東之賊也」として竈戸関が海賊（倭寇）の拠点の一つだと認識されており、しかも「志賀・竈戸・社島等賊、大内殿主之」として大内氏の支配下にあることを伝えている。

一方、文安二（一四四五）年に竈戸関には、東大寺への年貢米や商品と思われる周防の塩やボラ、米などを畿内へむけて運ぶ船があった。「兵庫北関入船納帳《ひょうごきたせきいりふねのうちょう》」によれば、それらの船はすべて兵衛太郎というものが所有しており、孫左衛門、二郎三郎、三郎四郎といった船頭によって兵庫まで運送されていた。東大寺《とうだいじ》の年貢船などは一度に七〇〇石を運んでいるから、かなり大きな船であった。

兵衛太郎が所有したこれらの船については、五年後の宝徳二（一四五〇）年を初見とする「竈戸関薬師《やくし》丸《まる》」という船が該当する可能性がある、周防国は当時東大寺造営領国であったが、薬師丸はこの年十二月に周防国富田《とんだ》の公用米を東大寺へ納入しているのを始め、以後三〇年あまりのあいだ、応仁《おうにん》の乱後の混乱期にも頻繁に東大寺年貢の輸送を行っている。東大寺年貢の輸送にあたっている点や、この薬師丸が七〇〇石または五〇〇石積みとされて渡唐船《ととうせん》の候補にあげられ、「兵庫北関入船納帳」の積載量と符合することなどから、兵衛太郎の所有した大船はこの「竈戸関薬師丸」と同一船か、あるいは同じ船名でうけつがれる持ち船だったのではないかと疑われる。

この「薬師丸」は文明十二（一四八〇）年と推定される「周防白石寺年貢散用状」には「国衙《こくが》船薬師丸」と記されており、国衙（東大寺）が薬師丸と何らかの雇用契約を結んでいたことを想像させるし、また年未詳だが大内政弘《おおうちまさひろ》もこの薬師丸を借りあげている。当時備後《びんご》国の守護《しゅご》山名《やまな》氏などは尾道《おのみち》に「国料船《こくりょうせん》」とよばれた住吉丸《すみよしまる》という直属船をもって運用していたが、大内氏の場合は直属船をもっていた形跡は見あたらず、この薬師丸のように、各港湾の有力船主から借りあげる、あるいは徴発することによって国内運送や軍事、さらには外国貿易のための船を調達していたものと思われる。

さて、応仁の乱前後の混乱は上関にも大きく影響をあたえた。早くも応仁元（一四六七）年には「上関太守《たいしゅ》鎌苅《かまがり》源《みなもとの》義就《よしなり》」、翌年には「上関守屋《や》野《の》藤原《ふじわらの》朝臣《あそん》正吉《まさよし》」なるものが朝鮮の李朝《りちょう》に遣使しているが、彼らが上関に根拠をもつものであったかはわからない。連年別の人間が同じ上関から遣使しているのも不自然だし、「鎌苅源義就」の名前はむしろ安芸の蒲刈《かまがり》島との関係を連想させる。おそらく「上関太守」を名乗ることによって朝鮮で何らかの待遇を期待した周辺の海上勢力たちの首領格であろう。「上関」は、すでに朝鮮で十分に通用する、海上勢力の拠点として知られた場所だったと考えられる。

当時の海賊衆たちの勢力増大を示すものとして、天文元（一五三二）年にはすでに上関に海賊衆村上《むらかみ》氏が進出し、勢力を張っていたことがあげられる。「中国九州御祓《おはらい》賦《くばり》帳」によれば、当時上関に「上関村上殿」および「同村上弥三殿」なるものがいた。能島《のしま》村上氏の伝える複数の系図によれば、当時上関に村上義有《よしあり》—吉敏《よしとし》—武満《たけみつ》が在城していたという。これらの系図を信じれば上関の村上氏は能島から分かれた一族ということになり、三人ともに幼名を「源三郎《げんざぶろう》」というから、ここにみえる「村上弥三」も「源三郎」である可能性がある。武満については上関を拠点として盛んに活動しており、その活動もかなり具体的に知ることができる。

このさき大永三（一五二三）年にわたった大内氏の遣明船《けんみんせん》は細川船と寧波《ねいは》《ニンポー》で大きな事件（寧波の乱）をおこしたが、このとき大内船には神代《こうじろ》（現在の柳井市と岩国市にまたがる）の海辺勢力、神代源太郎が同行しており、最後となった天文十六年の遣明船にも柳井《やない》郷直なるものを同行させている。柳井郷直はこの遣明船同行に際し、「大《だい》明譜《みんぷ》」なる旅行記を残しているが、彼は柳井に勢力を張っていた柳井氏の一族に連なるものであろ

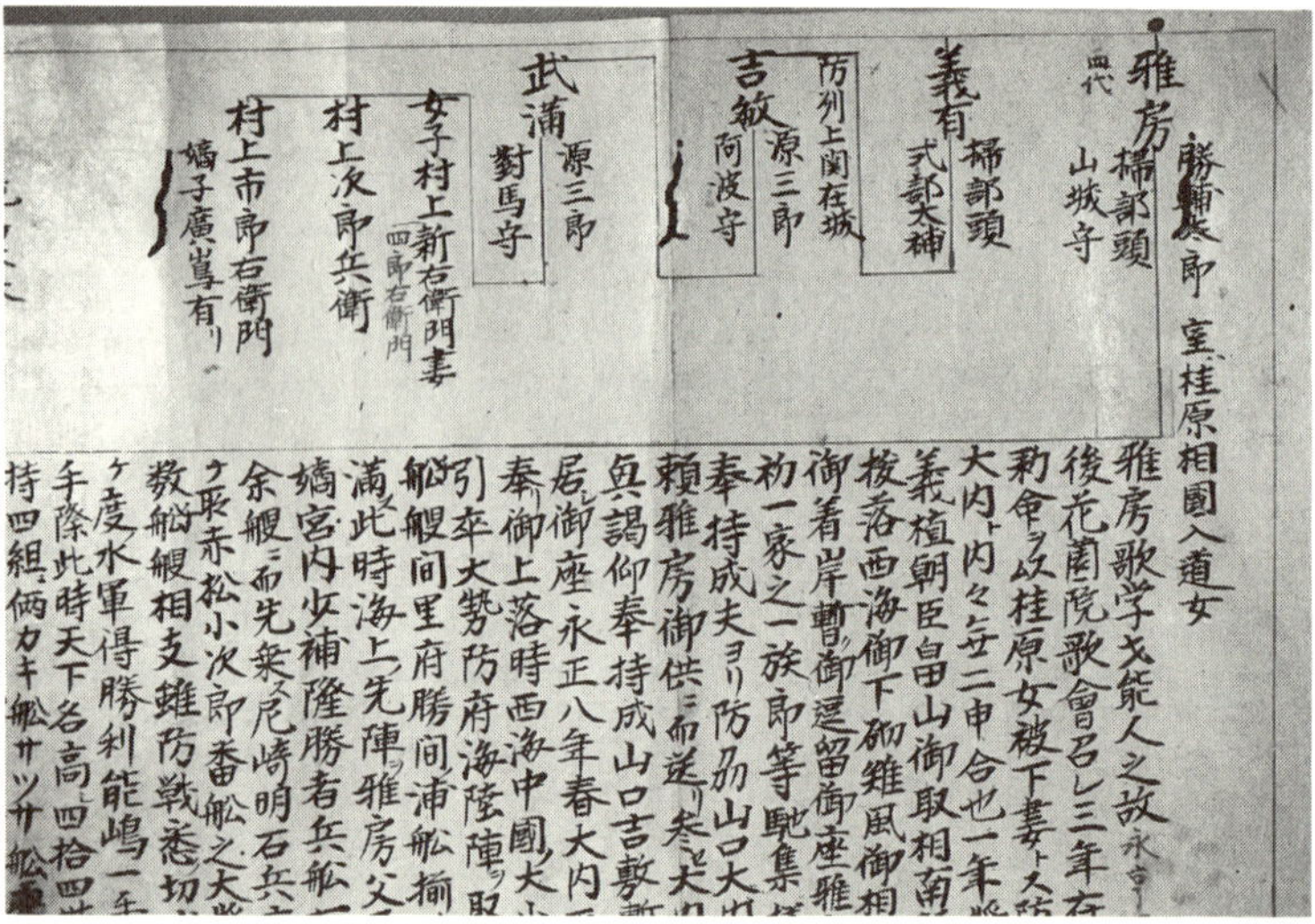
雅房 四代 勝輔太郎 掃部頭 山城守 室ハ桂原相國入道女
義有 掃部頭 式部大輔
防州上関在城
吉敏 源三郎 阿波守
武満 源三郎 對馬守
女子村上新右衛門妻 四郎右衛門
村上次郎兵衛
村上市郎右衛門 嫡子廣尚有リ

雅房歌学ヲ戊能人之故
後花園院歌會召レ三年在
勅命ヲ以桂原女被下妻ト
大内ト内々ヰ二申合セ一年
義植朝臣自山御取相
被落西海御下向雅風御相
御着岸暫御逗留御座雅
初一家之一族郎等馳集
奉持成夫ヨリ防州山口大
頼雅房御供ニ而送リ参
奥謁仰奉持成山口吉
居御座永正八年春大内
奉ル御上落時西海中國ノ大
引卒大勢防府海陸陣ヲ取
艘船間里府勝間浦船揃
滿此時海上ノ先陣ヲ雅房父
嶋宮内少輔隆勝者兵船一
余艘ニ而先乗ス尼崎明石兵
ヲ取赤松小次郎番船之大
数船艘相支雖防戦悉切
ヶ度水軍得勝利能嶋一
手際此時天下名高ク四拾四
持四組ニ而カキ船サツサ船

村上氏の系図　「北畠血統正伝系図」にみえる上関の村上氏。

う。柳井もまた、古く大内政弘が応仁の乱に柳井から出帆したように、大内氏の外港としての位置を占める場所であった。またそのころ、大内氏は遠崎《とおざき》（柳井市）も支配下においており、長崎氏・沓屋《くつのや》氏・桑原氏などの大島の海辺勢力を始め、浮島《うかしま》（大島郡周防大島町）の宇賀島《うかしま》海賊衆も味方につけている。

このように、当時の大内氏には柳井―遠崎―大畠から大島郡にかけて、海辺勢力を積極的に囲いこむ姿勢がみられるが、それは、伊予を中心として上関などに広く勢力を張りつつあった村上海賊衆たちへの一つの対抗策だったのではないかと思われる。大内氏にとって村上海賊衆は敵にするとまことにやっかいな相手であっただから、沿岸を固め、海辺勢力をなるべく手元に取りこんでおく必要があったのであろう。

村上氏と大名たち●

天文九（一五四〇）年から大内義隆《よしたか》は伊予へ攻撃を加え、数年にわたって河野氏やその麾下《きか》にあった村上氏らとたたかった。翌年友田興藤《ともたおきふじ》が大内氏に反して厳島神主と称したさい、村上海賊衆はそろって友田氏の加勢にかけつけて大内氏に敵対したが、一方で天文十一年、大内氏が伊予の中島《なかじま》を攻めたさいには大内方として参加した能島の村上掃部助《かもんのすけ》があった。こののち因島《いんのしま》や来島《くるしま》の村上氏はおおむね大内氏に近い行動をとるようになったようだが、能島村上氏はこのあおりをうけてか分裂がおこり、後継者争いとからんで内紛状態が生じている。

この能島村上氏の分裂に関し、来島村上氏と思われる村上右衛門大夫《うえもんのたいふ》が大内氏に調停を申しでたが、このとき来島氏が大内氏に調停の見返りとして求めたのは、おそらく周防上関の海関に関する特権であったと思われる。しかしこの調停は効果をあげなかったとみられ、大内氏による能島の中途《なかと》城への攻撃は天文十六年ごろまで断続的に続いている。

さて天文十六年ごろには能島の内紛はほぼ終息したとみえ、勝利したのはのちに村上海賊衆の総帥となる村上武吉《たけよし》の側であったと考えられる。武吉側と大内義隆は、おおむねその利益を相互に認めあっていたと思われるが、天文二十年に大内義隆が陶晴賢《すえはるかた》に倒されると、状況が一変した。「武家万代記《ぶけまんだいき》」は村上氏が自家の事績を記した軍記物だが、そのなかの「大内・大友両家粮舟切捕候事」に、陶氏の廻船三〇艘が村上氏の支配下にあった上関を通過したさい、「切手」をもたなかったため、村上方の「古より島の作法にて通し難」しとの申し届に対し、「公方へ進上の米、其上、宇賀島衆上乗《うわのり》仕罷通候に、誰人にてとがめ申す」と答えて押しとおった事件を記している。この事件はその日のうちに能島の村上武吉までとどき、三島村上氏あげてこれらの船およびこれに合流した大友氏の船をきりとらえたという。陶氏は義隆が能島村上氏に対して認めていた駄別《だべつ》料の徴収を一方的に禁止したが、その中間搾取否定の方針は、このようないいぐさのなかにもよくあらわれている。

この事件ののち、大内（陶）・大友氏は村上氏と手切れになり、「関所手形《せきしょてがた》」なしに村上氏の関所を押しとおりはじめたのみならず、大内氏は下関・上関・大島・宇賀島・大島など、大友氏は富来《とみく》・鶴崎《つるさき》・佐賀関《がのせき》などに「私の関所」を立て、「海賊」や「私の関守」を差しおいたという。これらは大内（陶）・大友の両勢力による対村上氏封鎖策とみられるが、これに対し村上氏側も三島（因島・来島・能島の各村上氏）が連合した海域封鎖で対抗し、結果として両家の関所を村上氏の手中におさめたという。上関もこの騒動の最中は大内氏の手におちたとみえ、大島衆がつめていたが、のちに村上氏が打ち破ってふたたび手中におさめたという。

天文の末ごろに上関城に拠っていた村上氏は、やはり来島村上氏系の海賊衆であろう。上関はその立地条件からたえず大内氏・陶氏や周防大島周辺の海賊衆たちとの関係に苦慮しなければならなかったと思われ、弘治元（一五五五）年の厳島合戦の前夜にも微妙な選択をせまられていたと考えられる。上関は厳島合戦ののちも来島の村上氏の手にあり、毛利《もうり》氏が防長《ぼうちょう》進発に際して来島の「上関城衆」に対して働きかけをしていることが知れる。

村上氏は厳島合戦後しばらく毛利氏に対してはっきりした態度を示さなかったが、永禄四（一五六一）年には毛利氏方で活動している。永禄十一年の毛利氏の九州攻めにも村上武吉は十月ごろからいったん上関に在城して豊前方面を警固したようだが、彼が毛利氏の戦線をはなれ、病気と称して上関に引きこもったというのは翌十二年六月に豊前で戦功をあげた直後のことだったと考えられる。毛利氏が村上氏に期待した役割は弘治年間（一五五五〜五八）と同様、大友氏が周防灘をわたって攻撃してくるのを牽制することだったとみられるが、四カ月後の十月には豊後から大内輝弘《てるひろ》が大友宗麟《そうりん》の後援をうけて、周防灘を渡海し、秋穂浦《あいお》に上陸して毛利氏の背後を急襲することに成功している。これは村上氏にとって大きな失点のはずだが、むしろこれ以前に村上武吉が毛利氏の陣営からはなれたことによる結果ではなかったか。このいわゆる「大内輝弘の乱」はなんとか鎮圧されたが、この乱で毛利氏は九州のほとんどを失い、大きな痛手をこうむっている。

この村上氏の毛利氏に対する「現形《げぎょう》」（裏切り）と大友氏への接近が明確にあらわれるのは、元亀二（一五七一）年のことである。村上武吉の行動の背後で大友氏との関係調整にあたったのは、島氏の一族であった。能島村上氏と大友氏との関係はこれ以後さらに親密度を深めたが、毛利氏に対してもひとしきりの戦いののち、関係はおおむね修復にむかったようである。

伊陸《いかち》（柳井《やない》市）の来迎院《らいごういん》に「船玉神祭文《ふなだましんさいもん》」なる史料が残っている。来迎院は近世までは修験宗《しゅげんしゅう》（山伏寺《やまぶしでら》）であった。一般に船霊《ふなだま》の祭祀は船大工が行うもののようにいわれているが、同様の例は山口県下でいくつも指摘することができる。

船霊としておさめられる呪物（ヒトガタや毛髪、サイコロ、銭）や、それらの呪物がほぼ全国的に共通していることは、船霊の祭祀を現在の形にととのえたのが全国をめぐる修験者だったことを暗示していよう。船大工による船霊の祭祀は、修験者たちの行っていた船霊祭祀の呪法をうけついだものではないかと考えられる。

また、漁民や航海民は海に対してと同時に山に対する信仰もあわせもっていた。沖からみえる山々の位置関係によってみずからの位置を知る「山アテ」はそのきっかけの一つであろう。八島《やしま》（熊毛《くまげ》郡上関《かみのせき》町）の港をみおろす山の中腹に位置する浄福寺《じょうふくじ》には「瀬除燈《せよけとう》」とよばれる常夜燈があって、いわば「山の燈台」としての役割を果たしていた。

造船についても同様のことが指摘できる。船材を伐採する場合、初めから船の構造を考えたうえでみあったものを伐採するものであることは現在でも県下の杣師《そまし》などからの聞取りをつうじて知ることができるし、船材をもっぱらとする杣師の存在も確認できる。それらのことは、船大工の仕事が山と密接な関係を有していたことをはっきりと示している。

ここに、修験者たちが積極的に海の世界へ働きかける契機があった。山伏たちのおさめた修験道

❖コラム

には漁民たちのもつ「星に対する信仰」も色濃く含まれている。修験者は、漁民や航海民がもっていた「星と山に対する信仰」を一身に内包した存在でもあったのである。

一方、海から山へはいりこんだ要素も指摘できる。山中の伝承に竜宮《りゅうぐう》の乙姫《おとひめ》がでてくることはまれではないし、山村の牛小屋にアワビ貝がつるしてあるのも散見する。萩市川上の歴史民俗資料館によれば、それらのアワビをもち歩いたのは「陰陽僧《おんみょうそう》」とよばれる民間宗教者であったという。また山の猟師たちが大切にする山の神への捧げ物は海の「オコゼ」という魚であった。

以上、ここでは山から海へ、そして海から山へのさまざまな物や人の動きから海と山との接触をさぐったが、そのなかには修験者や陰陽師といった、いわゆる民間宗教者たちの影がちらつくものも多かった。彼らは海山の文化の媒介者であると同時に、より深い根をもつ双方の文化の保存者、かつアレンジャーだったのである。

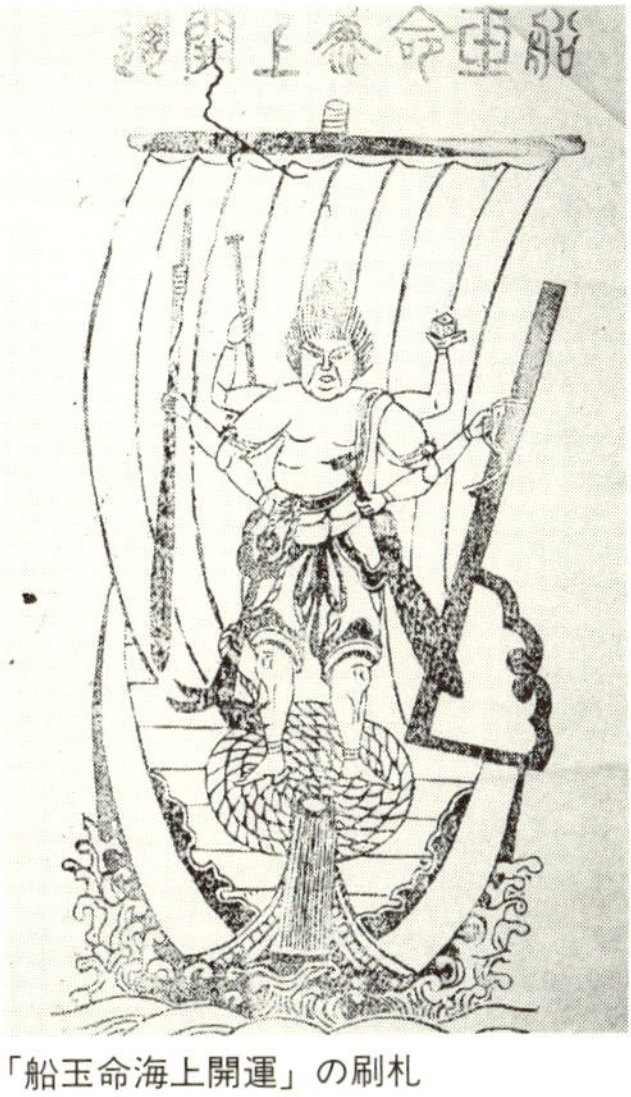
「船玉命海上開運」の刷札

さて、毛利氏と能島村上氏の関係が悪化していた元亀年間（一五七〇～七三）には、ふたたび来島が上関の権利を有していたようである。その後毛利氏と能島村上氏の関係が修復した天正二（一五七四）年に至ると、ようやく先述の村上武満が上関にはいっていることが確認できる。上関の村上氏は系図のうえからは三代にわたって上関に在城したように伝えられているが、実際には以上述べたように上関をめぐる情勢は複雑であったし、村上武満は必ずしも能島村上氏一辺倒の存在でなく、むしろ能島を外からみているようなところがある。また、伊予の河野氏家臣団を列挙しているといわれる『南行雑録《なんこうざつろく》』には「島衆」の一員に「村上源三郎」がみえ、村上武満と思われるから、この時点では来島村上氏の一員として河野氏家臣団を構成していたとも考えられるが、いずれにしてもわりあいに独立した存在であった。

織田信長《おだのぶなが》にかわった豊臣秀吉《とよとみひでよし》は四国、九州をあいついで攻略すると、長崎を直轄とし、ついで天正十六年、いわゆる「海賊停止令」を再令した。これが村上氏を始めとする海賊衆たちへの最後の一撃となった。以後彼らは小早川氏、ついで毛利氏の家臣となり、秀吉の命をうけた毛利氏の軍勢として文禄《ぶんろく》・慶長《けいちょう》の役《えき》に参加したり、また秀吉の死後には安芸の竹原や周防の上関などを転々としつつ、周防大島に落ちつくことになる。戦国時代の後半、瀬戸内海に大きな勢力を張った村上海賊衆の総帥・村上武吉が周防大島の一隅で生涯をおわったのは、慶長九（一六〇四）年だと伝えられている。

近世にはいると、村上氏は毛利氏の船手組頭として中心的な役割をになうことになった。上関にはいった乃美《のみ》氏も一時期村上氏とならんで船手組として活動していたようである。船手組は『山口県近世史研究要覧』によれば慶長十六年に「海賊衆」を改めて「船手組」と称したというが、それ以前から船手組の存在は知れる。慶長十二年には「船手組十組在之事」という記事がみえ、その後徐々に整理されて最終的には二組となった。一方は村上武吉の孫、村上元武《もとたけ》の系であり、もう一方は村上武吉の子、村上景親《かげちか》の系であった。

以上のように、上関は大内氏の時代から大名《だいみょう》たちの強い関心をうけながらも、おおむね戦国期をつうじて村上海賊衆の手中にあった。周防の一角にありながら大名領国《りょうごく》からは一線を画し、そこから海をつうじて豊後や伊予、さらには瀬戸内海全域やあるときには東シナ海を越えて大陸まで密接につながっていたのである。そして近世にはいると上関は行政区画である「上関宰判《さいばん》」の中心地として勘場がおかれた。戦国期の上関がもっていた特異な性格はここに消滅したといえる。以後、上関は西廻り航路の重要な風待ち港として、また浦としても萩藩の「御立浦《おたてうら》」七浦のうちの一つとしておおいに栄え、朝鮮通信使が来朝したさいにはその接待の場として重要な地位を保ち続けている。

2　山の中世と近世

山間の中世―鶴岡系図の世界●

今日の「山間」といった言葉のもつ負のイメージが、歴史に照らしてみるとき、あまり根拠のないものであること、そして逆に、いかにそこが包容力の豊かな地であったかは、戦国時代の山間地に土豪《どごう》たちが林《りん》立《りっ》していたことをみてもわかる。

そしてそれはまた、戦乱の世にあって落人《おちうど》たちがなぜ山中へと「落ち」ていけたのかという問いに対する回答ともなりうるとともに、現在の山間地域が直面している過疎問題に対し、歴史に照らして考えてみる視点を提供してくれるものではないかと思われる。
鶴岡《つるおか》氏は須万《すま》（周南市）周辺の山中で中世から近世にかけて勢力をふるった土豪である。鶴岡氏は大内義隆が陶氏に滅ぼされたあと、大内家の遺臣たちを糾合して陶氏の若山《わかやま》城を攻めようとしていたが、天文二十二（一五五三）年二月二十六日、野《の》谷《たに》茶臼山《ちゃうすやま》城《じょう》要害において議慮していたのを陶氏方に知られるところとなり、討ち死五三人、手負い二一人という壊滅的敗北をきっした。その後近世になって勢力を回復し、多くの分家をだしていったが、近世の中ごろからは藩の山村支配の過酷さから、分家の多くは没落の傾向をたどっていった。

　鶴岡氏は詳細な注記をつけた数本の系図を残しているが、そのなかには十数通の古文書も組み込まれており、信頼できるものも数多く含まれている。ここではそれらによって中世後期から戦国時代にかけての山村のようすをながめてみよう。

　系図によると、鶴岡氏は南北朝時代の重家《しげいえ》の代まで鎌倉の鶴岡《つるがおか》に住んでいたが、ゆえあって彼のとき山口に移り、さらに十四世紀のなかば、義重《よししげ》のとき須万に居を定めて移り住

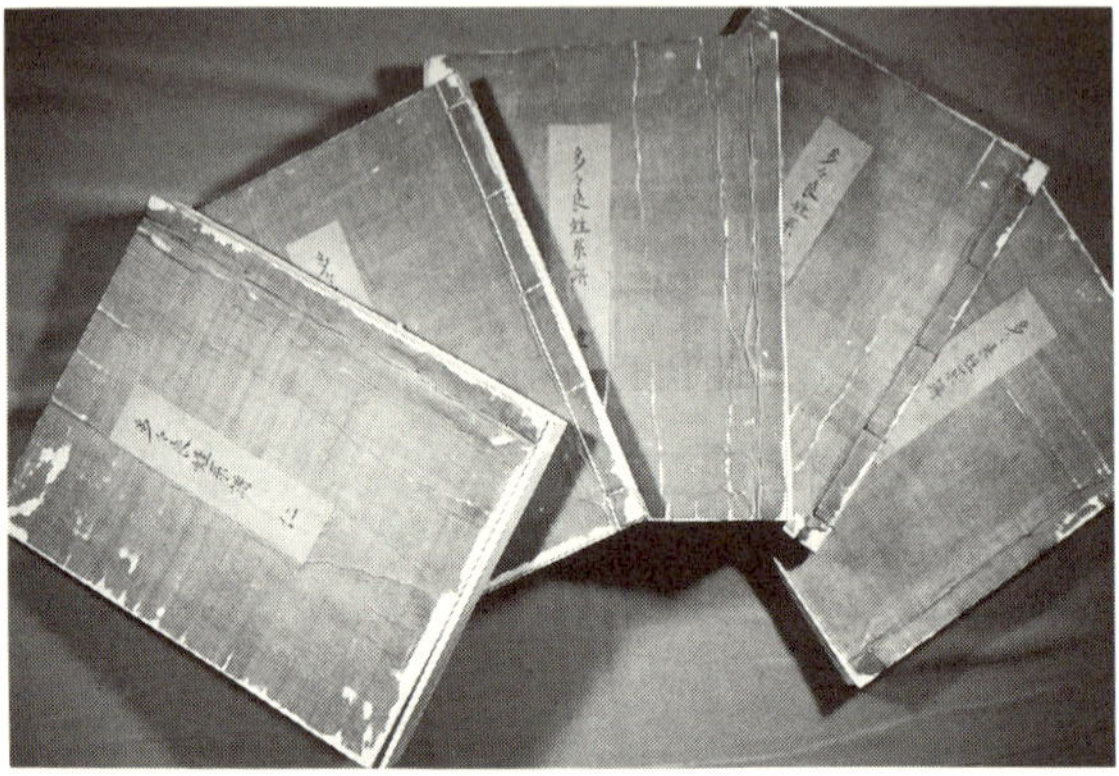

鶴岡氏系図

んだ。彼は文和年中（一三五二〜五六）に須万村の頭立つ家筋のもの一〇人を選びだし、十名《みょう》と名付け、須万村すべて九八〇貫文の所務、公事《くじ》そのほか万事十名に議させ、そのほかに一〇人ほど、十名の下地《げち》をうけて取りさばくもの（小手頭《こてがしら》）をおいたという。（　）内は小手頭。刀禰《とね》が十名の筆頭である。

①刀禰（広実）　②吉安（竹内）　③五郎丸（家重）　④蔵光（福井）　⑤時高（村木）
⑥信吉（末政）　⑦光則（原田）　⑧紀太夫（友末）　⑨重長（大屋）　⑩公文（重吉）

なお、刀禰名はおおむね鶴岡氏のもっともはやい分家である「土居北屋敷」の重連《しげつら》―元春《もとはる》―国重《くにしげ》―忠通《ただみち》に引きつがれていたが、やがて本家土居屋敷が吸収している。

その後兼重のとき野谷に茶臼山要害をきずき、亀山《かめやま》八幡宮ならびに阿弥陀堂を再興し、蓮華寺《れんげじ》を建立するなどして根を張っていった。蓮華寺は享禄五（一五三二）年の「中国九州御祓賦帳」にもみることができる。

文亀三（一五〇三）年の春、雷火で鶴岡忠氏《ただうじ》の館が大小八棟焼亡したことがあった。系図はこの火災による焼失品が書きあげられており、当時の山間領主の経営規模のあらましを知ることはできる。またのせている古文書から、この鶴岡忠氏のころから野上《のがみ》（周南市）の杉《すぎ》氏（次郎左衛門尉《じろうざえもんのじょう》系）と関わりをもっていたことがわかる。杉次郎左衛門尉の奉公人が忠氏に対し、天文十二年に忠氏の二人の息子相氏《すけうじ》・忠行《ただゆき》が出雲《いずも》で奮戦したことを賞し、戦死した相氏のあとをその子息源三郎が成人するまでのあいだ、相氏の弟の忠行につがせることを承認したものである。また、その働きに対し、杉氏は、没収した領地を将来返還する可能性にも言及し、同時に須万郷の刀禰役を忠行へあずけている。してみれば、後述の農民殺傷事件により忠氏が領地を没収されたというのは事実であったかにみえる。

杉氏は代々小次郎《こじろう》・次郎左衛門尉という通称と官途名を名乗り、大内氏の最有力家臣の一つである。この杉氏は、「相」と「宣」を通字（代々その家に伝わる字）とするのが特徴で、弘相《ひろすけ》―興宣《おきのぶ》―興相《おきすけ》―隆宣《たかのぶ》―長相《ながすけ》（元相）―元宣《もとのぶ》と続くようである。忠氏の嫡男相氏の「相」という字は杉興相の下の一字をさずけられたものであろう。鶴岡相氏、忠行の兄弟は杉氏の家臣として、大内氏の出雲遠征に参加したのである。

杉氏については大内氏の時代すでに中須《なかす》（周南市）周辺の土豪層を掌握していることが知られるが、この鶴岡氏系図中におさめる資料によっても須万の最有力な土豪鶴岡氏を家臣団に取りこんでいたことはあきらかで、弘治二（一五五六）年、毛利氏の防長侵攻のさい、後述の山代一揆の最後の砦《とりで》であった成君寺《じょうぐんじ》山城で指揮をとったのが杉小次郎長相であったことからすれば、この杉氏は都濃《つの》郡から山代《やましろ》地方（岩国市・周南市の北部一帯を指す歴史的呼称）へ抜ける地域、すなわち錦《にしきがわ》川中流域一帯の盆地・山間部を一応掌握していたと考えられる。

また享禄三年、鶴岡忠行が勘違いから誤って従弟《いとこ》の信忠《のぶただ》を切るという事件があった。忠行はこれによって「刀禰職半名」を召しあげられたという。刀禰名は須万十名の筆頭であり、八幡宮神主職を兼帯するものであった。鶴岡重忠が応永二十三（一四一六）年からいとなんだという亀山八幡宮の宮座《みやざ》は四八座であり、そこには刀禰＝神主とみえる。その後鶴岡泰貞《やすさだ》は弘治二（一五五六）年に毛利氏が須々万《すすま》（周南市）の沼《ぬま》城を攻めたとき、坂新五左衛門元祐《さかしんござえもんもとすけ》にしたがって忠勤にはげみ、感状を賜り、刀禰半名職を回復し、さらに永禄二（一五五九）年に須万一郷一円支配の命をうけたという。これら一連の動きは、系図にのる古文書類であらましを追うことができる。

「刀禰」や宮座の具体的な状況についてはあきらかでないが、同じく大内氏の時代、山代地方を構成する一三郷にもそれぞれ「刀禰」とよばれる有力土豪があり、広瀬《ひろせ》八幡宮や本郷《ほんごう》八幡宮には宮座が組織されているから、同じような条件下にあったものと思われる。その名残りは現在でもうかがうことができる。

このように鶴岡氏と杉氏の関係は深いものがあったが、一方でほかの小土豪や農民と鶴岡氏との関係はどのようなものであったろうか。系図にのせる「百翁一代記」は小手頭の一つ、友末《ともすえ》の農民たちとの以下のような話を伝えている。

さきにふれた文亀三年の火災のあと、鶴岡忠氏は以前のように、普請《ふしん》をととのえるために領地に臨時の課役をふれたが、広瀬（岩国市）友末の農民四〇余人は、それに応じなかった。忠氏が召しだして子細《しさい》をたずねると、「先年より当初は作物貢納のほかに納物これ無きところに、出雲守様御領になってからは種々の課役仰せつけられ、迷惑に及び候。貢物のほかは御免下さるべし」という返答であった。忠氏はこれを聞いて、「いかにもこの儀は汝らが申す旨に任す。しからば定めるところの勤役

広瀬八幡宮宮座を構成する名主継承の碑(岩国市)

を出すべし」と命じたが、これに対し、農民たちは「遠路につき勤役も御免下さるべし」とひたすら聞きいれなかった。忠氏は元来短慮《たんりょ》の男だったので、たえかねて刀をとり、外庭に飛びおりて農民三人を切り倒し、残るものどもがこれをみて前後をわきまえず逃げだしたのを、追い打ちにまた二人に切りかけた。忠氏が立ち帰り、門のうちで刀を拭《ぬぐ》っていると、農民二人が駆け戻り、脇差しを抜いて切りかかってきた。忠氏は太刀をはらってたちまち一人を倒し、もう一人を追い打ちに切り倒し、都合七人の死骸を一所に埋めたという。この墓を世に「七人塚」といい、忠氏はこの件で領地没収となったという。

ここには農民連合が武器をもって領主・鶴岡氏としたたかにわたりあう力強い姿があった。

山代一揆

そのような農民連合の力が歴史の表面でもっとも発揮されたのは、天文二十三（一五五四）年以後の山代《やましろ》一揆《いっき》たちの毛利氏に対する抵抗であった。

毛利氏の攻略の舞台となった山代地方一三カ村は、古くから地理的に「五ヶ《ごけ》村・八ヶ《はっけ》村」という区分けがなされていた。五ヶ村は旧美和《みわ》町域（岩国市）にあたり、八ヶ村が旧本郷村および美川《みかわ》町、錦町（いずれも岩国市）にあたる。いずれも西中国山地にいだかれた山深い村々であった。厳島合戦が片づくと、坂新五左衛門尉は高森《たかもり》城にあって、まずはやくから毛利氏に味方するものの多かった五ヶ村の地侍《じざむらい》たちを家臣団に編入しながら、抵抗の大きかった八ヶ村を分裂させようとはかった。だが八ヶ村の山代一揆衆は本郷の成君寺山に籠城《ろうじょう》してゲリラ戦で毛利氏に抵抗し、おおいに毛利氏を苦しめ、結果、毛利氏の防長侵攻を遅らせている。山代一揆はすでに地侍層の支配すらうけつけないほどの地下農民連合であった。そのため毛利氏は一村ずつ威嚇と懐柔をおりまぜてつぶしていかざるを得なかったのである。山代には安芸・周防両国からの「武略の使い（密使）」が入り乱れ、情報戦が展開された。

毛利氏が周防にはいれば周防・安芸の境界領域としての山代地方は独自性を失う。彼らにはそのような危機感があったものと思われる。大内氏の時代、山代一揆を結んでいたものたちは、形式的にはともかく実質的にはわりあいに大内氏から独立した存在であった。だがいまやこの状況において、抵抗が成功してもしなくても、もはやそのような独立性は放棄せざるを得ないことは明白であった。山代一揆の毛利氏に対する抵抗は弘治二年二月の成君寺山城の敗北を最後に沈黙した。山間の惣村のなかからうまれでて、特異な集団行動で独自な活動をした山代一揆も、こうして歴史上から姿を消したのである。

山代農民の近世●

近世にはいり、財政難に苦しむ萩藩は慶長十二（一六〇七）年、三井《みい》・蔵田《くらた》両奉行による大規模な検地《けんち》を断行した。山代地方の石高はこの検地によって五倍以上という極端な石盛《こくも》りの増加があった。この数字は、山代地方の生産力の増加を意味するものでは決してない。ほどなく山代地方の庄屋を中心にして大規模な一揆がおこったが、一一人の斬首を含む大弾圧が行われ、以後の山代地方は長い長い忍従を余儀なくされることとなった。

近世初頭には全国的に山村における一揆が頻発している。それは、それまで完全には権力に把握されていなかった山村の人びとによる、強固な徴税体系に組み込まれることに対する抵抗であったと考えられる。ここ山代地方の一揆も例外ではない。山代地方は藩政時代をつうじて徹底的に収奪の対象となった。萩藩が山代地方に対して行った請紙《うけがみ》制度は「紙漉《す》き貧乏」の言葉を残すように、農民たちの疲弊を決定的にした。結果、防長両国は全国の製紙高の三〇％を占める全国一の製紙国になったが、食料を生産するわけではないので、いざ飢饉となるとひとたまりもなかったのである。

近世なかばに前山代宰判の代官であった都濃正兵衛《つのしょうべえ》は、後任者のために山代地方をおさめるうえでの心得を示した伝書（「山代宰判地下向往々諸沙汰後役江之伝書」）を残している。代官という「治める側」からみた山代地方は、「山代百姓は、前々からお救い事（藩からの救済策）に慣れていて、自分自身が働いて世を渡ることはおろそかにして、上からのお恵み事ばかりを願っている。だからますます困窮するのだ。まず人々の心構えから直していけば、しだいに生活も成り立っていくであろう」というものであった。この言葉の裏には、この言葉を後任のものにうけわたさねばならなかった苦しい心情が含まれている。

一方、「治められる側」の発言をみてみよう。享保年間（一七一六〜三六）、本郷の品秀寺《ほんしゅうじ》で代々書きつがれた『日野《ひの》氏録誌《しろくし》』は、「同（享保）十九年春、十八年分の紙皆済《かいさい》あい成らず（前年分の税としての紙を皆済できなかった）、百姓難渋に及ぶ事山代始まりての事なり。田畑、家屋敷、牛馬、戸障

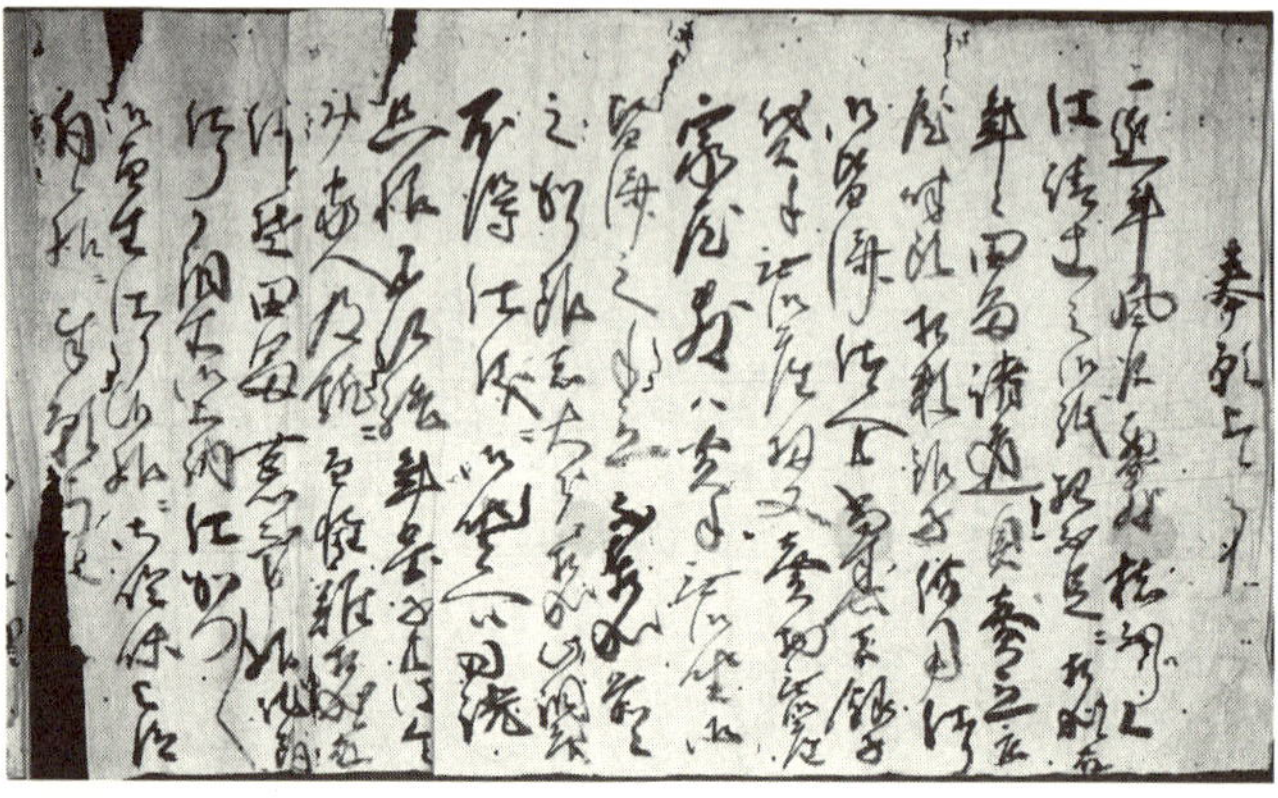

山代惣百姓一揆訴状写（享保３〈1718〉年３月16日付）

子、諸事財宝売りたて、無理やりの皆済いたし、地下（農民のこと）困窮目もあてられず。八月上旬まで市村（本郷の中心部）皆済、情けなき事なり。あまり代官を恨みて異名をつけ、蛇祖父（ヘビジイ）と云ひたり」と記している。

近世の山代地方の困窮を強調するのが本章の目的ではないし、またおさめる側とおさめられる側のことばの天と地ほどの違いを強調して代官のみをせめるのもまた筋違いであろう。もとより両者とも断片的な史料であり背景の検討を要するが、「生の声」であることの重さをまず、かみしめておきたい。

中世から近世への時代の変化はあるいは必然なのかもしれない。だがここでみた山代一揆や、さきにみた上関によった海賊衆たちは、山間・辺境あるいは島嶼部・海関という条件にささえられることによって、むしろ主体的に決断することができたといえる。たとえそれが自分たちの存亡をかけた決断であっても、いずれかの道を選ぶ権利だけは、最後まで保持し得ていたのである。それらはあるいは「境界領域」なるがゆえに特異に展開し得た歴史といってもよい。だがその「境界領域」からの視点こそ、現代社会が失って久しい、だが今こそ必要な視点なのである。

西中国山地の山の民—木地屋

諸国の山々を、良材を求めて集団移住を繰り返しながら、轆轤《ろくろ》を用いて椀や盆、杓子《しゃくし》などを製作していた職能集団があった。中世には轆轤師とよばれ、山口県内にも岩国市の「六呂師《ろくろし》」のほか、「六郎」などの地名をあちこちに残している。近世には「木地屋《きじや》」、自称として近世中期以降には「木地師」とよび、滋賀県東近江《おうみ》市蛭谷《ひるたに》町の蛭谷筒井《ひるだにつつい》八幡宮別当《べっとう》帰雲庵《きうんあん》と同市君ヶ畑《きみがはた》町の金竜寺《こんりゅうじ》が全国の木地屋を直接巡回し、奉加金《ほうがきん》を徴収しながら木地屋たちに職業の縁起や商売免許状、宗門《しゅうもん》手形などを発給し、彼らの職の保証を行っていた。

この独特の巡回制度を「氏子狩《うじこがり》（氏子駈）」とよび、その帳面「氏子狩帳」が蛭谷・君ヶ畑の双方に合計八五冊ばかり残されている。年代にして正保四（一六四七）年から明治二十六（一八九三）年におよび、この間の木地屋たちの氏名、当時の居住地、集団の大きさなど、多くのことを知ることができる。そのなかには、山口県域で活動した木地屋たちの記録も数多く含まれている。

氏子狩帳によれば、防長における木地屋の活動地は延べ三九カ所におよび、鹿野《かの》（周南市）・錦（岩国市）・徳地《とくぢ》（山口市）に集中している。これらの地はいずれも西中国山地の、良材にめぐまれた山間であった。だが木地屋の活動は氏子狩帳の記載地だけにとどまらない。たとえば岩国市の広瀬木谷は「木地屋原」「木地屋岡」などの地名を残す木地屋の居住地であったが、氏子狩帳にはみえない。岩国市の「六呂師」などについても同様である。これらの違いについては、(1)定住化の度合い、(2)平家《へいけ》伝承の有無、の

杓子作り木地屋の伝統を伝える河村徳雄さん(岩国市)

二点が考えられる。すなわち(1)については、定住↓定住地における寺社の存在↓宗門手形を氏子狩に依存する必要の消失といった事情であり、(2)については、氏子狩が全国の木地屋の職祖を惟喬《これたか》親王に求めている以上、防長の山中に数多く残る平家の落人伝承とはあいいれないからである。事実、県内でみる限り、氏子狩をうけいれた木地屋の居住地には平家伝承が残っておらず、また逆に平家伝承をもつ木地屋たちの居住地は、氏子狩帳の記載にみえない。氏子狩制度は、木地屋たちの身元を保証して彼らの移動を助け、先祖を「教え」、歴史を語ることによって一族意識を高め、またそれによって組織化をはかる企てだったのである。

山口市の「小椋《おぐら》家文書」に含まれる「伝助先祖累代記録」は、伊予の山中、現在の愛媛県上浮穴《かみうけな》郡《ぐん》久万《くま》高原《こうげん》町若山あたりを本拠とし、代々「小椋伝助」を名乗った有力な木地屋の天明三(一七八三)年までの六代にわたる移動の記録であり、氏

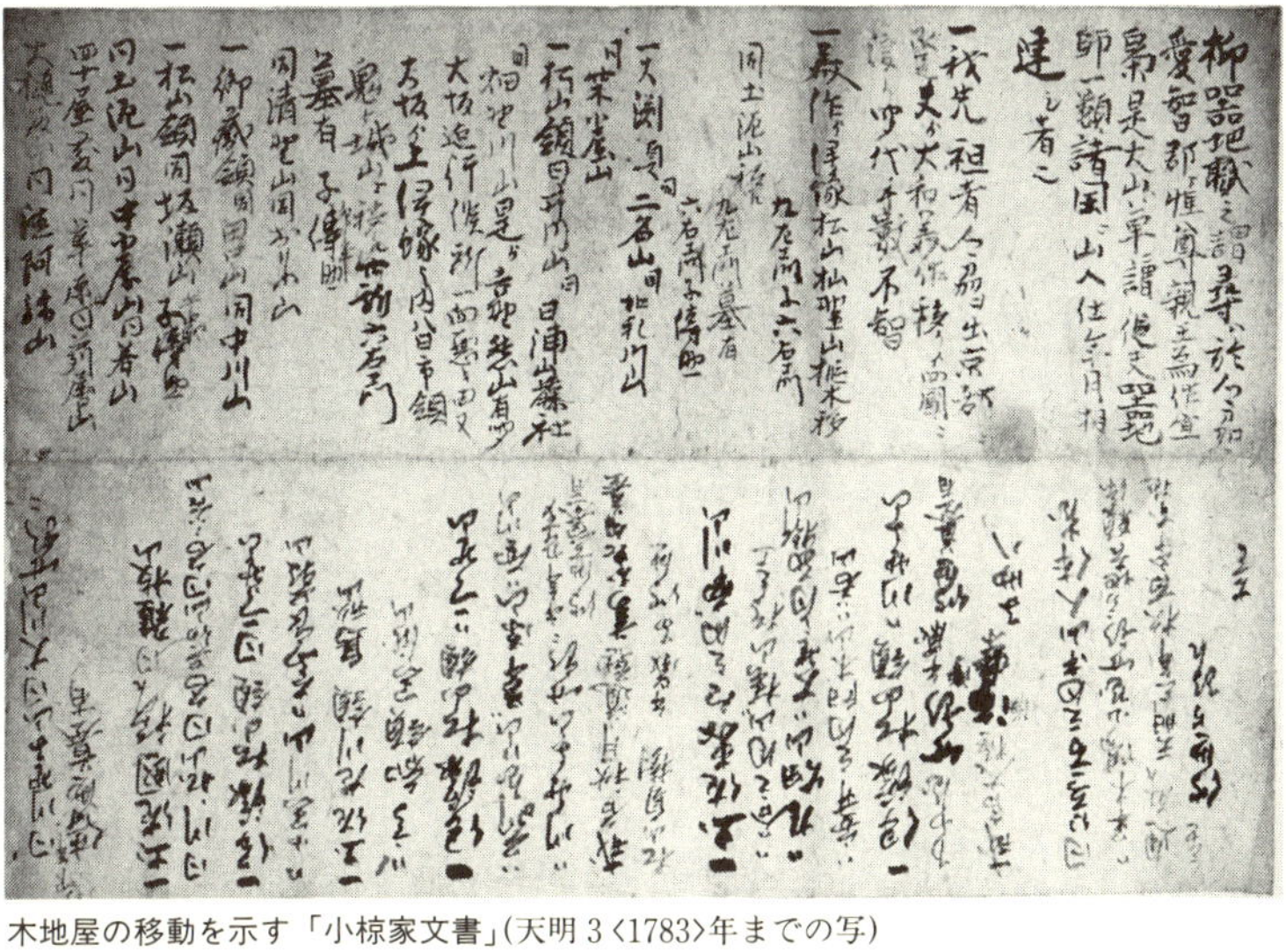

木地屋の移動を示す「小椋家文書」(天明3〈1783〉年までの写)

子狩帳と符合させてみると、寛文五（一六六五）年ごろからの記録であると考えられる。一二〇年間に四五カ所あまりの山を回帰的に移動しており、平均して約三年に一度の移動となる。この記録とほぼ同一の内容をもつ文書は愛媛県松山《まつやま》市にも現存しており、その家から分かれて中国山地に移動してきた木地屋が持ち伝えてきたものと考えられる。

また、松山市の別の小椋家に残る「小椋重右衛門先祖年代記附録」もまた、伊予木地屋の中国山地への移動を伝えている。後年の写《うつし》であるが、元禄十（一六九七）年から文政二（一八一九）年におよび、伊予・土佐・安芸、そして周防にまたがる。この記録の後半部分、文化六（一八〇九）年に小椋長左衛門《ちょうざえもん》が移住したという「防州玖珂郡山代宇佐村之内河津」は現在の岩国市宇佐川津《うさかわづ》で、氏子狩帳の記載も頻繁で、古来木地屋の多いところであった。この長左衛門のその後についてはあきらかでないが、この記録が伊予に残ったことから考えて、ふたたび伊予に回帰したと考えてよかろう。また、おそらく藩の国策として文政年間（一八一八〜三〇）には山口市の後河原《うしろがわら》に木地屋が集住していたが、その伝統はいわゆる「大内塗り」にうけつがれている。

10章

近代への歩み

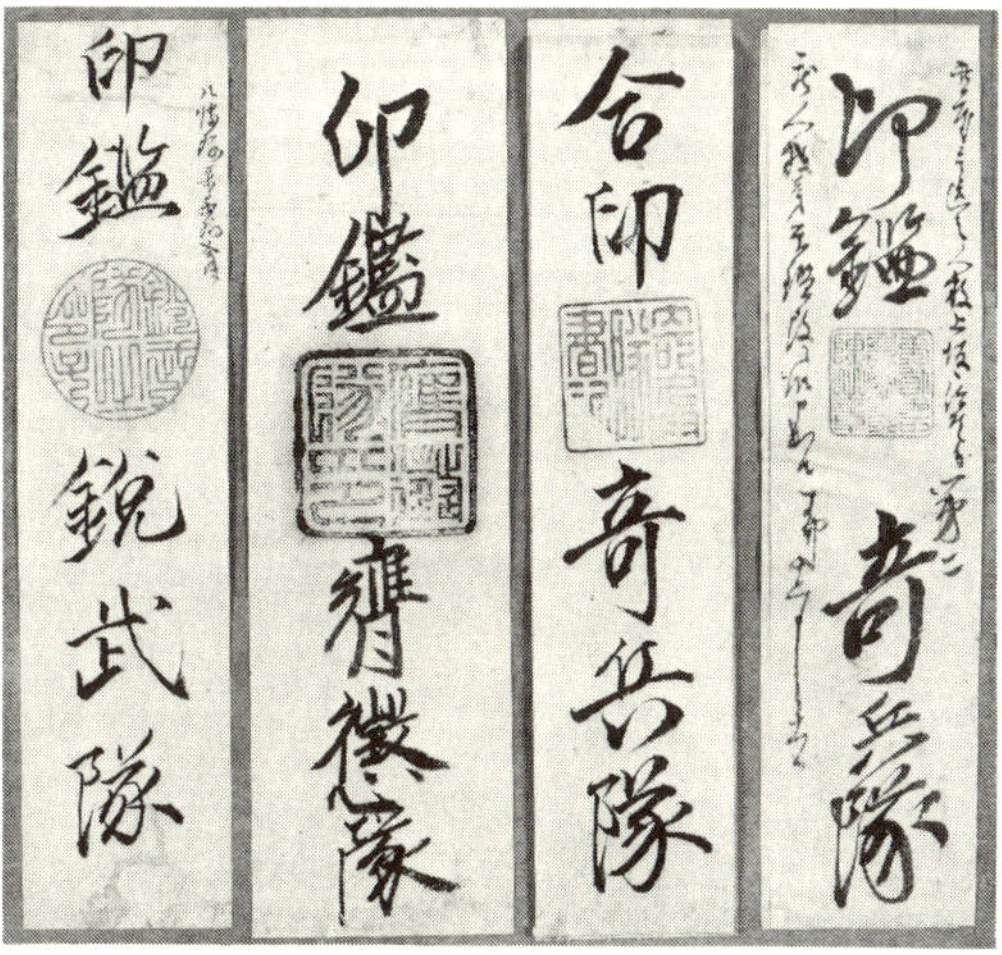

諸印鑑帳

1 天保大一揆と藩政改革

天保大一揆●

天保期（一八三〇～四四）になると、国内の諸矛盾の激化と、西洋列強による外圧の危機の発生により、幕藩体制《ばくはんたいせい》は動揺を強めた。内憂外患《ないゆうがいかん》の時代の幕あきである。長州《ちょうしゅう》藩では、天保二（一八三一）年、藩をゆるがす大一揆《だいいっき》がおこった。

天保二年七月二十六日、山口宰判《さいばん》小鯖《おさば》村観音原《かんのんばら》（山口市）の皮番所《かわばんしょ》において、藩の御内用御用達《ごようたし》商人石《いわ》見屋嘉右衛門《みやかえもん》一行の積荷のなかから皮が発見された。当時、瀬戸内海沿岸諸村では、稲が穂をはらむ時期に青田の近くを皮がとおると大風雨がおこるという迷信が信じられていた。そのため農民たちは皮番所を設けて皮の移動の警戒にあたっていた。そこをとおりかかった御用商人の荷のなかから皮が発見されたため、農民たちの怒りは爆発した。農民たちは、これは大風雨を発生させて米不足をおこし、買占米の高騰をはかろうとする悪巧《わるだく》みと考えて、三田尻《みたじり》宰判中関《なかのせき》（防府《ほうふ》市）にある石見屋を打ちこわした。さらに周辺の米相場に関係しているものや村役人宅をつぎつぎに打ちこわした。一揆勢は、三田尻宰判の村々を打ちこわしたあと、一隊は小郡《おごおり》宰判へ移って諸村の米屋や村役人宅を打ちこわした。もう一隊は、鯖山垰《さばやまたお》を越えて山口宰判にはいり、仁保《にほ》方面をまわって山口町へ出、諸村の村役人宅を打ちこわした。そして八月二日、湯田《ゆだ》の龍泉寺《りゅうせんじ》において、一揆の要求を聞くという方法での鎮静工作が行われ、一揆勢は要求書を提出してひとまず鎮静した。このようにして第一段階の一揆は終息したが、八月十三日、大島《おおしま》宰判三蒲《みがま》村（周防大島町）で米をひそかに積みだして売りさばこうとしたものが打ちこわされた。以後、藩内各地でそれぞれの地域の問題を背景にして一揆が展開し、九月には支藩の徳山《とくやま》藩にも波及した。この間、八〇〇軒もの豪農商層が打ちこわされるという全国的にも有数の大一揆となったのである。

一揆の主体は、「買喰《かいぐい》」層といって、自分の田畠からの収穫では食料がまかなえず、さまざまな諸稼《かせぎ》や雑業に従事し、その収入で食料を購入して生活をしている人たちであった。買占めを行ったと疑われた米屋や、米を消費する酒造業者が各地で集中的に打ちこわされているのはその表れである。江戸《えど》時代後期の長州藩では、富を蓄積した豪農商と、土地を失って没落した下層農・貧農の階層分解が進み、大量の「買喰」層がうみだされていた。豪農層は村役人に就任していることが多く、村政で不正を行っているのではないかと疑惑をうけて打ちこわされたものも多かった。一揆勢は、直接的には日常的に対立を深めている豪農商層を攻撃し、さらに国産取立政策を強行して商品の安値買上

佐波木地蔵（萩市）　奥阿武宰判吉部村の一揆指導者弥右衛門らをまつる。

げをたくらむ藩に対して、政策の撤回を求めるという型で一揆が展開したのである。

一揆は十一月になって終息した。これ以後、長州藩による一揆参加者のきびしい追及が開始された。村々で逮捕されたものは、萩《はぎ》に送られ、牢屋は人であふれて一畳当り八人もつめこまれるという惨状であった。そのため取調べ中に牢内で病死したものも多い。一揆の発頭人《ほっとうにん》として誅伐《ちゅうばつ》（死刑の上でさらし首）の判決をうけた当島《とうじま》宰判川上村の又右衛門《またえもん》は、「無法又《むほうまた》」と異名をとる剛のもので、馬喰《ばくろう》を業《なりわい》としていた。彼は牢中で病死し、死体は保存されたうえで、さらし首となった。奥阿武《おくあぶ》宰判吉部《きべ》村の一揆指導者弥右衛《やえ》門《もん》ら三人は、死刑あるいは獄中で病死ののち、地元の人びとによって義民としてまつられ、現在も佐波木《さばき》地蔵《じぞう》として厚く信仰されている。天保大一揆は多くの犠牲者をだしたが、藩政当局者に大きな危機感をあたえ、やがて長州藩天保改革《てんぽうのかいかく》を余儀なくさせるのである。

天保改革●

天保大一揆について、村田《むらた》清風《せいふう》は、「御家と御国を百姓蹴立て候口惜しさの事」と述べて、翌年には藩政の改革を上申している。この改革プランは、のちの天保改革の基調に連なっており、天保大一揆が改革の要因となっていることを示している。ただし、天保改革の直接的契機となっているのは、天保八（一八三七）年の一揆である。天保八年は、前年の長雨により発生した飢饉《ききん》や、二月の大坂の大塩《おおしお》平八郎《へいはちろう》の乱の情報がもたらされたことによる不穏を背景として、三月、長府《ちょうふ》藩領下関《しものせき》および三田尻・大島・徳地《とくぢ》・美《み》祢《ね》・小郡宰判で一揆が勃発した。一揆の情報は、江戸において第十三代長州藩主を襲封する手続きをしていた毛利《もうり》敬親《たかちか》のもとに伝えられた。敬親は、国元《くにもと》の一揆に非常な危機感をいだき、きびしい対策を指令した。そして、翌天保九年、国元に帰ると、八月五日村田清風と香川《かがわ》作兵衛《さくべえ》を地江戸《じえど》仕組掛《しくみがかり》に任じて藩政改革に着手したのである。この改革は清風に権限があまりあたえられず、十分な成果があがらなかったため、天保十一年五月二十七日、清風を江戸当役用談役《ようだんやく》に昇格させ、七月七日には大会議を開いて清風以下一五人を改革の任にあたらせ、さらに徹底した改革が取り組まれた。

清風の「御仕組大目途《おしくみおおめど》」によれば、天保九年の長州藩の負債総額は、銀九万二〇二六貫目に達していた。負債は天保九年からの改革によっては容易に減少せず、清風はこれを「八万貫目の大敵」とよんで、その解消をめざした。八万貫は、当時の長州藩の一年間通常経費の二二倍にも達する額である。当時の財政の基本方針は、「量㆑入為㆑出」という収入に基づいて支出を決定するというものであり、財政建直しはまず支出の抑制が第一目標とされた。そのためには清風はきびしい倹約令をしき、華美な家作の禁止や、女子綿服など日常生活のすみずみまで規制を徹底して行った。

農民支配政策では、百姓一揆を再発させないためにも、「力田《りきでん》」の方針のもと、農業をすすめて困窮農民の再建をはかった。その政策として、荒畠地の租税廃止、休石法《きゅうこくほう》の拡

村田清風肖像

大、年貢徴収方法の改善などが取り組まれた。清風の「落穂ある　田は静かなり　鶴の声」という句は、田に落穂のあるような余裕のある農民の暮らしを理想として描いたものである。この状態で農民の生活が安定すれば、「治まれる　世は富士山の　姿かな」と、政治的安定が可能となる。

商業政策では、清風は、藩が専売制などの興利《こうり》事業を行うことが、農民を弱体化させ、政治の乱れとなるとして、「禁興利」をかかげて商業利潤の収奪を禁じた。その一方で、天保十一年十一月、下関における越荷方《こしにがた》の拡充をはかり、藩外からの商業利潤は積極的に得ようとした。当時、江戸幕府の流通政策によって、商品は西廻り航路などをとおって大坂に集荷されていた。この流通体制のなかで、商品を一時下関にとどめておいて、大坂市場の値があがってから運びこめば、より多くの利潤を得ることができる。これらの船に倉庫と資金を提供し、倉庫料や貸付利子をとることによって利益をあげようとしたのが越荷方である。越荷方の資本は、豪農商の資本を投入させたものであり、これは「弟之物をとりて兄に与え」るような状況におちいって、本来の貧民救済の機能を果たさなくなっている地方修補《じかたしゅほ》を改革することをも意図したものであった。下関越荷方の拡充によって、多くの他国廻船が下関に入港し、大きな収益をもたらした。このことは逆に、幕府の大坂を軸とした市場統制と正面からぶつかることになり、幕府の長州藩に対する圧力が予測されるなか、清風が政治の第一線をしりぞく要因となるのである。

このほかの改革政策として、「淫祠《いんし》」解除《ときのけ》政策がある。「淫祠」とは、藩の帳簿に登録されていない小さな寺社や堂庵《どうあん》、路傍の石仏など民間信仰的な施設を藩の立場からよんだものである。これらの信仰施設は、民衆の生活に密着したものであり、形骸化した既成宗教に比して、近世後期には急激に増大している。藩は、天保十三年九月二十日、「淫祠」の解除を命じ、民衆の抵抗を押さえつつ、最終的には合計二万二一七六宇の施設を破壊した。このことによって支配体制外信仰を排除し、その一方で支配体制に組み込まれた信仰の再編成をはかり、村落秩序の強化を行ったのである。

羽賀台大操練●

天保改革では、外圧への対応として羽賀台《はがのだい》大操練が取り組まれた。これは、中国におけるアヘン戦争（一八三九〜四二）において、清《シン》がイギリスに敗北した危機をうけて、家臣《かしん》団の大軍事訓練を行ったものである。清風は、文化十二（一八一五）年、対外防備のため「神器陣《しんきじん》」という新陣法を発明するなど、早くから海外防備に関心をもっていた。「神器陣」は、中央に大砲、左右に小銃三〇から四〇を配し、銃撃によって打撃をあたえておいて、火煙のなかを後備に配していた刀槍数隊が切り込むものである。この段階では、小銃に対する信頼性が不足していたため、基本は刀槍においており、西洋化は不徹底なものであるが、「神器陣」でさえ明倫館《めいりんかん》の伝統的武術の師家の反発などもあって不振におちいっていた。

天保十（一八三九）年、アヘンの問題をめぐって清国とイギリスが対立し、翌年の戦闘において清は大敗した。この情報が日本に伝えられると、強い対外的危機意識を発生させた。清風は、天保十一年「海国の御手当の事は、片時も差置かれかたき事に相見候」（「講武秘策」）と、あらゆることに優先させて、まず海防政策を行うことが必要であると、藩主毛利敬親へ上申した。武器の面では、天保十二年五月、高島《たかしま》秋帆《しゅうはん》の武州徳丸原《ぶしゅうとくまるがはら》（東京都板橋区）における洋式銃隊の訓練に藤井平左衛門《ふじいへいざえもん》らを派遣した。清風は、彼らの報告によって洋式銃陣の重要性を認め、平左衛門を秋帆の塾に入門させ、秋帆の高弟山本清太郎《やまもとせいたろう》を萩に招くなどして洋式軍備の導入をはかろうとした。

家臣団の強化策としては、羽賀台（萩市）における大操練を提起し、天保十四年四月一日実施した。

羽賀台は萩城の東方約一〇キロにある台地であり、上にのぼると広大な平原が広がっている。この地に、石高一〇〇石につき二人の軍役を割りあて、総数一万四一〇八人を動員し、八隊編成で大操練を行った。この操練には、単に武士のみではなく、藩領各地域の村にも人夫の動員が割りあてられており、すべての階層を動員して、全藩的規模で取り組まれた。操練の先頭部隊が羽賀台に到着したとき、最後備の部隊はまだ萩城内にいたと伝えられており、空前の規模であったことが知られる。

羽賀台大操練は、太平になれた封建武士の再編には一定の役割を果たしたが、天保期においては対外的危機はすべての階層を含みこんで深化するまでには至っておらず、外圧の危機意識の薄い藩士の反発や批判があった。天保期以降、長州藩は対外防備のために、のろし場や台場を築造していった。ただし軍事動員体制は、幕府の要請に基づいて家臣団の編成を行っているものの、机上プランの域をでておらず、本格

羽賀台に立つ「天保閲兵之地」石碑(萩市)

的取組みは、ペリー来航後に行われることになったのである。

天保十四年四月、清風は家臣が窮乏し、借銀に苦しんでいるのを救済するため、三七カ年賦皆済仕法を打ちだした。これは、家臣が長州藩から借用した公内借《くないしゃく》を、銀一貫目について一年に三〇目ずつ、三七年賦で返済する仕法である。これを家臣の私的な借銀にも適用し、長州藩が家臣にかわって返済義務を負い、家臣からは三七年賦で藩に返済させようとするものである。三七年賦というものの、実質的には借金踏倒しに近く、商人の強い反発を招いた。そして商業資本と結びついた勢力は、清風の退陣をせまった。前述の越荷方の拡充に対する幕府の追及の動きも重なって、清風は、弘化元（一八四四）年六月、政治の第一線からしりぞいた。かわって、商業資本のうけのよい坪井九右衛門《つぼいくえもん》を中心とする派が、藩政の中枢をにぎることになるのである（三宅紹宣「藩政改革の光と影をめぐって」青木美智男・保坂智編『争点日本の歴史　第五巻近世編』）。

2　対外的危機と政局の変動

ペリー来航と対外的危機●

嘉永六（一八五三）年六月三日、アメリカ東インド艦隊司令長官ペリーは、軍艦四隻を率いて江戸湾入口の浦賀《うらが》にあらわれた。ペリーは、軍艦による威圧を背景に、日本の開国を求めるアメリカ大統領国書の受理をせまった。幕府はやむなく国書を受け取り、返事は来年するということで、いったんペリーを退去させた。ペリー来航は全国に伝えられ、外国からの圧力に対する危機意識がわきおこった。長州藩では八月

「異国之説大行、人気騒然」（古谷道庵日乗、下関市鳥山民俗資料館保管）のような状況が発生している。長州藩域に伝わった風聞は、実態以上に誇張して伝えられており、民衆が非常な恐怖心をいだいていたことがうかがえる。また長州藩は、この年十一月十四日から相模《さがみ》国警衛を担当し、国元から相模国へ軍事動員がなされ、対外防備の実践的取組みが開始された。

ペリーは、翌安政元（一八五四）年再来し、開国を要求した。幕府はその圧力に屈して、三月三日、日《にち》米和親条約《べいわしんじょうやく》を結び、開国することとなった。以後、対外的危機を軸にして激動の時代へと突入した。

国内問題では、十三代将軍徳川家定《しょうぐんとくがわいえさだ》の後継者をめぐって対立がおこった。雄藩大名《ゆうはんだいみょう》の越前《えちぜん》藩松平慶《まつだいらよし》永《なが》・土佐《とさ》藩山内豊信《やまうちとよしげ》・薩摩《さつま》藩島津斉彬《しまづなりあきら》らは、俊才の聞こえの高い一橋慶喜《ひとつばしよしのぶ》を推した。これに対し井伊直《いいなお》弼《すけ》を中心とする譜代《ふだい》大名は、血縁の濃い紀伊《きい》藩主徳川慶福《よしとみ》を擁立した。井伊は政治工作によって、安政五年四月大老《たいろう》に就任し、六月十九日、日米修好通商条約《にちべいしゅうこうつうしょうじょうやく》の調印を断行した。さらに徳川慶福を将軍の継《けい》嗣《し》とした。

政治権力をにぎった井伊は、反対勢力の弾圧を開始した。安政《あんせい》の大獄《たいごく》である。この弾圧は一橋派などの大名から一般の志士にまでおよんだ。長州藩では、吉田松陰《よしだしょういん》が江戸によびだされ、安政六年十月二十七日処刑された。

吉田松陰と尊王攘夷運動●

吉田松陰は、天保元（一八三〇）年八月四日、萩城下松本《まつもと》村で藩士杉百合之助《すぎゆりのすけ》の次男としてうまれた。叔父の吉田大助《だいすけ》が死去したため、六歳のとき、養子としてその跡をついだ。吉田家は、山鹿《やまが》流の兵学《へいがく》師範の家である。松陰は、将来の兵学師範となるべく、幼少期からきびしい学問修業に打ち込んだ。一一歳のとき、藩主毛利敬親のもとでの御前講義《ごぜんこうぎ》の出来ばえが見事であったことにより、その才能は認められ、以後、敬親の「お好み」によって、たびたび御前講義が行われている。

嘉永二（一八四九）年、外国船に対する海防策を立てるために、北浦《きたうら》海岸を須佐《すさ》から赤間関《あかまがせき》まで視察し、兵学者としての実践的活動を開始するとともに、対外防備の必要性を実感した。翌三年八月、家学山鹿流兵学の宗家である平戸《ひらど》の山鹿万助《まんすけ》および葉山佐内《はやまさない》を訪れるため、九州遊歴の旅にでた。この旅で松陰は、アヘン戦争の情報や海外事情に関する本をむさぼるように読み、海外に対する眼を開いた。

嘉永四年三月、松陰は江戸遊学にでた。江戸においては、食事を切りつめるほどして勉強に没頭したが、それにこたえる師はみいだせなかった。松陰は、親友の宮部鼎蔵《みやべていぞう》などと勉強会を開き、さらに東北地方を実地踏査して海防のための兵学研究に資しようとした。嘉永四年暮に出発したこの旅は、藩の旅行手形が発行される前に出発したため、江戸に帰った松陰は、脱藩の罪に処せられ、一介《いっかい》の浪人となった。

吉田松陰肖像(吉田家本)

嘉永六年ふたたび江戸にでた松陰は、六月三日のペリー来航に遭遇し、圧倒的な軍事力を前にして、強い危機感をいだいた。そのやむにやまれぬ気持をこめて草した「将及私言《しょうきゅうしげん》」を藩主毛利敬親に建言した。「将及私言」の内容は多岐にわたるが、朝廷を中心とした海防体制の樹立や西洋兵学の導入の急務を進言している。

西洋兵学を実地にきわめることの必要性を痛感した松陰は、翌安政元（一八五四）年三月二十七日夜、門弟の金子重之助《かねこしげのすけ》とともに、伊豆《いず》の下田《しもだ》に測量のためにきていたペリー艦隊へのりこみ、密航をはかろうとした。しかしペリーは松陰をつれていくことを拒絶した。松陰は外から発覚することをいさぎよしとせず、自首してでて江戸の獄に護送された。

ついで萩の野山獄《のやまごく》に移された松陰は、獄中で勉強会を開くことをよびかけた。松陰自身は、『孟子《もうし》』の講義をはじめた。この講義は、野山獄をでることを許され、実家の杉家へ移った以降も続けられ、やがて松陰の主著『講孟余話《こうもうよわ》』としてまとめられた。また、この講義を聴く集まりが、松下村塾《しょうかそんじゅく》へと発展していった。

松下村塾はもともと松陰の叔父玉木文之進《たまきぶんのしん》がはじめ、養母の叔父久保五郎左衛門《くぼござえもん》がついでいた私塾である。安政四年十一月、杉家の宅地内にあった小屋に修理を加え、松下村塾の名前をゆずりうけ、ここに松陰の松下村塾が誕生した。松下村塾では、門人の学力に応じた個性を重視した教育が行われ、世界情勢を常に念頭においたきわめて実践的な問題を取りあつかった。この塾で学んだ八〇人あまりのなかから、高《たか》杉晋作《すぎしんさく》・久坂玄瑞《くさかげんずい》・前原一誠《まえばらいっせい》・品川弥二郎《しながわやじろう》・山田顕義《やまだあきよし》・伊藤博文《いとうひろぶみ》・山県有朋《やまがたありとも》など幕末期から明治時代にかけて活躍した逸材を輩出したのである。

安政五年、井伊直弼が朝廷の許可が得られないまま日米修好通商条約の調印を断行し、これを批判する勢力の弾圧を開始した。ここにおいて松陰の怒りは爆発し、老中間部詮勝《ろうじゅうまなべあきかつ》の襲撃などを計画した。その過激な計画は藩の知るところとなり、松陰はふたたび野山獄につながれた。翌安政六年になると、安政の大獄は松陰にまでおよび、四月、江戸に護送せよとの幕府の命令がくだった。松陰は江戸伝馬《てんま》町の獄に投ぜられ、十月二十七日斬刑に処せられた。歳三〇であった。松陰なき後は、松下村塾の門人久坂玄瑞や高杉晋作らを中心として、尊王攘夷《そんのうじょうい》運動がうけつがれていくことになるのである（三宅紹宣「吉田松陰の民政観」『史学研究』二〇〇）。

安政改革と航海遠略策●

長州藩は、激動する政局のなかで藩の政治方針の確立をめざした。安政五（一八五八）年五月二十七日、将軍徳川家定の後継者問題と日米修好通商条約の調印で政局がゆれるなか、朝廷への忠節、幕府への信義、祖宗《そそう》への孝道《こうどう》などいわゆる藩《はん》是三大綱《ぜさんだいこう》を決定した。藩主毛利敬親は、同年六月二十六日、周布政之助《すふまさのすけ》を右筆《ゆうひつ》のまま当役手元役《とうやくてもとやく》に任じるとともに、政務

周布政之助肖像

役とした。以後、周布は藩是三大綱を基本方針として安政改革《あんせいのかいかく》に取り組むことになる。その後八月、藩政改革綱領が決定された。それは、軍制改革・文武引立て・家臣団の立直し・民政改革を企図するものであった。

民政の改革は、農村の生産力の発展をはかるとともに、藩自身が商人化するような形で直接商品の流通にのりだし、利益の追求をめざすものであった。これによって長州藩は富国《ふこく》をめざした。

軍制の改革は、安政六年六月二日、横浜《よこはま》が開港したことによって発生した不穏状況を背景に江戸方政府によって断行された。この年藩主毛利敬親は在府中であり、周布も江戸にあって、軍事力の西洋化の改革を指導した。萩における西洋軍制導入の実務は、来原良蔵《くりはらりょうぞう》が担当した。来原は長崎直伝習生《じきでんしゅうせい》として西洋兵学を学び、萩においては保守的な家臣の抵抗を粘り強く排しながら西洋軍制の浸透をはかった。この改革では、「奇兵」の着想がみられ、のちの奇兵隊《きへいたい》の発想の源流として注目される。改革に伴って十一月十九日、神器陣の訓練が停止され、保守勢力の駆逐が徐々に行われていった。翌万延元（一八六〇）年二月、毛利敬親は参勤《さんきん》の年をおえて帰国の途についたが、その行列では、それまでの和銃を廃止し、西洋銃に改めている。

文久元（一八六一）年、長州藩は直目付《じきめつけ》長井雅楽《ながいうた》の航海遠略策を藩の方針として、中央政局への進出をはかろうとした。長井の策は、通商条約は現実の前提として、日本から海外に積極的に航海に打ってでる壮大なものであり、朝廷がその策を幕府に命令する点で、朝廷の体面を満足させ、実質的には幕府の開国策を支持する公武合体《こうぶがったい》策であった。朝廷および幕府ともに満足させる点で、長井の策は脚光を浴びたが、やがて尊王攘夷運動の高まりとともに批判が集中するようになった。

安政六年六月の開港によって貿易が開始されると、大量の輸出によって生糸《きいと》の品不足がおこり、逆に外国からは、安い綿織物がはいってきて国内の綿織物業を圧倒した。このような開港に伴う経済混乱は、大きな社会変動のうねりとなって全国をおおった。民衆は生活を破壊した原因は貿易の開始にあるとみて、開港を行った幕府に対する批判を強めた。その一方で、攘夷をとなえる政治勢力を支持するようになった。このような情勢を背景に尊王攘夷運動は高まった。

長州藩における尊王攘夷運動の指導者久坂玄瑞は、貿易は不要物をいれ、必要物資を欠乏させ、物価騰貴をもたらすと認識している。この状況を打開するには攘夷を決行することによって士気を高めることが必要であるとして、天皇親政による攘夷決行を提起している(「解腕痴言《かいわんちげん》」『久坂玄瑞全集』)。尊王攘夷派は、久坂玄瑞を中心として、幕府の開国路線を支持することにつながる長井への批判を強めた。そして朝廷に働きかけて、長井の論策には朝廷の悪口とみられる部分があるという指摘がなされるように工作した。文久二年五月、その問題が朝廷によって投げかけられると長井の政治生命は断たれた。長井は、進退伺を提出して政治の表舞台から去り、翌年切腹して果てた。

尊王攘夷運動の高揚は、周布ら藩政担当者の理解を得るに至った。長州藩は文久二年七月六日、京都藩邸における大会議によって、朝廷への忠節を絶対的なものとする奉勅《ほうちょく》攘夷へと藩の方針を転換した。以後、長州藩は攘夷の急先鋒として中央政界に影響をおよぼすことになる。朝廷は攘夷主義者の孝明《こうめい》天皇を中心にして、幕府へ攘夷の実行をせまった。幕府は公武合体策のため孝明天皇の妹和宮《かずのみや》を将軍徳川家茂《いえもち》の夫人に迎えており、朝廷の意向は無視できなかった。やむなく幕府は文久三年五月十日を攘夷決行期限とすることを全国に布告した。

3 幕末の変動

攘夷の決行と奇兵隊●

文久三（一八六三）年五月十日、長州藩は下関海峡においてアメリカ商船を砲撃し、攘夷の決行の火蓋《ひぶた》を切った。続いて、二十三日にフランス艦、二十六日にオランダ艦を砲撃した。これに対して六月一日にはアメリカ、六月五日にはフランスの報復攻撃が下関において行われた。近代的兵器を装備した列強の攻撃の前に、長州藩はなすすべもなく敗退し、大きな危機に直面した。この窮状を打開するため、萩で隠棲していた高杉晋作が山口の藩主毛利敬親のもとによびだされ、対策が命ぜられた。高杉は六月七日下関へいき、奇兵隊を結成した。

奇兵隊は、高杉の結成綱領によれば、「奇兵隊之儀ハ有志之者相集候儀ニ付、藩士、陪臣、軽卒を撰ばず、同様に相交り、専ら力量を尊び堅固之隊」（毛利報公会博物館蔵）のように、身分に関わりなく、有志で結成するとある。その構成員を分析した最新の研究によれば、武士出身四九・六%、農民出身四〇・三%、町人出身五・〇%、寺社関係五・一%となっている。奇兵隊は、庶民出身者が約半数を占めており、従来の武士だけからなる封建軍隊とは異なり、西洋式の新しい軍隊である。ただし、武器・俸給は藩から支給され、軍隊のもっとも基本的性格を規定する指揮命令系統においては、藩庁の統制下におかれていた。また隊のなかでは、袖印《そでじるし》（肩章）が藩士出身は絹、足軽《あしがる》以下は晒布《さらしぬの》と区別されており、厳然たる身分差別があった。さらに入隊にあたって、武士の養子として入隊すれば、隊中で羽振《はぶ》りがよいとして、養子手続きをするものがみられる。これも隊中に武士的側面が存在していたことをあらわしている。奇兵隊に続いて同様の隊として遊撃《ゆうげき》隊・膺懲《ようちょう》隊・集義《しゅうぎ》隊・八幡《はちまん》隊・御楯《みたて》隊・第二奇兵隊などがつぎつぎと結成され、これらを総称して諸隊とよんでいる。

　長州藩が攘夷の決行をしたことにより、藩内各地で対外的危機意識が高揚した。萩においては六月二十五日から菊ケ浜《きくがはま》土塁《どるい》の築造が開始された。菊ケ浜土塁は町方から願い出、藩庁がそれを許可することにより着工された。士気を鼓舞するために派手な装いを許し、幟《のぼり》を立て熱狂的に取り組んだ。工事には武士・町人・農民など諸階層の男女が参加し、萩町のみならず周辺村落からも広範囲に参加している。その人数は、七月二十二日には一万三七〇〇人、七月二十三日には一万七五〇〇人にのぼった。

　また外国船による海上からの攻撃をさけるために、萩城の山口城への移転、長府藩の長府御殿の田倉《たくら》城(勝山《かつやま》城)移転が、文久三年から翌年にかけて断行された。その工事のために藩内各地から人夫が動員されたが、村中で申しあわせて男女ともほとんど残らず参加するような状況となっている。民衆の対外的危機意識の高まりによって、人夫の大量動員が可能になっていることがわかる。

奇兵隊袖印

❖コラム

古谷道庵日乗の世界

古谷道庵《ふるやどうあん》は、長府《ちょうふ》藩領の豊浦《とようら》郡宇賀本郷《うかほんごう》（下関市）で、幕末から明治初期にかけて、地域の医療にあたり、塾を開いて教育にもつくした。道庵は、天保七（一八三六）年、日記を書きはじめ、死去する直前まで四三年間にわたって書きついでいる。日記は日乗《にちじょう》と題して、一から一一五までの通番が付され、総丁数六一八六丁にもおよぶ膨大なものである。道庵の生きた時代は、幕末《ばくまつ》・維新《いしん》の激動期にあたり、彼の日記をとおして民衆がこの時代をどのように生きたかを如実にうかがうことができる。村落の視点から明治《めいじ》維新《いしん》を考えていくうえで、第一級の史料といえよう。

淡々と記してきた道庵の日記が変化しはじめるのは、西洋列強の外圧の記事がみられる嘉永二（一八四九）年暮からである。嘉永六年ペリー来航は、防長《ぼうちょう》において「異国之説大行、人気騒然」のような状況となり、民衆の対外的危機意識が発生していることがわかる。ついで貿易の開始によって、経済破壊と物価騰貴がおこり、民衆を苦しめているようすが、さまざまな伝聞も含めて書かれている。文久三（一八六三）年、長州藩が下関《しものせき》海峡で外国船を打ちはらう攘夷《じょうい》を決行すると、下関は大混乱におちいったが、村落においては外国人退散の祈願が行われるなど、攘夷意識が高揚している。幕長《ばくちょう》戦争では、長州藩の民衆は、幕府が西洋列強と結託して攻撃してくると思いこんでいる。この戦争を外圧と結び付けて認識することが、戦争への協力を容易にしたことがうかがえる。道庵の日記は、激動の時代に生きた民衆の姿を浮き彫りにしてくれるうえでまことに貴重な史料といえよう（三宅紹宣「幕末・維新期長州藩における民衆意識」『山地研』六三）。

海岸部では重要地点に台場《だいば》が建設された。先大津《さきおおつ》宰判の阿川《あがわ》台場の場合、元治元（一八六四）年三月三日から近隣の村々の武士・庶民・僧侶などあらゆる階層の参加を得て、わずか六日で完成している。近くの宇賀本郷《うかほんごう》の医師古谷道庵《ふるやどうあん》は、その日記に「人意豪壮想ウベキ也」（「古谷道庵日乗《にちじょう》」）と記し、民衆の対外防備に関する高揚した雰囲気を伝えている。

禁門の変と四国連合艦隊下関砲撃●

長州藩は、列強の報復攻撃にやぶれはしたが、攘夷の決行により、意気はおおいにあがった。これに対して公武合体《こうぶがったい》派の巻返しが行われた。文久三（一八六三）年八月十八日、公武合体派の会津藩・薩摩藩は、政変により朝廷内の尊王攘夷派公卿《くぎょう》を追放し、長州藩の京都における政治勢力を奪った。三条実美《さんじょうさねとみ》以下七人の公卿は、京都を脱して長州藩へ亡命した。以後、長州藩は京都における政治勢力の回復を求めて運動を展開する。ただし、その方法をめぐって、武力で京都の再制覇をめざそうとする来島又兵衛《きじままたべえ》らの激派と、慎重論をとなえる高杉晋作らが対立していた。しかし

山口藩庁門(山口市)

元治元（一八六四）年六月五日、京都における池田屋《いけだや》の変《へん》で尊王攘夷派の志士が多数犠牲になると、進発論は押しとどめられなくなり、長州藩は軍隊を京都へ進発させた。

長州軍は京都の周辺に屯集して長州藩復権の嘆願を続けたが、もとより聞きいれられるはずもない。激派の勢いに押し切られる形で、七月十八日夜中、長州軍は京都へはいる三方面から攻撃を開始した。しかし伏見《ふしみ》街道を北上した家老の福原越後《ふくばらえちご》が率いる隊は敗退し、嵯峨《さが》から御所《ごしょ》をめざした隊は、蛤門《はまぐりもん》（禁門《きんもん》）で激戦の末にやぶれ、来島又兵衛は戦死した。山崎から進んだ隊は、堺町《さかい》門をついたがやぶれ、久坂玄瑞は重傷をおって自刃《じじん》した。長州軍は三方面での戦いに敗退し、総退陣した。この禁門の変の戦闘で、長州軍は御所へ発砲する形となり、七月二十一日長州藩追討の勅命がだされた。幕府は征長を諸藩に命じ、長州藩は大きな危機に見舞われることになった。

国元《くにもと》においては、八月五日からイギリス・フランス・アメリカ・オランダの四国連合艦隊による下関砲撃が開始された。これは前年の長州藩による外国船砲撃に対する本格的報復である。連合艦隊は、軍艦一七隻、兵員五〇〇〇人余の大規模なものであり、長州藩は完敗し、八月十四日停戦協定が結ばれた。これによって長州藩は外国船の下関海峡通航の自由を認めた。

完敗したとはいえ長州藩が外国艦隊と戦闘したことは、開港による経済破壊に苦しめられている民衆の長州藩支持の全国的高揚をうみだしていった。たとえば九月には、京都において「長州おはぎ」が爆発的に売れる現象が発生している。これは、おはぎを盆に三角形に三つ入れ、三六文で売るもので、おはぎは長州藩城下町の萩、盆に三つならべるのは、毛利家家紋の一文字《いちもんじ》に三つ星《みぼし》、三六文は長州藩公称石高《こくだか》の三六万石を象徴している。また買うときの作法として、わざと「まけてくれ」（値引きしてくれ）といい、これに対して「まけん」（値引きしない）といわせるようにし、長州藩は戦闘に負けないことを公然といわせるようにしている。「長州おはぎ」の話は、各地に流布して書きとめられており、民衆の「長州贔屓《ひいき》」の意識が全国的に広まっていることが知られる。この長州藩に期待をよせる民衆意識は、以後の幕長戦争に大きな影響をおよぼしていくことになる。

第一次長州出兵と高杉晋作の決起●

幕府は、元治元（一八六四）年七月、全国三五藩を動員して、長州藩の征討を命じた。征長軍の参謀には西《さい》郷《ごう》隆盛《たかもり》が任じられたが、西郷は莫大な出費を伴う戦闘には消極的で、長州藩を内部分裂させて政治的決着をはかる方針をとった。一方、長州藩の内部では保守派の勢力が台頭し、幕府への恭順の意をあらわすことにより許しをこおうとし、尊王攘夷派への弾圧が行われていった。そのなかで、禁門の変をおこした三人の家老、福原越後・益田《ますだ》右衛《え》門介《もんのすけ》・国司《くにし》信濃《しなの》が十一月十一・十二日自刃させられ、首が広島の征長軍総督府《せいちょうぐんそうとくふ》

高杉晋作銅像（下関市功山寺）

に送られて、首実検《くびじっけん》が行われた。さらに藩主毛利敬親父子の謝罪、山口城の破却、三条実美以下の公卿の引渡しなどの降伏条件を承諾した。もともと深追いする気のない征長軍は、降伏条件の実行状況について形式的視察をすませ、これによって責任者の処分はすんだと認め、十二月二十七日撤兵令《てっぺいれい》を発し、翌元治二年一月、広島から撤兵していった。

この間、長州藩の内部では、高杉晋作による起死回生《きしかいせい》の決起が行われた。高杉は保守派の弾圧をのがれて福岡藩にいたが、保守派の圧政にいたたまれず下関に帰り、十二月十六日、下関において決起した。そして奇兵隊を始めとする諸隊の力を結集し、翌元治二年一月の大田《おおだ》・絵堂《えどう》の戦いにおいて、萩の保守派が派遣した鎮静軍を打ち破った。二月には萩の保守派を追放して、藩権力を奪取した。三月二十三日には武備恭順の藩是をあきらかにし、外に対しては恭順だが、攻撃をうけたときには、武力でたたかうという方針を打ちだした。

尊王攘夷派は、藩権力をにぎると幕府の再征長にそなえて、藩の行政・軍事の改革を急いだ。行政改革では、木戸孝允《きどたかよし》が用談役《ようだんやく》に就任して行政機構を整理・統合し、政治の集中化をはかった。軍事改革では、長州藩出身の蘭医学者で西洋軍制に精通している大村益次郎《おおむらますじろう》が抜擢され、西洋軍制への転換が大胆に推し進められた。とりわけ西洋式銃では、ゲベール銃からミニエル銃への転換がはかられた。これらの銃は一見すると似ているが、銃身のなかに施条のほどこしてあるミニエル銃が命中精度と貫通力に格段にすぐれており、このことにつうじている大村は、ミニエル銃への転換を断行した。

幕長戦争と民衆●

長州藩が武備恭順の藩論に転換したことを知った幕府は、ふたたび長州藩を征討することを決し、慶応元

（一八六五）年四月十二日、征長再令を発した。五月には将軍徳川家茂自身が江戸城を進発し、大坂城にはいった。以後、広島を舞台にして征長軍による長州藩の責任追及がなされるが、長州藩は巧みな外交戦略により追及をかわし、戦闘開始は引きのばされていった。征長軍は長期間の滞陣によって莫大な戦費を浪費し、士気の低下を招いた。この年の暮には、大坂の征長軍のあいだでは、正月に江戸に帰ることを期待して、土産物を買うことが流行しているのもその表れである。

一方、長州藩では西洋諸国から武器を調達する必要にせまられていたが、交戦団体には武器を販売しないということで購入の途はとざされていた。このため薩摩藩の名義を借りる必要があり、禁門の変においては敵対した薩摩藩との接近をはかった。この動きは、慶応二年一月二十一日の薩長盟約へと結実し、長州藩は政治的孤立から脱することになった。薩長盟約は秘密同盟であったが、両藩接近の動きは各地に流布しており、民衆の長州藩を支持する意識を高めている。

また幕長戦争の動きは、全国的に食糧不足や物価騰貴をよびおこし、それを背景にして大坂や江戸における打ちこわしや、各地の大規模な百姓一揆がおこり、民衆の「世直《よなお》し」への動きが高揚している。

慶応二年六月七日、征長軍は周防大島を攻撃し、ここに幕長戦争は開戦した。この戦争を長州藩では、藩を取りまく四つの境（大島《おおしま》口・芸州《げいしゅう》口・石州《せきしゅう》口・小倉《こくら》口）で戦闘が行われたことから四境《しきょう》戦争とよぶ。

大島口では、六月七日、幕府軍艦による上関半島および周防大島への砲撃が開始された。翌日には、幕府や伊予松山《いよまつやま》藩の軍が上陸した。これに対し六月十二日、高杉晋作による幕府軍艦への奇襲を皮切りに反撃に転じ、征長軍は総崩れとなって退却した。

芸州口では、六月十四日、幕府および和歌山藩・彦根《ひこね》藩などから編成された征長軍が、小瀬《おぜ》川を越えて攻撃しようとした。長州軍はこれを撃退し、逆に広島藩領に深く侵攻して、佐伯《さえき》郡一帯に駐屯した。

石州口では、四境戦争全体の作戦を立てた大村益次郎自身が、戦闘の指揮にあたった。長州軍は津和《つわ》野《の》藩を通過し、益田《ますだ》において征長軍と激戦を展開し、征長軍は敗退を続けた。七月十八日、浜田《はまだ》藩主は城を焼いて脱走した。長州軍はさらに幕府直轄領の大《おお》森《もり》まで侵攻し、以後、石見国一帯の占領政策をしいた。

小倉口では、六月十七日、高杉晋作・山県有朋らの率いる奇兵隊を中心とした長州軍は、下関海峡をわたって小倉藩を攻撃した。この攻撃によって幕府および九州諸藩の軍は敗退し、八月一日、小倉藩は城を焼いて内陸部の香春《かわら》へ撤退した。長州藩はその跡の企救《きく》郡一帯を占領し、民政を展開した。

征長軍は各方面において敗退し、七月二十日、将軍徳川家茂が大坂城において病死した。徳川家をついだ慶喜《よしのぶ》は、長州藩との休戦を求め、九月二日、休

九州小倉合戦図

戦協約が結ばれた。その後も小倉方面での小競《こぜ》り合《あ》いは続いたが、十二月二十五日、孝明天皇が死去し、翌慶応三年一月二十三日、国喪につき解兵ということで、幕長戦争は正式に終結した。

幕長戦争における長州藩の勝因としては、征長軍の背後をおびやかした全国的な民衆の「世直し」への動きがあげられよう。また開港による経済破壊は民衆の幕府批判を強め、攘夷を表に掲げる長州藩へは、民衆の「長州贔屓」の意識が存在した。これらの差は、征長軍の士気の低下、動員した軍夫の逃亡、それに逆比例するような長州軍の戦意高揚となってあらわれた。この段階での幕府財政は、崩壊しつつあったとはいえ長州藩と薩摩藩を合計したものよりまだ上まわっていたといわれている。したがって民衆の動向が、財政面での不利を逆転させたと評価できよう。さらに薩長盟約にしたがって薩摩藩が出兵を拒否したことも、長州軍の戦闘を有利に展開することを可能にした。

また、長州軍の軍備は徹底して洋式化がはかられており、散兵戦術の駆使、鉄砲の性能の差は、戦闘場面において歴然たるものがあった。

幕長戦争において長州藩という一つの藩さえ屈伏させることができなかった幕府は、権威を急速に低下させた。そして慶応三年十月十四日、十五代将軍徳川慶喜による大政奉還が行われたのである。

この間、長州藩は薩摩藩とともに討幕運動を進め、十月十四日には討幕の密勅がくだされた。さらに十二月九日の政変によって討幕派は政権を奪取した。この新政権によって明治新政が展開されていくのである(三宅紹宣「幕末・維新期長州藩の政治過程」『山地研』七二)。

4　明治初年の諸改革

防長藩治職制と版籍奉還●

明治元（一八六八）年、新政府は旧幕府勢力との戦闘を行う一方で、閏四月二十一日政体書《せいたいしょ》を発し、中央集権によって国家づくりを行うことを宣言した。これによって太政官《だじょうかん》に立法・行政・司法の三機関を設け、地方行政に関しては、府・藩・県の三治制《さんちせい》をしき、藩についてもしだいに新政府の統制を強化していった。同年十月二十八日、新政府は「藩治職制《はんちしょくせい》」を公布した。これは、家老《かろう》職を廃し、執政《しっせい》・参政《さんせい》・公《こう》議人《ぎにん》をおくことなどを内容とし、藩機構の統一をはかろうとするものである。この「藩治職制」をうけて、山口藩主毛利敬親は同年十一月三日、「防長藩治職制」を公布した。「防長藩治職制」によれば、藩庁は政事堂《せいじどう》と称し、その分課として議政・施政・会計・民政・軍政・社寺・学校・聴訴・撫育・好生・監察の一一局がおかれている。議政局には、執政・副執政・参政・公議人をおき、議政・施政両局の長官は、正副執政が兼任した。会計局以下の諸局には長官として主事を任じ、監察局の長官は大監察と称した。

藩を廃して中央集権国家を樹立することについては、木戸孝允は明治元年のはやくから構想をいだき、議定の三条実美や岩倉具視《いわくらともみ》に土地人民を朝廷に奉還させることを建言した。このときは戊辰戦争《ぼしんせんそう》の最中であり、時期尚早として新政府の中枢にはうけいれられなかった。木戸は同年閏四月、山口において藩主毛利敬親に土地人民を朝廷に奉還する首唱者となることを進言した。さらに七月、京都において奉還を敬親に入説した。敬親は木戸に命じて薩摩藩に交渉させた。木戸はひそかに薩摩藩の大久保利通《おおくぼとしみち》と交渉し、さらに土佐《とさ》・肥前《ひぜん》藩をさそった。そのうえで明治二年一月二十日、薩長土肥四藩主の連署によって版籍奉還《はんせきほうかん》（版は土地、籍は人民）を朝廷へ奏請した。諸藩も有力四藩の動きに遅れまいとしてあいついで奏請を行った。これをうけて新政府は上局や公議所に諮問し、同年六月十七日から二十五日にかけて版籍奉還は聴許《ちょうきょ》されていった。版籍奉還によって藩主《はんしゅ》は知藩事《ちはんじ》に任命され、防長《ぼうちょう》においては、山口藩（明治元年五月十日治所の山口移転が公認され、山口藩と称す）は毛利元徳《もとのり》、長府藩は毛利元敏《もととし》、徳山藩は毛利元蕃《もとみつ》、清末《きよすえ》藩は毛利元《もと》純《ずみ》、岩国藩は吉川経健《つねたけ》がそれぞれ藩知事に任ぜられた。

　版籍奉還によって、藩政と知藩事の家政《かせい》を分離し、旧藩の実収貢租石高の一〇分の一をもって知事の家禄《かろく》と定めた。これによって旧藩政に対する維新政府の統制がいちだんと進むことになった。

明治二・三年一揆●

明治二（一八六九）年は、夏からの長雨により不作となり、各地で生活が困窮し、不穏の状況となった。このなかで、九月一日、大津《おおつ》郡殿敷《とのしき》村（下関市）において、窮民修補米《きゅうみんしゅほまい》の下渡しを要求して村民が結集する動きがおこった。この結集は、村役人の巧みな鎮静工作により、一揆蜂起にまでは至らず終息した。

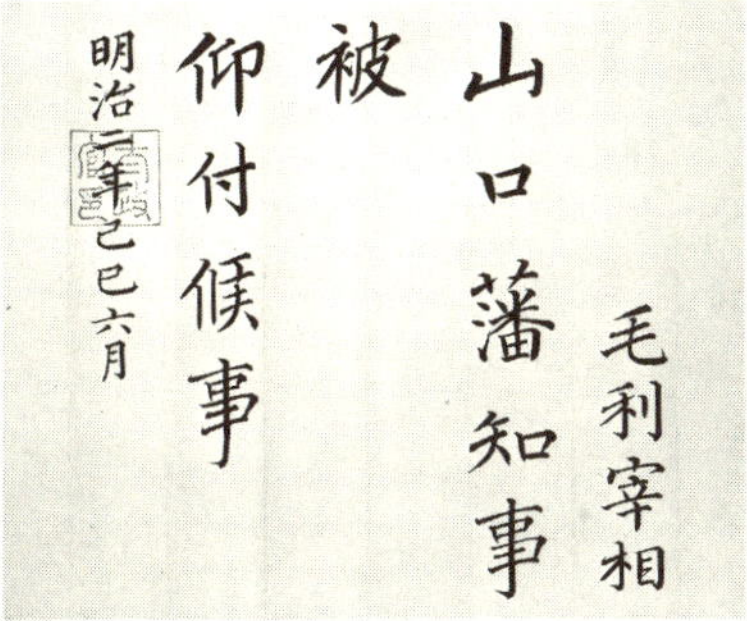

山口藩知事任命書　藩名を冠する時は○○藩知事と呼ばれた。

ついで十二月十八日、美祢郡岩永《いわなが》村（美祢市）において、畔頭《くろがしら》が枡の不正使用により年貢米を正規の量より余分に徴収するという不正行為が発覚し、これに対して農民の怒りが爆発し、一揆蜂起となった。一揆勢は、美祢郡東部一帯の村役人宅三六軒を打ちこわし、大田で合流して要求書を提出し、十二月二十六日に帰村した。要求書によれば、一揆は村役人の交替と農民の救《きゅう》恤《じゅつ》を中心に要求している。

美祢郡一揆の影響をうけて隣接する美祢郡河原《かわら》村（美祢市）で、明治三年一月五日、一揆が蜂起した。一揆勢は、美祢郡西部一帯を打ちこわしたのち、厚狭《あさ》へ出、瀬戸内海沿岸の諸村を打ちこわし、吉田《よしだ》へむかった。一揆は、旧吉田宰判《さいばん》のほぼ全域に展開し、村役人宅を中心に一六五軒を打ちこわす大一揆となった。

ついで、熊毛《くまげ》郡岩田《いわた》村（光市）では、一月十二日、村内の大日坊《だいにちぼう》に多人数が結集し、竹槍などをもち、鐘《かね》・太鼓《たいこ》を打ち鳴らして気勢をあげたが、脱隊諸隊によって鎮圧された。その後も熊毛郡一帯では不穏な状況が続いた。このほ

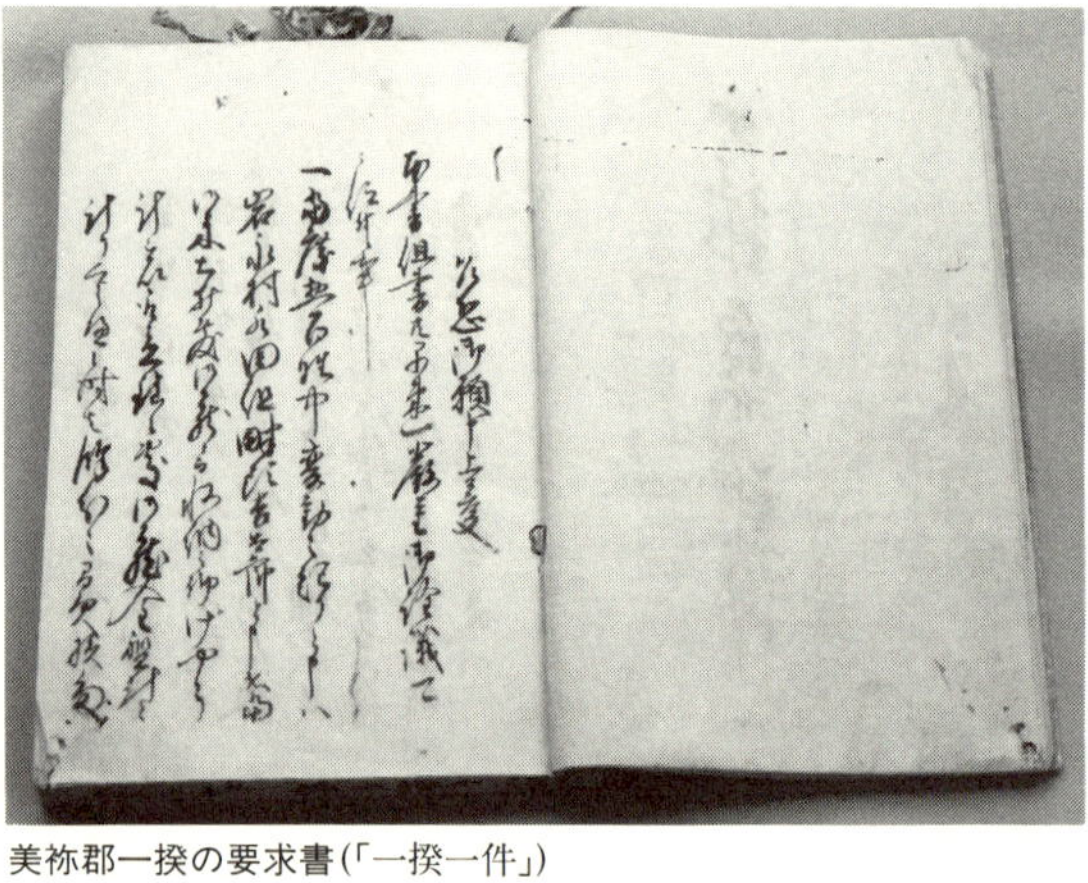
美祢郡一揆の要求書(「一揆一件」)

か、大津郡渋木《しぶき》村（長門市）では、明治二年十二月三十日から竹槍や鉈《なた》をもって山のなかに立てこもり、一揆蜂起への不穏な動きがあったが、代官所役人らによる鎮静工作により蜂起には至らなかった。

このように明治二年から三年にかけて藩内各地で一揆蜂起または不穏な状況が発生し、藩庁を突き動かしていたのである。

脱隊騒動●

明治二（一八六九）年十月、山口藩は幕長戦争・戊辰戦争の過程で肥大化した諸隊の兵力を整理し、改めて常備軍二〇〇〇人を編成しようとした。この精選をめぐって、多数が編成にもれる危険性をもつ諸隊と藩庁の対立は徐々に激化していった。十一月十四日、遊撃軍の嚮動《きょうどう》三人は、上官の会計上の不正が多く、賞罰が公正を欠き、軍紀が弛緩していることなどを指摘し、このような上官が常備軍の選抜を行うことを批判する弾劾書を藩軍事局に提出した。このような訴えにもかかわらず、十一月二十七日、藩庁は常備軍の編成を強行し、諸隊の隊号を廃止して常備軍第一・第二・第三・第四大隊を編成した。この常備軍への選抜に漏れたものは各所に集合して不穏な動きをみせ、山口の本営を脱して三田尻（防府市）に集合するものが続いた。彼らは上官の弾劾を繰り返したが、ついに十二月一日、遊撃隊その他の諸隊士約二〇〇〇人が、山口の本営を脱し、宮市《みやいち》（防府市）に屯集した。

これに対し十二月八日、山口藩知事毛利元徳は、三田尻・小郡を巡回して鎮撫につとめたが、脱隊諸隊の動きはおさまらなかった。ただしこの段階においては、脱隊諸隊と藩庁が完全に対立していたわけではない。藩庁は脱隊諸隊に命じて一揆の鎮圧をはかっている。前述の十二月の美祢郡一揆についてみると、脱隊諸隊は藩庁の指令により出張し、一揆の要求を聞くという趣旨の立札を立て、救米三六〇石をだし、白米を安売りするなどして鎮静工作を行っている。また明治三年一月の旧吉田宰判一揆には、藩庁の命により脱隊諸隊が出張し、一揆の要求を聞き届けるという方法で鎮静化をはかっている。熊毛郡岩田村の大日坊に多人数が結集した不穏に対しても、脱隊諸隊が出動して鎮圧した。このように脱隊諸隊は長官の弾劾などの嘆願を繰り返していたが、一月中旬までは藩庁との関係が断絶していたわけではなく、一揆の鎮静に関しては協力している。

一月二十一日、脱隊諸隊は藩庁が萩の干城《かんじょう》隊をよんで警備にあたらせようとしたことに激高し、山口に帰り、兵器をもって御屋形を囲んだ。この段階から藩庁と脱隊諸隊との対決姿勢が濃厚になった。二十三日、藩知事毛利元徳の救出のため萩の干城隊に出動が要請されたが、脱隊諸隊は山口の周辺部を固め、阿武郡佐々並《ささなみ》（萩市）で干城隊を阻止し、ここにおいて藩庁との対決は決定的になった。地元の藩政を建てなおすため帰国していた木戸孝允は、武力討伐の意志を固め、山口を脱して長府の常備軍のもとへ至った。これよりさき、あらたに編成された常備軍は、不測の事態をさけるため、山口を去って長府に移っていた。木戸の統率によって軍事出動体制をととのえ、二月八日には赤間関を進発した。第一軍は小郡から山口をめざし、第二軍は厚狭郡山野井《やまのい》村の脱隊諸隊を破り、第三軍は三田尻から勝坂関門《かつさかかんもん》を突破した。これらの軍は、二月十日、山口にはいり脱隊諸隊を鎮圧した。

藩庁は投降帰順した脱隊兵の罪状を調査し、三月二日、山口郊外の小鯖村 柊《ひいらぎ》（山口市）において首謀者二七人を斬首した。これを皮切りに各地で一〇六人もの処刑を行った。脱隊諸隊の参加者は一二〇〇人余で、そのうち五〇％が農民出身者であった。脱隊諸隊は以後も徳地《とくぢ》や平生《ひらお》村（平生町）などで再挙をはかったが、鎮圧された。こうして脱隊諸隊の要求は圧殺されていったのである。

脱隊諸隊が農民一揆と結合していたのではないことは、以上の経過からみてあきらかである。一方で農民出身者を多く含む脱隊諸隊は、農民からみれば藩庁や常備軍と比較すると、より身近な存在であった。このため脱隊騒動の鎮圧後も農民の脱隊諸隊へ支持をよせる動きは陰に陽に続いた。元振武隊《しんぶたい》の脱隊兵士藤山佐熊《ふじやますけくま》の墓「隊中様」に熱狂的に参詣が行われたのもその表れである。藤山佐熊は、明治三年二月九日、吉敷《よしき》郡恒富《つねとみ》村（山口市）から鋳銭司《すぜんじ》へ抜ける鎧《よろい》が垰《たお》で戦死した。その墓は病気治療や願いごとをかなえてくれるとして崇敬を集め、一日に数千の人が参詣する爆発的流行をうみだした。これに対し山口県は明治五年十月、布達をだして民衆の信仰を禁止しようとしている。

農民一揆および脱隊騒動に衝撃をうけた山口藩庁は、その対策にのりだす。農民一揆への対応としては、一揆において村役人層が攻撃対象となっていることを考慮して、より民政に巧みな村役人の起用がはから

脱隊騒動処刑者の供養塔(山口市大内)

れた。また藩庁民政主事心得の杉民治《すぎみんじ》は、民衆教諭策として諸村をまわった。杉は一般民衆にむけての教諭とは別の席において村役人の教諭を行い、「管事の手先きを勤め候者共に付、精励尽力すべき」あるいは「蠢愚《しゅんぐ》の小民を引立る、赤子を保するの心持を陳す」(中村助四郎『学圃杉先生伝』)と、支配の末端としての村役人の任務遂行を説いている。藩庁は、村役人層と共生関係をとることによって村落秩序の回復をめざしたのである。

さらに藩政の根本的改革が、不可避のものとして政治課題となってくる。地元の農民一揆および脱隊騒動に衝撃をうけた井上馨《いのうえかおる》は、藩政改革プランを構想するが、そのなかで民政の重要性を強調し、年貢の軽減を主張している。農民の再建のためのあらたなる租税制度が模索されはじめているのである。このように明治二・三年の山口藩の状況は、維新《いしん》官僚に強い影響をあたえた。さらに全国的な民衆の「世直し」の動きと、外国からの圧力によって、維新政府は中央集権化の動きを強め、明治四年七月十四日、廃藩置《はいはんち》県《けん》を断行した。廃藩置県の一カ月前、徳山藩は財政的理由から山口県に合併した。よって廃藩置県により、現在の山口県域では、山口・岩国・豊浦・清末の四県が誕生したのである(三宅紹宣『幕末・維新期長州藩の政治構造』)。

11章

新しい社会へ

山口県会議事堂

1　山口県の誕生と県政

山口県の成立●

明治二（一八六九）年正月二十日、長州《ちょうしゅう》藩主毛利敬親《もうりたかちか》、薩州《さっしゅう》藩主島津忠義《しまづただよし》、佐賀藩主鍋島直大《なべしまなおひろ》、土州《としゅう》藩主山内典範《やまのうちとよのり》の四藩主は連名で版籍奉還《はんせきほうかん》の建白書《けんぱくしょ》を提出した。これは姫路《ひめじ》藩主の建白書を保留させて四藩主の建白をさきにしたものであった。三月までにはほとんどの藩主が建白書を提出した。これをうけて新政府は同年六月十七日から二十五日にかけて旧藩主を藩知事《はんちじ》に任命した。これは王土臣民《おうどしんみん》思想から新政府権力の強化をはかり、天皇が旧所領支配を再確認したものであった。

明治四年三月、毛利敬親が死去し、毛利元徳《もとのり》が継承し、翌四月上京した。新政府は山口・土佐・鹿児島の三藩協力の兵一万人を東京に集めて、同年七月十四日在京五六藩知事を招集して廃藩置県《はいはんちけん》の詔書を発した。すなわち全国の藩を廃止して府県に統一するものであった。のちに統合されたものがあり、三府三〇二県、のち七二県となった。

山口県では同年六月十九日、徳山《とくやま》藩が山口藩に合併した。その理由は王政復古《おうせいふっこ》の意としているが、財政上から藩体制の維持が困難になったためであろう。明治四年七月十四日、山口・岩国《いわくに》・清末《きよすえ》・豊浦《とようら》（明治二年八月長府《ちょうふ》藩が改称）の四藩の藩域に四県が成立した。この四県の広さやたがいの境界が複雑にいりこんでいるところがあり、同年十一月十五日、四県を統合して山口県が成立した。同年十月の府県官制《ふけんかんせい》や翌十一月の県治条例《けんちじょうれい》によって地方行政区画と行政職制が定められ、藩知事にかわって政府の官吏としての

山口県の成立

旧藩名	明治4.6.19	明治4.7.14	明治4.11.15
萩藩	山口藩	山口県	山口県
徳山藩			
岩国藩		岩国県	
長府藩(豊浦藩)		豊浦県	
清末藩		清末県	

県令がおかれることになった。山口県の初代県令《けんれい》には旧幕臣の中野《なかの》梧一《ごいち》が就任した。県庁は山口藩庁がそのまま使用され、萩《はぎ》、岩国、豊浦には従来からの状況を考慮して支庁がおかれた。豊浦支庁は当初長府におかれたが、のち下関に移され赤間関《あかまがせき》支庁となり、明治六年十二月の支庁の廃止まで続いた。

山口県内の区画は、明治二年十月に宰判《さいばん》を部、宰判所を部署と改め、県内に一八部、のち一九部としたが、これは旧来の支配領域を継承したものであった。のち部署は会議所と改称された。各村の庄屋《しょうや》の支配領域は統廃合があり、明治四年四月の戸籍法の公布によりさらに統廃合が進んだ。戸籍法では県内の四〜五カ村を一区とし、当時県内に一二七区があった。区では戸長《こちょう》、副戸長が戸籍事務を担当した。明治五年四月大庄屋・庄屋の呼称を廃止し、各村の行政を統轄した。政府の大区小区制《だいくしょうくせい》実施の方針により、明治八年八月、県内は二一大区と二六六小区となり、のち会議所は大区扱所とされた。明治十一年一月、大区の範囲はほぼ郡と一致させられ、大区の数を半減させ地方経費を節減させた。

山口県では県会以前に県庁大会議があった。これは区戸長、士族、神官、僧侶らの代表者を県庁に集めた会議であり、官民共同の会議で県会ともよばれた。明治六年から討議されたものは民費《みんぴ》の徴収や地租《ちそ》引当米《ひきあてまい》の処理、協同会社の設立などであった。

明治八年五月、政府は各府県知事を東京に集めて地方官会議を開き、民会は区戸長会議とした。明治十一年四月の第二回地方官会議では府県会規則、地方税及郡区町村編制法を審議し、その結果、同年布告一八号で府県会規則、一九号で地方税規則を公布した。地方三新法の府県会規則による県会は、明治十二年一月に議員選挙手続が定められ、同年三月十日に各郡区で選挙し、三月二十二日議員四八人で発足した。議長に吉富簡一《よしとみかんいち》、副議長に森清蔵《もりせいぞう》が就任した。吉富は明治二十三年、衆議院議員に当選するまで議長の職にあった。府県会規則によると被選挙権は二五歳以上で地租一〇円以上の納税者、選挙権は二〇歳以上で五円以上の納税者、任期は四年で二年ごとに半数改選となっていた。県会で審議された明治十二年度の支出予算約三〇万円をみると、郡区吏員の給料などの戸長役場費が約半分を占め、警察費が約四分の一を占めていた。同規則三条では流行病予防費と病院及難破船諸費が別になっているが、明治十二年の山口県の予算では流行病予防費のみ一五〇〇円となっている（『山口県会史』上）。これは当然不足したと思われる。明治十年と十一年はコレラが流行し、さらに十二年にも大流行した。そのため県内の吉敷《よしき》郡平井《ひらい》村、佐波《さば》郡三田尻《みたじり》村、都濃《つの》郡徳山《とくやま》村、赤間関区彦島《ひこしま》の四カ所に避病院が臨時に建設された。だが、再流行しないとの予測が立たず、平井村の同病院は地方税で維持されたが、そのほかの病院は町村で維持されることにした。明治十三年四月、布告一六号で衛生及病院費と改正された。

地租改正の実施●

初代県令中野梧一は旧慣行の雑租を廃止するとともに休石《やすみこく》の現地割付けに着手した。休石とは作付不能の荒廃田などで石高はそのままで課税していないものであった。それは明治四（一八七一）年十二月、県令中野が四万一〇〇〇石の休石高の政府認可を得たことによる。そのため老農で村役人であった林勇蔵や滝口吉右衛門《たきぐちきちえもん》らを起用して実施した。明治五年一月ごろには年貢不能の荒廃田などの割付けをおえた。だが、これは旧山口藩領のみであったから、さらに旧豊浦・清末・岩国藩領の休石を政府に申請して、一万二八二五石の認可を得て実施した。

　山口県の地租改正は、地租改正条例公布前に着手し実施されたものであった。地租改正にあたって県令中野は林勇蔵を等外三等出仕租税課専務改革掛とし、諸々の郡に地券掛《ちけんがかり》を設けて地租改正の準備にとりかかり、明治五年五月各大区の区長と地券掛・戸長・副戸長らを県庁に集め、地券発行の会議を開催し地租改正の調査にとりかかることにした。山口県は宝暦検地《ほうれきけんち》が正確で絵図面も存在しているので再調査は不必要とし、この検地を襲用した。地租改正条例の六尺一間でなく六尺五寸一間の間竿《けんざお》であったから山口県だけの特例であった。新開地と旧支藩の調査でも六尺五寸の間竿を使用した。

　田畑の生産高は現生米の八割を目安とし、田は九等、畑は一五等に区分し、上田に薄く下田に厚い歩引をして現生米を算出した。一石の相場は県内八カ所で調査し、米は一石三円、麦は一石一円五〇銭、塩は

林勇蔵

一石四一銭を基準とし、歩引を控除してその一〇倍を地価とし、地価の三％を地租、地価の二％を郡村民費とした。明治六年七月太政官布告で地租改正関連の法令が公布されたが、山口県の場合は適合しなかった。そのため地租と郡村民費の合計額を動かさないで地価を改定することで調整した。地租は明治六年度から徴収されるはずであるが、山口県は一石三円の相場で地租引当米として徴収していたから、これを地租に引きあてた。相場は上昇して地主農民の税負担は軽減したが、小作関係は温存した。

明治七年度も一石三円の引当米で地租を納入した。引当米は換金して引きあてることが必要であり、また、士族《しぞく》対策も急がねばならなかった。木戸孝允《きどたかよし》の協力もあり、ついに勧業《かんぎょうきょく》局を改めて士族授産のための授産局《じゅさんきょく》と農商の勧業のための協同会社とすることになり、同年の県庁大会議の決議を取りつけることができた。すなわち、勧業局の資本金五〇万円のうち二五万円を授産局へ、残りの二五万円と米五万石を協同会社へ割りあてた。協同会社は県下の農商民が協和して幸福利益を協同するためとして協同会社と名付けられ、地租引当米の取りあつかいがおもな事業であった。また、産物や肥料の購入販売も行った。

市制町村制の施行●

明治二十一（一八八八）年四月、政府は市制町《しせいちょうそんせい》村制を公布し、翌二十二年四月一日実施とした。これは旧来の自治を尊重する建前であったが、市町村の意志によるものでなく、村落を行政の末端組織として位置づけるものであった。山口県では公布前の明治二十年に原知事が提出した県内区画調査書では、当時の七二二町村を三七七町村とするものであった。

県内市町村統合で問題となったのは赤間関（下関）と見島《みしま》であった。赤間関は市街地が形成されており市制実施に問題はなかったが、彦島を赤間関から分離するよう内務省から指示された。彦島は赤間関と密接な関係があり、県は反対したが、六連《むつれ》島と彦島を合併して赤間関から分離させられた。見島は郡とするには小島のみで小さすぎるとし、内務省の指示と相違した。だが、内務省の指示にしたがわざるをえなかった。

県内の町村の合併統合には多くの問題があった。大きい村と小さい村を合併させ、大きい村の名にすると小さい村に抵抗があり、また、経済力にも問題があった。川棚《かわたな》村と小串《こぐし》村のように農村と漁村は単純に合併するわけにいかないし、合併したあとの村内の調和からこの両村は合併しなかった。これらの調整から左表にあるように一市四町二二四カ村となり、市は赤間関市のみで、町は旧来から市街を形成していた四カ町となった。当初の県の調査書三七七カ町村と比較すると、約六割の町村が県の指示どおりに進んだことになろう。

議員の選出は一級と二級の選挙制度をとり、各級から半数の議員を選出する選挙であった。納入される

市制町村制による市町名と村数
(明治22〈1889〉年4月)

郡　名	市　名	町　名	村数
大　島			12
玖　珂		岩国町 柳井津町	35
熊　毛			38
都　濃			22
佐　波			15
吉　敷		山口町	10
厚　狭			16
豊　浦	赤間関市		29
美　祢			13
大　津			8
阿　武		萩　町	25
見　島			1
計12郡	1市	4町	224村

県庁旧藩記録「市町村制施行取調書」より作成。

町村税の村全体の総額を二分し、上位の半額を納入するものを一級とし、下位の半額を納入するものを二級とした。選挙にかかわることができるのは公民のみとし、公民とは二年以上居住し、直接国税二円以上おさめる二五歳以上の男の戸主で、この公民のなかから町村会議員を選出した。したがって一級の公民数は少なく、二級の公民数は多く、一級の公民は一級の議員を、二級の公民は二級の議員を選出した。議員定数は村内人口により決められていた。任期は六年であったが、最初の選挙は一級と二級の議員のうち、上位半数を六年とし、下位半数を三年とし、三年ごとの半数改選であった。この選挙は明治二十二年四月二十日ごろに実施された町村が多い。選挙の混乱をさけるために一級と二級の選挙日や選挙時間をずらして実施されたが、県内は一様ではなく五月にもつれこんだ町村があった。たとえば、下松《くだまつ》地域の選挙をみると、久保村は四月十八日に二級選挙、翌十九日に一級選挙を実施した。その他の村は同日の午前と午後に分けている。豊井《とよい》村と末武《すえたけ》北村は二十日、末武南村は二十一日、米川《よねがわ》村は二十二日に実施しているように各村では一様ではなかった。そのうえに代理人が投票したりして混乱があったようである。

県内で市制を施行したのは赤間関市のみであった。赤間関市の議員選挙は三級に分けて四月十八日と十九日に選出された。一級の投票者二八人、二級九七人、三級七四人、投票率は一級九〇%、二級八二%、三級七四%とかなり高い。赤間関区長の区画の答申書に「全市の戸数六〇〇〇余戸」(『下関市史』藩制―明治前期)とあるから全戸数の一割にすぎないといえよう。四月二十八日の市会で市長候補者三人のうちから、山口県会議員で赤間関商工会議所会頭の伊藤房次郎《いとうふさじろう》が初代市長として認可された。

2 近代工業県をめざして

近代工業の嚆矢●

山口県の産業の主体は農業であったが、明治となり化学工業など近代的な工場が建設された。そのなかで山口県における近代工業の嚆矢《こうし》は、明治十四（一八八一）年笠井順八《かさいじゅんはち》らが設立した日本で最初の民営の小《お》野田《のだ》セメント製造会社であった。公称資本金高は五万一七五〇円であった。当時、セメントは高価な輸入品であり、国内では深川《ふかわ》にある官営セメント工場だけであった。セメントの輸入は年々増加する傾向にあり、笠井らは「外国の泥土を以て金貨に交換するは実に国の為に慨嘆するのみ」（「就産金拝借願」）として研究を重ねた。笠井がセメントの製造を志したのは明治八年ごろからといわれ、山口の協同会社の倉庫に使われたセメントをみてからという。笠井は天保六（一八三五）年生まれの旧藩士であり、明治になってからは会計などの仕事に従事し、明治六年に勧業局の主任になるが、協同会社の設立にあたって辞職した。

セメント製造会社は明治十六年にセメントの製造に成功し、一年目の製造高一〇七トン（六一三樽）、二年目は五八六トン（三四〇九樽）であった（『小野田市史』史料）。一年目は一樽を売却したにすぎなかったが、その後、兵庫造船局や三池《みいけ》鉱山局から注文があり、もちなおすことができた。明治二十四年十月に有限責任小野田セメント製造株式会社と組織を変更し、同二十六年十一月小野田セメント製造株式会社と改称した。

日本舎密《せいみ》製造会社は明治二十二年七月本社を東京に、工場を小野田に創設した。舎密とはケミカル（化

近代捕鯨のはじまり

旧来の網取り式の捕鯨《ほげい》は命がけであったから、漁民の信仰は厚いものがある。漁村に幸をもたらしてくれた鯨《くじら》への回向《えこう》と法会《ほうえ》、感謝の祭りは現在も行われている。たとえば、捕鯨の行われた北浦《きたうら》の通浦《かよいうら》(長門《ながと》市)の鯨回向は向岸寺《こうがんじ》住職が延宝七(一六七九)年に境内に観音堂を建立したことにはじまるという。毎年春四月に法会がいとなまれ、鯨祭りが通浦の年中行事となっている。この観音堂の境内に元禄五(一六九二)年建立の鯨墓があり、鯨の胎児を葬ったものといい、今も供花が絶えない。また、向岸寺には「鯨鯢《げいげい》群類《ぐんるい》過去帳《かこちょう》」や鯨の位牌があり、鯨の捕獲月日と戒名《かいみょう》が記されており、丁重《ていちょう》に葬った漁民の心がうかがえる。

鯨組は勇ましく活躍し「鯨一頭獲れば七浦にぎわう」といわれたほどの収益であった。明治十(一八七七)年ごろまで多くの鯨組があった。だが、明治二十年代になるとほとんどの鯨組は事業にゆきづまった。明治二十四年、ロシアが太平洋捕鯨会社を設立してウラジオストックを基地として日本海捕鯨にのりだした。これにより山口県近海へ来遊する鯨は激減した。この衰退した長州捕鯨に新しい資本と組織・技術を導入したのが岡十郎《おかじゅうろう》と山田桃作《やまだとうさく》の二人であり、この二人により設立されたのが日本遠洋漁業株式会社であり、日本で機械船による遠洋捕鯨をはじめた最初の会社であった。のち、この二人は日本捕鯨界の二大恩人として尊敬された。

日本遠洋漁業株式会社は、明治三十二年、大津《おおつ》郡仙崎《せんざき》町(長門市)で設立された。この会社の創設はノルウェー式捕鯨を取りいれた日本の近代捕鯨の嚆矢《こうし》であった。この会社は通称一〇(いちま

❖**コラム**

る）会社といわれ、毛利《もうり》氏の定紋の一に三つ星にちなんでつけられたものという。のち東洋漁業会社となった。四十二年五月、中堅四社である東洋漁業株式会社・長崎捕鯨合資会社・大日本捕鯨株式会社・帝国水産株式会社が合併して東洋捕鯨株式会社とし、のち太平洋捕鯨株式会社など数社を買収・合併し、大正五（一九一六）年には資本金三〇〇万円、捕鯨船二六隻を保有する大会社に成長した。こののち昭和にはいり母船式の南氷洋捕鯨へと発展した。

通浦のくじら資料館

通浦の鯨墓

川尻浦の鯨墓

学）のことである。同二十三年五月より工場の建設にとりかかり、翌二十四年四月から硫酸《りゅうさん》を製造し、そののちに塩酸《えんさん》、晒粉《さらしこ》、曹達《ソーダ》の製造を開始したアルカリ製造の会社であった。初代社長は水野久雄《みずのひさお》、資本金は五〇万円であった。日本舎密製造会社は日本最初の化学工場であり、ドイツに駐在したことのある品《しな》川《がわ》弥二郎《やじろう》が曹達工業に注目したことから郵船会社の吉川泰次郎《よしかわやすじろう》や豊永長吉《とよながちょうきち》、水野久雄、久保田三郎《くぼたさぶろう》らにより設立されたものであった。当初、原料塩は現下関《しものせき》市宇部《うべ》の塩田に着目し、工場敷地の確保を小野田セメント製造会社の笠井順八らに依頼したが、のちには三田尻塩を使用した。笠井は戸長であった掛部治《かけべじ》助《すけ》と相談して敷地一〇町歩余を買収斡旋し、その不足分は笠井本人の土地と交換するなど苦労して土地を確保した。だが、小野田は大量に使用する水が不足し不便であったであろう。

明治二十三年五月から工場の建設に着手して、翌年四月に完成し、同年から硫酸の製造を開始した。明治二十五年三月、前年に設けた下関出張所を廃止して本社を下関に移し、社長に豊永長吉が就任した。

硫酸の製造は小野田地域に製陶業《せいとうぎょう》を盛んにさせた。当初、硫酸瓶《びん》はドイツから輸入しなければならず、江州信楽《ごうしゅうしがらき》の瓶も使用した。小野田地域には旧来の窯業《ようぎょう》があり、小野田地域の陶土と窯業に注目し、石見《いわみ》の皿山《さらやま》から職工をよびよせて小野田で製造するようにした。しかし小野田地域で製造される硫酸瓶が値上がり傾向となり、舎密会社は明治四十年ごろから江本《えもと》製陶所と牧野《まきの》製陶所を買収して硫酸瓶の製造を自営した。

明治二十六年十一月硫酸部が火災をおこし、同二十七年四月には塩素加里《カリ》部から出火したことなどを契機に規模を拡張し、装置に改良を加え、対中国輸出をするなどして日清戦争後のインフレをのりこえた。明治三十一年社内改革に着手し、本社を小野田に移し東京支店を廃止した。同三十四年電気製薬法特許権を買収し、同三十五年下半期から製造を開始した。人造肥料の需要が多くなったことから銅製煉事業を開始するとともに、同四十三年日本で最初の農薬の製造を開始した。

第一次世界大戦の大戦景気で日本舎密製造会社は好景気となったが、戦後の混乱にまきこまれ化学・薬品工業は支障をきたした。そこで大正九（一九二〇）年、大阪化学肥料と日本人造肥料を合併して日本化学肥料株式会社と社名改称し肥料部門を強化したが、大正十二年、大日本人造肥料株式会社に合併した。のち昭和十二（一九三七）年には日産化学工業株式会社と改称した。

柏木《かしわぎ》幸助《こうすけ》は華浦《はなうら》医学校で理化学を学び、明治八年マッチの製造を志して研究を重ね製品化に成功した。同十年内国勧業博覧会にマッチを出品して褒状をうけた。このため山口県勧業課長正木《まさき》基介《もとすけ》や笠井順八らの勧告をうけ、柏木は会社を設立した。マッチの輸出は有望であるが、その販路に苦労したようである。明治十四年火薬工場が爆発延焼したため、柏木の父親は工場の再建を許さず、柏木は事業を中止した。

つぎに柏木幸助は医療用検温器の製造を研究した。明治十六年末に至って硝子《ガラス》の製造に成功し、検温器製造工場を設立した。日露戦争ごろから国産品愛用の風潮が広まり、柏木の検温器は広く使われて販売

ドイツ瓶(左)と小野田で焼成した初期の硫酸瓶

がのび、国外にも輸出され、その評価は好調であった。また、柏木の発明したものに「柏木ギアスターゼ」があるが、史料がとぼしく詳細にできない。

山陽工業地域のめばえ

下関地域は県下最大の都市であり交通上の要衝であったから、大正期に大きい企業が立地した。おもな企業をみるとつぎのようになる。

大正三（一九一四）年設立の三菱合資会社彦島造船所（昭和十八〈一九四三〉年三菱重工業株式会社下関造船所と改称）、同年松浦《まつうら》造船所（昭和十八年小門造船鉄工株式会社となる）、大正五年設立の中部鉄工所は昭和八年林兼《はやしかね》商店に合併し林兼商店鉄工造船部と改称し、昭和十八年林兼重工業株式会社、昭和二十年林兼造船鉄工株式会社と改称した。神戸《こうべ》の鈴木組《すずきぐみ》により大正五年設立された日本金属株式会社彦島製錬所は昭和三年三井《みつい》鉱山に引きつがれ、昭和十年三井鉱山に合併し三井鉱山株式会社三池製錬所彦島製錬所と改称し、戦後の昭和二十一年三池から独立し三井鉱山株式会社彦島製錬所となり、昭和二十五年神岡《かみおか》鉱業株式会社彦島製錬所、昭和二十七年三井金属鉱業彦島製錬所となった。大正七年設立の彦島坩堝《るつぼ》株式会社は昭和十八年東亜坩堝鉱業株式会社となり、戦後の昭和三十年坩堝事業を分離して日新黒鉛耐火株式会社となった。鈴木商店により大正十二年に設立されたクロード式窒素工業株式会社は昭和十三年東洋高圧工業株式会社彦島工業所に合併され、戦後の昭和四十三年東圧工業と三井東圧化学株式会社が合併して三井東圧化学株式会社彦島工業所となり硫安《りゅうあん》、メタノール、ホルマリンなどを生産した。株式会社神戸製鋼所長府工場は明治四十四（一九一一）年鈴木商店から独立し、昭和十四年長府工場を新設した。

宇部地域では石炭業の発展と炭鉱の大規模化から、石炭業との関連でまず明治四十二年宇部電気株式会社が設立され、同四十四年宇部軽便鉄道株式会社が設立された。大正二年設立の宇部新川《しんかわ》鉄工所は同六年株式会社宇部鉄工所に発展した。第一次世界大戦による好況は炭価を騰貴させ、炭鉱の好況はその他の企業を立地させた。大正五年宇部製綿《せいめん》所、同六年宇部煉瓦《れんが》製造所・宇部化学工業所・宇部紡織《ぼうしょく》所（のちの宇部紡績《ぼうせき》）、同七年宇部製針《せいしん》所・神原《かみはら》製材所、同八年宇部商事株式会社・宇部硬化煉瓦株式会社などが続いて設立された。同十二年には宇部セメント製造株式会社が設立された。

防府《ほうふ》地域は下関や宇部のように急激な人口増はなかったが、昭和八年設立の福島人絹と翌年の鐘淵《かねがふち》紡績は工場誘致された会社で、防府地域の二大企業となった。

新南陽《しんなんよう》地域は、旧来からの富田瓦《とんだがわら》業者が大正五年、富田瓦販売購買組合を組織し、原料の共同購入から販売統制をし、内海から九州まで広く流通させた。富田町の誘致により昭和十年に契約調印した東洋曹達工業株式会社と同十二年のキリンビール株式会社富田製罎《せいびん》場は二大企業であった。

徳山地域には海軍燃料廠があり、大正七年になり日本曹達工業株式会社（日新製鋼）と大阪鉄板製造株式会社徳山分工場が設立された。

下松地域は大正期になって日立《ひたち》の久原房之助《くはらふさのすけ》が一大鉄工団地をつくろうとして土地を買収し、『防長《ぼうちょう》新聞』に「久原景気」とあるほどであったが、大戦中のアメリカの鉄の輸出禁止にあい事業を変更し、大正六年日立製作所笠戸《かさど》工場とし、大正九年からは鉄道省の指定機関車工場とした。

岩国地域では、明治初年以来の義済堂《ぎせいどう》は大正八年、組織を変更して株式会社となった。明治三十九年に創立された芸防抄紙《げいぼうしょうし》株式会社は大正十四年、土佐紙《とさがみ》株式会社を合併して日本紙業株式会社と改称した。大正十四年には帝国人造絹糸株式会社が、昭和十一年には東洋紡績岩国工場が、同十二年には山陽パルプ株式会社岩国工場が工場建設に着手した。これらの工場の立地により製紙と製糸の町としての性格が強い。

近代の塩田●

塩は米、紙とともに「防長の三白《さんぱく》」とよばれ、これに櫨蠟《はぜろう》を加えて「防長の四白《しはく》」ともいわれた。維新後一時混乱したが、県勧業課は明治十二（一八七九）年、木綿・養蚕・水産など七項目にわたって勧業会話を開くことにした。そこで明治十二年一月、塩田会話が開かれ、三田尻に塩田大会所を設け、毎月塩田会話を開き改良を加えようとした。同十五年防長塩業会社が設立されたのも同様の理由であり、社長は秋良《あきよし》貞臣《さだおみ》であった。左表は会社発足に伴って県内各浜頭取の報告により作成されたものである。明治十六年の

県下の塩田反別(明治15〈1882〉年)

塩浜名	反別			
	町	反	畝	歩
玖珂郡岩国浜	11	5		11
大島郡小松開作浜	40	7	2	20
玖珂郡柳井・高須・小田浜	26	2	3	28
熊毛郡平生浜	130	8	8	26
〃 下松豊井浜	11	9		14
〃 下松西浜	53	2	2	10
都濃郡徳山江口浜	10	8	2	11
〃 富田浜	9	7	9	11
〃 福川浜	23		6	20
佐波郡三田尻江泊浜	26	3	4	22
〃 三田尻西浦浜	52	7		28
〃 三田尻古浜	62	8		24
〃 三田尻中浜	18	7	1	15
〃 三田尻鶴浜	36	6	3	20
〃 三田尻大浜	235	4	3	29
吉敷郡秋穂大海浜	13	1	7	9
〃 秋穂青江浜	26	4	4	4
〃 秋穂花香・中杕浜	29	8	6	17
〃 秋穂長浜	24	8	7	28
〃 秋穂遠波浜	16	4	1	22
〃 秋穂南ノ前浜	11	9	3	22
〃 秋穂床浪浜	1	1	4	23
厚狭郡藤曲浜	1	5		
〃 本山城戸浜	4		3	1
〃 本山新浜	1	2	3	15
〃 松屋浜	1	5		
豊浦郡宇部古浜・亀浜・千鳥浜	34	3	9	
〃 彦島福浦浜	1	6	3	22
〃 永田浜	11	5		23
大津郡大津浜	6	2	6	
計	936	7	4	25

「防長塩田台帳」『防府史料』29による。

「県治提要」では県下塩田反別が七五五町余となっており、「塩田台帳」の欄外注記に平生塩田で四町余が畑となっている。また宇部・小野田地域の塩田もなくなるから、県下の塩田は縮小・中止の傾向にあった。三田尻の秋良貞臣は十州《じっしゅう》塩田の取りまとめと塩田の保護・統制に取り組んだが、製塩業者は生産過剰と、生産コストの安い輸入塩に悩まねばならなかった。そのため製塩業者と輸入業者の摩擦をも生じ、塩の生産は停滞した。

明治三十四年、山口県塩業組合が設立されて塩業自体の体質を改善しようとした。また同年、三田尻では賃金増額を求めた浜子騒動がおきた。このような状況のなかで製塩業者は政府に対して塩の専売制を要求したが、同三十八年一月公布、六月実施の専売法に県内塩業者は反対した。その理由は政府の買上げ価格が生産費を下まわるためであった。これに反対する三田尻中関《なかのせき》村の塩業者が一斉休業し、失業者が村の六割に相当するなど重大な事態となり、全国的な運動へと発展した。これを重くみた政府は塩の買上げ価格を引きあげ、事態はおさまった。専売法の施行により全国一八カ所に塩務局がおかれ、県下では三田尻塩務局が県下七カ所の出張所を統轄した。同四十一年の官制改革で塩務局は専売局となった。

鉱山と山口炭田●

明治政府は明治元(一八六八)年十二月、太政官布告《だじょうかんふこく》一七七号をだし鉱山開放を宣言し、翌二年二月には旧習にとらわれず地方長官の許可で採掘できるとし、金銀銅は製錬したものを鉱山司が一定の価格で買いあげるものとした。明治五年三月公布の「鉱山心得《こうざんこころえ》」では鉱物はすべて政府の所有と規定し、採掘は政府の請負いとし、土地所有権と鉱物の所有権は別のものとした。同六年七月の「日本坑法」では「鉱山心得」をうけて進歩的な整然とした法令として発布した。鉱物を定義し、試掘は一年間、借区は一五年間と

明治初年の県内鉱区の字名

鉱　石	鉱　区　の　字　名
緑礬鉱	玖珂郡御庄村栩木山，根笠村字岩谷山・字押ヶ谷・字足谷，小川村字添谷
錫　鉱	玖珂郡二鹿村字喜輪田山
銀　鉱	玖珂郡二鹿村字深山
寒水石	美祢郡秋吉村字水ノ前・嘉万村字北畑・青景村字九ツ久保・字地蔵ヶ峠，美祢郡赤村字穴シ畑・字大坪
緑青鉱	美祢郡桂山字緑川
大理石	美祢郡秋吉村台山
磁石鉱	吉敷郡中尾村東鳳便翩山字鋤先
銅　鉱	玖珂郡根笠村，都濃郡須々万奥村字馬転山金穴山・字植松氏ヶ浴，佐波郡三谷村須垣山字寺山和田・字大藤，佐波郡柚木村字三成・字大藤，吉敷郡西岐波村字床波，吉敷郡中尾村字荒谷・東鳳翩山字西ヶ谷・字金比羅・吉敷郡上宇野令村一ノ坂，美祢郡赤村鍔市山，美祢郡綾木村山野字石仏山・下鳳翩山，美祢郡於福下村字入水山，阿武郡蔵目喜村字佐久羅郷・字赤金御子舞建石・字町ノ上・字狐塚・字須ノ原大平・字掛山・字雁谷・字長畠・字木和田・字桜皮・字立平・字桜郷・字篠原・字藪尻・字焼地・字掛ノ平・字平草・字漆原・字平イ台・字五反畠・字寺ノ上・字大番・字芋ヶ迫・字大山掛ノ平・字須合田・字黒鶴・字笹尾・字片山・字高手・字立畠・字浜エバ・字着ノ谷・字浜湯場・字宮ノ平・字中桜郷・字サヤケ峠，阿武郡鳴谷村字紺青郷，阿武郡吉部下村字行畑，阿武郡生雲西分村字法華ヶ谷，阿武郡明木村字迫千人マブノ浴・字迫山，阿武郡大井村字一ノ浴，阿武郡川上村字長谷・字六郎，阿武郡上田万村字鎖り峠・字吹屋ケ峠，阿武郡山田村荒神平山字倉江

『府県史料　山口県一』による。

大正期の宇部炭田坑内(絵葉書「沖ノ山炭坑」)

して鉱物税を定めた。こののちの明治二十三年七月の「鉱業条例」では借区一五年間を廃止して採掘権を認め、同二十五年六月から施行した。これらは同三十八年の「鉱業法」に引きつがれた。

山口県の鉱山の中心は銅山と石炭《せきたん》である。山口県内の明治前半期の鉱山は前頁表に示したとおりである。このなかに石炭ははぶいた。重石（タングステン）は玖珂《くが》郡内が多いが、明治中期以降の採掘であった。大正期の県下の主要鉱山は三〇〇・三〇一頁表のとおりである。山口県の代表的銅山といえる長登《ながのぼり》鉱山の銅は奈良の大仏の銅に使用されたといい、「奈良上り」が長登の地名の由来であるという。この鉱山は江戸期も銅を産出し、大田《おおだ》・赤郷《あかごう》両村にまたがっている。川井山《かわいやま》鉱山は明治二十年ごろ大阪の住友《すみとも》と福島組で経営され、明治三十四年吉永貫一《よしながかんいち》の経営となり、大正五（一九一六）年合名会社古河《ふるかわ》鉱業会社へ採掘権が移った。薬王子《やくおうじ》鉱山は開発時点は不明であるが、明治三十年代には採掘されており、大正期に至って神戸の岸本信太郎《きしもとしんたろう》の経営となった。喜和田《きわだ》鉱山は錦《にしき》川の上流にあるが、錦川までの運搬に難があり、岩国藩による銅の採掘は成績不良であったという。玖珂鉱山は嘉永年間（一八四八〜五四）に本藩の稼業があったが、廃坑となり、明治には小規模の採掘となっていた。明治三十九年田中鉱業株式会社の所有となり、その後操業中止もあったが、明治四十四年重石が発見されてから再開され、当初の年三〇トンが大正期は年二〇〇トン（『本邦重要鉱山要覧』）を産出した。その後タングステン価格が下落し休山したが、ののちの昭和十六（一九四一）年、軍の命令で再開された。玖珂郡美川《みかわ》町の河山《かわやま》鉱山は牛ノ首《うしのくび》鉱山ともいわれ、開山は寛文七（一六六七）年という。明治になり同十九年ごろから採掘され、大正七年田中鉱業株式会社の所有となり、昭和十一年日本鉱業株式会社が買収して開発が進んだ。その他の鉱山として鹿野《かの》鉱山はアンチモニー、田万川《たまがわ》鉱山は蠟石《ろうせき》を産出した。

郡名	村　名	鉱業権者	創業年	鉱夫数	鉱産額	開発年	鉱区坪数
				人	円		坪
美祢	大田・赤郷	堀藤十郎	明治22	162	77,537,780	古代	382,815
阿武	生雲蔵目喜	古河鉱業	大正 5	259	347,856	明治20	59,358
美祢	綾木	岸本信太郎	大正 5	133	78,825	不明	356,000
玖珂	北河内・桑根	粟村敏顕	明治44	278	302,221	岩国藩	866,519
玖珂	桑根根笠	田中鉱業	明治39	277	497,439	嘉永	1,943,967
玖珂	桑根根笠	貞永恭一	不明	215	77,102	明治30	92,380
大津	日置・深川	池内聡一郎	大正 4	117	40,011	維新前	168,000
美祢	大田	田辺誠民	明治29	89	103,904	古代	168,000
美祢	於福	小栗よね	大正 5	97	59,267	明治20	421,890

石炭については、山口県では明治元年八月物産《ぶっさん》局に石炭局を設置して採掘と販売を統制した。石炭の採掘は山口県内では厚狭《あさ》郡が主であるため厚狭郡内に会所を設け、民間の請負形態で採掘させた。会所は有帆《ありほ》（山陽小野田市）、逢坂《あいさか》・妻崎《つまざき》・際波《きわなみ》・野中《のなか》（以上、宇部市）の五カ所であり、長崎からイギリス人モーリスを招くなど西洋技術の導入をはかったことがあった。だが、政府の鉱山開放の方針から明治五年二月、福井忠次郎《ふくいちゅうじろう》を石炭局引除役に任命し、藩営の石炭事業はおわった。

明治前半期の石炭事業はその中心は小野田・船木《ふなき》地域であり、濫掘・濫売や零細な山が多く、なかには破産するものもあり、生産は停滞した。そこで石炭借区人の協調と統制をはかるため、明治十五年笠井順八は厚狭郡借区人連合会を組織し、同十七年同業組合に改組した。

宇部地域では明治十九年五月宇部共同義会《きょうどうぎかい》が設立され、第一部で村内公共事業の援助をし、第二部で石炭借区の統一・管理・統制にあたり、その収入は斤先料《きんさき》（借区の採掘料）であった。明治二十三年公布の鉱業条例で宇部共同義会の借区契約は事実上無効となり、日清《にっしん》戦争ごろから共同義会の指定外の炭鉱が多くなり、

大嶺海軍炭鉱のキーストン　碇《いかり》と桜のマークがみえる。

大正期の県下重要鉱山

鉱山名	採　鉱　種
長　登	銀，銅，安質母尼，鉄
川井山	銅，鉛，亜鉛
薬王寺	銅
喜和田	銅，錫，重石
玖　珂	金，銀，銅，重石
金　越	銅，重石
重　徳	重石，銅
大　田	金，銀，銅
於　福	銅

『本邦重要鉱山要覧』による。

同四十一年共同義会第二部の業務をおえた。明治後半期になると、宇部地域では大規模の炭鉱が海底を採掘するようになった。明治三十年創業の沖ノ山《おきのやま》炭鉱は同三十八年海岸を埋め立て海底を採掘し、しだいに大規模化した。同四十一年創業の東見初《ひがしみそめ》炭鉱も海底を採掘し、宇部の新川をはさんで東西に大規模の炭鉱が立地した。

大嶺《おおみね》地域の石炭の開発年代は不明であるが、石灰の生産があるので、石灰焼成と無煙炭が結び付く明治二十年ごろと思われる。明治三十年鉱区を合併して長門無煙株式会社（社長渋沢栄一《しぶさわえいいち》）が設立された。荒川《あらかわ》に事務所を設け鉱員約三〇人で採掘した。この炭鉱は同三十七年、海軍省の経営となり、荒川坑や桃ノ木《もものき》坑などを開坑した。翌三十八年徳山に海軍練炭製造所が設けられるにあたって大嶺は海軍省徳山練炭製造所大嶺採炭部となり、同四十二年には九万トン余（大嶺炭田史編纂委員会編『続大嶺炭田史』）を採掘した。大正八年まで請負採掘であったものを海軍省直営とした。だが、艦船燃料の重油使用から大正十三年、設備一切を山陽無煙炭鉱株式会社（社長原邦造《はらくにぞう》）に払いさげた。

大嶺からの石炭輸送のため海軍省は山陽鉄道株式会社に命じて厚狭・大嶺間の鉄道を急設させた。明治三十七年九月に着工し、翌年九月に開通した。のちに、この鉄道は鉄道省が買収し、大正十三年二月正明市《しょうみょういち》まで開通し、大嶺・南大嶺間は大嶺支線となり、正明市からの石炭船積みを可能にした。

大正六年に中小炭鉱を買収して創立された大嶺無煙炭鉱株式会社は、昭和六（一九三一）年山陽無煙炭鉱株式会社に売却され、さらに昭和十一年日本産業株式会社に売却された。また、同十九年から宇部興産株式会社の系列となった。

交通の整備●

明治末年から大正にかけて県下の鉄道敷設が多い。鉄道は舗装のない陸上輸送には最適であった。東西幹線である山陽鉄道が下関まで開通したのは明治三十四（一九〇一）年五月のことであった。同二十二年東海道線が全通してから一二年目であった。山陽鉄道は同十九年ごろから計画され、同二十一年に認可をうけ建設工事に着工した私鉄であった。のち鉄道国有法で国有になるのは同三十九年のことであった。九州への連絡トンネルは昭和十一（一九三六）年起工式を挙げたが、日中《にっちゅう》戦争で工事がはかどらず、同十七年に下り線のみ貫通し、同十九年から複線運転が開始された。

のちの山陰線となる長州軽便鉄道は東下関駅（下関市後田町《うしろだ》）・小串間は大正三（一九一四）年四月開業し、同十四年国有化され小串線といった。のち延長されて山陰線は昭和八年に全通した。

岩国新町・岩国駅間の岩国電気軌道株式会社による鉄道開設は明治四十二年二月であり、のち新港まで延長された。

山間部をとおる岩徳《がんとく》線の開通は、麻里布《まりふ》（岩国）・岩国（西岩国）間が昭和四年四月、櫛ケ浜《くしがはま》・周防花岡《すおうはなおか》間が同七年五月、周防花岡・高水《たかみず》間が同九年三月、最後の難工事の欽明路《きんめいじ》を含む岩国・高水間が完成したのは同九年十二月であった。柳井駅回りの海岸線にくらべて距離が短いため一時本線となったことがあった。

小郡《おごおり》新町・湯田間の大日本軌道山口支社の軽便鉄道が開通・開業したのは明治四十一年十一月であった。さらに延長され、同四十三年小郡・山口間が開通した。だが、国有鉄道山口線の開通で大正二年に廃業した。小郡・山口間の鉄道院直轄の山口線は大正二年二月開業し、そののち延長され山口・篠目《しのめ》間は大正六年七月、篠目・三谷《みたに》間は同七年四月、三谷・徳佐《とくさ》間は同年十一月、徳佐・石見益田間は同十二年四月に開業した。

宇部・宇部新川間の宇部軽便鉄道は大正二年一月から開業した。これは石炭の海上輸送のみでなく鉄道での輸送を可能にした。計画を変更して軌道幅を山陽線にあわせ、払いさげ車両をも使用した。大正十年には宇部鉄道株式会社と改称し同十四年三月には小郡まで延長した。新沖ノ山（小野田市）・沖ノ山旧坑（宇部新川口辺）間の宇部電気鉄道は大正四年五月に開通した。この鉄道は小野田地域からの石炭を宇部港に運ぶためのものであった。同五年四月沖ノ山旧坑・沖ノ

山陽鉄道の下関までの開通で建設された下関山陽ホテル(関門錦苑)

山新坑間（沖合）、同十二年一月雀田《すずめだ》・長門《ながと》本山《もとやま》間が開通した。昭和十六年十二月宇部電気鉄道に合併し、同十八年宇部鉄道とともに政府に買収され国有鉄道となった。

小野田駅・小野田セメント町間の小野田鉄道は大正四年開業した。セメントの原料の石灰石を輸送する目的であった。同十二年六月小野田鉄道株式会社と改称し、昭和十八年政府に買収された。

山陽線の宇部駅から船木駅までの船木軽便鉄道は大正五年七月に完成した。船木・万倉《まぐら》間の延長工事と軽便鉄道用の三〇ポンドレールから六〇ポンドレールにする工事は大正十二年十月に完成し、社名を船木鉄道株式会社と改称した。船木・吉部《きべ》間は大正十五年十一月に完成した。

伊佐《いさ》（南大嶺）・重安《しげやす》間は大正五年九月に開業した。この鉄道は小野田セメント製造株式会社が石灰石の輸送のために開発したものであったが、大正九年六月大嶺線の延長計画のために国有鉄道となった。

小月《おづき》・西市間の長門軽便鉄道は大正七年十月開業した。これは県内中部の開発をめざしたが、当初から経営は思わしくなかったようである。昭和十七年十一月山陽電気軌道に合併させられ、戦後の経済的混乱のなかで昭和二十四年四月分離してまた長門鉄道株式会社となった。自動車交通におされて昭和三十二年に廃業した。

山陽電気軌道株式会社の軌道は長府松原《ちょうふまつばら》・壇ノ浦《だんのうら》間が大正十五年十二月、松原・鳥居前が昭和三年四月、鳥居前・長府駅間が昭和七年九月に開業し、壇ノ浦から段階をふんで戦後の昭和二十九年四月に至って彦島口まで到達した。幡生《はたぶ》から唐戸《からと》へは昭和四年八月に開通した。だが、昭和四十六年電車営業を廃止した。

山陽鉄道厚狭駅・大嶺間の大嶺線は明治三十八年九月に開業した。この鉄道は、大嶺の無煙炭を海軍燃料として利用するため、海軍が山陽鉄道に命じて突貫工事をさせた鉄道であった。石灰石や大理石、木材の運搬に利用された。伊佐（南大嶺）・重安間の美祢《みね》軽便鉄道を大正九年に国が買収し、さらに延長され重安・於福《おふく》間が同十年、於福・正明市間が同十三年三月に開通した。

三田尻・堀《ほり》間の防石《ぼうせき》鉄道は、三田尻・上和字《かみわじ》間が大正八年七月、上和字・堀間が同九年九月に開業した。この鉄道は、石見との陰陽《いんよう》連絡をめざして大正三年五月に石三《せきさん》軽便鉄道株式会社として創立されたが、資材不足などにより計画を変更し、大正五年防石《ぼうせき》鉄道と改称した。戦後の自動車輸送の波に押されて防石鉄道株式会社は昭和三十九年、自動車専門の会社となった。

3 戦後の復興と山口県

戦後の復興●

昭和二十（一九四五）年八月十五日正午、聞きとりにくい放送を聞かされて動揺しない県民はいなかったであろう。『広鉄運転八〇年のあゆみ』（日本鉄道運転協会広島支部編）のなかである国鉄女子職員は「始めは、聞きとれなかったが、日本が負けた意味の天皇陛下の御声を承りました。皆泣きもせず、直立不動のまま動こうとする者もいません」と思い出を記している。県内の混乱を恐れた上田誠一《うえだせいいち》知事は八月二十一日小郡での県農業会支部長の協議会で「いま戦争中の指導者がすべて身を引くということになると国家の今後はどうなるか」（『山口県政史』上）わからないのでしばらくは留任の意思を表明した。十月二十七日都道府県長官の異動が発表され、上田知事も依願免官となり、つぎに富山県知事の岡本茂《おかもとしげる》が就任した。昭和二十一年一月四日公職追放《こうしょくついほう》の覚書が発せられ、二十一年度中に岡本知事を始め、村長や議員、部落会長など指導的地位にあったもの約三〇〇〇人が辞任した。また、二十二年二月県内六市で県公職適否委員会が組織され、審査により県内で一二六〇人が公職追放処分に該当した。この追放令は二十七年の講和条約で失効した。

昭和二十年十月初め、アメリカの海兵約三〇〇人が下関に上陸し、十月末の長府在駐を含めると下関に約一八〇〇人余の連合軍が進駐した。十月七日山口に約四〇人が進駐し、同月末には一二〇〇人になり、山口に軍政本部を設置した。二十一年にはニュージーランド部隊も県内にはいってきた。

日本の敗戦以来約七年間は占領軍の支配下にあった。当初県民は恐怖を感じたが、しだいに日米ともになごやかなものへとかわってきた。昭和二十年秋は天候不順に風水害被害が重なり、極端な供出米不足であった。翌年は供出価格が安く、供出をいやがる風潮があり、食糧難はさけることができなかった。

昭和二十年九月二日、引揚船興安丸《こうあん》が釜山《ふざん》《プサン》から仙崎《せんざき》に着岸し、大隅丸《おおすみ》、泰北丸《たいほく》も引揚船として就航し、二十二年三月までに四一万人余が仙崎に引きあげ、これに帰国朝鮮人が帰国便として乗船し、仙崎港は混雑した。これは下関港に機雷があり使用不能であったため仙崎港が使われたという。仙崎港では荷物の搬送、宿泊、食糧の斡旋などに県の当局者や仙崎町民のあたたかい救護があったという。二十四年三月末までの引揚者のうち、県内定着者数は二二万人余、このうち一般引揚者は一三万六〇〇〇人余、復員者は八万六〇〇〇人余（『山口県の統計百年』）であった。

農地改革●

昭和二十（一九四五）年十二月二十八日公布の農地調整法の第一次農地改革では地主保有地を五町歩としたが、山口県では地主保有限度を四町二反とし、解放された小作地は五〇〇〇町歩で全小作地の一五％に

産業別就業数

	昭和25年	昭和30年	昭和35年	昭和40年
	人 %	人 %	人 %	人 %
第一次産業	321,522 (48.6)	298,099 (42.4)	256,148 (34.9)	208,178 (28.4)
第二次産業	145,471 (22.0)	157,572 (22.4)	185,128 (25.2)	198,054 (27.0)
第三次産業	194,562 (29.4)	247,644 (35.2)	293,111 (39.9)	327,760 (44.6)
計	661,555 (100.0)	703,315 (100.0)	734,387 (100.0)	733,992 (100.0)

『山口県の統計百年』による。

小作地の買収実績

	買収実績
	町
田地	17,588
畑地	3,175
計	20,763
財産税(物納)	1,032
旧軍用地	277
総計	22,072

『山口県農地改革誌』による。

自小作別戸数の変化

区分	昭和19年	昭和25年
	戸 %	戸 %
自作	41,821(38.3)	87,158(67.2)
自作兼小作	21,013(19.3)	26,822(20.7)
小作兼自作	18,637(17.1)	8,800(6.8)
小作	26,984(24.7)	6,822(5.3)
土地を耕作しない農家	603(0.6)	0(0.0)
計	109,058(100.0)	129,602(100.0)

『山口県農地改革誌』による。

すぎず、地主と小作人の折衝不調で県に強制譲渡の申請をした町村は一三カ町村、地主は一四一人、このうち命令発動は一五町歩余で、不十分な結果であった。二十一年十月二十一日公布の第二次農地改革では二十三年十二月三十一日までの二年間の期限付きであったが、この間ではおわらなかった。行政区画の大きさが町村により異なるので地区農地委員会が設けられたところがあり、二十一年十二月県下で二〇七の委員会ができ、平均月一回の委員会が開かれた。

昭和二十二年三月末で県内で買収できたのは一六六〇町歩で目標の一二%にすぎず、買収できたのは在村大地主三五八人分、不在地主三四八六人分のみであった。買収は一八回まであり、その実績は上表のとおりである。買収された約二万二〇〇〇町歩は県内農地面積の二八%、小作地の六六%であった。改革後、小作料は金納となり、自作兼小作を含めると自作農は上表のように八七%を占めることになった。

経済の高度成長●

ロカビリーがはやり、神風《かみかぜ》タクシーが走った昭和三十三(一九五八)年は、国際収支が実質五億ドル余であった。翌三十四年下半期は岩戸《いわと》景気といわれ、カミナリ族が横行した。その翌三十五年十二月の閣議で池田勇人《いけだはやと》内閣は国民所得倍増計画を決定し、高度成長政策を打ちだした。同年の経済成長率は一三%を超えた。この経済成長のなかで前頁表の第一次産業のうち、県内農業人口は昭和三十年が二五万九〇〇〇人余、四十年が一八万三〇〇〇人余と減少した。この反対に増加したのは建設が一・五倍、金融が一・四倍であった。四十五年から米の生産調整がはじまり、同年は一割余の減反政策がとられた。

昭和三十年三月、山口県工場誘致条例が公布され、三十五年四月には、同条例を廃止し県工場新設勧奨条例を制定して工業化を進めた。また、三十七年には、周南《しゅうなん》工業地帯整備計画協議会がもたれた。三十一年三月、出光興産《いでみつ》が重油精製工場の建設に着手し、翌三十二年五月に徳山製油所が完工した。三十六年、徳山曹達は合成樹脂繊維のポリプロピレンの製造に成功し、三十七年五月、徳山石油化学株式会社が設立され、新南陽市は東ソーを中心としたコンビナートが形成されている。

エネルギー転換により昭和四十二年、県内最後の炭鉱が閉山した。また、高度成長は公害《こうがい》を引きおこした。四十二年六月、徳山湾で赤潮《あかしお》が発生し、翌四十三年、南陽町《なんよう》(周南市)で刺激性のガス漏れがあり、各地で公害が表面化した。

高速交通時代●

昭和三十三(一九五八)年三月、関門国道トンネルが開通し、道路が九州と道路でつながった。三十五年六月、中国五県高速道路期成同盟が結成され、同年七月、中国縦貫自動車道路建設期成同盟の設立総会が広島で開かれた。三十九年、中国縦貫自動車道建設促進のため県下の関係町村協議会が発足し、四十一年に至り、中国縦貫自動車道の整備計画が決定された。四十八年中国自動車道の下関・小月間が開通し、同年十一月関門橋《かんもんきょう》が完成し、翌四十九年、小月・小郡間が開通し、五十四年三月、中国自動車道と九州自動車道がつながった。山陽自動車道は、六十二年徳山西と山口ジャンクション間が開通して中国自動車道と連結し、翌六十三年岩国と大竹《おおたけ》間が開通し、平成四（一九九二）年に至り全線開通し、沿岸諸都市を結び流通を高速化した。

昭和三十九年三月、国鉄山陽新幹線建設促進期成会の第一回発起人会が県庁で開かれてから工事が進められることになり、四十八年、新幹線の関門トンネルが貫通し、五十年、岡山・博多間が開通した。

宇部空港は四十八年に開港した。五十四年、宇部空港は拡張され第二種空港となり、翌五十五年、山口宇部空港と改称してジェット機が就航した。近年札幌《さっぽろ》便と沖縄便が就航した。

昭和六十二年、県は第四次県勢振興の長期展望のなかで「県土一時間構想」を示し、高速道路、空港、新幹線などの高速交通機関の

山口宇部空港のフレンドシップ機

特性をいかしながら、総合的に交通体制を整備していくことが必要であるとしている。今後、情報化、高齢化などをふまえて二十一世紀にむけての県づくりを進めていくことになろう。

あとがき

早いもので、旧版『山口県の歴史』(山川出版社)の上梓から四半世紀がすぎた。同書は三坂圭治氏があらわされたものである。今回の企画について、内々の話があったとき、恩師の三坂圭治先生に御相談したところ、是非とも引きうけて、新しい『山口県の歴史』を書いて欲しいとの御意向であった。この御意向を考慮し、受諾することとしたが、まもなく、平成五(一九九三)年十一月に三坂圭治先生が御逝去になったので、具体的な構想をお話しする機会を永久に失った。痛恨の極みである。

その後、この企画に賛同する執筆者の参加を得て、新しい研究成果をもりこむため、内容を検討し、議論を重ねて、章・節・項(小見出し)などの構成を作成した。その結果、1・2章を中村徹也氏が、3章を倉住靖彦氏が、4章を平瀬直樹氏が、5章を森下徹氏が、「風土と人間」・6~8章を小川国治が、9章を金谷匡人氏が、10章を三宅紹宣氏が、11章を日野綏彦氏がおのおの分担して執筆することになった。ただし、11章の「新しい社会へ」は、同じ山川出版社の『山口県の百年』が刊行されているので、詳細をそれにゆずり、簡略な記述にとどめた。これらの各章は、分担者の責任において執筆されたものである。なお、全体の編集は、小川が担当し、若干の調整を行った。

私たちは、本書をとおして、三方を海に囲まれた山口県の先人が、中国大陸・朝鮮半島を始めとする海外の事情に精通し、「海の回廊」によって、わが国中央部の政治・経済・文化に関する情報をいち早く手にいれ、俊敏に対処してきたことをあきらかにしようとした。また、旧版では、やや欠けるところのあった農村・山村・漁村などの生活についても、意をそそぐこととした。9章で「海と山の中世と近世」を設けたゆえんである。しかし、これをかぎられた紙数のなかで実現させるのは、なかなか困難であった。したがって、この意図が本書で貫徹したかとなると、いささか心許ない思いも残る。今後、読者が「参考文献」で示した多くの著書や論文によって、独自に山口県の特質を考究されることを期待したい。

執筆に際して、私たちは、多くの著書・論文・資料を参考にさせていただいた。これらの参考文献は、当該箇所の文末ないしは小見出しの末に表示するようにつとめたが、一般読者を対象とする本書の性格上、煩雑をさけるために、多くは巻末にまとめて掲載せざるを得なかった。また、本文で示した典拠史料は、特別なものをのぞいて、所蔵機関などを割愛した。御寛恕を賜りたい。なお、近年、藩名は、城下町の所在地を付すようになっている。それによると、毛利氏の本藩は、萩藩となるが、本書では幕末維新期を考慮して、一般的に呼称されている長州藩とした。

本書を刊行するにあたって、山口県埋蔵文化財センター・山口県文書館・山口県立山口図書館・山口県立山口博物館・山口県教育委員会文化財保護課などの方々に多くの御教示をいただいた。これらの方々とともに、写真の御提供をいただいた方々にも感謝の意を表したい。また、編集・出版に際して、山川出版社に大変お世話になった。心よりお礼を申し上げる。

一九九八年一月

小川国治

島根県
益田市
浜田市
邑南町
北広島町
安芸太田町
津和野町
吉賀町
広島県
広島市
廿日市市
大竹市
岩国市
口県
山口市
周南市
下松市
光市
柳井市
田布施町
平生町
大島郡
周防大島町
熊毛郡
上関町
江田島市
松山市
大分県
姫島村
愛媛県
大洲市
瀬戸内海
安芸灘
防予諸島
伊予灘
広島湾
徳山湾
笠戸湾
浜田自動車道
中国自動車道
山陽自動車道
千代田Jct
広島北Jct
広島Jct
廿日市Jct
萩・石見空港
広島西飛行場
山陰本線
山陽本線
岩徳線
錦川鉄道
高津川
匹見川
太田川
小瀬川
錦川
今津川
門前川
島田川
恐羅漢山 1346
寂地山 1337
羅漢山 1109
大将陣 1022
平家ヶ岳 1066
莇ヶ岳 1004
石ヶ岳 924
馬糞ヶ岳 985
十種ヶ峰 989
蓮華山 576
烏帽子岳 697
高照寺山 645
太華山 362
嘉納山 685
皇座山 527
厳島
江田島
西能美島
東能美島
倉橋島
阿多田島
大黒神島
屋代島
高島
大津島
黒髪島
笠戸島
野島
大水無瀬島
小水無瀬島
馬島
佐合島
尾島
牛島
長島
横島
祝島
小祝島
天田島
八島
平郡島
掛津島
沖家室島
前島
黒島
柱島
端島
手島
鹿島
情島
頭島
浮島
津和地島
二神島
片島
由利島
青島
姫島
大崎鼻
火振岬
杵崎
似島
おりい
みほみすみ
ますだ
えさき
にちはら
つわの
とくさ
にしきちょう
しんいわくに
いわくに
かわにし
ゆう
おおばたけ
やない
たぶせ
いわた
ひかり
すおうたかもり
くだまつ
とくやま
しんなんよう
ふくがわ
みやじまぐち
ひろでん みやじまぐち
ひろしま
よこがわ
かいたいち
かべ
広島港
坂町
府中町
呉市
玖珂郡 和木町
山口線

小川　国治　おがわくにはる

1936年，広島県に生まれる
1968年，広島大学大学院文学研究科博士課程(国史学専攻)退学
現在　山口大学名誉教授・文学博士
主要著書　『江戸幕府輸出海産物の研究』(吉川弘文館，1973年)，『転換期長州藩の研究』(思文閣出版，1996年)，『毛利重就』(吉川弘文館，2003年)

山口県《やまぐちけん》の歴史《れきし》　県史　35

1998年3月25日　第1版1刷発行　　2012年7月20日　第2版1刷発行

編　者　小川国治《おがわくにはる》
発行者　野澤伸平
発行所　株式会社　山川出版社　〒101-0047　東京都千代田区内神田1-13-13
電話　03(3293)8131(営業)　03(3293)8135(編集)
http://www.yamakawa.co.jp/　振替　00120-9-43993
印刷所　図書印刷株式会社　製本所　株式会社関山製本社
装　幀　菊地信義

ISBN978-4-634-32351-3

中村　徹也　なかむらてつや

1941年，大阪府に生まれる
1973年，京都大学大学院文学研究科博士課程(考古学専攻)中退
現在　山口県埋蔵文化財センター所長
主要著書　『珈琲タイムの考古学』(新日本教育図書，1994年)

倉住　靖彦　くらずみやすひこ

1943年，福岡県に生まれる
1972年，九州大学大学院文学研究科博士課程(国史学専攻)修了
元九州歴史資料館員
主要著書　『古代の大宰府』(吉川弘文館，1985年)

平瀬　直樹　ひらせなおき

1957年，大阪府に生まれる
1986年，京都大学大学院文学研究科博士課程(国史学専攻)単位取得退学
現在　山口県文書館を経て，金沢大学人間社会研究域准教授
主要論文　「大内氏の妙見信仰と興隆寺二月会」(『山口県文書館研究紀要』17，1990年)，「守護大名大内氏と海辺の武装勢力－海賊・警固衆・倭寇－」(『山口県地方史研究』71，1994年)

森下　徹　もりしたとおる

1963年，大阪府に生まれる
1993年，東京大学大学院人文科学研究科博士課程(国史学専攻)単位取得退学
現在　山口大学教育学部教授
主要著書　『日本近世雇用労働史の研究』(東京大学出版会，1995年)

金谷　匡人　かなやまさと

1959年，山口県に生まれる
1983年，東京大学文学部国史学科卒業
現在　山口県立安下庄高等学校教頭
主要著書・論文　『海賊たちの中世』(吉川弘文館，1998)，「大内氏における妙見信仰の断片」(『山口県文書館研究紀要』19，1992年)

三宅　紹宣　みやけつぐのぶ

1949年，広島県に生まれる
1977年，広島大学大学院文学研究科博士課程(国史学専攻)単位修得退学
現在　広島大学大学院教育学研究科教授・博士(文学)
主要著書・論文　『幕末・維新期長州藩の政治構造』(校倉書房，1993年)，「薩長同盟の成立と展開」(『日本歴史』761，2011年)

日野　綏彦　ひのやすひこ

1939年，山口県に生まれる
1966年，広島大学大学院文学研究科修士課程(国史学専攻)修了
現在　宇部短期大学教授
主要著書　『産業の発達と地域社会』(共著，渓水社，1982年)，『山口県の百年』(共著，山川出版社，1983年)

付　　録

索　　引 …………………… 2

年　　表 ……………………7

沿 革 表

1．国・郡沿革表 …………23

2．市・郡沿革表 …………23

祭礼・行事 ………………32

参考文献 …………………38

図版所蔵・提供者一覧 ………47

■ 索　　引

● あ　行

赤間関　106, 113, 114
赤間関支庁　283
赤間神宮　84
上利家文書　222
阿川六郎兵衛　185
秋良貞臣　296, 297
朝倉南陵　203
朝田墳墓群　35
足利直冬　95
網代　222
穴門豊浦宮　52
安部吉左衛門(春貞)　200
家船漁民　219
池田屋の変　268
伊崎新地　167
磯上遺跡　10
出光興産　308
伊藤長英(梅宇)　195
伊藤房次郎　288
井上正岑　156
今田伊織　156
今八幡宮　120
忌宮神社(長門二宮)　54, 90, 121
石城神社　61
石国駅　70
岩国電気軌道株式会社　302
岩田遺跡　18-20
上田纉明(鳳陽)　197
上田誠一　305
宇都宮由的(遯庵)　193
宇部化学工業所　295
宇部空港　309
宇部軽便鉄道株式会社　295, 303
宇部硬化煉瓦株式会社　295
宇部興産株式会社　302
宇部(新川)鉄工所　295
宇部電気株式会社　294
宇部電気鉄道　303
海の回廊　2
梅屋吉右衛門　167, 210
浦元敏　158
雲谷庵　202
雲谷等顔　202
越氏塾　195-197
塩田開発　176
塩田大会所　296
大内氏掟書　111
大内船　230
大内輝弘　105, 233
大内教弘　98, 118
大内晴賢　104
大内弘茂　97
大内弘世　95, 110
大内政弘　98, 100, 229, 231
大内持世　97
大内盛見　97, 118
大内館　146
大内義興　101, 102, 119
大内義隆　103, 104, 119, 231, 232, 238
大内義長　105
大内義弘　96, 97, 116, 118
大浦古墳群　48
大坂運送米　174
大阪鉄板製造株式会社　295
凡直　56
大敷網　220, 221
大友宗麟　233
大庭学僊　201
大庭賢兼　105
大畠町出土古銭　124
大村益次郎　272
岡十郎　290
岡本茂　305
沖乗船頭　215
小椋長左衛門　248
小田海僊　203
小野田セメント製造株式会社　289, 292, 304
小野田鉄道　304

● か　行

海岸寺　224
蓋弓帽　30
海軍燃料廠　295
海軍練炭製造所　301
海賊衆　245

廻浦日記　218, 221
香川家継(一汀)　200
香川景樹　201
香川景継　201
香川春継(宗尤)　200
掛部治助　292
笠井順八　289, 292, 293
梶栗浜遺跡　30
柏木幸助　293
柏木ヂアスターゼ　294
桂広保　156, 193
鐘淵紡績　295
金子重之助　260
狩野芳崖　203
鹿野鉱山　299
兜山古墳　46
竈戸関　226-228
竈戸関薬師丸　228, 229
川井山鉱山　299
河山鉱山(牛ノ首鉱山)　299
寛永検地　136-139
勧業局　286
干城隊　278
神田遺跡　19, 20
祇園社　120
菊ケ浜土塁　265
来島又兵衛　267
木地屋(木地師)　245, 248
義済堂　295
吉川経永　155, 156
吉川広正　153
亀童丸　100
木戸孝允　274, 278, 286
木下幸文　203
奇兵隊　264, 265, 272
旧石器時代人　11, 12
休浜協定　177
協同会社　286, 289
玖珂郡玖珂郷戸籍　74
玖珂鉱山　299
久坂玄瑞　261, 263
鯨回向　290
鯨組　290
国司広道　158
国森古墳　35, 41, 45
久原房之助　295
熊谷直好　201
熊毛評(郡)　40
熊襲征討伝承　52
熊野検地　129
熊鰐　53
蔵元　130-132
栗栖探叔(雲谷等活)　203
来原良蔵　262
栗山孝庵(献臣)　197-199
黒石浜遺跡　17
黒島浜遺跡　19
桂園派　201
警固衆　114, 115
芸防抄紙株式会社　295
家来拝領開作　5
検温器製造工場　293
遣明船　230
向岸寺　290
公儀開作　5, 7
神籠石　60
神代源太郎　230
好生館　193
黄帝社　213
河野養哲　195
甲山古墳群　48
興隆寺　121
興隆寺跡遺跡出土銭　123
越荷方　210, 211
厚東入道(武実)　94
小西常七　221
小早川隆景　223
古墳時代　35, 37, 38, 40

● さ　行

済生堂　193
細石器時代　16
坂新五左衛門　242
鯖山製蠟局　181
山陽自動車道　309
山陽鉄道株式会社　301, 302, 304
山陽電気軌道株式会社　304
山陽道　2, 68, 69, 205, 207
山陽無煙炭鉱株式会社　301, 302
時観園　195
直乗船頭　214, 215
四境戦争　271
地下上申　139
宍戸就延　158, 185

宍戸広周　161
宍戸美濃(広隆)　209
市制町村制　286
地蔵堂遺跡　30
十州塩田同盟(休浜同盟)　7
島田川流域遺跡群　31,32
清水遺跡　34
下右田遺跡出土銭　124
授産局　286
俊乗房重源　87,90,92,93
勝栄寺　114
女王の世紀　45,47
松下村塾　261
城下町　141
乗福寺　121
浄福寺　234
縄文時代　18-20,28
徐福伝説　26,27
所務方　159
所務代　133-136
白潟遺跡　19,20
白須山鑪製鉄遺跡　184
白鳥古墳　43
神花山古墳　44
神器陣　255
神功皇后　54
新宮山古墳　47
人面土製品　31
陶晴賢　115,232
周防駅　70
周防国造　56,57
周防国府　64
周防守護　88
周防杣　91
管江嶺　203
菅原道真　76
杉小次郎長相　240
杉民治　280
椙杜元世　157
周布政之助　261
住吉神社(長門一宮)　54,95,120
棲息堂　195
製蠟局　181
石州街道　205
石炭局　190,300
石炭事業　300
瀬戸崎湾　209
善福寺　120
蔵目喜銅山　181,182
尊王攘夷運動　261-263

● た　行

大日本軌道　303
大楽永伯(朴水)　202
高杉晋作　261,264,267,270-272
高洲就忠　162,163,166
高泊開作　5
田上道(菊舎)　204
滝口吉右衛門　284
滝弥八(鶴台)　196,198
脱隊諸隊　278,279
脱退騒動　279
竪ヶ浜新開作　175
建米　172
田中鉱業株式会社　299
田中藤六(豊後屋)　7,177
田ノ浦遺跡　19,20
田万川鉱山　299
単頭双胴怪獣鏡　38,42
壇ノ浦の合戦　81,88
地租改正　285
鋳銭司　3,66,71-73
中部鉄工所　294
長州おはぎ　268,269
長州軽便鉄道　302
長州藩　4-7
都濃正兵衛　244
津森等為　203
鶴岡重忠　240
鶴岡忠氏　239,241
鶴岡忠行　240
鶴岡泰貞　240
鶴浜開作　176
天保改革　252
天保大一揆　250,252
土井ケ浜遺跡　24,25,29,30
土井ケ浜弥生人　28,29
東大寺椹野荘　79
東洋曹達工業株式会社　295
東洋捕鯨株式会社　291
常盤池遺跡　19
得地保　91
徳山雑吟　201
徳山石油化学株式会社　308

徳山曹達　308
徳山藩　282
豊浦支庁　283
豊永長吉　292
富田瓦販売購買組合　295
富田保　113

● な　行

長井雅楽　262,263
長沢栄州　203
長門国正税帳　66,67
長門国府　64,90
長門国正吉郷入江塩浜絵図　106
長門守護　88
長門城　58,59
長門周防探題(長門探題)　88
長門鋳銭所跡　71
永富独嘯庵　180,198
長門無煙株式会社　301
中野梧一　283,284
中関新地　167
中の浜遺跡　25
長登鉱山　299
長登銅山　183
中道筋　207
南蛮車　190
仁保荘　86
日明勘合貿易　228
日産化学工業株式会社　293
日本遠洋漁業株式会社　290
日本鉱業株式会社　299
日本紙業株式会社　295
日本含密製造会社　289,293
日本曹達工業株式会社(日新製鋼)　295
野上荘　113
野口駅　70
野山獄　260

● は　行

梅月堂　201
羽賀台大操練　255,256
萩往還　205-207
萩城　141
波久岐国造　56
博習堂　193
幕長戦争　271,273
白糖製造技術　180
羽様西崖　201
長谷川恵休　143,144
櫨蠟専売制　179
八田知紀　203
花田治左衛門　170
林兼造船鉄工株式会社　294
林勇蔵　284,285
日見屋嘉兵衛　214
兵庫北関入舩納帳　228
平田開作　176
広瀬八幡宮　241
撫育方塩田　176
福井忠次郎　300
福島人絹　295
武家万代記　232
藤山佐熊　279
藤原純友　77,78
藤原親実　88
藤原朝俊　87
普請役　126-129
船木宰判　187,188
船霊の祭祀　234
船手組　236
歩戻開作　5
フランシスコ＝ザビエル　119
古谷道庵　266
日置八幡宮　224
ペリー　257,258,260,266
傍示物切開作　5
北条時直　88,94
防石鉄道　305
宝泉寺　213
防長塩業会社　296
防長の三白　172,296
防長藩治職制　274
防長風土注進案　221
防長米　172
捕鯨基地　27
保寿寺　121
堀立直正　106
本郷八幡宮　241

● ま　行

正木基介　293
正吉郷八幡宮　107
益田広堯　173
増野忠右衛門(斉慶)　159

松浦松洞　203
松浦造船所　294
松崎天神縁起　120
松崎天神社　120
松原勝右衛門(善房)　159
松原与右衛門(幸久)　159
三井検地　128
水野久雄　292
三田尻塩務局　297
三田尻学習堂　197
三田尻稽古場　195-197
三田尻大開作　175
三井東圧化学株式会社彦島工業所　294
三菱合資会社彦島造船所　294
美祢郡一揆　276,277
美祢軽便鉄道　305
三保喜左衛門(虎五郎)　216
宮座　241
宮ノ洲古墳　37,38
宮部鼎蔵　259
妙徳寺山古墳　47
六連島遺跡　19,20
村上海賊衆　231,237
村上武満　236
村上武吉　232,236
村田永伯　202
村田清風　252-255,257
明倫館　192,193,197,198
毛利重就(匡敬)　161-163,203
毛利重広　161,163
毛利敬親　7,252,255,259,261,262,274,282
毛利輝元　5,105,202
毛利就隆　152,154
毛利秀就　152
毛利秀元　152,154,193
毛利広定　161,163,164
毛利広政　192
毛利元堯　160
毛利元次　158,195,201
毛利元朝(宗元)　156
毛利元就　104,105,114
毛利元陳　156
毛利元矩　156
毛利元法　195
毛利元徳　277,278,282
毛利吉就　202
毛利吉元　154,156,158
森寛斎　203
森清蔵　284
森脇正仍(自安)　201
森脇三久(三大夫)　200

●や　行

薬王子鉱山　299
柳井古水道　40,42
柳井郷直　230
柳井茶臼山古墳　37,42,43
矢野箬山　203
山県有朋　272
山口県庁　283
山口講堂(山口講習堂)　197
山口古図　110
山口藩　282
山代一揆　242,243,245
山代三老　159
山田桃作　290
山田亦介　218,225
ヤマト政権　35,39,44
山本清太郎　255
弥生時代　21,24,28,31-33,35
湯本温泉　208
与浦遺跡　17,19
吉川泰次郎　292
吉田兼右　104
吉田松陰　258-261
吉富簡一　284
吉原太郎左衛門(親澄)　6
吉母遺跡　122
吉母浜遺跡　25,30
与田保　87
寄り船　222,224

●ら・わ　行

来迎院　234
臨門駅　68,70
瑠璃光寺　146
瑠璃光寺跡遺跡　122
蓮華寺　239
轆轤師　245
倭寇　114,116

■ 年　表

年代	事項
300,000年前	響灘地域で旧石器時代人(原人)が活動開始。
前20,000年	極寒冷気候，火山活動活発。県下に火山灰堆積し，瀬戸内・対馬海峡陸化。県内の旧石器遺跡が数を増し，ナイフ型石器を中心とした文化成立。
前10,000年	地球の温暖化により，瀬戸内海復帰，日本列島化。山野に緑がよみがえる。
前8,500年	縄文人の生活が開始。県下に遺跡の数は少ない。B.C.300年ごろまで縄文人の生活が展開される。
前700年ころ	瀬戸内を中心に縄文人のムラふえる(岩田遺跡の成立)。
前500～300年前後	海峡を越えて大陸や朝鮮半島との交流が盛んに行われる。
前200年ころ	響灘地域に弥生人の生活開始。綾羅木郷，中の浜・土井ケ浜遺跡の成立。渡来系の人びとの定着，稲作の開始。
前100年ころ	高地性集落の出現，以後A.D.300年ごろまで継続。内陸部に弥生人のムラ展開。宮ヶ久保遺跡，下七見遺跡などの大集落の成立。
前150年ころ	華山山頂に銅鉾が埋納されるが，銅鐸祭祀は採用せず。
50年前後	県下各地に弥生のムラ展開。
200年ころ	田部盆地に方形周溝墓群(沖台遺跡)，山口盆地に円形台状墓群(朝田墳墓群)がいとなまれる。
250年ころ	田布施町国森古墳造営(県下最古の古墳首長墓)。
300年ころ	古代国家統一をはかるヤマト勢力の傘下に山口県瀬戸内地域の在地首長が加わりはじめる。
350年ころ	前方後円墳を築造する首長が出現。
420年ころ	地方統治組織県主・国造の配置がはじまる。瀬戸内沿岸で土器製塩が開始される。
450年ころ	女王がおさめる時代にはいる。西部瀬戸内最大の前方後円墳白鳥古墳の築造。
530年ころ	県下に横穴式石室古墳が広まる。
550年ころ	宇部・小野田地域で須恵器生産が開始される。
580年ころ	下関市甲山，山口市大浦地域に大規模な群集墳出現。
600年ころ	最後の前方後円墳大日古墳築造。
620年ころ	後井古墳・穴観音古墳など最後の国造の巨大横穴式石室墳築造。

西暦	年号	事項
	崇神朝	意富加羅国の王子都怒我阿羅斯等が穴門に至る。そこの住人伊都都比古が国王と称するが，王子はそれを信用せずに去る。
	景行朝	九州の熊襲征討のため，天皇が周芳の娑麼に至る。速都取命を穴門国造，味波々命を阿武国造となす。
	成務朝	穴委古命を大嶋国造となす。
	仲哀朝	熊襲征討のため，天皇が穴門に至る。ついで神功皇后も到着し，宮室をいとなみ，穴門豊浦宮と称する。住吉神社(下関市)を創祀するという。
	応神朝	加米乃意美を周防国造となす。
	仁徳朝	田嶋足尼を都怒国造となす。

	雄略朝	紀小鹿火が新羅から帰国し，角(都濃)国にとどまり，角臣と称する。
561	欽明 22	この年，穴門館を修理する。
650	白雉 1	*2-15* 穴戸国司が白雉を献上する。これを嘉瑞として白雉と改元する。
665	天智 4	*8-* 答㶱春初を長門国に遣わし，城をきずかせる。
682	天武 10	*9-5* 周芳国が赤亀を献上する。
721	養老 5	*4-20* 周防国熊毛郡を分けて玖珂郡をおく。
730	天平 2	*3-13* 熊毛郡牛島と吉敷郡達理山で採掘した銅を長門国の鋳銭にあてる。
734	6	*9-16* 大竹河(小瀬川)を周防・安芸両国の国境となす。
737	9	この年，「長門国正税帳」なる。
738	10	この年，「周防国正税帳」なる。
744	16	この年，玖珂郡大領秦皆足が二井寺を創建するという。
745	17	この年，吉敷郡神埼郷や大島郡美敢郷の人らが調塩を貢進する。
754	天平勝宝 6	この年，東大寺領椹野荘の産業勘定が作成される。
767	神護景雲 1	*4-29* 豊浦団毅額田部直塞守が銭と稲を献上し，豊浦郡大領に任命される。
768	2	*3-1* 豊浦・厚狭両郡に養蚕を奨励し，調を銅から綿に変更する。
770	宝亀 1	*3-20* 周防凡直葦原が銭と塩を献上し，外従五位下に昇叙される。
807	大同 2	*10-25* 諸国の駅馬を減少する。防長両国は各駅20疋と定められる。
818	弘仁 9	*3-7* 長門国司を改め，鋳銭使となす。*8-7* 長門国の駅馬を減じ，鋳銭用鉛の運搬にあてる。
825	天長 2	この年，長門鋳銭使を廃止し，周防国に鋳銭司をおく。
847	承和 14	*2-29* 周防鋳銭司の申請により，その司家を東方の潟上山に移す。
849	嘉祥 2	*3-28* 周防国に目１員を増員する。
862	貞観 4	*5-20* 周防・長門など山陽・南海道諸国に海賊の追捕を厳命する。
	7	*5-16* 周防国などに介をおく。
889	寛平 1	*6-6* 周防国の大崎駅を廃止する。
901	延喜 1	この年，菅原道真，西下の途中周防国勝間浦に立ちよるという。
904	4	*2-* 周防国司土師信貞が菅原道真の霊を酒垂山(防府市)にまつる。
908	8	この年，「玖珂郡玖珂郷延喜八年戸籍」が作成される。
940	天慶 3	*11-7* 周防国，鋳銭司が藤原純友に焼かれたことを奏上する。
998	長徳 4	このころ，東大寺領椹野荘はすでに荒廃となる。
1023	治安 3	*12-17* 長門国が貫納海藻の減額を申請する。
1185	文治 1	*3-24* 源平両軍，長門国壇ノ浦の海上にたたかい，平氏が滅亡する。
1186	2	*3-23* 朝廷，周防国を東大寺造営料国とし，重源に国務をゆだねる。
1275	建治 1	*5-20* 鎌倉幕府，蒙古の再来にそなえ，御家人に長門警固番役を命じる。
1333	正慶 2 (元弘 3)	*4-1～5* 高津道性，厚東武実とともに，長門探題北条時直を敗走させる。
1354	文和 3 (正平 9)	このころまでに，大内弘世，周防国を平定。
1358	延文 3 (　13)	*1-2* 厚東義武，大内弘世の攻撃をうけ，豊前国に敗走。
1363	貞治 2 (　18)	*3-* 大内弘世，北朝方に転じ，周防・長門両国守護に任ぜられる。
1389	康応 1	*3-11* 大内義弘，将軍義満が厳島を参詣したさい，一行を出迎える。

	(元中 6)	
1392	明徳 3 (9)	*1–4* 大内義弘，明徳の乱の戦功により和泉・紀伊両国の守護に任ぜられる。
1399	応永 6	*12–21* 応永の乱。大内義弘，和泉国堺に挙兵し滅ぶ。
1429	永享 1	この年，大内盛見，将軍足利義教から，その料国筑前の支配をゆだねられる。
1431	3	*6–28* 大内盛見，少弐氏とたたかい，筑前深江で敗北。
1441	嘉吉 1	*6–24* 嘉吉の乱。大内持世も将軍邸でおそわれ，7月28日没す。
1465	寛正 6	*9–3* 大内教弘，伊予国興居島で病死。
1467	応仁 1	*7–20* 大内政弘，応仁・文明の乱に西軍として参加。
1470	文明 2	*3–* 大内教幸(道頓)の反乱。
1477	9	*11–11* 大内政弘帰国。
1508	永正 5	*6–8* 大内義興，京都に進出し，7月，足利義材を将軍に復職させる。
1511	8	*8–24* 大内義興，船岡山の合戦に勝利し，山城守護に任ぜられる。
1518	15	*10–5* 大内義興，山口に還る。
1520	17	*4–* 大内義興，伊勢神を山口に勧請。
1535	天文 4	*5–16* 大内義隆，後奈良天皇の即位を経済的にささえ，昇殿を許される。
1540	9	*10–4* 大内義隆の将陶隆房ら，毛利元就に援軍を送り，尼子軍をしりぞける。
1541	10	*5–13* 大内義隆の将陶隆房ら，武田信実を銀山城に破り，安芸国を平定。
1542	11	閏*3–30* 大内義隆・毛利元就，出雲国に尼子晴久を攻める。
1549	18	この年，フランシスコ = ザビエル来日し，山口に立ちよる。
1551	20	*9–1* 陶隆房(晴賢)，内藤・杉氏ら他の家老とはかって義隆を殺害する。
1552	21	*3–3* 大友晴英，大内氏の当主となり，義長と改名。
1557	弘治 3	*4–3* 大内義長，毛利軍に攻められ，長府長福寺にのがれて自害。
1569	永禄 12	*10–25* 大内輝弘，山口に乱入。
1587	天正 15	この年から，毛利輝元，惣国検地をはじめる。
1591	19	*3–* 毛利輝元，豊臣秀吉から中国8カ国112万石の支配を保証される。
1600	慶長 5	*9–15* 関ヶ原の合戦。*10–10* 毛利氏，周防・長門両国を受領。*11–2* 長府，岩国領成立。この年，兼重検地完了。
1603	8	*8–6* 江戸桜田に藩邸を拝領。
1604	9	*2–3* 萩指月山に築城を許可される。*11–11* 毛利輝元，山口より萩城へ移る。
1607	12	この年，三井検地に着手する(蔵入検地は1617，18年。給領検地は1619，20年)。
1617	元和 3	*4–28* 下松藩成立。
1625	寛永 2	この年，寛永検地(熊野検地)に着手する。
1626	3	この年，知行地の大幅入替えを行う。
1636	13	*1–8* 江戸城手伝普請。これ以降，手伝普請は減少する。
1643	20	この年，春定法がはじまる。
1646	正保 3	この年，財政改革のため，家中の知行2歩の収公を命じる(正保の二歩減)。
1648	慶安 1	*6–15* 下松藩，城地を徳山に移転。
1651	4	*10–20* 人沙汰の規定がだされる。この年，幕府国目付の巡見をうける。
1655	承応 2	この年，幕府国目付の巡見をうける。

1660	万治	3	*9-14* 当家制法条々などを発令(万治制法)。
1662	寛文	2	この年以降，当職を一門八家がつとめることが続く。
1667		7	この年，幕府巡見使来萩。
1668		8	*9-* 萩の蔵元が作事木屋のあった場所に移転。
1673	延宝	1	*10-1* 吉川広嘉，錦帯橋をかける。翌年5月28日洪水で流失。同10月25日再建。
1677		5	*5-* 萩地方で大地震。*7-15* はじめて藩札(延宝札)を発行する。
1681	天和	1	この年，薩摩藩から琉球櫨の種を輸入し，栽培を奨励する。
1683		3	*11-23* 京都の豪商大黒屋善四郎を繰綿の座元にする。
1686	貞享	3	*2-20* 検地(貞享検地)に着手する。翌年完了。
1690	元禄	3	この年，吉敷郡仁保の瑠璃光寺を山口の香積寺跡へ移す。
1691		4	*2-2* 毛利吉就，萩の松本に黄檗宗護国山東光寺を建立する。
1695		8	*2-19* 宇部の常盤池の築造に着手する。同11年に完成。
1699		12	*9-28* 三田尻大開作の築造なる。
1700		13	*11-18* 美祢郡長登銅山と阿武郡蔵目喜銅山の産額を幕府へ報告する。
1702		15	*3-20* 長州藩連歌師安部信貞，防府天満宮で連歌を興行する。*12-15* 長府藩，赤穂浪士岡島八十右衛門ら10人をあずかる。翌年2月4日切腹。
1705	宝永	2	*6-* 幕府，秤改めのため秤屋神善四郎を萩へ派遣する。山口・米屋町の九兵衛，善四郎の弟子となり，秤の一手取扱いとなる。
1710		7	*12-27* 吉敷郡長野村で農民一揆がおこる。
1716	享保	1	*4-13* 徳山藩改易。徳山領は萩本藩領になる。
1717		2	*12-6* 岩国領玖珂郡南部諸村で農民一揆がおこる。
1718		3	*2-8* 一揆再発。*3-11* 本藩領玖珂郡(山代)諸村でも農民一揆がおこる。*3-20* 長府藩断絶。*4-15* 清末藩主毛利元平，長府に移り，長府藩を再興する。このため清末藩断絶。
1719		4	*1-12* 藩校明倫館を創設し，開校式を挙行する。*5-28* 徳山藩再興。
1720		5	*6-16* 永田政純，「閥閲録」の編集に着手する。同11年に完成。この年，井上親明，「地下上申」と「寺社由来」の編集に着手する。
1725		10	*1-* 村上平次郎，諸郡を巡回して琉球櫨の栽培を奨励する。
1729		14	*10-26* 清末藩再興。
1730		15	*11-1* 藩札(享保札)を発行する。
1732		17	*9-28* 防長両国蝗害激甚。*12-6* 両国の蝗害高29万2740石余に達す。
1733		18	*1-* 去冬より悪疫流行し，病死者・餓死者が続出する。*2-* 両国の飢人17万7500余人に達す。
1737	元文	2	*6-15* 烏田貫通，「防長物産名寄」をあらわす。
1738		3	*1-* 岩国領の「享保増補村記」と「小村図」が完成する。
1739		4	*9-21* 防長両国の銅山を幕府へ報告する。
1749	寛延	2	*4-13* 大坂で米切手(長州藩発行)訴訟事件がおきる。
1751	宝暦	1	*10-4* 米切手訴訟事件が再発し，資銀調達に苦慮する。
1753		3	*8-25* 藩札(宝暦札)を発行する。
1758		8	*3-26* 藩医栗山孝庵・熊野玄宿ら，萩の手水川刑場で人体解剖を行う。
1761		11	*8-16* 検地(宝暦検地)に着手する。
1763		13	*4-24* 検地が完了し，増高4万1608石を得る。*5-14* 増高を財源として撫育方を設置する。

1765	明和	2	*4-8* 撫育方，はじめて三田尻宰判で塩田・鶴浜開作を築造する。
1767		4	*4-22* 撫育方，三田尻宰判で大浜開作を築造する。
1768		5	*5-* 岩国領府，横山寺谷口に講堂を設立する。*7-17* 鶴浜・大浜の塩田を中心に三田尻・小郡両宰判の一部を割いて中関宰判を設置する。
1769		6	*2-* 小笠原長監・林以成ら，「防長古器考」の編集に着手する。安永3年に完成。
1771		8	*10-* 鶴浜の塩浜主田中藤六，三八換持法を藩に建議し，藩命によって瀬戸内の塩浜主に塩の生産調整を説き，休浜同盟を成立させる。これで塩業不況から脱出する。
1776	安永	5	*12-1* 藩札(安永札)を発行する。
1778		7	*7-* 徳山領須万村で農民一揆がおこる。
1783	天明	3	*5-29* 幕府，長府藩の表高を5万石と定め，長府毛利氏を城主格とする。
1784		4	*11-* 豊浦郡川棚村の若島梅三郎一座，はじめて萩城内で芝居を上演する。
1785		5	*5-9* 徳山藩，藩校鳴鳳館を設立する。
1787		7	*3-23* 都濃郡鹿野・大潮両村で農民一揆がおこる。この年，清末藩，藩校育英館を設立する。
1790	寛政	2	*7-6* 陸奥国白河藩へ三田尻塩の輸出がはじまる。
1792		4	*5-* 長府藩，藩校敬業館を設立する。*12-2* 防長両国で大地震。
1794		6	*11-* 遊行上人，両国を巡行する。
1799		11	*2-19* 都濃郡櫛浜村の村井喜右衛門，長崎で沈没の蘭船を引き上げる。*5-* 都濃郡富田村の農民，徳山藩庁へ出訴する。
1800		12	この年，幕府，蝦夷地の用塩として，三田尻塩を買い上げる。
1801	享和	1	*12-26* 玖珂郡和木村と安芸国大竹村の境界紛争が落着し，周防・安芸両国の境界が確定する。
1804	文化	1	この年，吉川氏家臣の樋口祥左衛門，「節倹略」をあらわす。
1806		3	*4-4* 伊能忠敬，防長両国の測量を開始する。同6年まで3度測量する。
1810		7	*6-14* 阿武郡川上村で大規模な一揆がおこる。
1812		9	*9-27* 岩国領府，錦見に講堂を設立する。
1814		11	この年，製糸・機織の技術者を萩へ招き，婦女子に伝習させる。
1815		12	*4-* 上田鳳陽，山口講堂を設立する。*6-* 萩・松本焼濃茶茶碗の模倣焼物を禁じ，吉敷郡台道村の陶土を公用以外に採用することを禁止する。
1817		14	*2-26* 萩の菊ヶ浜で神器陣の第1次操練を行う。
1822	文政	5	*8-* 萩地方で霍乱病(コロリ)が流行し，死者1000余人に達す。
1823		6	*12-* 岩国領府，「家中古文書纂」を編集する。
1825		8	*11-* 戸籍仕法を改正する。
1826		9	*1-16* シーボルト，下関に来港して24日間滞在し，東航して大島郡屋代島の首崎による。*8-23* 女流俳人菊舎尼が死去する。
1829		12	*2-20* 岩国領医師飯田玄栄・宇都宮了安ら，肥前国大村で種痘法を学ぶ。*2-* 産物会所を設置する。
1830	天保	1	*6-* 田布施・山口・赤間関・伊崎・瀬戸崎・江崎において産物の入札(小富入札)売を許可。*8-3* 熊毛郡上関村・田布施村・浅江村・室積村農民，国産御内用事につき一揆。
1831		2	*7-26* 天保大一揆。諸郡に普及する。11月に至って鎮静。
1832		3	*12-26* 去秋の百姓一揆の首魁6人を萩大屋にて処刑。

1835	天保	6	***7-20*** 心学者奥田頼杖，はじめて長州藩の藩命をうけ，両国諸郡に道話を行う。以後年々来藩し，道話および導師の養成に尽力する。
1836		7	この年，両国風雨洪水。被害高27万6900余石。
1837		8	***3-22*** 三田尻宰判仁井令の百姓，一揆をおこす。***4-27*** 毛利敬親嗣ぐ。
1838		9	***8-5*** 村田清風・香川作兵衛を地・江戸仕組掛とする。***9-28*** 長州藩，藩債銀9万貫余におよぶ。各局の経費節減を命ずる。
1840		11	***7-7*** 村田清風ら，財政改革につき献言。***7-13*** 長州藩，天保改革発令。***11-3*** 下関の越荷方を拡張。
1842		13	***9-20*** 長州藩，両国内の社寺堂庵石祠石仏などを検し，由緒なき淫祠(小祠小庵)を排除。
1943		14	***4-1*** 毛利敬親，阿武郡羽賀台において操練を親閲する。
1848	嘉永	1	***6-25*** 長州藩，海防の部署を定める。
1849		2	***2-18*** 明倫館の再修なる。
1853		6	***6-6*** 米艦浦賀渡来により長州藩大森に出兵。
1856	安政	3	***4-24*** 長州藩，萩小畑に軍艦製造所を設立。この年，諸郡に勧農産物御用掛をおく。
1857		4	***11-5*** 吉田松陰，松下村塾をおこす。
1858		5	***5-27*** 長州藩天朝に忠節，幕府に信義，祖先に孝道の三藩是を確定。
1859		6	***10-27*** 吉田松陰，江戸伝馬町の獄において処刑。
1860	万延	1	***2-20*** 長州藩，兵制を洋式に改革し，歩・騎・砲三兵の教練課程を定める。***7-22*** 桂小五郎ら水戸藩士西丸帯刀らと江戸湾碇泊の丙辰丸船内にて盟約。
1861	文久	1	***3-28*** 長州藩，航海遠略策の藩是を定める。***5-15*** 長井雅楽上京し，公武合体航海遠略の議を正親町三条実愛に入説する。
1862		2	***5-5*** 航海遠略策却下。***7-6*** 長州藩，藩議即時攘夷に決する。
1863		3	***2-21*** 長州藩，藩政改革。***5-10*** 第1次馬関攘夷戦。***5-23*** 第2次馬関攘夷戦。***6-7*** 高杉晋作，藩命により奇兵隊を編成。***8-18*** 朝議一変し，長州藩の京都堺町門の警衛をやめる。
1864	元治	1	***6-5*** 京都池田屋の変に吉田稔麿ら闘死。***7-19*** 京都蛤門の変に来島又兵衛・久坂玄瑞・寺島忠三郎・入江九一ら戦死。***7-23*** 長州藩追討勅命くだる。***8-5*** 英仏米蘭4カ国連合艦隊，馬関砲撃。***11-11*** 家老益田右衛門介・国司信濃は徳山に，翌日福原越後は岩国に自刃する。***12-16*** 高杉晋作，藩論を回復せんとして，赤間関に挙兵。
1865	慶応	1	***1-6*** 美祢郡大田・絵堂村の戦いおこる。***2-2*** 長州藩，藩内の内訌戦やみ，藩論帰一する。***3-23*** 長州藩，藩論武備恭順に決する。***4-12*** 幕府，長州再征を命ずる。***6-9*** 対幕応戦のため兵制改革。***7-4*** 諸郡に招魂場建設を命ずる。***11-7*** 幕府，彦根藩以下31藩に出兵を命じ，徳川茂承を征長先鋒総督となす。
1866		2	***1-21*** 木戸孝允，西郷隆盛らと会議し長薩盟約なる。***6-7*** 幕軍進撃。大島口で開戦(四境の役)。***7-18*** 石州口の幕府方浜田藩，城を焼いて逃げる。***8-1*** 長州軍小倉攻略。城主小笠原忠忱，みずから城を焼いて逃げる。***9-2*** 幕吏勝海舟，芸州厳島に来て，長州藩士広沢真臣らと会見し，休戦を協約する。
1867		3	***9-19*** 長薩両藩討幕出兵を協約。***10-14*** 長薩2藩に討幕および会津・桑

		名両藩討伐の密勅降下。***11–25*** 討幕出兵の全軍，防府鞠生松原に会し，海路進発。
1868	明治　1	***1–3*** 幕府軍京都にはいらんとする。長薩諸藩の軍，これを鳥羽･伏見に破る。***11–3*** 防長藩治職制を公布。
1869	2	***1–20*** 長薩土肥４藩主，連署して版籍奉還を奏請。***6–17*** 版籍奉還聴許され，毛利元徳山口藩知事を奉命。***6–26*** 毛利元敏を豊浦藩知事に，毛利元蕃を徳山藩知事に，毛利元純を清末藩知事に，吉川経健を岩国藩知事にそれぞれ任ずる。***10–4*** 山口藩，人口戸数を朝廷に届出す。戸数11万5768戸，人口50万7819人。***11–27*** 諸隊号を廃し，常備軍を編成。***11–30*** 常備軍の選に漏れた諸隊の兵士，山口を脱する。年末，秋作不熟のため，大津郡および美祢郡方面の百姓一揆，ついで厚狭郡吉田・船木の農民一揆。
1870	3	***1–21*** 脱隊兵，山口藩議事館を包囲。***2–9*** 常備軍および豊浦・徳山・清末・岩国藩兵をもって脱隊兵を討伐する。閏***10–8*** 藩治の職制を改革し，政事堂を藩庁と，民事局を郡用局と改称して大属・小属・史生・小史生などの諸役をおく。
1871	4	***3–28*** 毛利敬親没す。***6–19*** 徳山藩を廃して山口藩に合併。***7–14*** 廃藩置県で山口・豊浦・清末・岩国の４県を設置。***7–28*** 山口藩庁をやめ山口県庁と称す。***11–15*** 山口・豊浦・清末・岩国の４県を廃し山口県をおく。萩・岩国・赤間関に支庁をおく。中野梧一を大参事に任ずる。この年，赤間関，山口，岩国に郵便取扱所を設置。県内の郵便取扱所は13カ所。
1872	5	***5–*** 県庁内に取締組を配置。***6–*** 郡用方を廃し各部署に区長をおく。***7–25*** 中野梧一，権令に任ぜられる。***7–*** 学区を画定し，県内を６中学区，1418小区に分ける。***8–5*** 山口英国語学所設置。***10–*** 防長12郡を127区に分ける。***10–19*** 部署を会議所と改称。
1873	6	***1–*** 『山口県新聞』創刊。***4–*** 赤間関に電信局開設。***6–12*** 県内を21大区，266小区とする。***12–2*** 県庁に官民協同の県会を開設。
1874	7	***2–20*** 県下の地租改正実施認可。***4–*** 山口西門前の山口好生堂を三田尻に移し華浦医院と改称。***8–5*** 中野梧一，県令となる。***10–*** 山口県教員養成所および同付属小学校設置。***11–*** 士族授産局および共同会社を山口に設立。
1875	8	***1–*** 赤間関の東・西両正米会社を合併し，赤間関正米会社と改称。***2–*** 大区会議所を大区扱所，小区戸長役場を小区扱所と改称。***3–12*** 清末毛利元純死去。***5–23*** 右田毛利藤内死去。この年，中四国旱魃。
1876	9	***5–*** 山口士族授産局，士族就産所と改称。***9–10*** 赤間関正米会社を解散し，あらたに米商会所を開業。***10–26*** 前兵部大輔前原一誠ら，熊本秋月の徒に応じ反乱，殉国軍と称する。***11–6*** 玉木文之進自刃。***12–3*** 前原一誠，処刑される。
1877	10	***3–31*** 山口県教員養成所，山口師範学校と改称。***4–*** 天野雅，『鴻城新聞』を創刊。***6–1*** 前原の残党町田梅之進誅伐。***9–*** 県下にコレラ流行。
1878	11	***5–*** 鴻城学舎を私立山口学校，巴城学舎を同萩分校と改称。***10–23*** 岩国に第百三国立銀行を創立。***11–25*** 山口に第十国立銀行を創立。
1879	12	***1–6*** 郡区町村編制法実施に伴い，大小区を廃し県下12郡１区とし，大

		小区扱所を廃して郡役所・戸長役場と改め，町村の区域は旧制のまま。***2-2*** 毛利勅子死去，船木女児小学校を徳基学舎と改称。***6***下旬- 2カ月間にわたりコレラ流行。***6-*** 第百十国立銀行山口支店開業。
1880	明治 13	***1-17***『馬関物価日報』創刊。***6-1*** 県下を5学区に分け岩国・徳山・山口・豊浦・萩に県立中学校を設置。***8-9*** 赤間関商法会議所創立。***9-*** 県の私立学校条例を制定。***10-9*** 華浦医学校を県立として再興し，山口県医学校と称する。この年，赤間関と安岡村にコレラ流行。
1881	14	***5-3*** 笠井順八ら，小野田にセメント製造会社(現，小野田セメント製造㈱)を設立。***9-*** 改正教育令により町村立小学校設置区域および校数改定。この年，三田尻柏木幸助の安全マッチ工場全焼。赤間関・安岡村にコレラ流行，死者約500人。
1882	15	***1-*** 広島裁判所山口支庁を廃し，山口始審裁判所を設置。***6-14*** 日本基督一致教会山口教会開設。***7-*** 県下各所に黴毒検査所を設置。
1883	16	***1-1*** 下関古弁天山に内務省地理局直轄の気象観測所を開設。明治20年4月県営となり山口県下関観測所と改称。***9-*** 柏木幸助，検温器製造開始。***10-*** 山口県病院を山口八幡馬場に新築。***12-*** 県立山口県医学校廃校。
1884	17	***1-1*** 戸長管掌区域を改正し，数村連合の管掌区域を定める。***2-*** 赤間関港を対朝鮮貿易港に指定。***7-15***『防長新聞』創刊。***9-1*** 山口師範学校に女子師範学校を開設。***10-*** 旧藩主毛利元徳らの主唱により防長教育会を設立。
1885	18	***4-5*** 岩国室木新港に汽船会社設立。***7-29*** 天皇，山口に行幸。***7-*** 山口栽培試験場の農事講習所を廃し，山口農学校を設立。
1886	19	***3-*** 明治17年3月の新地租条令に基づき，県下の土地丈量を行い土地台帳および地籍図(分間図) 編成，明治21年6月完了。古来の6尺5寸竿を6尺に改める。***7-*** コレラ流行。
1887	20	***6-*** 宇部共同義会，村内鉱区の借区権統合。***8-*** 三田尻街道佐波山隧道竣工。***9-14*** 岩国産綿改良組合設立。
1888	21	***3-12*** 防長米改良組合準則公布。各農区ごとに米撰俵組合・米商組合の両者を合併して防長米改良組合を創設。***4-27*** 山陽鉄道会社創立。***5-6***「宇部達聡会」創立。***7-31*** 大風雨洪水。***8-28*** 防長米改良組合連合取締所設立。
1889	22	***4-1*** 市制町村制実施。***7-*** 日本舎密製造会社を小野田に設立，硫酸を製造。***11-15***『馬関新聞』創刊。
1890	23	***1-1*** 下関四十物組合を改組し，下関物品問屋(迴漕店)組合設立。***6-5・6*** 米価暴騰のため赤間関市民，問屋などを襲撃。***7-1*** 第1回衆議院議員総選挙施行。***8-*** コレラ流行。
1891	24	***1-30***『馬関毎日新聞』創刊。***8-12*** 赤間関商業会議所設立認可。***10-*** 九州鉄道の開通とともに大阪商船，門司を碇泊地とし，赤間関を寄港地とする。
1892	25	***4-*** 藤田松兵衛，吉敷郡新地より床波・新川・刈屋を経て馬関につうじる航路の運航をはじめる。***9-1*** 赤間関測候所，赤間関地方天気予報を実施。
1893	26	***3-*** 天然痘流行。***10-14*** 暴風雨各地被害多し。***10-*** 日本銀行西部支店

		開設。***12-*** 県赤間関測候所，各郡役所に気象観測器を設置して気象観測を開始。この年，私立華浦組を㈱華浦銀行に改組。
1894	明治 27	***3-*** 防府中関に三田尻製塩売捌所設立。***8-1*** 第五師団，第一軍に編入され日清戦争に出征。***9-27*** 山口高等中学校，山口高等学校と改称。***12-2*** 第百三国立銀行，同岩国支店開設。
1895	28	***3-24*** 李鴻章，赤間関で狙撃される。***4-1*** 防長教育会経営の山口学校を改め，県立山口尋常中学校を設立。***4-17*** 日清戦争の講和条約，赤間関春帆楼で調印。***12-3*** 大浦知事，勧業方針の諭告を発し米作・養蚕・水産を3重点施策とする。
1896	29	***3-1*** 柏木幸助，『防長実業新聞』を創刊。***4-*** 吉敷郡大内村に山口県農事試験場を設置。***9-1*** 県下に郡制を実施。阿武・見島の2郡をあわせ，都合11郡とする。***9-*** 赤間関に関門汽船㈱創立。
1897	30	***5-*** 山口県病院内に日本赤十字社山口準備看護婦養成所を設置。***6-8*** 渡辺祐策，沖ノ山炭鉱㈱を設立。***9-25*** 山陽鉄道広島・徳山間開通。***10-1*** 大島郡立大島海員学校設立。この年，長門無煙炭鉱㈱設立。
1898	31	***3-17*** 山陽鉄道徳山・三田尻間開通。***4-*** 山口電灯㈱設立。***5-6*** 山代紙同業組合，玖珂郡広瀬村に設立。***7-*** 玖珂郡柳井津米塩取引所設立。***9-*** 赤間関電話交換局開設。
1899	32	***3-17*** 山陽鉄道三田尻まで開通。***5-1*** 赤間関電話交換局業務開始。***8-4*** 赤間関港を海外貿易港に指定。***8-*** 下関方面を要塞地帯に編入。***9-*** 大島郡安下庄に大島汽船㈱設立。この年，柏木幸助，ジアスターゼ発見。
1900	33	***4-1*** 山口県水産試験場を大津郡仙崎村に，山口県水産講習所を佐波郡中関村に設立。***7-11*** 歩兵第二十一旅団司令部および歩兵第四十二連隊，北清事変に出兵。***10-3*** 歩兵第四十二連隊，山口に凱旋。***11-*** 長府覚苑寺内に防長孤児院を創立。***12-3*** 山陽鉄道，三田尻・厚狭間開通。
1901	34	***3-2*** 愛国婦人会山口支部発足。***4-1*** 郡立大島甲種商船学校を県に移管し，県立大島商船学校と改称。***5-13*** 県下各地豪雨。***5-27*** 山陽本線全通。***7-*** 水稲正条植(右田式田植法)の普及を奨励。***9-*** 赤間関に英国領事館を開設。***12-23*** 厚狭郡厚南村に小作争議発生。
1902	35	***3-*** 私立山口県教育会創立。***6-1*** 赤間関市を下関と改称。***7-*** 県下各地にコレラ大流行。***11-5*** 山口県収税部を大蔵省に移し，山口・岩国税務所を設置。
1903	36	***4-1*** 県立工業学校，熊毛郡室津村に設立。***5-17*** 県下各地豪雨。***5-29*** 県下各地暴風雨。***7-6*** 山口県立山口図書館開館。
1904	37	***3-15*** 山口洞春寺住職荒川道隆，山口育児院創立。***4-*** 長門無煙炭鉱，海軍省に移管。***6-15*** 県下暴風雨，各地被害甚大。***6-25*** 県下各地暴雨。***9-29*** 山口歩兵第四十二連隊，日露戦争に出征。
1905	38	***2-11*** 防長女子教育会創立。***3-20*** 近藤清石編『山口県風土誌』成稿。***4-1*** 山口高等学校を山口高等商業学校と改称。***9-11*** 山陽鉄道会社下関・釜山間の連絡航路開始。***9-13*** 鉄道美祢線厚狭・伊佐および伊佐大嶺間開通。***11-29*** 日露戦争出征の歩兵第四十二連隊，山口に凱旋。
1906	39	***4-16*** 東京・下関間の直通急行列車運転開始。***6-30*** 県下各地暴雨。***10-21*** 山口亀山の毛利元徳銅像除幕式。***10-24*** 県下各地暴風雨。***12-1*** 山陽鉄道会社，国に買収。

1907	明治	40	***2–*** 宇部西沖ノ山炭鉱開坑。***6–1*** ㈱日韓産業銀行設立。***6–17*** 下関地方暴風雨。***10–4*** 松陰神社設立認可。***12–*** 山口軌道会社設立。
1908		41	***1–7*** 山陽鉄道，国有鉄道として発足。***6–1*** 岩国電気軌道㈱設立。***10–15*** 大日本軌道㈱山口支店の小郡新町・湯田間軽便鉄道開通。***10–23*** 藤本閑作，宇部東見初炭鉱を設立。***12–10*** 軽便鉄道湯田・山口新町間延長開通。
1909		42	***2–*** 岩国電気軌道㈱の錦見・麻里布間電車開通。***4–*** 赤間関六連税関監視署設置。***6–27*** 東京で防長史談会設立。***7–*** 山口県医師会創立。***8–*** 専売局三田尻製塩試験場設置。***10–26*** ハルピンで伊藤博文暗殺。***12–11*** 山口電話局創立。
1910		43	***6–15*** 県下各地大洪水。***7–22*** 県立農業学校を吉敷郡大内村から小郡に移転。***11–*** 佐波郡牟礼村の福永章一，足踏み回転脱穀機を考案。***12–24*** 山口県農会および防長米同業組合の合同事務所を設置。
1911		44	***3–6*** 小郡・山口間軽便鉄道，山口中河原まで延長開通。***7–*** 河合漆器大内塗合資会社，山口に創業。***12–18*** 宇部軽便鉄道㈱創立。
1912	大正	1	***3–*** 長州鉄道㈱を下関に創立。***4–8*** 山口県教育会，私立防長教育博物館を山口に設置。***12–10*** 小郡・萩間乗合自動車営業開始。
1913		2	***2–20*** 国鉄山口線小郡・山口間開通。***3–19*** 軽便鉄道小郡・山口間営業廃止。***6–10*** 下関・長府両瓦斯㈱，九州10社と合同して関西瓦斯㈱を設立。***7***下旬– 旱魃，収穫平年の二分の一。
1914		3	***2–27*** 柳井町周防銀行休業。***4–*** 長州鉄道東下関・小串間開通。***5–3*** 石三軽便鉄道㈱(現，防石鉄道㈱)設立。***6–*** 美祢軽便鉄道㈱設立。***8–3*** 長門軽便鉄道会社設立。***12–1*** 三菱造船㈱彦島造船所開業。***12–18*** 青島攻囲戦参加の下関重銃砲隊凱旋。
1915		4	***4–8*** 長門軽便鉄道㈱設立。***4–11*** 宇部東見初炭鉱浸水，232人死亡。***8–*** 萩火力発電所建設。***10–21*** 萩・山口間乗合自動車運転開始。***11–25*** 小野田軽便鉄道山陽線小野田・セメント町駅間開業。
1916		5	***7–12*** 県庁舎本館・県会議事堂新築(***11–20*** 落成式挙行)。***9–*** 大井川第一水力発電所建設。***10–1*** 山口・津和野間乗合自動車運転開始。***10–*** 中部鉄工所(現，林兼造船㈱)創立。
1917		6	***4–1*** 私立防長教育博物館を廃し，大典記念山口県立教育博物館設置。***6–11*** 日本火薬製造㈱厚狭作業所操業開始。***8–17*** 下関・小串間乗合自動車運転開始。***12–*** 宇部鉄工所(現，宇部興産宇部鉄工所)設立。
1918		7	***2–*** 日本曹達工業㈱(現，徳山曹達㈱)創立。***2–*** 日本汽船㈱笠戸造船所(現，日立製作所笠戸工場)操業開始。***4–20*** 衆議院議員選挙。***8–15*** 宇部の米騒動に山口歩兵第四十二連隊出動，死者12人，負傷者11人。***8–*** 大阪鉄板製造㈱徳山工場(現，日新製鋼㈱)創業開始。***10–*** インフルエンザ流行(〜大正8年***3–***)。
1919		8	***4–11*** 岩国織布㈱開業。***4–*** 官立山口高等学校設置。***7–5*** 防石鉄道，三田尻・上和字間開通。***8–10*** 山口歩兵第四十二連隊，シベリア出兵。***10–1*** 全国特産品博覧会を山口で開催。
1920		9	***8–12*** 高島北海の発議により長門耶馬渓の名を長門峡と改称。***9–14*** 山口歩兵第四十二連隊，シベリアより凱旋。***9–23*** 防石鉄道，上和字・堀間開業。***10–1*** 第1回国勢調査実施。

1921	大正 10	***2–*** 日本汽船㈱笠戸造船所，日立に合併，日立製作所笠戸工場と改称。***3–*** 徳山の海軍練炭製造所を海軍燃料廠と改称。***11–1*** 宇部市制施行。***11–7*** 防長農工銀行・日本勧業銀行合併により日本勧業銀行山口支店開設。
1922	11	***1–15*** 下関青果㈱設立。***4–*** 神戸鈴木商店クロード式窒素工場㈱(現，東洋高圧㈱彦島工業所)創立。***12–*** 下関商業会議所内に山口県商品陳列所を設置。
1923	12	***4–1*** 津和野・石見益田間鉄道開通により，小郡・石見益田間陰陽連絡線全通。***9–7*** 救恤輸送船多喜丸下関港出帆。***9–12*** 下関築港延期問題に関し，1000人の群衆騒擾。***9–15*** 宇部セメント㈱設立。
1924	13	***2–8*** 第二沖ノ山炭鉱に宇部労働組合結成。***3–23*** 美祢線正明市まで開通。***4–*** ㈱日立製作所笠戸工場，本邦最初の大型電気機関車製作。***5–*** 宇部沖ノ山炭鉱労働争議。***6–15*** 県営小郡湾干拓昭和開作築立。***12–16*** 萩電灯値下期成同盟会を結成。
1925	14	***4–3*** 長門三隅・萩間開通により，美祢線全通。***5–1*** 岩国連隊区司令部廃止。***10–1*** 国勢調査実施。***10–10*** 第10回中国六県連合畜産共進会，山口に開催。
1926	昭和 1	***6–30*** 郡役所廃止。***7–17*** 豪雨，県下各地被害大。***9–*** 秋吉村滝穴を秋吉洞と改称。***10–6*** 山口大道寺跡に建設の聖ザビエル記念碑落成式挙行。
1927	2	***1–*** 帝国人造絹糸㈱岩国工場，レーヨン・フィラメント操業開始。***4–9*** 山陽電気軌道㈱，下関・長府間電車開通。***9–11*** 岩徳線第1期工事起工式。
1928	3	***2–20*** 普通選挙第1次衆議院議員総選挙。***8–2*** ㈱馬関毎日新聞社解散。***8–5*** 林兼鉄工造船㈱設立。***12–20*** 県立山口図書館および防長先賢堂新築落成。
1929	4	***2–22*** 日本製蠟㈱を徳山に設立。***2–*** 宇部鉄道全線電化。***4–5*** 岩徳線麻里布・岩国間開通。***4–10*** 吉敷郡山口町と吉敷村で山口市を設置。***5–*** 日本石油下松製油所起工。***10–29*** 宇部鉄道電車運転開始。
1930	5	***2–20*** 衆議院議員選挙。***4–*** 山陽電気軌道，下関市内および長府・下関間に乗合自動車の営業を開始。***10–1*** 国勢調査実施。***12–25*** 関麗(下関・朝鮮麗水間)連絡航路開始。
1931	6	***4–26*** 日東漁業㈱を下関に設立。***5–11*** 国鉄バス，山口・三田尻間営業開始。
1932	7	***2–*** 日本曹達㈱創立。***4–20*** 国道17号線小郡・山口間開通。***7–1*** 阿武郡萩町，市制施行。***7–*** 合成工業㈱(現，東洋高圧)設立，彦島にメタノール工場建設。***12–25*** 宇部鉄道自動車部宇部・小郡間バス営業開始。
1933	8	***1–15*** 下関・釜山間直通電話開始。***2–24*** 山陰本線全通。***3–22*** 国鉄バス防長線，山口・東萩駅間運転開始。***4–*** 宇部窒素工場㈱設立。***10–20*** 桂弥一，長府尊攘堂(現，長府博物館)設立。
1934	9	***1–17*** 岩徳線欽明寺トンネル開通。***4–*** 鐘淵紡績㈱防府工場建設着手。***6–*** 電気事業県営移管に関連し疑獄事件発生。***7–*** 宇部窒素工場㈱操業開始。
1935	10	***1–25*** 下関・対馬間電話開通。***2–*** 東洋鋼鈑㈱下松工場操業開始。***9–24*** 4日間大暴風雨。***9–19*** 関門海底鉄道隧道起工式。***10–1*** 国勢調

		査実施。*10-15* 徳山市制施行。*11-21* 山口上水道通水式挙行(*12-1* 給水開始)。
1936	昭和 11	*2-20* 衆議院議員選挙。*8-25* 佐波郡防府町・中関町・華城村・牟礼村の区域で市制施行。*10-10* 宇部曹達工業㈱設立。*10-* 宇部電鉄本山線開通。この年，大洋捕鯨㈱創立。
1937	12	*3-20* 王政復古70年記念山口県史編纂所開設。*4-* 宇部市に渡辺翁記念会館竣工。*12-15* 日赤山口病院，戦時体制で山口陸軍病院赤十字病院と改称。
1938	13	*3-17* 関門国道下関側豆トンネル掘鑿開始。*3-* 徳山曹達㈱セメント工場操業開始。*3-* 各地に民間防空訓練はじまる。*4-* 宇部港開港場指定。*6-12* 県下に豪雨。*7-* 国民精神総動員運動実践として都市部には町内会，農村部は部落会を結成。*7-* 日本火薬製造㈱厚狭化成工場操業開始。
1939	14	*1-* 山口市天然痘流行(～*3*下旬-)。*4-* 帝国人造絹糸㈱麻里布工場レーヨン・ステープル操業開始。*4-* 各地に警防団の組織あいつぐ。*5-12* 関門国道本トンネル起工式。*10-25* 西部防衛地区の総合防空訓練開始。*11-3* 都濃郡下松町・久保町・末武南村・花岡村の地域に下松市を設置。
1940	15	*4-1* 玖珂郡岩国町・麻里布町・川下村・愛宕村・灘村の地域に岩国市を設置。*6-* 砂糖切符制実施。*8-* 飯米・木炭その他生活必需物資の切符制を実施。*10-1* 光海軍工廠開庁。国勢調査実施。*11-3* 小野田市制施行。*12-8* 高度国防国家新体制の最下部組織として，町内会・隣保班・隣組制度を整備。*12-8* 大政翼賛会山口支部結成式挙行。
1941	16	*3-26* 山口連隊区司令部，防空壕の建設を全県下に指令。*4-1* 海軍燃料廠を第三海軍燃料廠と改称。*4-19* 防府放送局放送開始。*7-12* 県立防空学校を山口に開校。*12-10* 必勝祈願県民大会，護国神社で挙行，8000人参集。
1942	17	*1-24* 県下日刊新聞を廃刊。*2-1*『関門日報』を発行。衣料切符制実施。*2-5* 味噌・醬油配給統制実施。*3-10* 沖ノ山炭鉱・宇部窒素・宇部セメント・宇部鉄工所を合併して宇部興産㈱を設立。*6-11* 関門海底トンネル下り線工事完成，単線運転開始。*9-1* 海軍兵学校岩国分校開校。
1943	18	*3-31* 水産統制令に基づき林兼商店の事業を継承し，西大洋漁業統制㈱(現，大洋漁業㈱)設立。*4-1* 熊毛郡光町と室積町で光市制施行，*4-* 山口師範学校，文部省の直轄となる。
1944	19	*2-15* 中国塗料会社岩国航空機工場設置。*2-22* 山口亀山公園藩主銅像供出。*3-31* 一県一行主義で百十・宇部・華浦・大島・船城の5銀行解散，山口銀行を設立(*4-1* 営業開始)。*8-7* 関門海底鉄道第二トンネル開通。
1945	20	*3-23* 政府の新聞非常体制発布により一県一紙・一戸一紙の購買制を確立。*4-1* 防府市東亜化学㈱，協和化学工業㈱を合併，化学薬品・医薬品追加製造。*5-10* 徳山市第1回空襲。岩国陸軍燃料廠・興亜石油被爆。*6-29* 下関市被爆。*7-2* 宇部市空襲により市街の四分の一被災。*7-28* 徳山市第2回空襲。海軍燃料廠被爆。*8-9* 岩国海軍航空隊被爆。*8-14* 光海軍工廠および岩国駅周辺被爆。*8-15* 終戦。*9-2* 大陸第1回引揚者7000人，関釜連絡船で仙崎港に上陸。*9-7* 県下に大風水害。とくに大津郡・岩国市方面に被害甚大，県下の死者427人，家屋全壊

		1330戸。***10–4*** 下関市に米海兵隊300人進駐。***10–19*** 山口市に米兵進駐。***11–25*** 三菱下関造船所，戦後最初のストライキ。
1946	昭和　21	***1–21*** 初の県労委10人内定，組織労働者2000人。***1–*** 労働組合法施行を前に宇部興産本山炭鉱組合・神戸製鋼所長府工場労組・県庁職員同盟など，労働組合結成の動き。***4–28*** 県職員組合結成。
1947	22	***2–3*** 全官公労組の二・一ゼネスト，GHQの禁止令により回避され県知事，庁内空気刷新を要望。***4–5*** 知事・市町村長の選挙。田中龍夫初代公選知事当選。***5–3*** 県下最初の公民館，山口市平川に設置。***6–17*** 山口県連合婦人会結成。***7–15*** 山口県立医科大学開校(宇部市)。
1948	23	***1–1*** 岩国港・徳山港・下松港開港指定。***4–*** 各市町村単位に農業協同組合設立。***6–4*** 県内公職追放者総数1260人。***10–5*** 第１回県教育委員選挙。***11–1*** 県教育委員会発足，初代教育長和田克己就任。
1949	24	***1–13*** 関門港開港宣言。***1–23*** 衆議院議員選挙。***4–13*** 高校再編，男女共学33校。***5–24*** 山口大学，５学部を設置。***6–2*** ザビエル四百年祭に法王特使山口訪問。***6–19*** デラ台風襲来。***6–*** 帝国人造絹糸㈱岩国工場操業開始。***7–1*** 山口軍政部を民事部と改称。***9–*** 配炭公団廃止，石炭統制撤廃。***10–1*** 防石鉄道の地福・津和野間自動車営業開始。
1950	25	***1–11*** 西日本重工業㈱下関造船所発足。***3–20*** 厚東川ダム完成。***5–15*** 山口女子短期大学開校。***9–14*** キジヤ台風，錦帯橋流失。***10–1*** 国勢調査実施。***11–*** 帝国人造絹糸㈱(現，帝人㈱)岩国工場で強力レーヨン糸操業開始。
1951	26	***1–12*** 関門および宇部両港を重要港湾に指定。***5–1*** 電気事業，再編成令により中国電力㈱発足。***6–28*** CIE図書館山口分館，県立山口図書館内に開設。***9–22*** 徳山港重要港湾に指定。***10–20*** 山口県ユネスコ協会連盟結成。
1952	27	***1–27*** 毛利文庫を山口図書館に寄託。***2–1*** 第１回山口県マラソン大会を山口市で挙行。***4–13*** 宇部窒素50日間スト解決。***4–24*** 防府天満宮社殿炎上。***8–1*** 熊毛郡佐賀村岩田遺跡発掘着手。***10–15*** 警察予備隊小月訓練所の名称を保安隊小月駐屯部隊と変更。
1953	28	***2–19*** 農林省直営阿知須干拓第１期工事潮止。***8–17*** 山口大学工業短期大学部宇部市に開設(夜間)。***9–15*** 李ライン排撃下関市民決起大会開催。***11–29*** 山口県地方史学会・山口県考古学会創立。
1954	29	***1–7*** 山口県教職員団体連合会結成。***1–10*** 小月保安庁航空隊正式に発足。***2–28*** 国道関門トンネル貫通。***3–31*** 市制施行(美祢市・長門市・柳井市)。***7–1*** 陸上自衛隊小月駐屯部隊発足。***9–24*** 県農山漁村新生運動総決起大会，山口市で開催。
1955	30	***3–22*** 県工場誘致条令公布。***4–19*** 秋穂町の浜村秀雄選手，ボストンマラソン大会新記録で優勝。***4–20*** 柳井市の田升吉二・田中良子両選手，ロンドンの世界卓球選手権大会で優勝。***5–29*** 航空自衛隊防府基地開庁式。***10–1*** 国勢調査実施。***10–19*** 陸上自衛隊，山口市に駐屯。***11–1*** 秋吉台と北長門海岸，国定公園指定。
1956	31	***4–1*** ラジオ山口開局。下関市小月の航空自衛隊第一操縦学校開校式。***4–23*** 下関市立商業短期大学開設。***4–30*** 県議会全員協議会，秋吉台演習場反対を決議。***7–29〜8–3*** 県下14地区に農山漁村振興協議会の

			発会式。***9–13*** 秋吉台爆撃演習地使用取止めを調達庁で確認・解決。***12–11*** 韓国抑留船員留守家族連合会結成大会を下関で開催。
1957	昭和	32	***3–21*** 徳地町柚野の佐波川ダム完工式。***5–29*** 出光興産徳山製油所完工式。***9–18*** 農山漁村新生運動決起大会，吉敷郡大内小学校で開催。***11–6*** 中四国・九州関係県共同の瀬戸内海沿岸総合開発計画できる。
1958		33	***2–9*** 関門国道トンネル開通式。***3–25*** 県立医大大学院設置認可。***5–1*** 県教職員勤務評定実施。***10–10***『山口県会史』刊行。***12–18*** 県警本部，県下13署長係長合同会議を開き暴力団の徹底的取り締まりにのりだす。
1959		34	***4–1*** 山口県文書館設置。***6–9*** 三田尻港を重要港湾に追加指定。***8–*** 県，秋吉台地域農業振興計画案を作成。***10–1*** ラジオ山口，テレビ局を開設。***12–10*** 安保闘争統一行動に県下で２万5000人参加。
1960		35	***4–12*** 県工場誘致条令を廃止し県工場新設勧奨条令を制定。***6–1*** 財団法人山口県内職公社発足。***6–7*** 中国５県知事会議で高速道路期成同盟を結成(広島市)。***8–1*** 県教委・萩市教委の見島学術調査開始。***10–1*** 国勢調査実施。
1961		36	***2–25*** 宇部興産炭労，合理化反対無期限スト突入。***4–12*** 小・中学校の統廃合決定。***6–2*** 国立宇部工業短期大学開校。***9–24*** 徳山曹達，合成樹脂繊維ポリプロピレンの製造に成功。***11–8*** 周防国衙の本格的発掘調査開始(～***12–5***)。***11–22*** 再開関釜航路第一船男島丸下関入港。
1962		37	***1–21*** 周南工業地帯整備計画協議会開く。***4–1*** 下関市立大学開校。***4–5*** 宇部興産炭労，24時間スト突入。***5–10*** 徳山石油化学㈱設立。***9–1*** ＮＨＫ山口・萩・岩国放送局，テレビ開局。***11–16*** 県外海試験場の黒潮丸，インド洋漁業調査にむかう。
1963		38	***1–20*** 農林省水産講習所，水産大学校として発足。***3–24*** 山口労働総同盟組合会議発足。***8–18*** 周防国国衙発掘調査再開。***11–4*** 文部省，熊毛郡大和村石城山神籠石の発掘調査。***12–18*** 県営菅野ダム定礎式。
1964		39	***3–2*** 国鉄山陽新幹線建設促進期成会第１回発起人会開催(県庁)。***4–1*** 国立山口大学医科医学部発足。美東町の天然記念物景清洞開洞。***5–28*** 大気汚染研究全国協議会第５回総会開催(宇部市)。***6–22*** 関門架橋促進協議会結成第１回協議会開催(下関市)。***8–27*** 中国縦貫自動車道建設促進の県下関係市町村議会協議会発足。
1965		40	***4–1*** 徳山・下松港特定重要港湾指定。***6–27*** 農地報償法による県下の対象者２万人余と概算。***7–1*** 県文化財保護条例施行。***10–1*** 国勢調査実施。
1966		41	***2–8*** 周防鋳銭司遺跡の発掘調査開始。***4–1*** 三田尻中関港を国際貿易港に指定。***7–1*** 県営宇部空港開港。***7–25*** 中国自動車縦貫道整備計画決定。***11–25*** 県営菅野ダム完成。
1967		42	***4–1*** 阿武川総合開発事務局発足。***6–*** 徳山湾で赤潮発生。***9–29*** 宇部鉱業所閉山。***12–4*** 山口仁保に宇宙通信衛星基地起工。
1968		43	***2–3*** 南陽町で刺激性ガス漏れ，住民避難。***4–15*** 山口芸術短期大学開校。***5–31*** 県農業用水対策本部設置。***6–14*** 岩国市議会，米軍基地移転要望を決議。***10–1*** 徳山・竹田津間にフェリー就航。
1969		44	***3–8*** 下関郷台地遺跡，ブルドーザーで破壊される。***6–12*** 周防灘総合開発(山口・福岡・大分)構想が決定(新全総の一環)。***7–1*** 徳山に初の

			公害注意報がでる。
1970	昭和	45	***4–1*** テレビ山口，本放送を開始。***5–12*** 山陽新幹線ルートで埋蔵文化財調査開始。***5–15*** 徳山で有毒ガス，下松で1週間連続の大気汚染注意報。***6–19*** 関釜フェリー，下関・韓国釜山間に就航。***11–*** 新南陽市市政施行。
1971		46	***4–13*** 県，営農技術研修所を設置。***11–20*** 県に道路公社発足。***11–*** 第2次県酪農近代化計画を策定。
1972		47	***4–1*** 県公害局発足。***4–5*** 第2次県勢振興の長期展望を発表。***5–22*** 環境庁・県，瀬戸内汚濁実態調査を実施。***8–30*** 岩国のシロヘビ，国の天然記念物に指定。
1973		48	***5–1*** 山陽新幹線の新関門トンネル貫通。***6–11*** 県，岩国海域のPCB調査結果と徳山の水銀問題を発表しPCB・水銀対策本部を設置。***7–1*** 県土地開発公社発足。***10–15*** 田万川町江崎漁港漁民大会で県内はじめての原発反対運動。***11–14*** 関門橋，中国自動車道下関・小月間開通。
1974		49	***6–1*** 地下高騰に対処し県に土地対策課を新設。***6–7*** 徳山工業高等専門学校開校。***7–13*** 中国自動車道小月・小郡間開通。***10–8*** 佐藤栄作前首相，ノーベル平和賞受賞。
1975		50	***3–28*** 新幹線岡山・博多間開通。***3–28*** 阿武川ダム完成。***4–11*** 山口女子大学開校。***4–*** 県機構改革，環境部・水産部を設置。***10–1*** 国勢調査実施。***11–3*** 広中平祐，文化勲章受賞。
1976		51	***2–21*** 暴力追放県民会議発足。***5–21*** 県警交通部に暴走族対策本部設置。***8–22*** 第8回知事選挙，平井龍当選。
1977		52	***2–7*** 周防国衙跡の発掘調査開始。***6–*** 徳山湾の汚染魚買上げで漁協と企業の交渉開始。***7–14*** 豊北町9漁協が漁民連絡協議会を結成，原発建設阻止の大会宣言を採択。
1978		53	***1–18*** 豊北原発，国の重要電源に指定。***3–30*** 全国私立高校女子ソフトボール選抜大会開催。***4–1*** 日置村が町制施行。***4–7*** 県農業大学校開校。***5–14*** 豊北町で原発選挙。原発反対の藤井町長誕生。***9–4*** 第3次県勢振興長期展望を策定。***10–21*** 県議会資料館開館。
1979		54	***1–9*** 宇部空港拡張，第2種空港。***3–8*** 中国自動車道と九州縦貫自動車道が連結。***4–*** 楠町今富ダム完工式。***6–13*** 県，省エネ対策推進協議会を設置。***7–24*** 宇部丸山ダム完工式。***9–18*** 県宇部総合庁舎起工式。***10–7*** 県立美術館開館。
1980		55	***4–1*** 山口宇部空港にジェット機就航。***4–9*** 県，中国山東省が技術調査団派遣に合意。***5–2*** 菊川町歌野川ダム完成。***6–28*** 国道316号大ヶ迫・大ヶ峠両トンネル完成。***7–3*** 山口パークロード完成。***8–3*** 第9回知事選挙，平井龍再選。***10–17*** 中国自動車道山口・鹿野間開通。***10–31*** 県埋蔵文化財センター完成。
1981		56	***3–5*** 国道9号山口バイパス県庁前地下道開通式。***7–19*** 阿東町十種峰体育館竣工。***11–4*** 県障害者保養センター(周南市)起工式。***11–28*** 国道315バイパス開通式。
1982		57	***3–16*** 徳山湾水域の漁業公害調査結果発表。***5–1*** 川上村余暇活動施設「緑の村」完成。 ***8–7*** 大内・宮野バイパス完成。***8–12*** 山東省と県，友好協定調印。***10–14*** 東洋工業防府工場竣工式。***12–3*** 障害者更正セ

			ンター鹿野グリーンハイツ完成。
1983	昭和	58	***1–19*** 県生涯教育センター開館。***3–10*** 一の坂ダム完成。***3–18*** 沖家室大橋開通。***3–24*** 中国自動車道全線開通。***4–21*** 防府右田に県立中央病院移転完成。***7–23*** 県下集中豪雨。
1984		59	***3–24*** 宇部テクノポリス地域指定。***3–27*** 生見川ダム完工。***4–26*** 在伯県人会来県。***5–22*** 見島漁港修築完工。***7–4*** 新県庁舎の開庁式。***8–25*** 美和トンネル開通。
1985		60	***2–19***「80年代中期県勢振興プラン」を発表。***11–15*** 山口県政資料館開館。***12–3*** 三田尻中関港完工。***12–25*** 山口宇部空港にボーイング767が就航。
1986		61	***4–8*** 西京高校開校式。***7–18*** 国道316号全線開通。***7–21*** 山口宇部空港1日4便就航。***8–1*** 全国高校総体開会式。***9–16*** 大島の水産加工団地完成。
1987		62	***4–6*** 県メカトロ技術センター開所。***4–24*** 東和町内広域農道開通。***6–1*** 大島大橋が県営化。***9–3*** 山口テクノパーク起工式。***10–17*** 秋吉台家族旅行村開所。***12–4*** 山陽自動車道，徳山西・山口ＪＣ間開通。
1988		63	***2–24*** 下関関彦橋完成。***3–29*** 山陽自動車道，岩国・大竹間開通。***9–22*** 宇宙通信㈱山口衛星管制局完成。
1989	平成	1	***3–20*** 山口宇部空港県警航空隊基地開所。***4–26*** 県営小瀬川発電所竣工。***5–5*** ひらおハートピアセンター竣工。***11–19*** 徳地町少年自然の家開所。
1990		2	***2–27*** 国道191号三隅バイパス開通。***3–29*** 県警察棟竣工。***3–30*** 山陽自動車道熊毛・徳山間開通。***5–*** ニューメディアプラザ山口完成。
1991		3	***9–4*** 超高温材料研究センター開所。***9–13*** 台風17号，***9–27*** 台風19号，両台風被害610億円。***12–1*** 地域衛星通信ネットワークセンター開所。
1992		4	***4–1*** 県史編纂事業に着手。***6–19*** 県セミナーパーク着工。***6–25*** 山陽自動車道全線開通。***9–4*** 県衛星通信ネットワーク運用開始。
1993		5	***2–20*** 錦川木材流通拠点施設整備工事竣工式。***7–8*** サザンセト伊保庄マリンパーク竣工式(柳井市)。***5–2*** 山口宇部空港，宇部・札幌便就航。***9–6*** 町道特牛角島線角島大橋起工式。***9–9*** 平生大橋連結式。
1994		6	***1–12*** 県立萩看護学校起工式。***4–8*** 青島市事務所開設(下関市)。***5–27*** 防府駅付近連続立体交差高架完成式。***6–1*** 山陽新幹線厚狭駅設置期成同盟会総会(県庁)。***9–9*** 宇部臨空頭脳パーク起工式。
1995		7	***2–10*** 国道9号山口バイパス開通式。***3–24*** 県セミナーパーク竣工式。***4–1*** 山口宇部空港に夜間駐機開始。***6–1*** 山口東京理科大学開学式。***7–23*** 衆議院議員通常選挙。***10–1*** 国勢調査実施。
1996		8	***5–10*** 山口県立大学発足式。***6–1*** 大島大橋通行料金無料化。***7–1*** 山口宇部空港整備事業起工式。***7–27*** 山陽新幹線厚狭駅起工式。***8–21*** 平井知事退任。***8–22*** 二井関成知事初登庁。***11–28*** 中国山東省水産視察団来県。
1997		9	***6–1*** 岩国基地沖合移設事業起工式。***6–25*** 県北部にマグニチュード6.1の地震発生。***12–6*** 第3回県障害者芸術文化祭を下関市で開催。

■ 沿　革　表

1．国・郡沿革表

（2012年４月現在）

国名	延喜式	吾妻鏡その他	郡名考・天保郷帳	郡区編成	現在	
					郡	市
周防	大　島	大　島	大　島	大　島	大島《おおしま》郡	
	玖　珂	玖　珂	玖　珂	玖　珂	玖珂《くが》郡	岩国《いわくに》市・柳井《やない》市
	熊　毛	熊　毛	熊　毛	熊　毛	熊毛《くまげ》郡	光《ひかり》　市
	都　濃	都　濃	都　濃	都　濃		下松《くだまつ》市・周南《しゅうなん》市
	佐　波	佐　波	佐　波	佐　波		防府《ほうふ》市
	吉　敷	吉　敷	吉　敷	吉　敷		山口《やまぐち》市
長門	厚　狭	厚　狭	厚　狭	厚　狭		宇部《うべ》市・山陽小野田《さんようおのだ》市
	美　祢	美　祢	美　祢	美　祢	美祢《みね》郡	美祢市
	豊　浦	豊　浦	豊　浦	豊　浦		下関《しものせき》市
	大　津	大　津	大　津	大　津		長門《ながと》市
	阿　武	阿　武	阿　武	阿　武	阿武《あぶ》郡	萩《はぎ》　市
			見《み》島《しま》			

2．市・郡沿革表

（2012年４月現在）

下《しもの》関《せき》市

明治22年４月１日　町域だけで赤間関市として市制施行。現，市域の村は，豊東下村・豊東上村・豊東前村・彦島村・豊西下村・豊西中村・豊西上村・長府村・清末村・小月《おづき》村・王喜村・吉田村・内日村・豊東村・岡枝村・豊東郷村・楢崎村・豊田下村・豊田奥村・豊田中村・豊田上村・川棚村・豊西東村・豊西村・宇賀村・小串村・神玉《かみたま》村・神田下村・角島村・阿川村・粟野村・滝部村・田耕《たすき》村

明治31年９月１日　豊浦《とようら》郡豊東下村は生野村，豊東上村は勝山村，豊東前村は王司村，豊西東村は黒井村と改称

明治32年４月１日　豊浦郡豊田奥村，西市村と改称

明治35年６月１日　赤間関市，下関市と改称

明治43年７月１日　豊浦郡豊西中村，安岡村と改称

明治44年４月１日　豊浦郡長府村，町制施行し，長府町となる

明治45年4月1日　豊浦郡豊田上村，殿居村と改称
大正3年9月1日　豊浦郡豊西下村，川中村と改称
大正7年5月1日　豊浦郡神田下村，神田村と改称
大正10年1月10日　豊浦郡生野村を編入
大正10年10月1日　豊浦郡彦島村，町制施行し，彦島町となる
大正11年10月1日　豊浦郡豊西上村，吉見村と改称
大正13年2月11日　豊浦郡西市村，町制施行し，西市町となる
大正14年5月1日　豊浦郡小串村，町制施行し，小串町となる
昭和8年3月20日　豊浦郡彦島町を編入
昭和12年11月15日　豊浦郡川中村・安岡村を編入
昭和13年3月26日　豊浦郡長府町を編入
昭和14年5月17日　豊浦郡吉見村・勝山村・王司村・清末村・小月村を編入
昭和26年4月1日　豊浦郡岡枝村・豊東郷村・楢崎村が合併して菊川村となる
昭和29年8月1日　吉母・蓋井島・御崎で豊浦郡豊西村と境界変更
昭和29年10月1日　豊浦郡豊田下村・西市町・豊田中村・殿居村，合併して豊田《とよた》町となる
昭和30年4月1日　豊浦郡川棚村・黒井村・豊西村・宇賀村が合併して豊浦町となる。豊浦郡神玉村・神田村・角島村・阿川村・粟野村・滝部村・田耕村，合併して豊北《ほうほく》町となる
昭和30年4月10日　豊浦郡豊東村・菊川村が合併して菊川《きくがわ》町となる
昭和30年7月1日　厚狭郡王喜村・吉田村を編入
昭和30年11月1日　豊浦郡内日村を編入
昭和31年7月1日　豊浦町，豊浦郡小串町を編入
平成17年2月13日　下関市・菊川町・豊田町・豊浦町・豊北町が合体

山陽小野田市《さんようおのだ》

明治22年4月1日　市制町村制施行。現，市域の村は，須恵村・高千帆村・厚西村・出合村・生田村
大正7年10月1日　厚狭郡厚西村，厚狭町となる
大正9年4月3日　厚狭郡須恵村，町制施行し，小野田町となる
昭和4年4月1日　厚狭町，厚狭郡出合村を編入
昭和13年4月1日　厚狭郡高千帆村，町制施行し，高千帆町となる
昭和15年11月3日　厚狭郡小野田町と高千帆町が合併して市制施行し，小野田市となる
昭和23年6月1日　厚狭郡生田村，町制施行し，埴生《はぶ》町となる
昭和31年9月30日　厚狭郡厚狭町・埴生町，合併して山陽《さんよう》町となる
平成17年3月22日　小野田市・山陽町が合体，山陽小野田市となる

宇　部《うべ》　市

明治22年4月1日　市制町村制施行。上宇部村・中宇部村・沖宇部村・川上村・小串村が合併して宇部村となる。現，市域の村は，藤山村・厚南《こうなん》村・西岐波村・東岐波村・厚東《ことう》村・二俣瀬村・小野村・船木村・万倉《まくら》村・吉部《きべ》村
大正6年9月1日　厚狭郡船木村，町制施行し，船木町となる

大正10年11月1日　厚狭郡宇部村単独で市制施行，宇部市となる
昭和6年8月1日　厚狭郡藤山村を編入
昭和16年10月20日　厚南村を編入
昭和18年2月1日　吉敷郡西岐波村を編入
昭和29年10月1日　厚狭郡厚東村・二俣瀬村・小野村・東岐波村を編入
昭和30年4月1日　厚狭郡船木町・万倉村・吉部村，合併して楠町《くすのき》となる
平成16年11月1日　楠町を編入

防《ぼう》府《ふ》市

明治22年4月1日　市制町村制施行。現，市域の村は，佐波村・三田尻村・中関村・華城《はなぎ》村・牟礼《むれ》村・西浦村・右田村・富海《とのみ》村・小野村・大道村
明治35年1月1日　佐波郡佐波村と三田尻村が合併して町制施行し，防府町となる
昭和11年8月25日　防府町，佐波郡中関町・華城村・牟礼村を合併し市制施行，防府市となる
昭和14年11月3日　佐波郡西浦村を編入
昭和26年4月1日　佐波郡右田村を編入
昭和29年4月1日　佐波郡富海村を編入
昭和30年4月10日　佐波郡小野村・大道村を編入

周《しゅう》南《なん》市

明治22年4月1日　市制町村制施行。現，市域の村は，徳山《とくやま》村・加見村・久米《くめ》村・大華村・戸田《へた》村・湯野村・大津島村・夜市《やじ》村・向道村・中須村・須々万村・長穂村・須金《すがね》村・福川村・富田村・和田村・富岡村・高水村・八代《やしろ》村・三丘《みつお》村・勝間村・鹿野《かの》村
明治33年10月15日　都濃郡徳山村，町制施行し，徳山町となる
明治45年1月1日　都濃郡福川村，町制施行し，福川町となる
大正4年11月10日　都濃郡富田村，町制施行し，富田町となる
昭和10年10月15日　都濃郡徳山町，市制施行し，徳山市となる
昭和15年4月29日　都濃郡大華村，町制施行し，櫛ヶ浜町となる
昭和15年11月3日　都濃郡鹿野村，町制施行し，鹿野町となる
昭和16年11月3日　都濃郡富岡村，富田町に合併
昭和17年4月1日　都濃郡加見村・久米村，徳山市に編入
昭和19年4月1日　都濃郡大華村・戸田村・湯野村・大津島村・夜市村・福川町・富田町，徳山市に合併
昭和24年8月1日　都濃郡富田村，徳山市から分離独立
昭和24年9月1日　都濃郡福川町，徳山市から分離独立
昭和28年10月1日　都濃郡福川町・富田町合併し，南陽町となる
昭和29年12月1日　都濃郡中須村・須々万村・長穂村が合併して都濃《つの》町となる
昭和30年7月20日　鹿野町，都濃郡須金村の一部を編入
昭和30年10月1日　徳山市，都濃郡向道村を編入
昭和30年11月1日　佐波郡和田村，南陽町に合併。鹿野町，徳地町の一部を編入

昭和31年９月30日　熊毛郡高水村・八代村・三丘村・勝間村，合併して町制施行し，熊毛《くまげ》町となる
昭和41年１月１日　徳山市，都濃郡都濃町を編入
昭和45年11月１日　都濃郡南陽町・富岡村，新南陽《しんなんよう》町として市制施行
平成15年４月21日　徳山市・新南陽市・熊毛町・鹿野町が合体，周南市となる

下《くだ》 松《まつ》 市

明治22年４月１日　市制町村制施行。現，市域の村は，豊井村・末武南村・末武北村・久保村・米川《よねかわ》村
明治34年３月１日　都濃郡豊井村，町制施行し，下松町となる
昭和４年４月１日　都濃郡末武北村，花岡村と改称
昭和14年11月３日　都濃郡下松町，久保村・末武南村・花岡村と合併して市制施行，下松市となる
昭和29年11月１日　都濃郡米川村を編入
昭和37年４月１日　都濃郡都濃町の中須南の一部を編入

光《ひかり》　　市

明治22年４月１日　市制町村制施行。現，市域の村は，三井《みい》村・浅江村・光井村・島田村・室積村・周防村・束荷《つかり》村・塩田村・三輪村・岩田村
明治39年１月１日　熊毛郡室積村，町制施行し，室積町となる
昭和14年４月１日　熊毛郡三井村・浅江村・光井村・島田村が合併して周南町となる
昭和15年10月１日　熊毛郡周南町，光町と改称
昭和18年２月１日　熊毛郡束荷村・塩田村・三輪村・岩田村，合併して大和村となる
昭和18年４月１日　光町，室積町を合併して市制施行，光市となる
昭和30年７月１日　熊毛郡周防村を編入
昭和32年４月10日　大和村，光市立野《たての》の一部を編入
昭和46年１月１日　大和村，熊毛郡大和町となる
平成16年10月４日　光市・大和町が合体

柳《やな》 井《い》 市

明治22年４月１日　市制町村制施行で柳井津町。現，市域の町村は，柳井津町・柳井村・古開作村・日積村・新庄《しんじょう》村・余田《よた》村・伊陸《いかち》村・伊保庄《いおのしょう》村・伊保庄南村・平群村・鳴門《なると》村・神代村
明治34年３月31日　熊毛郡伊保庄南村，阿月村と改称
明治38年１月１日　玖珂郡柳井津町・柳井村・古開作村が合併して柳井町となる
昭和29年３月31日　玖珂郡柳井町・日積村・新庄村・余田村・伊陸村が合併して市制施行，柳井市となる
昭和29年５月１日　大島郡平群村を編入
昭和30年４月１日　玖珂郡鳴門村・神代村，合併して大畠《おおばたけ》村となる
昭和31年７月20日　熊毛郡伊保庄村を編入
昭和31年９月30日　熊毛郡阿月村を編入

昭和46年４月１日　玖珂郡大畠村，大畠町となる
平成17年２月21日　柳井市・大畠町が合体

岩《いわ》 国《くに》 市

明治22年４月１日　市制町村制施行で岩国町。現，市域の町村は，岩国町・横山村・愛宕村・灘村・麻里布村・川下村・小瀬川《おぜがわ》村・藤河村・南河内村・北河内村・師木野村・通津《つず》村・玖珂《くが》村・本郷《ほんごう》村・高森村・川越村・米川《よねがわ》村・祖生《そう》村・広瀬村・高根村・深須村・河波村・桑根村・秋中村・賀見畑村・渋前村・藤谷村・由宇村
明治32年４月１日　玖珂郡小瀬川村から小瀬村が分離
明治35年11月―　玖珂郡北河内村から明見谷が分離し，高森村の大字になる
明治37年１月１日　玖珂郡渋前村・藤谷村，合併して坂上村となる
明治38年４月１日　玖珂郡岩国町，横山村を編入
明治43年２月１日　玖珂郡河波村の一部を編入
明治44年７月１日　玖珂郡河波村，河山村と改称
大正５年６月１日　玖珂郡藤河内村が分離して御庄《みしょう》村と藤河村となる
大正13年８月１日　玖珂郡高森村，町制施行し，高森町となる。玖珂郡玖珂村，町制施行し，玖珂町となる
大正15年２月11日　玖珂郡由宇村，町村制施行し，由宇《ゆう》町となる
昭和３年４月２日　玖珂郡麻里布村，町制施行し，麻里布町となる
昭和15年４月１日　玖珂郡岩国町，愛宕村・灘村・麻里布村・川下村を合併して市制施行，岩国市となる
昭和15年11月３日　玖珂郡広瀬村，町制施行し，広瀬町となる
昭和30年４月１日　岩国市，玖珂郡小瀬村・藤河内村・御庄村・北河内村・師木野村・通津村を編入。玖珂郡広瀬町・高根村・深須村，合併して錦《にしき》町となる。玖珂郡秋中村・賀見畑村，合併して美和《みわ》村となる。玖珂郡高森町・川越村・米川村・祖生村，合併して周東《しゅうとう》町となる。玖珂郡由宇町，神代《こうじろ》村の一部を編入
昭和30年７月20日　玖珂郡河山村・桑根村，合併して美川《みかわ》村となる
昭和31年９月30日　玖珂郡美和村・坂上村，合併して町制施行し，美和町となる
昭和34年４月１日　玖珂郡美川村，町制施行し，美川町となる
平成18年３月20日　岩国市・由宇町・玖珂町・本郷村・周東町・錦町・美川町・美和町が合体

長《なが》 門《と》 市

明治22年４月１日　市制町村制施行。現，市域の村は，仙崎通村・深川村・俵山村・三隅《みすみ》村・日置《へき》村(大字五カ村が統合)・菱海《ひしかい》村・向津具《むかつぐ》村・宇津賀村
明治32年４月１日　大津郡仙崎通村が通《かよい》村と仙崎村に分離
大正３年４月15日　大津郡仙崎村，町制施行し，仙崎町となる
昭和３年11月１日　大津郡深川村，町制施行し，深川町となる
昭和17年11月３日　大津郡三隅村，町制施行し，三隅町となる
昭和29年３月31日　大津郡通村・仙崎町・深川町・俵山村が合併して市制施行，長門市となる

昭和29年5月1日　大津郡菱海村・向津具村・宇津賀村が合併して油谷《ゆや》町となる
昭和53年4月1日　大津郡日置村，町制施行し，日置町となる
平成17年3月22日　長門市・三隅町・日置町・油谷町が合体

萩《はぎ》　市

明治22年4月1日　市制町村制施行で萩町。現，市域の町村は，萩町・椿郷東分村・椿郷西分村・山田村・三見《さんみ》村・大井村・見島郡見島村・六島村・川上《かわかみ》村・田万崎村・小川村・吉部《きべ》村・高俣村・須佐《すさ》村・弥富村・明木《あきらぎ》村・佐々並村・福川村・紫福《しぶき》村
明治43年7月1日　阿武郡椿郷西分村，椿村と改称
大正10年5月17日　阿武郡椿郷東分村，椿東《ちんとう》村と改称
大正12年4月1日　阿武郡萩町，椿村・椿東村・山田村を編入
大正13年2月11日　阿武郡須佐村，町制施行し，須佐町となる
昭和7年7月1日　阿武郡萩町，市制施行し，萩市となる
昭和15年4月1日　阿武郡田万崎村，町制施行し，江崎町となる
昭和30年3月1日　萩市，三見村・大井村・見島郡見島村・六島村を編入
昭和30年4月1日　阿武郡江崎町・小川村，合併して田万川《たまがわ》町となる。阿武郡吉部村・高俣村，合併してむつみ村となる。阿武郡須佐町・弥富村，合併して須佐町となる。阿武郡福川村・紫福村，合併して福栄《ふくえ》村となる。阿武郡明木村・佐々並村，合併して旭《あさひ》村となる
平成17年3月6日　萩市・川上村・田万川村・むつみ村・須佐町・旭村・福栄村が合体

山《やま》口《ぐち》　市

明治22年4月1日　市制町村制施行で山口町。現，市域の町村は，山口町・上宇野令村・下宇野令村・吉敷《よしき》村・宮野村・屋原朝田村・平川村・名田島村・鋳銭司村・陶村・秋穂二島《あいおふたしま》村・嘉川村・小鯖村・大内村・仁保村・串村・島地村・柚野村・八坂村・出雲村・秋穂《あいお》村・小郡《おごおり》村・井関村
明治31年7月1日　吉敷郡屋原朝田村，大歳村と改称
明治32年4月1日　吉敷郡井関村から佐山村が分離独立
明治34年8月1日　吉敷郡小郡村，町制施行し，小郡町となる
明治38年4月1日　山口町，吉敷郡上宇野令村を編入
大正4年7月1日　山口町，吉敷郡下宇野令村を編入
昭和4年4月10日　山口町，吉敷郡吉敷村を編入，市制施行し，山口市となる
昭和15年4月29日　吉敷郡秋穂村，町制施行し，秋穂町となる
昭和15年11月3日　吉敷郡井関村，町制施行し，阿知須《あじす》町となる
昭和16年4月1日　吉敷郡宮野村を編入
昭和19年4月1日　吉敷郡大歳村・平川村・名田島村・陶村・秋穂二島村・嘉川村・佐山村・阿知須町・小郡町を編入
昭和22年11月23日　阿知須町，山口市から分離
昭和24年11月1日　小郡町，山口市より分離
昭和30年4月1日　吉敷郡小鯖村・大内村・仁保村，合併して大内村となる。佐波郡串

村・島地村・柚野村・八坂村・出雲《いずも》村，合併して徳地《とくぢ》町となる

昭和30年10月1日　美祢郡美東町真名野一部，小郡町に編入

昭和31年4月1日　吉敷郡鋳銭司村を編入

昭和38年5月1日　吉敷郡大内村を編入

平成17年10月1日　山口市・徳地町・秋穂町・小郡町・阿知須町が合体

平成22年1月16日　阿武郡阿東《あとう》町(明治22年4月1日，市制町村制施行，町域の村は，嘉《か》年《ね》村・徳佐村・地福村・生雲《いくも》村・篠生《しのぶ》村，昭和30年4月1日，阿武郡嘉年村・徳佐村・地福村・生雲村・篠生村，合併して阿東町となる)を合体

美《み》祢《ね》市

明治22年4月1日　市制町村制施行。現，市域の村は，伊佐村・東厚保《ひがしあつ》村・西厚保《にしあつ》村・大嶺村・於福《おふく》村・豊田前村

大正3年1月1日　美祢郡伊佐村，町制施行し，伊佐町となる

昭和14年5月1日　美祢郡大嶺村，町制施行し，大嶺町となる

昭和28年6月1日　美祢郡豊田前村，町制施行し，豊田前町となる

昭和29年3月31日　美祢郡伊佐町・東厚保村・西厚保村・大嶺町・於福村・豊田前町，合体して市制施行，美祢市となる

平成20年3月21日　美祢郡美東《みとう》町(明治22年4月1日，市制町村制施行，町域の村は，赤《あか》郷《ごう》村・大田村・綾木村・真長田村，大正12年8月1日，美祢郡大田村，町制施行し，大田町と改称，昭和29年10月1日，美祢郡赤郷村・大田町・綾木村・真長田村，合併して美東町となる)・秋芳《しゅうほう》町(明治22年4月1日，市制町村制施行，町域の村は，岩永村・秋吉村・別府村・共和村，昭和30年4月1日，美祢郡岩永村・秋吉村・別府村・共和村，合併して町制施行し，秋芳町となる)を合体

阿《あ》武《ぶ》郡

阿《あ》武《ぶ》町　明治22年4月1日　市制町村制施行。現，町域の村は，奈古村・宇田郷村・福賀村

昭和30年1月1日　阿武郡奈古村・宇田郷村・福賀村，合併して町制施行し，阿武町となる

玖《く》珂《が》郡

和《わ》木《き》町《ちょう》　明治22年4月1日　市制町村制施行で小瀬川《おぜがわ》村と称する

明治32年4月1日　玖珂郡小瀬村を分離して和木村と改称

昭和48年4月1日　玖珂郡和木村，町制施行し，和木町となる

熊《くま》毛《げ》郡

田布施町《たぶせちょう》　明治22年4月1日　市制町村制施行。現，町域の村は，田布施村・城南村・麻郷《おごう》村・麻里布村

大正10年2月11日　熊毛郡田布施村，町制施行し，田布施町となる

昭和30年1月1日　熊毛郡田布施町・城南村・麻郷村・麻里布村が合併して田布施町となる

平《ひら》生《お》町《ちょう》　明治22年4月1日　市制町村制施行。現，町域の村は，平生村・佐賀村・曽根村・大野村
明治36年4月1日　熊毛郡平生村，町制施行し，平生町となる
昭和30年1月1日　熊毛郡平生町・佐賀村・曽根村・大野村，合併して平生町となる

上関《かみのせき》町《ちょう》　明治22年4月1日　市制町村制施行。現，町域の村は，上関村・室津村
昭和33年2月1日　熊毛郡上関村・室津村，合併して町制施行，上関町となる

大《おお》島《しま》郡

周防大島町《すおうおおしまちょう》　明治22年4月1日　市制町村制施行。現，町域の村は，久賀《くか》村・小松志佐村・屋代村・蒲野村・沖浦村・森野村・和田村・油田村・家室《かむろ》西方村・安下庄《あげのしょう》村・日良居村
明治37年1月1日　大島郡久賀村，町制施行し，久賀町となる
大正4年11月10日　大島郡安下庄村，町制施行し，安下庄町となる
大正5年6月1日　大島郡小松志佐村，町制施行し，小松町となる
昭和16年11月1日　大島郡家室西方村，白木村と改称
昭和27年9月15日　大島郡小松町と屋代村が合併して大島町となる
昭和30年1月15日　大島町，大島郡蒲野村・沖浦村を合併
昭和30年4月1日　大島郡森野村・和田村・油田村・白木村，合併して東和《とうわ》町となる
昭和30年4月10日　大島郡安下庄町・日良居村，合併して橘《たちばな》町となる
昭和31年4月5日　大島郡久賀町，大島町大字椋野を編入
平成16年10月1日　久賀町・大島町・東和町・橘町が合併，周防大島町となる

■ 祭礼・行事

（2012年4月現在）

〔1月〕

旧1　**和布刈《めかり》神事**　➔下関市一の宮・住吉神社(JR山陽本線新下関駅よりバス一の宮下車)

旧暦元旦未明より壇ノ浦一帯の海陸にわたって灯を消したなかで，神職たちが定められた道を移動する。火立岩に注連縄《しめなわ》を張り，そこで干潮時に和布を刈る。神事は禁忌をまもっているが，神社での奉納は公開されている。

〔2月〕

11　**阿月《あつき》神明祭**　➔柳井市阿月(JR山陽本線柳井駅よりバス阿月下車)

県指定無形民俗文化財。左義長《さぎちょう》行事としては県下最大級。神明(御神体)が阿月の浜の東方と西方に立てられ，夜になり神明を焼く。領主であった浦氏によってはじめられ，住民にうけつがれた。

〔3月〕

2　**百手《ももて》祭**　➔宇部市厚南区岡田屋(JR宇部線宇部新川駅よりバス流川下車)

現在では3月最終日曜日に行う的射の神事。射手は未婚の若者があたる。命中の矢の数からその年の厄除けや豊作の吉凶をうらなう。用いられた小的は各戸にもちかえられ魔除け・五穀豊穣のお守りとする。

3　**伊陸南山《いかちなんざん》神社神楽《かぐら》舞(八関神楽)**　➔柳井市伊陸・南山神社(JR山陽本線柳井駅よりバス大迫下車)

25年目ごとの申年，3日以前のもっとも近い日曜日に行う。演目の一つである高さ20mを超える松にのぼっての曲芸的な舞，八関(席)の舞が有名でこの日の神楽舞の総称となっている。最近では平成16(2004)年に行われた。

中旬　**由宇《ゆう》町の年番《ねんばん》神楽**　➔岩国市由宇町(JR山陽本線由宇駅下車)

2年に1度，年番請(13組)がもちまわりで行われる。かつて害虫による凶作に際し，飢餓に苦しみ神の加護を求めて神楽を奉納したことからおこった。五穀豊穣・災厄退散を宿願し，稚児舞などがある。

〔4月〕

2　**岩国行波《ゆかば》の神舞**　➔岩国市行波(JR錦川鉄道清流線行波駅下車)

国指定重要無形民俗文化財。7年目ごと(亥《い》年，巳《み》年)の4月上旬にもよおす。錦《にしき》川沿いに四間四方の神殿をくむ。早朝から十四番の神楽を演ずるが，なかでも八関は著名である。形態は古式をよくまもっている。

第1日曜　**伊陸天神祭**　➔柳井市伊陸・氷室亀山神社(JR山陽本線柳井駅よりバス宮の前下車)

神殿において祈願祭をしたあと，豪華な衣装の牛が御神幸にしたがう。別名「牛天神」ともいう。

上旬　**浜出祭《はまいでさい》**　➔下関市豊北町田耕《たすき》・田耕神社，神玉神功皇后神社(JR山陰本線滝部駅よりバス五千原，山陰本線長門二見駅よりバス土井ケ浜下車)

県指定無形民俗文化財。7年目ごと，4月上旬の日曜日に行う。山伏・武者・稚児などの古式の行列が進み，仮浜殿に至ると蟇目《ひきめ》神事・直会《なおらい》神事・鰤《ぶり》切《き》り神事などの祭儀が行われる。蒙古《もうこ》襲来の戦勝祈願に由来するともいう。

27 **阿弥陀寺の練《ねり》供養（回向《えこう》祭り）** ➔大島郡周防大島町久賀本町・阿弥陀寺（JR山陽本線大畠駅よりバス天神前下車）
21日から1週間の回向が行われ，その最後に練供養がみられる。地蔵・弥勒・観世音など黄金に塗られた二十五菩薩の面をつけ，高齢の門徒が行列をなし進む。文化3（1806）年からはじまったとされ，郡内の浄土宗僧侶が集う。

〔5月〕

2〜4 **先帝祭《せんてい》** ➔下関市阿弥陀町・赤間神宮（JR山陽本線下関駅よりバス赤間宮下車）
有名な上臈《じょうろう》道中は3日に行われる。壇ノ浦の合戦にやぶれた平家一門の女官たちはその後遊女と身をかえたが，安徳《あんとく》幼帝の命日にはかかさず参拝をしたという。そのようすをあらわした行列は市中から赤間神宮にむかう。

第3日曜 **お田植祭** ➔下関市一の宮・住吉神社（JR山陽本線新下関駅よりバス一の宮下車）
住吉神社神饌《しんせん》田の神事であり，早乙女《さおとめ》が田植えをし畦《あぜ》道では童女が雅楽《ががく》にあわせて田植え舞を舞う。神功《じんぐう》皇后が「新羅出兵から帰陣したさい，長門《ながと》から植女を召し，五穀豊穣を祈願した」という故事に由来するという。

〔6月〕

第1日曜 **玉江浦のおしくらごう** ➔萩市玉江浦・厳島神社（JR山陰本線玉江駅下車）
玉江浦地区にある厳島《いつくしま》神社（弁天社）の例祭に奉納される和船競争。4つの青年宿の若者たちによってきそわれ，江戸期にはこの順位で沖合漁場の優先が決められていたともいう。

旧10・11 **貴船祭り** ➔周南市粭島《すくもじま》・貴船神社（JR山陽本線櫛ヶ浜駅よりバス粭島下車）
現在の日程は7月の最終土・日曜日。海上安全と大漁を祈願する。本神輿《みこし》は白装束姿の若者たちにかつがれ，そのうしろを大人の肩車にのった大勢の男の幼児たちがしたがう。こうすれば，まめに育つと伝えられている。

〔7月〕

半夏生《はんげしょう》の翌日 **なむでん祭り** ➔大島郡周防大島町久賀河内（JR山陽本線大畠駅よりバス天神前下車）
県指定無形民俗文化財。半夏生に近い土曜日，久屋《きゅうおく》寺でのデコとよばれる実盛人形の入魂の儀式にはじまり，子どもたちが太鼓や鉦《しょう》で囃《はや》しながらデコとともに踊り町内を巡回する。藩政時代からの虫送り行事である。

20〜27 **山口祇園祭り** ➔山口市・八坂神社（JR山口線山口駅下車）
20日に八坂神社に奉納される鷺《さぎ》舞は県指定無形民俗文化財。この八坂神社は大内弘世《おおうちひろよ》が京都から勧請建立し，祇園会もそのままに伝えたともいう。期間

中，山口の通りでは鷺舞や神輿，市民総踊りなどでにぎわう。

〔8月〕

1～3　**住吉神社例祭**　➡萩市浜崎・住吉神社(JR山陰本線東萩駅下車)

3日の神幸祭に演唱する「お船謡」は県指定無形民俗文化財。朱塗の船形の山車《だし》のうえで，法螺貝《ほらがい》と締太鼓《しめだいこ》や三味線に囃《はや》されうたう。弘治元(1555)年に毛利元就《もうりもとなり》が陶晴賢《すえはるかた》を滅ぼしたときの戦勝歌だと伝えられる。

7　**長穂念仏踊り**　➡周南市長穂・龍文寺(JR山陽本線徳山駅よりバスカントリー前下車)

県指定無形民俗文化財。弘治元(1555)年，龍文寺にたてこもった陶長房《ながふさ》が毛利氏に討たれ，のちに陶氏の追善供養として奉納された念仏踊りである。しかしいつしか雨乞いの役割を果たすようになり，現在に伝わる。

7～13　**数方庭《すほうてい》行事**　➡下関市長府・忌宮神社(JR山陽本線長府駅よりバス城下町長府下車)

県指定無形民俗文化財。夜に女性と子どもが切籠《きりこ》をささげ，男性は竹の幟《のぼり》舞を披露し鬼石の周囲を廻る。鬼石には，仲哀《ちゅうあい》天皇が射落した新羅《しらぎ》の塵輪《じんりん》の首をこの石の下に埋めたという伝説がある。

15・19・23　**周防祖生《そお》の柱松行事**　➡岩国市周東町祖生(JR岩徳線玖珂駅よりタクシー)

国指定重要無形民俗文化財。祖生の3地区がそれぞれの日程で行う。柱松に松明《たいまつ》を投げ込んで燃やす。盆の精霊の迎え火，祖霊供養の送り火の意味をあわせもち，豊作と牛馬安全の祈願とする。

旧暦上旬　**祝島の神舞神事**　➡熊毛郡上関町・祝島大歳社(JR山陽本線柳井港駅下車，渡船)

県指定無形民俗文化財。4年(閏年)に1度，4日間におよぶ年祭。2日目は大分県伊美《いみ》別宮八幡宮から御神体を迎えるため，櫂伝馬《かいてんま》と奉迎船がでるほか，岩戸《いわと》神楽や夜戸神楽の奉納を行う。

旧23　**俄《にわか》祭り**　➡柳井市・海原神社，鳴門神社(JR山陽本線大畠駅下車)

現在は旧暦23日に近い日曜日。海原《うなばら》神社の男神，鳴門《なると》社の女神のあいだで行う神婚儀礼であり，豊漁を祈願する。夕刻に両社の神輿《みこし》が海のなかで激しく揉《も》みあう。神功皇后や般若《はんにゃ》姫の伝説にまつわる。

26　**八代《やしろ》の花笠踊り**　➡周南市・八代二社神社(JR岩徳線高水駅よりバス役場前下車)

県指定無形民俗文化財。八朔の風鎮祭に7年目ごとに奉納される。踊り子は未婚の男女にかぎられており，かぶる花笠は枝垂《しだ》れて膝におよぶほど長い。はじまりは大内義隆《おおうちよしたか》に庶民がささげた追善供養の踊りとされる。

28　**陶《すえ》の腰輪《こしわ》踊り**　➡山口市陶・八雲神社(JR山陽本線小郡駅よりバス陶小学校前下車)

県指定無形民俗文化財。八雲神社例祭に奉納される念仏踊りで，腰輪の名は踊り子が腰につける竹の輪をさす。以前はこの腰輪にさがる12の御幣《ごへい》を馬小

屋にさげると馬の病気除《よ》けになるとされていた。

下旬　**式内踊り**　➔周南市大向・二俣神社(JR 山陽本線徳山駅よりバス大向下車)

県指定無形民俗文化財。５年目または７年目ごとの二俣神社の夏の大祭にみられ，踊りには鬼や天狗がみられる。江戸初期にこの地区の若衆が伊勢参りでおぼえ帰り，五穀豊穣などを祈念しはじまったという。

〔９月〕

８　**別府念仏踊り**　➔美祢市秋芳町別府・厳島神社(JR 山陽本線小郡駅よりバス堅田下車)

県指定無形民俗文化財。現在は９月第１日曜日に行う厳島神社例祭に奉納されている。胴取は太鼓を胸に頭に鶏頭の花笠をつける。激しい跳躍のこの踊りは，社前の弁天池での雨乞い伝説に由来し五穀豊穣を祈願する。

９・10　**赤崎神社の秋祭り**　➔長門市深川・赤崎神社(JR 山陰本線長門市駅下車)

２日間の例祭で南条踊り，楽踊りなどを奉納。なかでも楽踊りは有名で県指定無形民俗文化財であり，主役の胴取の大花笠がひときわ栄える。この踊りは，慶長元(1596)年に深川ではやった牛馬の悪疫を退散させたのが最初という。

10　**湯本南条踊り**　➔長門市湯本・大寧寺(JR 美祢線長門湯本駅下車)

県指定無形民俗文化財。側踊りの大きな円陣のなかに太鼓打ち，鉦打ち，編木《ささら》の囃《はや》し手と，踊り手の吹貫かつぎが位置をとる。側踊りは花団扇《うちわ》を手に手足を大きく動かす。鉦打ちの異国風の衣装が独特である。

16　**三隅の腰輪踊り**　➔長門市・三隅八幡宮(JR 山陽本線長門三隅駅よりバス役場前下車)

県指定無形民俗文化財。八幡宮の例祭に奉納。闘鶏，月の前の伶楽《れいがく》，獅子の洞入り，虎の子渡しといった，楽踊り同系の踊りのうちでなじみ深い四楽が伝わる。歌詞を伴わずに楽打ちだけで踊られる。

25　**玉祖神社の占手《うらて》神事**　➔防府市大崎・玉祖神社(JR 山陽本線防府駅よりバス玉祖神社前下車)

県指定無形民俗文化財。25日に近い土・日曜日に奉納される神事相撲である。勝敗を決めるのではなく，古式の所作を繰り返す。仲哀《ちゅうあい》天皇が熊襲《くまそ》征討のさいに軍の吉凶をうらなった神事にちなむと伝える。

25　**山崎八幡宮の秋祭り**　➔周南市富田・山崎八幡宮(JR 山陽本線新南陽駅下車)

25日に近い土・日曜日の日程で本山と爺婆《じいばあ》山の山車《だし》がでる。町内引き回しがすむと宮丘からつきおとし，山車のかたむき具合によってその年の豊凶をうらなう。元禄年間(1688～1703)に徳山藩主が五穀豊穣を祈願したことに基づくという。

〔10月〕

９・10　**白鳥神社のどんでん山**　➔熊毛郡平生町佐賀・白鳥神社(JR 山陽本線柳

井駅よりバス宮の下下車)
白鳥神社秋祭りのよびものとして知られる。どんでん山は桜や菊の造花でかざりたて，櫓《やぐら》をくみ子どもを4人のりこませる。この子どもたちの太鼓にあわせかつぎ，豊作と大漁を願う。天保《てんぽう》の飢饉《ききん》後からはじまったと伝える。

11　**諌鼓《かんこ》踊り**　➔周南市・勝間熊毛神社(JR岩徳線勝間駅下車)
県指定無形民俗文化財。7年目ごとに奉納する。楽踊りや腰輪踊りの一種であり，豊臣秀吉《とよとみひでよし》が勝間の地名にちなみ朝鮮出兵の戦勝を祈願したとも，陶氏の大内義隆討伐のようすを模したとも伝わる。

第2土曜　**防府天満宮花神子《はなみこ》社参式**　➔防府市松崎町・防府天満宮(JR山陽本線防府駅下車)
防府天満宮での御神幸祭の無事を祈って，新穀でつくった一夜造りの豊御酒を社前にそなえる神事。御旅所から天満宮までを大名行列や花神子をのせた車や花籠が進む。拝殿では花神子によって御豊酒がそなえられる。

20・21　**滝坂神楽舞**　➔長門市・滝坂黄幡社(JR山陰本線長門三隅駅よりバス落畑下車)
県指定無形民俗文化財。20日から21日まで夜を徹して舞う。20曲以上の舞が古式をまもりよく伝えられている。道化《どうけ》の翁《おきな》が登場する登鉾《とぼこ》の舞などは笑いがまきおこる。安永年間(1772～81)の大飢饉や疫病の厄払いとしてはじまったという。

21　**サイ上り神事**　➔下関市・彦島八幡宮(JR山陽本線下関駅よりバス東圧正門前下車)
現在は21日に近い日曜日に開かれる。神事は彦島十二苗祖《びょうそ》の子孫が神役として参加する。もともと十二苗祖の一人，河野通次《こうのみちつぐ》が海中から御神体を引きあげたという故事に由来し，その様《さま》を神事として奉納している。

第3土・日曜　**岩国南条踊り**　➔岩国市横山・吉香神社(JR岩徳線川西駅よりバス横山下車)
県指定無形民俗文化財。南条踊りは周防《すおう》岩国から長門俵山《たわらやま》を経て湯本に伝わったとされ，衣装こそ異なるが踊りの形態は南条踊りとつうじている。岩国では4月29日の錦帯橋《きんたいきょう》祭りなどでもみることができる。

25　**天狗拍子**　➔萩市玉江浦・権現神社(JR山陰本線玉江駅下車)
踊り子は小学生があたる。紋付姿での天狗《てんぐ》の舞，それぞれの面をつける恵美《えび》須《す》舞・大黒《だいこく》舞の三部構成。この舞は昔，一人の漁師が豊漁の囃子《はやし》を神から伝授され，その後不漁のときに舞うと大漁になったと伝えられる。

旧初子《ね》・丑《うし》の日　**厄神舞**　➔山口市阿東町嘉年・吉部野須賀社(JR山口線徳佐駅よりタクシー)
舞子は人の願を託され，太刀と鈴を手に舞う。舞い続けるうち神がかりにあい一種の狂乱状態におちいり観衆に取り押さえられ，この神がかりにあえば願は達せられる。悪疫退散の神楽奉納に基づいている。

〔11月〕

2～3　**山代白羽神楽**　➔岩国市美和町北中山・白羽神社(JR 山陽本線岩国駅よりバス北中山下車)

県指定無形民俗文化財。芸州《げいしゅう》からの影響をうけ伝承された山代神楽の一つ。神話など劇的な要素をもつ仮面舞が舞われる。神楽の採り物や面や衣装も古来の物は昭和14(1939)年の火災により焼失した。

3　**稲穂祭り**　➔下松市花岡・福徳稲荷社(JR 岩徳線周防花岡駅下車)

秋の収穫を祝う稲穂祭りには，200人あまりの人びとが白狐面をつけ「狐の嫁入り」の仮装行列で町をにぎわす。花嫁・花婿は稲荷社にて夫婦固めの杯《さかづき》をかわす。稲荷社には伝説の白狐夫婦がまつられている。

初申《さる》の日　**内日《うつい》の五年神神事**　➔下関市内日・五年神の森(JR 山陽本線下関駅よりバス亀ヶ原下車)

５年目ごとに行う山の神の神事で，神の森は神聖不可侵とされる。トリモチの巨木を御神体とし，根元に御酒《みき》，五穀などに加えドロバエをそなえる。神事を忘れると近くの山を猿がわたって警告するという伝説がある。

第４土曜　**防府天満宮裸坊《はだかんぼう》祭り**　➔防府市松崎町・防府天満宮(JR 山陽本線防府駅下車)

平成８(1996)年から11月第４土曜日に執行されるようになった。３体の神輿《みこし》のうちの１体に菅原道真《すがわらのみちざね》の神霊を奉じる。3000人を超える裸坊が神輿とともに繰りだす。その熱気に魅せられ，県外からも裸坊の参加がある。

旧暦吉日　**山ノ神神事**　➔下関市蓋井島(JR 山陰本線吉見駅下車，渡船)

辰《たつ》年と戌《いぬ》年に４日間にわたり四つの山で神迎えの神事を執《と》り行う。この神事は神社が存在しない古代の形態をとどめ，世襲制の当元家において進む。取決めごとも多く古《いにしえ》の信仰の深さがうかがえる。

旧30　**お笑い講**　➔防府市台道小俣(JR 山陽本線大道駅よりバス小俣下車)

現在は12月の第１日曜日に行う。その年の当屋に氏子《うじこ》たちが集まり１日中宴をもよおす。今年の豊作の感謝，来年の豊作の祈願，そして今年の苦しみをふきとばす意味をこめ，一人３度の大笑いをおさめる。

〔11月または12月〕

三作《みつくり》岩戸神楽舞　➔周南市夏切・河内神社(JR 山陽本線新南陽駅よりバス三作下車)

県指定無形民俗文化財。卯《う》年，酉《とり》年ごとに奉納される。祭りにさきがけ神殿清めを行い，舞にたずさわるあらゆるものを清める。七社からの神迎えをおえると岩戸神楽二十三座を舞いはじめる。神の祟りをしずめるためにはじまり，300年の伝統をもつという。

■ 参考文献

【山口県における地域史研究の現状と課題】

山口県の地域史研究は，明治以来の長い伝統を有している。山口県立山口図書館は，明治36(1903)年の創立直後から「郷土志料」の収集に意を注ぎ，多くの史・資料を整理・収蔵した。この成果をもとに，昭和4(1929)年11月に防長史談会が結成され，同5年8月に機関紙『防長史学』が創刊された。防長史談会は，同11年12月に解散したが，その間，機関紙『防長史学』を発行するとともに，『増補 防長人物誌』など資料集9冊を刊行した。翌12年1月に防長史談会の後身と目される防長文化研究会が発足した。この研究会は，機関紙『防長文化』に「防長郷土資料解題」を連載し，他方で，谷苔六『周防西ノ浦新開作の研究』，三輪為一『旧長藩非常用貯蓄金穀』などの研究書をつぎつぎに刊行した。これら一連の著書は，今日でも，多くの人びとが参考にしている。同12年3月，王政復古七十年記念事業として，山口県史編纂所が発足し，約7年のあいだ，多くの史・資料を収集するとともに，昭和15年3月に『防長郷土資料文献解題』を刊行した。この県史編纂事業は，戦争の激化によって中断したが，収集された史・資料は，現在も山口県文書館に所蔵されており，県民の貴重な財産となっている。

昭和26年7月の『山口県文化史・通史編』の刊行を契機に，同28年11月に山口県地方史学会が結成された。同学会は，機関紙『山口県地方史研究』を発行し，同36年11月に結成された山口県地方史研究団体連絡協議会の中心として活躍するとともに，『佐藤寛作手控』『防長地下上申』などの史料集を刊行した。同34年4月に設立された山口県文書館は，史料の閲覧のみでなく，『防長風土注進案』『山口県史料』『萩藩閥閲録』『防長寺社由来』などの史料集をあいついで刊行した。このほか，県内の活発な研究状況は，紙数の関係で割愛するが，同学会が編集した『山口県地方史関係文献目録』Ⅰ～Ⅲに詳細に示されているので，参照を願いたい。

昭和30年代になると，県内でも市町村史の編纂が盛んになった。これらの編纂事業は，同40年代のなかばで一段落するが，再度，50年代のなかばから新修の市町村史の編纂が活発になり，今日におよんでいる。平成4(1992)年4月に発足した山口県史編纂事業は，従来の諸編纂事業の集大成の意味をもつものといえよう。現在，『山口県史』(既刊18冊)が刊行されているが，今後，多くの史料集や本編がつぎつぎに刊行される予定である。この『山口県史』が，県民にとって，身近で有意義なものとなるよう期待する。

【県市町村史】 （＊は編さん継続中）

〔山口県〕
臼杵華臣・小川国治・三浦肇『山口県風土記』 旺文社 1990
小川国治他編『山口県の百年』 山川出版社 1983
可児茂公編『山口県寺院沿革史』(復刻) 防長史料出版社 1977

高橋文雄『山口県地名考』,『続山口県地名考』 山口県地名研究所 1973
三坂圭治『山口県の歴史』 山川出版社 1971
山口県編『山口県会史』2冊 山口県 1912
山口県学事広報課編『山口県の歴史』 山口県 1967
山口県企画部広報課編『山口県文化史年表』 山口県 1968
山口県教育史編纂委員会編『山口県教育史』 山口県教育会 1986
山口県警察史編纂委員会編『山口県警察史』2冊 山口県警察本部 1978-82
山口県社会科教育研究会編『山口県の歴史散歩』 山川出版社 1974
山口県神社誌編纂委員会編『山口県神社誌』 山口県神社庁 1972
山口県文化史編纂委員会編『山口県文化史』3冊 山口県 1951-63
山口県文書館編『山口県政史』2冊 山口県 1971
〔大島郡〕
大島町誌編纂委員会編『周防大島町誌』 大島町 1959
久賀町誌編纂委員会編『山口県久賀町誌』 久賀町 1954
橘町史編纂委員会編『橘町史』 橘町 1983
東和町誌編纂委員会編『東和町誌』5冊 東和町 1982-86
〔玖珂郡〕
岩国市史編纂委員会編『岩国市史』2冊 岩国市 1970-71
岩国市史編纂委員会編『岩国市史』5冊* 岩国市 2002-
大畠町史編纂委員会編『大畠町史』 大畠町 1992
玖珂町誌編纂委員会編『玖珂町誌』 玖珂町 1972
周東町史編纂委員会編『周東町史』 周東町 1979
中本三十一編『美川町史』 美川町 1969
鳴門村史編纂委員会編『鳴門村史』 鳴門村 1955
錦町史編纂委員会編『錦町史』2冊 錦町 1988-95
西晋作『大畠村誌』 大畠村 1971
本郷村史編纂委員会編『本郷村史』 本郷村 1991
松岡利夫編『由宇町史』,『続由宇町史』 由宇町 1966-86
美川町史編纂委員会編『続美川町史』 美川町 1991
美和町史編纂委員会編『美和町史』 美和町 1985
柳井市史編纂委員会編『柳井市史』3冊 柳井市 1964-88
山本素江編『広瀬町誌』 広瀬町 1953
〔熊毛郡〕
上関町史編纂委員会編『上関町史』 上関町 1988
熊毛町史編纂委員会編『熊毛町史』 熊毛町 1992
高水村誌編纂委員会編『高水村誌』 高水村 1964
田布施町史編纂委員会編『田布施町史』 田布施町 1990
光市史編纂委員会編『光市史』 光市 1975
平生町史編纂委員会編『平生町史』 平生町 1978

松岡利夫編『勝間村誌』 勝間村 1960
八代村誌編纂委員会編『八代村誌』 八代村 1960
柳井市史編纂委員会編『柳井市史』 柳井市 1964
大和町史編纂委員会編『大和町史』 大和町 1983
〔都濃郡〕
鹿野町誌編纂委員会編『鹿野町誌』 鹿野町 1970
鹿野町誌編纂委員会編『増補改訂 鹿野町誌』 鹿野町 1991
下松市史編纂委員会編『下松市史』 下松市 1989
新南陽市史編纂委員会編『新南陽市史』 新南陽市 1985
徳山市史編纂委員会編『徳山市史』2冊 徳山市 1960
徳山市史編纂委員会編『徳山市史』2冊 徳山市 1984-85
南陽町誌編纂委員会編『南陽町誌』 南陽町 1964
和田村誌編纂委員会編『和田村誌』 和田村 1956
〔佐波郡〕
徳地町史編纂委員会編『徳地町史』 徳地町 1975
防府市史編纂委員会編『防府市史』2冊,『続防府市史』1冊 防府市 1956-60
防府市史編纂委員会編『防府市史』9冊 防府市 1990-2004
御園生翁甫編『山口県右田村史』 右田村 1954
〔吉敷郡〕
秋穂町史編纂委員会編『秋穂町史』 秋穂町 1982
青木繁『陶村史』 陶村史編纂委員会 1974
阿知須町史編纂委員会編『阿知須町史』 阿知須町 1981
大内公民館編『大内村誌』 大内村 1958
小郡町史編纂委員会編『小郡町史』 小郡町 1979
坂倉道義『小鯖村誌』 小鯖村 1967
能美宗一『増補 小郡町史』 小郡町 1957
山口市史編纂委員会編『山口市史』2冊 山口市 1961-71
山口市史編纂委員会編『山口市史』 山口市 1982
〔厚狭郡〕
宇部市史編纂委員会編『宇部市史』3冊 宇部市 1963-66
宇部市史編集委員会編『宇部市史』5冊 宇部市史編集委員会 1992
小野村史編纂委員会編『小野村六十五年史』 小野村 1962
小野田市史編纂委員会編『小野田市史』4冊 小野田市 1955-63
小野田市史編纂委員会編『小野田市史』5冊 小野田市 1980-90
山陽町史編纂委員会編『山陽町史』 山陽町 1984
原田卓雄『楠町史』 楠町 1980
〔美祢郡〕
秋芳町史編纂委員会編『秋芳町史』 秋芳町 1963
秋芳町史編纂委員会編『秋芳町史』 秋芳町 1991

美東町史編纂委員会編『美東町史』 美東町 1974
美祢市史編纂委員会編『美祢市史』 美祢市 1982
〔豊浦郡〕
菊川町史編纂委員会編『菊川町史』2冊 菊川町 1970-85
下関市史編纂委員会編『下関市史』3冊 下関市 1958-65
下関市史編纂委員会編『下関市史』14冊* 下関市 1978-
豊浦町史編纂委員会編『豊浦町史』3冊 豊浦町 1979-92
豊田町史編纂委員会編『豊田町史』 豊田町 1979
豊北町史編纂委員会編『豊北町史』 豊北町 1972
豊北町史編纂委員会編『豊北町史』2冊 豊北町 1994
〔大津郡〕
長門市誌編纂委員会編『長門市誌』 長門市 1956
長門市史編纂委員会編『長門市史』2冊 長門市 1979-81
日置町史編纂委員会編『日置町史』 日置町 1983
三隅町史編纂委員会編『三隅町の歴史と民俗』 三隅町 1973
油谷町史編纂委員会編『油谷町史』 油谷町 1990
〔阿武郡〕
佐々並村史編纂委員会編『佐々並村史』 佐々並村 1955
田中恒一『篠生村誌』 篠生村 1953
萩市誌編纂委員会編『萩市誌』 萩市 1959
萩市史編纂委員会編『萩市史』3冊 萩市 1983-89
波多放彩『阿東町誌』 阿東町 1970
波多放彩『川上村誌』 川上村 1964
波多放彩『福栄村史』 福栄村 1966
原田卓雄『旭村史』 旭村 1978
むつみ村史編纂委員会編『むつみ村史』 むつみ村 1985

【史資料・辞典】
〔史資料〕
赤間神宮編『赤間神宮文書』 吉川弘文館 1990
石川卓美・田中彰編『脱隊暴動一件紀事材料』 マツノ書店 1981
伊藤博文関係文書研究会編『伊藤博文関係文書』9冊 塙書房 1973-81
岸浩編『毛利氏八箇国御時代分限帳』 マツノ書店 1987
樹下明紀・田村哲夫編『萩藩給禄帳』 マツノ書店 1984
近藤清石編(三坂圭治監修)『山口県風土誌』 14冊 歴史図書社 1972-75
下関市教育委員会編『白石家文書』 国書刊行会 1981
末松謙澄編『防長回天史』(復刊)12冊 マツノ書店 1991
萩市郷土博物館編『蔵櫃録』(萩市郷土博物館叢書2) 萩市郷土博物館 1993
早川純三郎編『奇兵隊日記』(復刊)4冊 睦書房 1967

堀哲三郎編『高杉晋作全集』2冊　新人物往来社　1974
宮田伊津美・藤重俊男編『享保増補・村記』　岩国徴古館　1989
山口県編『山口県史』(史料編中世1)1冊*　1996-
山口県教育会編『吉田松陰全集』10冊　大和書房　1972-74
山口県地方史学会編『佐藤寛作手控』　佐藤栄作　1975
山口県地方史学会編『防長地下上申』4冊　山口県地方史学会　1978-80
山口県文書館編『豊浦藩村浦明細書』　山口県文書館　1966
山口県文書館編『萩藩閥閲録』(復刊)4冊　山口県文書館　1979-81
山口県文書館編『府県史料』6冊　山口県文書館　1987-91
山口県文書館編『防長寺社由来』7冊　山口県文書館　1982-86
山口県文書館編『防長風土注進案』22冊　山口県文書館　1961-64
山口県文書館編『山口県史料』4冊　山口県文書館　1973-79
米原正義校訂『陰徳記』2冊　マツノ書店　1996
渡辺翁記念文化協会編『福原家文書』3冊　宇部市立図書館　1983-95
〔辞典〕
石川卓美編『防長歴史用語辞典』　マツノ書店　1986
岡部忠夫編『萩藩諸家系譜』　琵琶書房　1983
角川日本姓氏歴史人物大辞典編纂委員会編『角川日本姓氏歴史人物大辞典』35(山口県)　角川書店　1991
角川日本地名大辞典編纂委員会編『角川日本地名大辞典』35(山口県)　角川書店　1988
木村礎・藤野保・村上直編『藩史大辞典』6(中国・四国)　雄山閣出版　1990
奈良本辰也・三坂圭治編『日本歴史地名大系』36(山口県の地名)　平凡社　1980
松岡利夫編『郷土史事典』(山口県)　昌平社　1980
御園生翁甫編『防長地名淵鑑』(復刊)　マツノ書店　1974
山口県教育会編『山口県百科事典』　大和書房　1982

【通　史】
河合正治『瀬戸内海の歴史』　至文堂　1967
谷口澄夫・後藤陽一・石田寛『瀬戸内の風土と歴史』(『風土と歴史』9巻)　山川出版社　1978
松岡久人編『瀬戸内海の歴史と文化』　神戸新聞出版センター　1978

【原始・古代】
小野忠凞『島田川』　山口大学島田川流域遺跡調査団　1953
小野忠凞『山口県の考古学』　吉川弘文館　1985
近藤喬一編『図説発掘が語る日本史』5, 中国・四国　新人物往来社　1986
近藤義郎編『前方後円墳集成』　中国・四国編　山川出版社　1991
栄原永遠男『日本古代銭貨流通史の研究』　塙書房　1993

中村徹也『珈琲タイムの考古学』 新日本教育図書 1994
日本考古学協会編『日本農耕文化の生成』 東京堂出版 1970
防府市教育委員会編『周防の国衙』 防府市教育委員会 1967
三坂圭治『周防国府の研究』 積文館 1933
八木充『日本古代政治組織の研究』 塙書房 1986
山口市教育委員会編『周防鋳銭司跡』 山口市教育委員会 1978

【中 世】
熱田公『日本を創った人びと31・大内義隆』 平凡社 1979
今谷明『戦国大名と天皇』 福武書店 1992
宇田川武久『瀬戸内水軍』 教育社 1981
学習研究社編『歴史群像シリーズ49 毛利戦記－大内・尼子を屠った元就の権謀－』 学習研究社 1997
金子拓男・前川要編『守護所から戦国城下へ－地方政治都市論の試み－』 名著出版 1994
河合正治『中世武家社会の研究』 吉川弘文館 1973
川添昭二『中世文芸の地方史』 平凡社 1982
川副博『長門国守護厚東氏の研究及び史料』 風間書房 1977
五味文彦『大仏再建 中世民衆の熱狂』 講談社 1995
近藤清石『大内氏実録』 マツノ書店復刻 1984
佐藤進一『増訂 鎌倉幕府守護制度の研究－諸国守護沿革考証編－』 東京大学出版会 1971
下関市教育委員会編『吉母浜遺跡』 下関市教育委員会 1985
下関市立吉見公民館編『よしみ史誌』 下関市立吉見公民館 1985
新城常三『中世水運史の研究』 塙書房 1994
新人物往来社編『日本の名族九・中国編』 新人物往来社 1989
竹内理三博士還暦記念会編『荘園制と武家社会』 吉川弘文館 1969
徳地町編『徳地の俊乗房重源』 徳地町 1986
永原慶二・山口啓二編『講座・日本技術の社会史』第2巻 塩業・漁業 日本評論社 1985
仁保の郷土史刊行会編『仁保の郷土史』 仁保の郷土史刊行会 1987
服部英雄『景観にさぐる中世－変貌する村の姿と荘園史研究－』 新人物往来社 1995
福尾猛市郎『大内義隆』 吉川弘文館 1959
藤木久志編『毛利氏の研究』 吉川弘文館 1984
防府市教育委員会編『周防の国府跡』 防府市教育委員会 1990
松岡久人『大内義弘』 人物往来社 1966
山口県教育委員会編『三太屋敷跡』 山口県教育委員会 1978
山口県教育委員会編『下右田遺跡第四次調査概報・総括』 山口県教育委員会

1980
山口県教育財団・山口県教育委員会文化課・山口県埋蔵文化財センター編『よみがえる仁保の歴史1　土井遺跡』 山口県教育財団・山口県教育委員会　1990
山口県立美術館編『室町文化のなかにみる大内文化の遺宝展図録』 山口県立美術館　1989
山口市教育委員会編『瑠璃光寺跡遺跡－中世墓群の調査－』 山口市教育委員会　1988
米原正義『戦国武士と文芸の研究』 桜楓社　1976
米原正義編『大内義隆のすべて』 新人物往来社　1988
渡辺澄夫先生古稀記念事業会編『九州中世社会の研究』 渡辺澄夫先生古稀記念事業会　1981

【近　世】

青木虹二編『日本庶民生活史料集成』4巻　三一書房　1969
青木美智男・保坂智編『争点日本の歴史 第五巻近世編』 新人物往来社　1991
赤松道弘『周防小松塩田史』 小松塩業組合　1981
阿東町編『銅の町蔵目喜－山口県蔵目喜銅山跡分布調査報告書』 阿東町　1992
石川卓美『長州藩新田開発の研究』 私家版　1981
井上勝生『幕末維新政治史の研究』 塙書房　1994
大阪大学近世物価史研究会編『近世大阪の物価と利子』 創文社　1963
小川国治『転換期長州藩の研究』 思文閣出版　1996
小川国治監修『江戸時代・人づくり風土記』35　農山漁村文化協会　1996
兼清正徳『香川景樹』 吉川弘文館　1973
川村博忠『江戸幕府撰国絵図の研究』 古今書院　1984
玖村敏雄『吉田松陰』 岩波書店　1936，マツノ書店復刻　1982
芝原拓自『明治維新の権力基盤』 御茶の水書房　1965
高木昭作『週刊朝日百科日本の歴史29　関ヶ原』 朝日新聞社　1986
田中彰『高杉晋作と奇兵隊』 岩波書店　1985
田中彰「長州の櫨と蠟」(『日本産業史大系』7巻)　東京大学出版会　1960
田中彰『幕末維新政治史の研究』 吉川弘文館　1996
田中彰『幕末の藩政改革』 塙書房　1965
田中彰『明治維新政治史研究』 青木書店　1963
田中助一『防長医学史(全)』 聚海書林　1984
田中誠二『近世の検地と年貢』 塙書房　1996
西村睦男編『藩領の歴史地理－萩藩－』 大明堂　1968
葉山禎作「近世前期の農業生産と農民生活」(『岩波講座・日本歴史』10・近世2)　岩波書店　1975
三坂圭治『萩藩の財政と撫育制度』 マツノ書店　1977
三宅紹宣『幕末・維新期長州藩の政治構造』 校倉書房　1993

村田峯次郎編『長周叢書・唐太話』 稲垣常三郎 1981
山内譲『海賊と海城』 平凡社 1997
山口県教育委員会編『白須山遺跡第1次調査概報』 山口県教育委員会 1980
山口県教育委員会編『白須タタラ製鉄遺跡第2次調査概報』 山口県教育委員会 1981
山口県教育委員会編『白須たたら製鉄遺跡第3次調査概報』 山口県教育委員会 1982
山口県教育委員会編『防長産業の歩み』 山口県教育委員会 1981
山口県教育委員会文化課編『山口県の絵馬』 未指定文化財調査報告書4 山口県教育委員会 1986
山口県教育委員会文化課編『歴史の道調査報告書・赤間関街道』 山口県教育委員会 1996
山口県教育委員会文化課編『歴史の道調査報告書・山陽道』 山口県教育委員会 1983
山口県教育委員会文化課編『歴史の道調査報告書・萩往還』 山口県教育委員会 1981
山口県教育委員会文化課・山口県埋蔵文化財センター編『生産遺跡分布調査報告書』 山口県埋蔵文化財調査報告書67集 山口県文化財愛護協会 1982
山口県教育委員会文化課・山口県埋蔵文化財センター編『銭屋－長州藩銭座跡－』 山口県埋蔵文化財調査報告書103集 山口県文化財愛護協会 1982
山口県教育庁社会教育課編『阿武川の民俗』 山口県教育委員会 1970
山口県史編さん室編『日野氏録誌・廻浦日記』 山口県史編さん室 1994
山口県埋蔵文化財センター・福栄村教育委員会編『大坂山たたら製鉄遺跡』 福栄村教育委員会 1992
山口県立山口博物館編『防長の古地図』 山口県立山口博物館 1984

【近現代】

大嶺炭田史編纂委員会編『続大嶺炭田史』 山陽無煙炭協会 1971
鉱山懇話会編『日本鉱業発達史』 鉱山懇話会 1932
相良英輔『近代瀬戸内塩業史研究』 清文堂出版 1992
末永孝『大嶺炭田史』 山陽無煙鉱業所 1959
日本鉄道運転協会広島支部編『広鉄運転80年のあゆみ』 日本鉄道運転協会広島支部 1968
農商務省鉱山局編『本邦重要鉱山要覧』 農商務省鉱山局 1918
広島通商産業局宇部石炭支局編『山口炭田三百年史』 広島通商産業局宇部支局 1969
藤井竹蔵『大庄屋 林勇蔵』 小郡郷土研究会 1971
山口県総務部統計課編『山口県の統計百年』 山口県総務部統計課 1968
山口県農地改革誌刊行会編『山口県農地改革誌』 山口県農地改革誌刊行会 1951

山口県文書館「贈位ニ関スル取調一件」 山口県文書館　県庁戦前　総務416
山口県文書館「市町村制施行取調書」 山口県文書館　県庁戦前　総務839
山口県文書館「町村分合案郡長及戸長答申書」 山口県文書館　県庁戦前　総務841
山口県立山口博物館編『鉄道いまむかし』 山口県立山口博物館　1982
渡辺翁記念文化協会編『宇部産業史』 渡辺翁記念文化協会　1953

＊参考文献のうち，県市町村史関係は一括して掲示し，各時代で重複しているものはどちらか一方にまとめた。

図版所蔵・提供者一覧

カバー　栗林和彦
見返し表　土井ケ浜遺跡人類学ミュージアム
　裏上　山口県埋蔵文化財センター
　　下　国立歴史民俗博物館
口絵１上　山口県
　下　山口県埋蔵文化財センター
　２上　柳井市教育委員会
　中・下　平生町教育委員会
　３上右　奈良県立橿原考古学研究所附属博物館
　上左　奈良国立文化財研究所
　下　山口県防府天満宮
　４上　瑠璃光寺・山口市教育委員会
　下　山口県文書館
　５上　常栄寺・山口市教育委員会
　下　山口県文書館
　６上　宇部市立図書館
　下　山口県文書館
　７上　宇部市立図書館
　下　下関市立長府博物館
　８上　山口県山口宇部空港事務所
　下　吉田商事株式会社
p. 3　毛利博物館
p. 8　下関市観光課
p. 9　山口県埋蔵文化財センター
p.23　柳井市教育委員会
p.25右　土井ケ浜遺跡人類学ミュージアム
p.29　山口県埋蔵文化財センター
p.37左　東京国立博物館
p.46　山口県埋蔵文化財センター
p.48　山口県埋蔵文化財センター
p.51　防府市教育委員会
p.53　忌宮神社・下関市観光課
p.61　熊毛郡大和町
p.67　宮内庁正倉院事務所
p.72　山口市商工観光課
p.85　源久寺
p.89　忌宮神社・山口県県史編さん室
p.91　法光寺・山口県教育委員会文化財保護課
p.92　阿弥陀寺・山口県教育委員会文化財保護課
p.94　宇部市立図書館
p.99　下関市立長府博物館
p.103　龍福寺・山口市教育委員会
p.115　東京大学史料編纂所
p.117上　源久寺
　中　龍豊寺
　下　益田市立雪舟の郷記念館
p.119　山口県文書館
p.123　山口市教育委員会
p.125　萩市郷土博物館
p.127　山口県文書館
p.151　毛利博物館
p.153　岩国市
p.155　毛利博物館
p.157　山口県文書館
p.162　毛利博物館
p.164　山口県文書館
p.168　山口県立山口博物館
p.171　山口県文書館
p.173　山口県文書館
p.175　防府市教育委員会
p.184　山口県文書館
p.186　東京大学工学部地球システム工学科
p.189　宇部市立図書館
p.191　毛利博物館
p.194　萩市郷土博物館
p.196　山口県文書館
p.199　萩市観光課
p.204　下関市立長府博物館
p.206　下関市立長府博物館
p.210　熊毛郡上関町
p.215　下関市立長府博物館
p.217　山口県文書館
p.230　山口県文書館
p.235　山口県文書館
p.238　尾道市　鶴岡正
p.244　山口県文書館
p.247　小椋保彦
p.249　毛利博物館
p.253　山口県立山口博物館
p.259　山口県文書館
p.261　山口県立山口博物館
p.265　山口県立山口博物館
p.269　巧山寺
p.272　山口県立山口博物館
p.275　毛利博物館
p.276　山口県文書館
p.281　『山口県会史』
p.285　山口県文書館
p.293　小野田市歴史民俗資料館
p.298　宇部市立図書館
p.301　宇部石炭記念館
p.303　下関市立下関図書館
p.309　宇部市立図書館

敬称は略させていただきました。

紙面構成の都合で個々に記載せず，巻末に一括しました。所蔵者不明の図版は，転載書名を掲載しました。万一，記載洩れなどがありましたら，お手数でも編集部までお申し出下さい。